电工电子基础课程系列教材

模拟电子技术基础

梁竹关　主　编

任文平　池宗琳　李　鹏　张榆锋　副主编

电子工业出版社·

Publishing House of Electronics Industry

北京·BEIJING

内 容 简 介

本书以 MOS 管集成电路成为集成电路设计主流为线索，主要讲述了模块化、层次化的设计思想和方法及其在模拟电路中的应用，二极管、BJT、FET 及其基本电路单元，运算放大器及其应用，反馈的概念，以及常用模拟电路及其分析方法。全书分为 10 章，包括绪言、二极管及其基本电路、BJT 和 FET、小信号中频放大电路、互补推挽式放大电路、运算放大器、反馈、模拟信号的运算与变换电路、放大电路的频率特性与滤波、直流稳压电源。

本书可作为高等学校电子信息类、电气类、计算机类专业的教材，也可供相关工程技术人员参考。

图书在版编目（CIP）数据

模拟电子技术基础 / 梁竹关主编. -- 北京 ：电子
工业出版社，2025. 1. -- ISBN 978-7-121-49616-5

Ⅰ．TN710

中国国家版本馆 CIP 数据核字第 2025EJ2518 号

责任编辑：孟　宇

印　　刷：中煤（北京）印务有限公司
装　　订：中煤（北京）印务有限公司
出版发行：电子工业出版社
　　　　　北京市海淀区万寿路 173 信箱　　邮编：100036
开　　本：787×1 092　1/16　印张：16　　字数：410 千字
版　　次：2025 年 1 月第 1 版
印　　次：2025 年 1 月第 1 次印刷
定　　价：59.80 元

凡所购买电子工业出版社图书有缺损问题，请向购买书店调换。若书店售缺，请与本社发行部联系，联系及邮购电话：（010）88254888，88258888。

质量投诉请发邮件至 zlts@phei.com.cn，盗版侵权举报请发邮件至 dbqq@phei.com.cn。

本书咨询联系方式：mengyu@phei.com.cn。

前　言

如今，随着数字集成电路的迅猛发展，过去许多采用模拟电路实现的功能改用数字电路实现。尽管如此，依然还有很多应用场景需要应用模拟电路，因为来自自然界的信号往往是模拟信号。尽管 BJT 具有大电流驱动能力，但 MOS 管集成电路及其工艺在许多方面都比 BJT 更有优势，使得 MOS 管集成电路成为集成电路设计的主流。

本书主要围绕以下原则展开内容，安排章节结构。

（1）贯穿"新工科"理念，把理论知识与应用实践相结合，不仅有设计 MOS 管集成电路的理论知识，还有常用集成电路及其应用方法，且在各节复习思考题、各章习题中都突出了模拟电路的实践与应用。

（2）注重体系结构、电路整体与局部的辩证关系，既突出了层次化、模块化的设计思想，又强调了基本电路单元及其分析方法。在第 1 章介绍了运算放大器的概念及其分解模块，为后续章节介绍 BJT、FET 及其基本电路单元、运算放大器及其应用电路奠定了基础。

（3）强调集成电路的设计思想和方法。集成电路技术、EDA 技术对集成电路的发展至关重要，掌握集成电路的设计思想和方法，能更好地理解 EDA 软件的特点、功能、使用方法，为培养开发 EDA 软件的技术人才奠定良好基础。

（4）简洁明了介绍常用的器件与电路的模型及其分析方法，涉及的数学、物理基础知识。例如，二极管、BJT、FET 的小信号模型既实用，又抽象，书中既说明了模型的线性化思想，又简单介绍了所用的数学知识与物理知识。

（5）避免模拟电路与数字电路的知识割裂，在分析 BJT、FET 放大原理的基础上，简单介绍了 BJT、FET 的开关特性。BJT、FET 既能用于模拟电路起放大作用，又能用于数字电路起模拟开关作用，区分它们的不同作用有助于理解 BJT、FET 在模拟电路中的应用。

（6）通过伏安法原理、等效电阻等概念，使分析 BJT、FET 放大电路的方法更加形象、直观，有助于理解晶体管代替电阻的思想和方法。在半导体集成电路工艺中，制作 MOS 管是最容易的，也是成本最低的。因此，即使是模拟集成电路，尤其是 MOS 管模拟集成电路，尽可能用 MOS 管代替电阻作用。例如，用 MOS 管构成的电压偏置电路与电流偏置电路，代替电阻为工作管提供合适的静态电压、电流。

（7）基于将 BJT 放大电路及其分析方法迁移到 MOS 管放大电路的思想。MOS 管并没有完全取代 BJT 在模拟电路中的作用，MOS 管的几何结构会直接影响 MOS 管及其集成电路的性能。读者很容易购买到 BJT 及 BJT 运算放大器芯片，用于设计一些实用的放大电路，从而有助于理解 MOS 管及其放大电路。

（8）以点带面，循序渐进，类比推理。例如，把 BJT、FET 两种晶体管的结构、工作原理、伏安特性等都统一安排在第 3 章；把 BJT、FET 各自构成的放大电路都统一安排在第 4 章；其他章节只介绍放大电路通频带的概念，而把放大电路的频率特性，包括低频、中频、高频、附加相移引起的自激等都统一安排在第 9 章，并把 RC 滤波电路也安排在第 9 章，使它们之间的衔接关系更加自然、清晰。

目　　录

第1章　绪　言

电子电路处理电子信号，实现某种功能，如放大、滤波等，具有相应的性能指标，这些性能指标用于衡量其品质。放大电路是最基本的也是最重要的电子电路，模拟电路、数字电路、数模混合电路都需要使用放大电路将信号放大到一定幅值。本章的主要内容如下：

（1）电子信号与电子系统的关系；

（2）信号的频谱及其与电路带宽的关系；

（3）放大的概念与放大电路模型；

（4）放大电路的性能指标及其分析方法；

（5）层次化、模块化的设计思想；

（6）运算放大器与基本电路单元；

（7）理想运算放大器的概念。

1.1　电子信号与电子系统

1.1.1　符号表示法

电子电路处理交流信号，但电子电路中的器件需要直流电源来建立器件的工作状态。例如，利用同样的晶体管［BJT（双极结晶体管）或 FET（场效应晶体管）］，在模拟电路中提供直流电压、电流发挥其线性放大作用，在数字电路中提供直流电压、电流发挥其开关特性，并将晶体管的直流电压、电流在该晶体管的伏安特性（$V\text{-}I$ 特性）曲线上的对应点称为静态工作点（或称为 Q 点、偏置点）。因此，电子电路中的器件电压、电流中既含有直流成分，又含有交流成分，常常采用变量大小写与下标大小写的组合表示区分总值、直流值（静态值）、交流值（动态值），下标表示电流流过的端点代号或电压降的始末端代号。例如，在图 1.1.1 所示的电路中有

$$v_{AB} = V_{AB} + v_{ab}, \quad i_A = I_A + i_a$$

式中，v_{AB}、i_A 为总瞬时值，小写变量，大写下标；V_{AB}、I_A 为直流值（或静态值），也可用 V_{ABQ}、I_{AQ} 表示，大写变量，大写下标；v_{ab}、i_a 为交流瞬时值（另一表示方法是 $v_{ab}(t)$，$i_a(t)$），小写变量，小写下标。

此外，V_{ab}、I_a 为交流分量的有效值，大写变量，小写下标；$\left|\dot{V}_{ab}\right|$、$\left|\dot{I}_a\right|$ 为正弦分量的振幅，大写变量，小写下标，大写变量上面带 "·"，再加符号 "| |"。$\dot{V}_{ab} = \left|\dot{V}_{ab}\right| e^{j\varphi}$，表示交流分量 v_{ab} 的复振幅或相量，大写变量，小写下标，大写变量上面带 "·"，φ 是相位，常用交流分量 v_{ab} 的余弦函数 $\cos(\omega t + \varphi)$ 的初相位 φ 作为相量 $\dot{V}_{ab} = \left|\dot{V}_{ab}\right| e^{j\varphi}$ 的相位。

注，本书为了方便描述交流分流，会根据具体需要，有时候采用瞬时值表示，有时采用有效值表示，而有时采用相量表示。

根据线性叠加原理，一个交流电压源 $v_1(t)$ 与一个直流电压源（用电池符号表示）V_{DC} 串联，两端的总电压可表示为 $v_2(t) = V_{DC} + v_1(t)$，则在电阻 R_2 上的电压降 $v_O(t)$ 是 $v_1(t)$ 产生的交

流分量 $\dfrac{R_2}{R_1 + R_2} v_1(t)$ 与 V_{DC} 产生的直流分量 $\dfrac{R_2}{R_1 + R_2} V_{\mathrm{DC}}$ 之和，即

$$v_{\mathrm{O}}(t) = \frac{R_2}{R_1 + R_2} v_1(t) + \frac{R_2}{R_1 + R_2} V_{\mathrm{DC}}$$

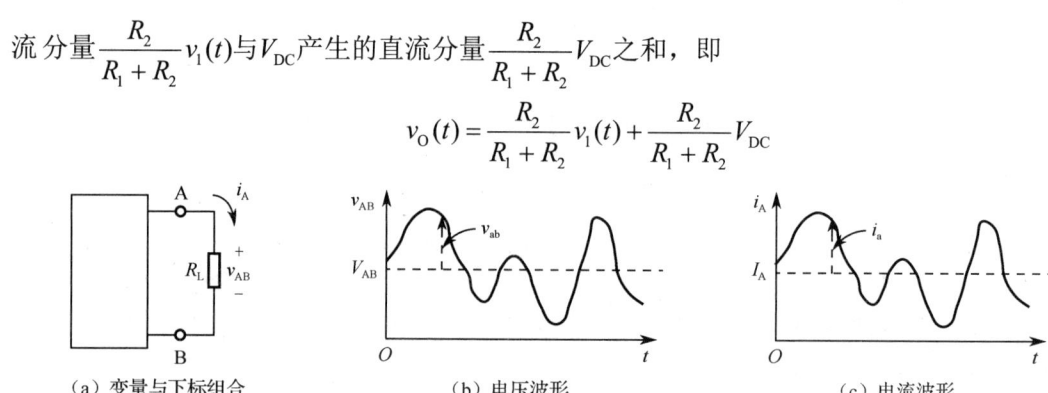

（a）变量与下标组合　　　　　（b）电压波形　　　　　　　（c）电流波形

图 1.1.1　符号表示法举例

线性叠加举例如图 1.1.2 所示。

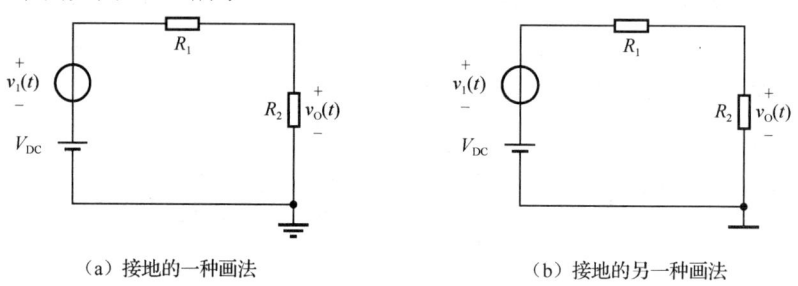

（a）接地的一种画法　　　　　　　　　　（b）接地的另一种画法

图 1.1.2　线性叠加举例

　　在电子电路中经常遇到如图 1.1.2（a）所示的接地符号，这样的接地符号通常表示电压的参考 "0" 点，能够对分析和设计电子电路起到简化作用，并不代表一定要真的接地，有时候也把接地符号画成另一种形式，如图 1.1.2（b）所示。

1.1.2　电子系统

　　所谓电子系统，通常是指由若干相互连接、相互作用的基本电路组成的具有一定功能的电路整体。信号源分为电压源和电流源，且它们可以相互转换。在电子电路中选用电压源还是电流源要根据实际的应用条件或需要而定，通常选用电压源。信号是信息的载体，电子电路只能处理电信号，传感器能把非电信号转换为电信号，因此传感器就是一种信号源。信号源信号输出到电子电路中进行处理，其连接的电子电路就是一个电子系统，如图 1.1.3 所示，其中，R_i 表示电子系统的输入电阻，$\dot{V}_s$、$\dot{I}_s$、R_s 分别表示信号源电压、信号源电流、信号源电阻。

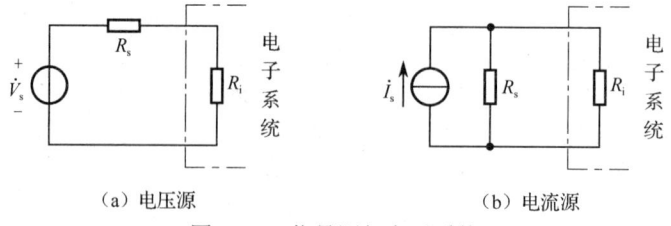

（a）电压源　　　　　　　　　　　　　（b）电流源

图 1.1.3　信号源与电子系统

　　有各种类型、各种规模的电子系统。一个典型的电子系统通常包括模拟电路、模数转换器（Analog to Digital Converter，ADC）、数字电路、数模转换器（Digital to Analog Converter，DAC）等电路功能模块。模拟电路处理连续变化的模拟信号，数字电路处理离散的数字信号。

数字电路具有方便处理和存储信息的优势，但自然界中的信号往往是连续变化的非电信号。首先，应用温度、湿度、光线、压力、声音、图像等传感器，将这些连续变化的非电信号转化为模拟信号；然后，利用模拟电路进行放大、滤波等，经过 ADC 转换成数字信号，输出到数字电路中进行处理、存储；最后，数字信号经过 DAC 转换成模拟信号，控制执行器执行某种任务，如图 1.1.4 所示。

图 1.1.4　典型电子系统的构成模块

现代的传感器芯片大多集成了传感器、放大器、滤波器等模拟电路，还集成了 ADC，直接输出数字信号，甚至转换为串行的数字信号，节省了端口资源。除此之外，芯片还配置了读写控制端等，方便用户直接读取数据进行处理、存储等。

1.1.3　模拟信号与数字信号

模拟信号是连续变化的信号，而数字信号是由 0、1 组合成的离散信号，这是由数字电路的工作特点决定的。根据电压（或电流）波形的幅值和时间的连续性与离散性，电子信号分为四类：（1）时间连续、幅值连续的信号；（2）时间离散、幅值连续的信号；（3）时间离散、幅值离散的信号；（4）时间连续、幅值离散的信号。

下面以正弦波信号为例，简单说明上述四类信号处在电子系统中的电路环节。模拟电路利用晶体管的放大特性实现信号放大作用，它处理的是时间连续、幅值连续的信号，如图 1.1.5（a）所示；经过 ADC 的取样环节，模拟信号变成时间离散、幅值连续的信号，如图 1.1.5（b）所示；再经过 ADC 的量化和编码，模拟信号变成时间离散、幅值离散的信号，并且每个离散的幅值与唯一一组 0、1 组合的离散值相对应，如图 1.1.5（c）所示；数字电路处理 0、1 组合的数字信号后，应用 DAC 将数字信号变为时间连续、幅值离散的信号，如图 1.1.5（d）所示。

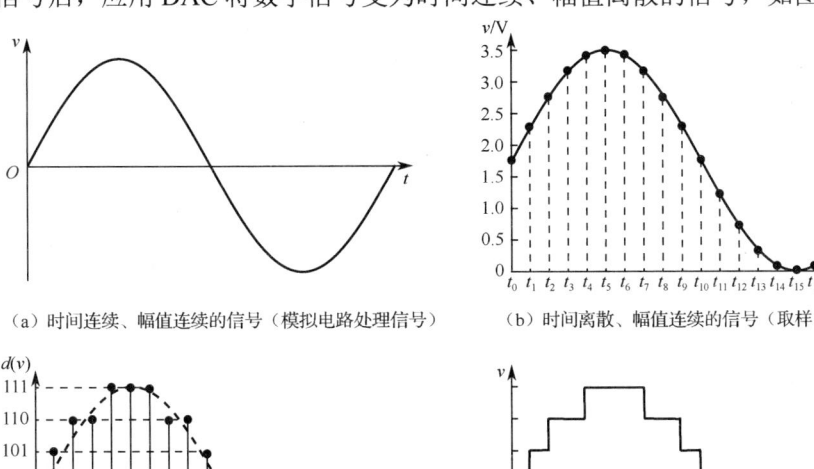

（a）时间连续、幅值连续的信号（模拟电路处理信号）　　　（b）时间离散、幅值连续的信号（取样电路取样信号）

（c）时间离散、幅值离散的信号（ADC输出信号）　　　（d）时间连续、幅值离散的信号（DAC输出信号）

图 1.1.5　正弦波信号的四种状态

数字信号的 0、1 组合离散值被称为二进制代码，图 1.1.5（c）表示了三位 0、1 组合对取样信号编码得到的二进制代码。

数字电路处理 0、1 组合的二进制代码，这是因为，数字电路利用晶体管的开关特性实现二值逻辑 0、1，利用晶体管模拟开关的"开"和"关"两种状态，它的输入、输出电压只有两种取值，即高电平和低电平，若"1"代表高电平，则"0"代表低电平，如图 1.1.6 所示。之所以称为电平，是因为输入、输出电压只有两种固定电压取值。

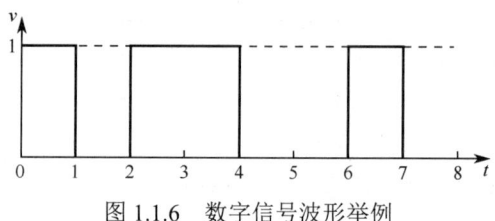

图 1.1.6　数字信号波形举例

1.1.4　信号的频谱

信号的表示分为时域表示和频域表示。时域表示是描述电子信号的电压（或电流）随时间的变化关系。每个信号具有一定特点，采用相应的特征量进行描述。例如，用频率（或周期）、振幅、初相位这三个特征量，就能描述正弦波信号的特点，即

$$v(t) = V_{\mathrm{m}} \sin(\omega t + \theta) \tag{1.1.1}$$

式中，V_{m}、ω、θ 分别是正弦波信号的振幅、角频率、初相位。如果正弦波信号的周期为 T，频率为 f，则有 $\omega = \dfrac{2\pi}{T} = 2\pi f$。对于直流信号，也可认为其是 $\omega = 0$ 的正弦波信号。

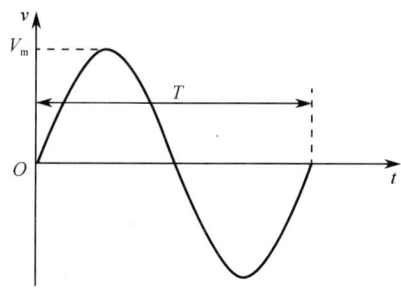

图 1.1.7　正弦波信号的波形图

波形图是用图像描述信号的电压（或电流，但常用电压）与时间的变化关系，它是时域关系的图像表示，如图 1.1.7 所示正弦波周期、振幅、初相位分别为 T、V_{m}、0。

一个信号通常含有许多正弦波分量，信号的频域表示更能反映信号的特征，能够描述信号含有正弦分量的个数，以及所含正弦分量的频率、振幅。利用傅里叶变换，可以分解出信号含有的正弦分量，把信号的时域表示变成频域表示。

方波信号是一种周期性的脉冲信号，如图 1.1.8（a）所示，其时域表示为

$$v(t) = \begin{cases} V_{\mathrm{s}}, & nT \leqslant t < (2n+1)\dfrac{T}{2} \\ 0, & (2n+1)\dfrac{T}{2} \leqslant t < (n+1)T \end{cases} \tag{1.1.2}$$

式中，V_{s} 为方波信号脉冲幅值；T 为周期；n 为整数。

利用傅里叶变换进行分解，该方波信号的频域表示为

$$v(t) = \frac{V_{\mathrm{s}}}{2} + \frac{2V_{\mathrm{s}}}{\pi}\left(\sin\omega_0 t + \frac{1}{3}\sin 3\omega_0 t + \frac{1}{5}\sin 5\omega_0 t + \cdots\right) \tag{1.1.3}$$

式中，$\omega_0 = \dfrac{2\pi}{T}$；$\dfrac{V_s}{2}$ 为直流分量；$\dfrac{2V_s}{\pi}\sin\omega_0$ 为该方波信号的基波，它的周期 $T = \dfrac{2\pi}{\omega_0}$ 与方波信号周期 T 相同；其余各项称为谐波，它们的频率是基波频率的奇数倍。

信号的频谱表示了信号所含的正弦分量的频率范围。从方波的频域表示式（1.1.3）可以看出，方波信号含有无数个正弦分量。用横轴表示各个正弦分量的频率，纵轴表示各个正弦分量的电压幅值，就得到方波信号的频谱图，如图 1.1.8（b）所示，"V_n" 的下标 "n" 表示正弦波分量的阶次编号。

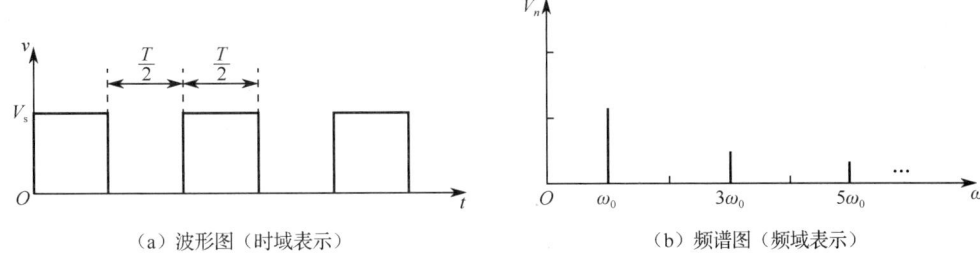

（a）波形图（时域表示）　　　　　　　　（b）频谱图（频域表示）

图 1.1.8　方波信号的图像表示

虽然方波信号含有无数个正弦分量，但频率越高的高次谐波分量，其幅值越小。在实际应用时，那些幅值很小的高次谐波分量的影响可以忽略不计，因此，信号的频谱只需要截取适当项数的正弦分量即可。

信号分为周期性信号和非周期性信号。应用傅里叶变换进行分解，像方波信号一样，周期性信号的谐波频率与基波频率也成整数倍关系，所以信号的正弦分量频率是离散的，但高次谐波分量随着频率升高，幅值却变得越来越小，因此，在确定其频谱时，像方波信号一样，只需要截取适当项数的正弦分量即可。

实际信号往往是非周期性的，应用傅里叶变换进行分解，非周期性信号的正弦分量的频率是连续的，且包含了所有可能的频率（$0 \leqslant \omega < \infty$）成分，但频率高的正弦分量往往随着频率的升高，幅值却变得越来越小，它们对分析问题的影响可以忽略不计，这样我们就可以选择一个合适的频率 ω_c，把频率高于 ω_c 的高次正弦分量截断舍弃，把保留下来的部分称为信号的频谱，如图 1.1.9 所示。

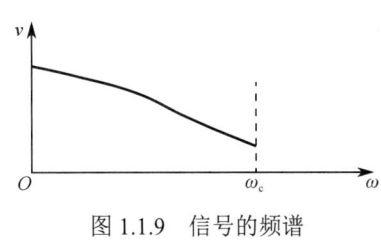

图 1.1.9　信号的频谱

正是因为信号由许多正弦分量组成，所以会应用频率或振幅不同的正弦分量输入设计的放大电路，测试其功能、性能。

本节复习思考题

1.1.1　用什么表示法来表示下列信号：单个直流信号，单个交流信号，含有直流分量与交流分量的信号。

1.1.2　写出有效值为 220V、频率为 50Hz 的电源电压的相量表示。

1.1.3　用一些身边的实际例子，说明既有模拟电路又有数字电路的电子系统所具有的特点。

1.1.4　信号源可以用电压源，也可以用电流源，举例说明它们各自的应用场景。

1.1.5　举例说明要求放大电路输出一定幅值电流和一定幅值电压的应用场景。

1.2 放大电路及其分析方法

1.2.1 放大的概念

放大是模拟电路最重要也是最基本的功能，理想放大电路的输出信号波形与输入信号波形完全相同，只是幅值被放大了，如图 1.2.1 所示。如果放大电路的输出信号电压相位与输入信号电压相位相同，则称其为同相放大电路。如果放大电路的输出信号电压相位与输入信号电压相位相反，即输入信号经过放大电路输出的信号产生$180°$（或$2n\pi + 180°$，n 为整数）的相移，则称其为反相放大电路。

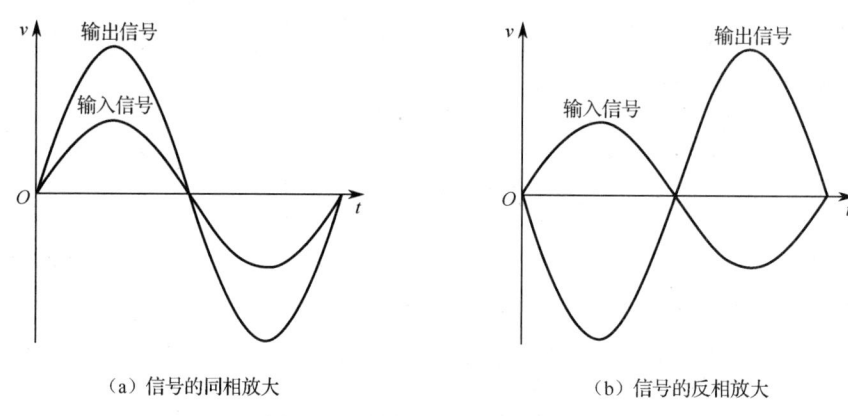

（a）信号的同相放大   （b）信号的反相放大

图 1.2.1   放大电路放大输入信号

为放大电路供电的直流电源确保放大器件处于线性放大状态，本质上是放大电路能够将直流电源提供的功率转换成交流信号功率，使得放大电路输出的交流信号放大了。用二端口网络框图表示放大电路，如图 1.2.2（a）所示，v_i、i_i 表示输入电压、输入电流，其相量为 $\dot{V}_i$、$\dot{I}_i$，v_o、i_o 表示输出电压、输出电流，其相量为 $\dot{V}_o$、$\dot{I}_o$，且用 "+" "−" 号表示电压的参考方向，箭头表示电流的参考方向，实际的电压、电流方向与参考方向相同的取为正值，与参考方向相反的取为负值。虽然实际的放大电路需要直流电源供电，但通常在电路的框图表示中不画出，如图 1.2.2（b）所示，直流电源 V^+ 符号没有了。

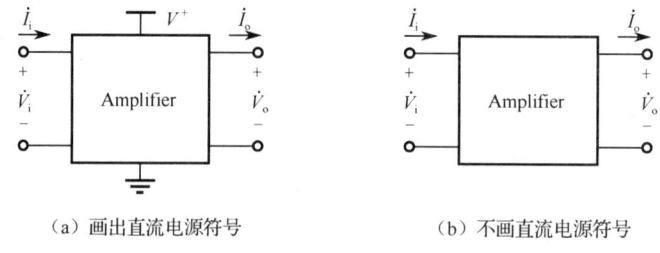

（a）画出直流电源符号   （b）不画直流电源符号

图 1.2.2   放大电路的二端口网络框图表示

增益是衡量放大电路放大特性的重要指标之一。电压增益 $\dot{A}_V$ 就是放大电路输出电压 $\dot{V}_o$ 与输入电压 $\dot{V}_i$ 的比值，电流增益 $\dot{A}_I$ 就是放大电路输出电流 $\dot{I}_o$ 与输入电流 $\dot{I}_i$ 的比值，即

$$\dot{A}_V = \frac{\dot{V}_o}{\dot{V}_i} \tag{1.2.1}$$

$$\dot{A}_I = \frac{\dot{I}_o}{\dot{I}_i} \qquad (1.2.2)$$

注意：尽管放大概念通常指增益大于 1，但是增益小于 1 或等于 1 的情况也存在。

1.2.2 放大电路模型

放大电路模型是一种描述放大电路性能特点的简化方法。根据输入信号条件（电压还是电流）和输出信号要求（电压还是电流）不同，放大电路模型分为四种，即电压放大电路模型、电流放大电路模型、互阻放大电路模型、互导放大电路模型，如图 1.2.3 所示。

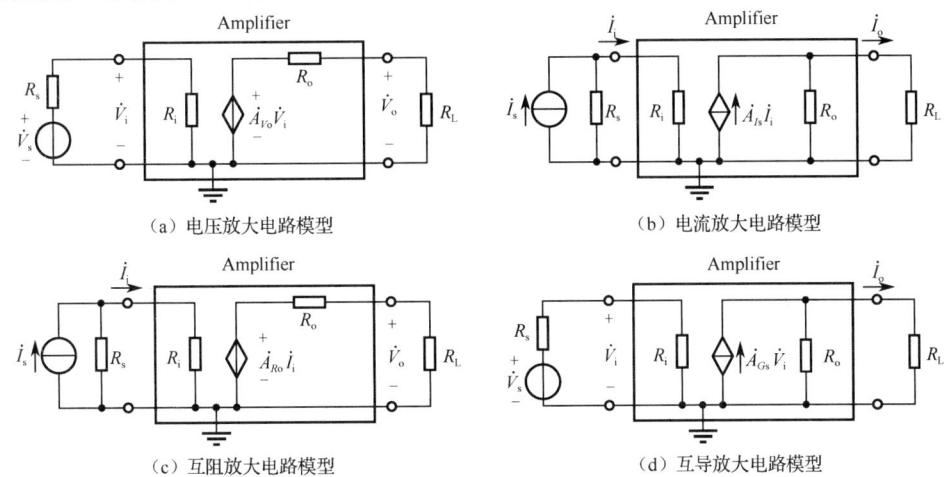

（a）电压放大电路模型 （b）电流放大电路模型

（c）互阻放大电路模型 （d）互导放大电路模型

图 1.2.3 四种放大电路模型

在图 1.2.3 中，圆圈表示独立电源，菱形表示受控电源，且根据圆圈、菱形中间增加线段方向的不同来区分电压源和电流源。放大电路模型分为输入回路和输出回路两部分，信号源接在输入回路中，负载接在输出回路中，输出回路与输入回路用简化的受控电源相互联系。实际应用时，可根据放大电路给定的性能指标，把放大电路简化成其中一种放大电路模型，非常有助于直观、形象地分析放大电路。在某些应用中，输入回路和输出回路完全隔离，不需要"共地"连接，如红外传输系统，发射回路和接收回路的电气连接完全隔离，这样的放大电路具有良好的隔离作用，如图 1.2.4 所示。

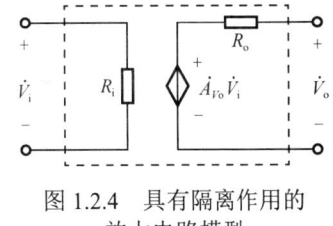

图 1.2.4 具有隔离作用的
放大电路模型

四种放大电路模型的 R_i 表示放大电路的输入阻抗，R_o 表示放大电路的输出阻抗，但它们增益的意义不同。

（1）$\dot{A}_{Vo}$ 表示电压放大电路模型输出开路（$R_L = \infty$）时的电压增益，它是负载 R_L 开路时输出电压 $\dot{V}_o$ 与输入电压 $\dot{V}_i$ 的比值，它没有量纲，$\dot{A}_{Vo}\dot{V}_i$ 是输入电压 $\dot{V}_i$ 控制的受控电压源。

（2）$\dot{A}_{Is}$ 表示电流放大电路模型输出短路（$R_L = 0$）时的电流增益，它是负载 R_L 短路时输出电流 $\dot{I}_o$ 与输入电流 $\dot{I}_i$ 的比值，它没有量纲，$\dot{A}_{Is}\dot{I}_i$ 是输入电流 $\dot{I}_i$ 控制的受控电流源。

（3）$\dot{A}_{Ro}$ 表示互阻放大电路模型输出开路（$R_L = \infty$）时的互阻增益，它是负载 R_L 开路时输出电压 $\dot{V}_o$ 与输入电流 $\dot{I}_i$ 的比值，它具有电阻量纲——欧姆（Ω），$\dot{A}_{Ro}\dot{I}_i$ 是输入电流 $\dot{I}_i$ 控制的受控电压源。

（4）$\dot{A}_{Gs}$ 表示互导放大电路模型输出短路（$R_L = 0$）时的互导增益，它是负载 R_L 短路时输出电流 $\dot{I}_o$ 与输入电压 $\dot{V}_i$ 的比值，它具有电导量纲——西门子（S），$\dot{A}_{Gs}\dot{V}_i$ 是输入电压 $\dot{V}_i$ 控制的受控电流源。

四种放大电路模型可以互相转换，可根据实际应用情况采用不同的模型。例如，在生物电流检测、光电流检测中，可采用互阻放大电路模型，表示放大电路把传感器输出的电流信号转换为电压信号输出。在自动控制电流的应用中，可采用互导放大电路模型，表示放大电路把传感器采集的电压信号转换为电流信号输出。常用的是电压放大电路模型，表示被检测信息先经过传感器转换成电压信号，然后用放大电路进行电压放大，输出相应的电压信号。

1.2.3　放大电路的性能指标及其分析方法

电压增益、输入电阻、输出电阻、频率特性和带宽、非线性失真是衡量放大电路性能的重要指标。

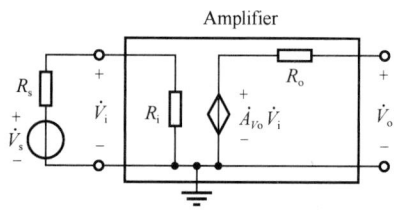

图 1.2.5　输出开路时的电压放大电路模型

（1）电压增益 $\dot{A}_V$

前面已经定义了放大电路的电压增益 $\dot{A}_V$，为了区别，用 $\dot{A}_{Vo}$ 表示放大电路未接入负载（$R_L = \infty$）时的电压增益，如图 1.2.5 所示。由于负载开路，输出回路中没有电流产生，输出电阻 R_o 两端的电压为 0，因此输出电压 $\dot{V}_o = \dot{A}_{Vo}\dot{V}_i$。

当接入负载 R_L 时，放大电路的输出电阻 R_o 与负载 R_L 串联，根据分压原理，$\dot{V}_o = \dot{A}_{Vo}\dot{V}_i - \dot{V}_{R_o}$，$\dot{A}_V$ 变为

$$\dot{A}_V = \frac{\dot{V}_o}{\dot{V}_i} = \dot{A}_{Vo}\frac{R_L}{R_L + R_o} \tag{1.2.3}$$

（2）输入电阻 R_i

利用电压放大电路模型，分析输入电阻 R_i 的电路模型如图 1.2.6 所示。根据伏安法原理，向放大电路输入交流测试电压 $\dot{V}_T$，其在输入端产生测试电流 $\dot{I}_T$，该测试电压 $\dot{V}_T$ 与测试电流 $\dot{I}_T$ 的比值就是放大电路的输入电阻 R_i，即

$$R_i = \frac{\dot{V}_T}{\dot{I}_T} \tag{1.2.4}$$

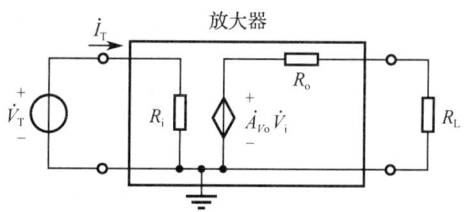

图 1.2.6　分析输入电阻 R_i 的电路模型

（3）输出电阻 R_o

利用电压放大电路模型，分析输出电阻 R_o 的电路模型如图 1.2.7 所示。根据伏安法原理，假设输入信号源电压短路，向放大电路输出端输入交流测试电压 $\dot{V}_T$，其在输出端产生测试电流 $\dot{I}_T$，该测试电压 $\dot{V}_T$ 与测试电流 $\dot{I}_T$ 的比值就是放大电路的输出电阻 R_o，即

$$R_o = \frac{\dot{V}_T}{\dot{I}_T}\bigg|_{\dot{V}_s=0} \tag{1.2.5}$$

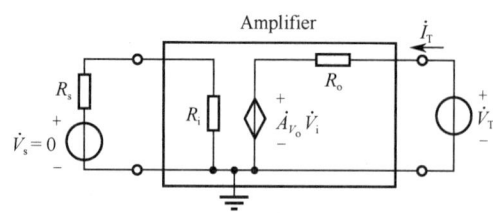

图 1.2.7　分析输出电阻 R_o 的电路模型

（4）频率特性和带宽

放大电路存在晶体管电容效应，元器件布局、布线也会产生分布电容。此外，还可能存在耦合电容、旁路电容等，使放大电路具有电抗特性，致使其对不同频率的正弦波信号的电压增益不同，即

$$\dot{A}_V = \frac{\dot{V}_o}{\dot{V}_i} = A_V(\omega)\mathrm{e}^{\mathrm{j}\varphi(\omega)} \tag{1.2.6}$$

式中，ω 为正弦分量的角频率；$A_V(\omega)$ 为放大电路对该正弦波信号的电压增益模值；$\varphi(\omega)$ 为该正弦波信号输出电压 $\dot{V}_o$ 与输入电压 $\dot{V}_i$ 之间的相位差。

$A_V(\omega)$、$\varphi(\omega)$ 都与正弦波信号的角频率 ω 有关，$A_V(\omega)$ 与正弦波信号角频率 ω 的关系称为幅频特性或幅频响应，$\varphi(\omega)$ 与正弦波信号角频率 ω 的关系称为相频特性或相频响应。如果用图像表示，需要用两个图像分别表示幅频响应曲线和相频响应曲线，即幅频响应图和相频响应图。由于频率范围很宽，为了缩短频率坐标轴，幅频响应图和相频响应图的频率坐标轴都采用对数刻度，即相邻的两个刻度值具有十倍关系。幅频响应图的电压增益采用对数形式，这是因为，放大电路电压增益的变化范围很宽，放大电路对通频带内的正弦分量起放大作用，其电压增益大于 1 甚至远大于 1，而对通频带外的正弦分量起衰减或抑制作用，其电压增益小于 1 甚至远小于 1。因此，为了既缩短电压增益轴，又能够直观地表示出放大电路对不同频率信号的放大情况，电压增益采用对数形式，并且取单位贝尔（Bel），即

$$A_V(\mathrm{Bel}) = \lg\left|\dot{A}_V\right| = \lg\left|\frac{\dot{V}_o}{\dot{V}_i}\right| \tag{1.2.7}$$

实际应用时，贝尔单位比较大，常采用分贝（dB）作为单位，并且，为了与功率增益的定义相匹配，一般写成 20 倍乘关系，即

$$A_V(\mathrm{dB}) = 20\lg\left|\dot{A}_V\right| = 20\lg\left|\frac{\dot{V}_o}{\dot{V}_i}\right| \tag{1.2.8}$$

频率轴采用对数刻度，电压增益采用对数形式，绘制出放大电路的幅频响应曲线，如图 1.2.8 所示，也称为幅频响应波特图，虚线表示实际的幅频响应曲线，实折线表示实际幅频响应曲线的渐近线。实折线表示的渐近线与实际幅频响应曲线的最大误差只有 3dB，把这两个位置处的频率分别用 f_L 和 f_H 表示，称为放大电路的下限（截止）频率和上限（截止）频率。

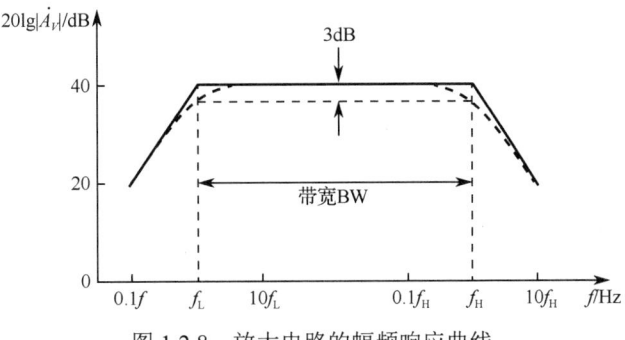

图 1.2.8　放大电路的幅频响应曲线

根据图 1.2.8 可知，幅频响应曲线的中间段，即 f_L、f_H 之间是平坦的，小于 f_L 或大于 f_H 时，电压增益开始下降。把 f_L、f_H 之间的频率区称为中频区，低于 f_L 的频率区称为低频区，高于 f_H 的频率区称为高频区。可以看出，低频区、高频区是相对中频区而言的，通常所说的

电压增益就是指中频区的电压增益 A_M。

f_L、f_H 也被称为放大电路的低半功率点和高半功率点。在输入信号幅值保持不变的条件下，这两个半功率点的输出功率等于中频区输出功率的一半。通常把 f_H 与 f_L 的差值称为放大电路的带宽（BW），也称为通频带，即

$$BW = f_H - f_L$$

由于放大电路中存在电抗性元件，因此与电压增益一样，输入电阻、输出电阻也存在频率特性，通常说的输入电阻、输出电阻是通频带内的。

由频率引起的失真称为频率失真，它是由放大电路中存在电抗性元件引起的，由于电抗性元件是线性元件，因此频率失真也被称为线性失真。频率失真分为幅值失真和相位失真两种情况。输入信号包含许多正弦分量，如图 1.2.9（a）所示，幅值失真是由放大电路对不同频率的正弦分量的电压增益不同引起的，如图 1.2.9（b）所示，相位失真是由放大电路对不同频率的正弦分量的延迟、相移不同引起的，如图 1.2.9（c）所示。

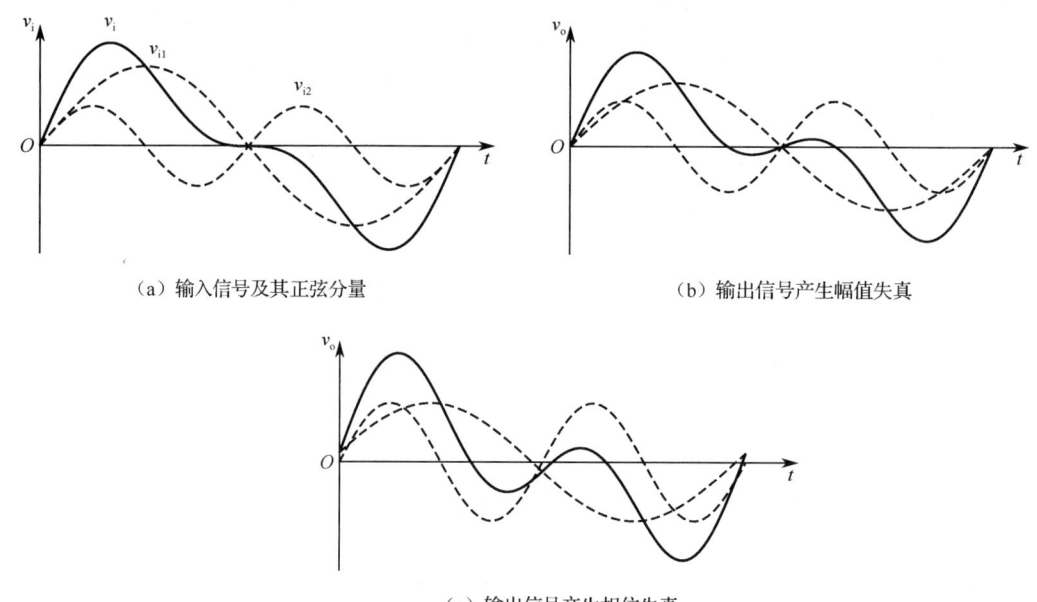

（a）输入信号及其正弦分量　　　　　　　（b）输出信号产生幅值失真

（c）输出信号产生相位失真

图 1.2.9　频率失真（纵轴的刻度单位不同）

在图 1.2.9 中，输入信号 $v_i(t)$ 含有两个正弦分量 $v_{i1}(t)$、$v_{i2}(t)$（用虚线表示），经过放大电路作用以后，两个正弦分量分别变成 $v_{o1}(t)$、$v_{o2}(t)$。如果没有产生幅值失真或相位失真，$v_{o1}(t) = k_1 v_{i1}(t)$，$v_{o2}(t) = k_2 v_{i2}(t)$，且 $k_1 = k_2 = k$，输出信号是这两个正弦分量的合成，即 $v_o(t) = v_{o1}(t) + v_{o2}(t) = k_1 v_{i1}(t) + k_2 v_{i2}(t) = k[v_{i1}(t) + v_{i2}(t)] = kv_i(t)$，输出波形与输入波形相同，只是被放大了。但如果产生了幅值失真或相位失真，则 $k_1 \neq k_2$，输出波形与输入波形不再相同，说明输出信号产生失真。

放大电路周围存在干扰或噪声，这些干扰或噪声也会进入放大电路。由于放大电路具有一定的带宽，只要这些干扰或噪声在通频带外，放大电路对其电压增益会变得很小，相当于放大电路具有滤波作用，让有用信号容易通过，干扰或噪声不容易通过。

设计放大电路时，需要正确估计信号的有效带宽（信息包含的主要能量或信息的频谱宽度），使电路的带宽与信号带宽相匹配。例如，声音信号的频谱为 20Hz～20kHz，设计的放

大电路的带宽应为 20Hz～20kHz。

（5）非线性失真。

传输特性用于表示器件或电路输出信号与输入信号的关系，它是一种描述器件或电路特性的常用方法，且多用电压传输特性。放大器件在一定工作范围内，其传输特性保持线性关系，这个区域称为线性区，当超出这个工作范围时，其输出信号不再随着输入信号的变化而线性变化，这个区域称为非线性区。信号的另一种失真是非线性失真，它是由放大器件的非线性特性引起的。例如，放大电路输入正弦波信号，因为放大器处于非线性区，其输出电压不再随着输入电压的增大而线性增大，产生非线性失真，使得输出正弦波信号的顶部（包括上顶部和下顶部）被截，如图 1.2.10 所示。

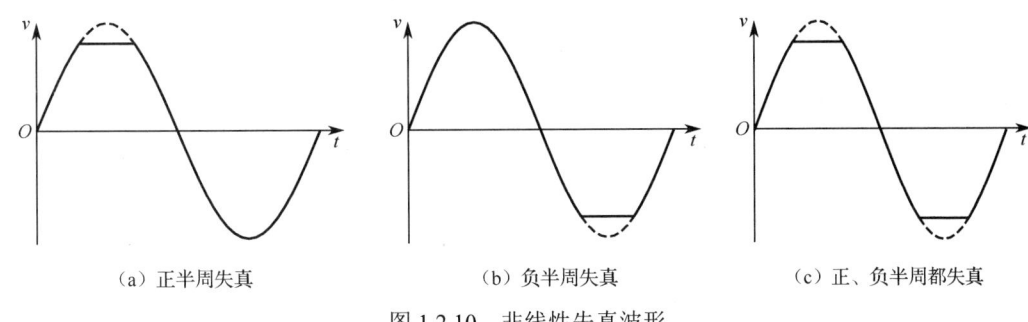

（a）正半周失真　　　　　（b）负半周失真　　　　　（c）正、负半周都失真

图 1.2.10 非线性失真波形

信号的非线性失真并不都是坏处，在放大电路中，为了正常放大信号，让放大器工作于线性区，以避免放大器的非线性特性引起的非线性失真，但在有些电路中，却故意利用放大器的非线性特性，使放大电路输出方波信号，如方波信号产生电路。

本节复习思考题

1.2.1 输出电阻分别为100Ω、100kΩ 的两种放大电路，如果负载 R_L 的阻值为1kΩ，选用哪个放大电路比较合适？

1.2.2 某放大电路的通频带为 200Hz～20kHz，输入频率为 80Hz 的正弦波信号，会产生频率失真吗？输出的还是正弦波信号吗？

1.2.3 某放大电路的通频带为 200Hz～20kHz，输入频率为 100kHz 的正弦波信号，会产生频率失真吗？输出的还是正弦波信号吗？

1.2.4 放大电路产生线性失真时，输入正弦波信号，输出的还是正弦波信号；而放大电路产生非线性失真时，输入正弦波信号，输出的却不再是正弦波信号，请说明产生上述现象的理由。

1.3 模块化、层次化设计思想

1.3.1 电路单元

应用模块化、层次化的设计思想和方法，将复杂的系统分解成一个个子系统，应用同样的方法，把一个个子系统再分解成子模块或子电路，一直分解下去，直到分解成能够实现的最小电路为止，这样的分解方法能够大大降低电路设计的难度和复杂度，如图 1.3.1 所示。数字电路可以分解为系统层、逻辑层、物理层三大层次，逻辑层又可以分解为许多层。不同于数字电路，模拟电路不存在逻辑层结构，而且物理层的布局、布线对电路功能、性能的影响非常大，模拟电路往往在被分解成子系统、子模块后，就必须精心设计物理层的结构。

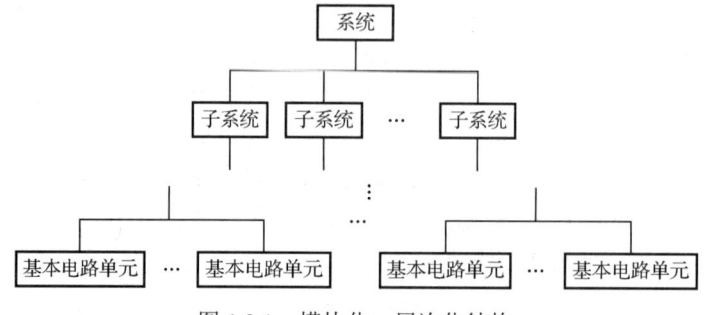

图 1.3.1　模块化、层次化结构

子系统、子模块等都被称为电路单元，那些最小电路称为基本电路单元。后面章节将分别介绍模拟电路常用的基本电路单元，如二极管基本电路、单管放大电路、差分放大电路、互补推挽式放大电路等。这些基本电路单元是构建运算放大器的重要电路模块，也是构建各种复杂电路的基本单元。

本书引入"信号传输路径"的概念，即信号从电路输入端传输到电路输出端经过的路径。多级放大电路级联时，根据"信号传输路径"的概念，前级电路是后级电路的信号源，后级电路是前级电路的负载，前级电路的输出电压就是后级电路的输入电压，如图 1.3.2 所示。因此，级联放大电路的总电压增益 $\dot{A}_V$ 可表示为

$$\dot{A}_V = \frac{\dot{V}_o}{\dot{V}_i} = \frac{\dot{V}_{o1}}{\dot{V}_i}\frac{\dot{V}_{o2}}{\dot{V}_{i2}}\cdots\frac{\dot{V}_o}{\dot{V}_{in}} = \dot{A}_{V1}\dot{A}_{V2}\cdots\dot{A}_{Vn} \tag{1.3.1}$$

式中，$\dot{A}_{V1}$、$\dot{A}_{V2}$、$\cdots$、$\dot{A}_{Vn}$ 分别表示级联放大电路第一级、第二级、$\cdots$、第 n 级放大电路的电压增益。式（1.3.1）表示级联放大电路的总电压增益等于各级放大电路电压增益的乘积。

用相量表示第 i 个放大电路的电压增益，即 $\dot{A}_{Vi} = |\dot{A}_{Vi}|e^{j\varphi_i}$，$|\dot{A}_{Vi}|$、$\varphi_i$ 分别是其模值和相位，则式（1.3.1）可展开为

$$\dot{A}_V = |\dot{A}_{V1}||\dot{A}_{V2}|\cdots|\dot{A}_{Vn}|e^{j(\varphi_1+\varphi_2+\cdots+\varphi_n)} \tag{1.3.2}$$

若采用分贝表示，则为

$$20\lg|\dot{A}_V| = 20\lg|\dot{A}_{V1}| + 20\lg|\dot{A}_{V2}| + \cdots + 20\lg|\dot{A}_{Vn}| \tag{1.3.3}$$

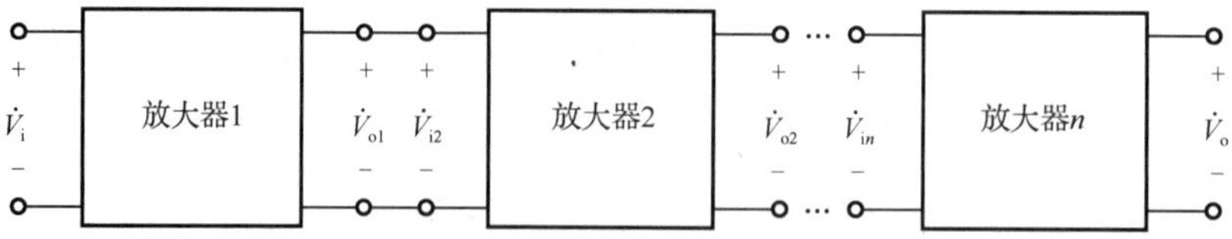

图 1.3.2　放大电路级联

1.3.2　运算放大器

运算放大器是模拟电路最重要的电路单元之一，被应用在各种模拟电路中。即使是数字系统，也需要运算放大器对输入、输出端及显示设备和外部接口的模拟信号进行处理。另外，直流稳压电源也需要运算放大器进行稳压。与 BJT、FET 一样，运算放大器也称为放大器件。

利用运算放大器，只要外接适当的元件，就可构成各种处理模拟信号的电路，因此，可单独设计运算放大器，然后将其置入需要的电子系统。

运算放大器由多个电路单元构成，各个电路单元完成不同的功能，具有高增益、高输入阻抗、低输出阻抗等特点。运算放大器由多级放大电路构成，除了各级放大电路模块，运算放大器还需要直流偏置、电平移动等电路单元模块。运算放大器由多级放大电路级联，输入级放大电路的输入阻抗决定了运算放大器的输入阻抗，输出级放大电路的输出阻抗决定了运算放大器的输出阻抗，即 $R_i = R_{i1}$，$R_o = R_{on}$，如图 1.3.3 所示。

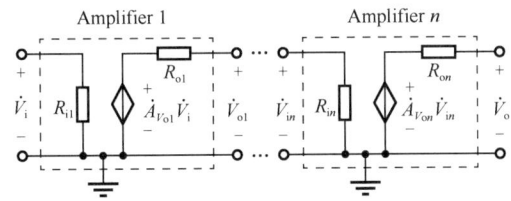

图 1.3.3 运算放大器的级联电路模型

运算放大器输出级放大电路的输出阻抗越小，带负载能力越强。例如，当负载 R_L 的阻值为 1kΩ 时，如果放大电路的输出电阻 $R_o = 10kΩ$，则负载 R_L 还得不到十分之一的输出电压，但如果放大电路的输出电阻 $R_o = 10Ω$，则绝大部分电压输出在负载 R_L 上，只有约百分之一的电压降落在输出电阻 R_o 上。

运算放大器具有两个输入端，分别称为同相端（用"+"表示）和反相端（用"−"表示），一个输出端，如图 1.3.4（a）所示。为了使运算放大器正常工作，还需要接入直流电源，但在电路符号中通常不画出。

在分析由运算放大器构成的电路时，常用理想运算放大器的概念。理想运算放大器具有以下特点：

（1）电压增益 A_V 无穷大；

（2）输入阻抗 R_i 无穷大；

（3）输出阻抗 R_o 为 0；

（4）带宽无限宽；

（5）失调电压为零（实际运算放大器的失调电压仅为几微伏）。

根据理想运算放大器的特点，理想运算放大器可简化成如图 1.3.4（b）所示的理想模型。尽管实际的运算放大器与理想运算放大器有差距，但只要选用合适的运算放大器，采用理想运算放大器的概念，不仅能够大大简化分析问题的过程，且分析的结果通常在误差允许范围内。

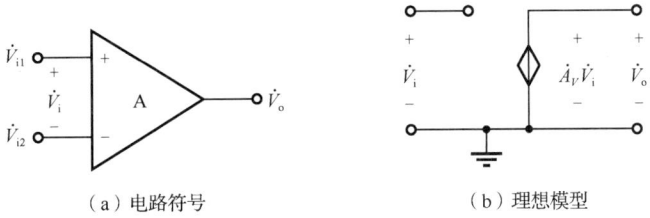

（a）电路符号   （b）理想模型

图 1.3.4 运算放大器

后面的章节先介绍模拟电路常用的基本电路单元，然后介绍利用这些基本电路单元构建运算放大器的方法，最后介绍应用运算放大器构建常用模拟电路的方法和过程。

本节复习思考题

1.3.1　两级级联的放大器，每个放大器的电压增益为 50，总电压增益是多少？

1.3.2　由电压增益为 $\dot{A}_{V_i}=\left|\dot{A}_{V_i}\right|e^{j\frac{\pi}{2}}$ 的放大器构成的两级级联放大电路的总相移是多少？

1.3.3　若两个放大电路只有输入电阻不同，且分别为 $10\text{k}\Omega$ 和 $1\text{M}\Omega$，则要放大内阻为 $0.5\text{M}\Omega$ 的信号源，选用哪个放大电路合适？

1.3.4　举例说明电路实物图、电路原理图、电路结构框图之间的区别和联系。

本章提要

1．电路中的电压、电流有交流成分，也有直流成分，可采用字母与下标组合的方式区别表示。

2．电子系统实现某种功能，模拟电路处理模拟信号，数字电路处理数字信号。

3．实际的信号由许多正弦分量组成，具有一定的频谱，因此，设计的电路带宽必须充分与信号的频谱匹配。

4．放大电路是最基本的电子电路，用电压增益、带宽、输入电阻、输出电阻等性能指标评价其放大品质，可以通过理论分析计算或实验测量方法来确定。

5．放大电路模型提供了一种分析放大电路的方法，常用的是电压放大电路模型。

6．应用模块化、层次化设计思想和方法能够降低电路设计的复杂度，并把复杂电路分解成许多电路单元，最小的电路单元称为基本电路单元。

7．运算放大器是模拟电路中最重要的电路单元之一，它可以分解成输入级、中间级和输出级等多个电路模块。

习　　题

1.1　写出下列信号的相量表示形式。

（1）$v(t)=12\cos(314t+30^{\circ})$；

（2）$v(t)=[5\cos(\omega t)+4\cos(\omega t+45^{\circ})]$。

1.2　写出下列信号的直流分量与交流分量。

（1）$v_{CD}=[10+2\cos(314t)]$；

（2）$v_{A}=10\text{V}$；

（3）$\dot{V}_{ad}=12e^{j\frac{\pi}{4}}$。

1.3　绘出下列各式的伏安特性曲线。

（1）$I=10V$；

（2）$I=5V^{2}$；

（3）$I=I_{o}e^{(V/V_{A})}$，V_{A} 为常量。

1.4　求 $I=I_{o}e^{(V/V_{A})}$ 在 $V=V_{A}$ 处的斜率。

1.5　应用 $i=I_{x}/[1-(v/V_{REF})]$ 的线性近似式，对于小数值的 v/V_{REF}，绘出其近似的伏安特性曲线。提示：把 $i = I_x/[1-(v/V_{\text{REF}})]$ 写成 $i = I_x[1-(v/V_{\text{REF}})]^{-1}$ 的形式，并应用二项式展开公式 $(x+y)^n = x^n + nx^{n-1}y + \dfrac{n(n-1)}{2}x^{n-2}y^2 + \cdots$。

1.6　放大电路的输入信号 $v_i(t) = 20\sin(2\pi \times 10 \times 10^3 t)$，其输出信号为 $v_o(t) = 2000\sin(2\pi \times 10 \times 10^3 t + 2\pi)$，电压增益和相移分别是多少？

1.7　某放大电路不接负载时，测得其输出端的开路电压 $V_o = 4\text{V}$，而接上 $3\text{k}\Omega$ 的负载电阻 R_L 时，输出电压 V_o 下降为 3V，求该电路的输出电阻 R_o。

1.8　若输入信号有效值是 $10\,\mu\text{V}$，设计一个放大电路放大该信号，带动 10W、8Ω 的扬声器，该放大电路电压增益需要多少分贝？

1.9　某放大电路的通频带是 $100\text{Hz} \sim 40\text{kHz}$，如果输入信号分别为（1）$v_i(t) = 10\cos(2\pi \times 50 \times 10^3 t)$；（2）$v_i(t) = 10\cos(2\pi \times 10 \times 10^3 t) + 5\cos(2\pi \times 30 \times 10^3 t)$；（3）$v_i(t) = 10\cos(2\pi \times 10 \times 10^3 t) + 5\cos(2\pi \times 50 \times 10^3 t)$。哪种情况下会出现频率失真？

1.10　将一个 $1.0\cos(\omega t)$ 的信号输入一个电压增益为 35dB、相移为 $180°$ 的放大电路，写出输出电压的表达式。

1.11　如果把习题 1.10 中的两个同样的放大电路级联，写出输出电压的表达式。

1.12　某一放大电路的幅频响应波特图如图 1 所示。
（1）试求该放大电路的中频电压增益 A_M、上限频率 f_H、下限频率 f_L；
（2）当输入信号的频率 $f = f_L$ 或 $f = f_H$ 时，该放大电路的实际电压增益是多少？

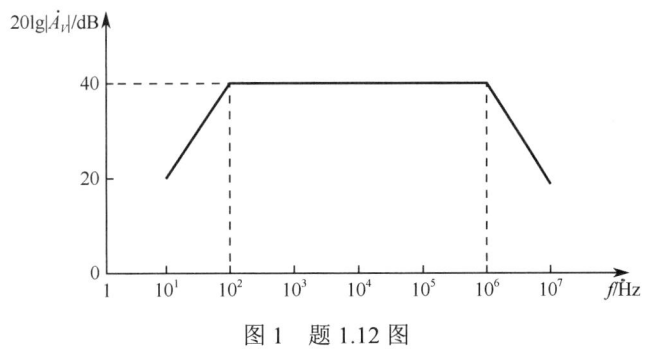

图 1　题 1.12 图

1.13　在电压放大电路的上限截止频率点，电压增益比中频区下降 3dB，这时在相同的电压输入条件下，输出电压是否下降到中频区的近似 $1/\sqrt{2}$ 处？

1.14　放大电路的电压增益为 100，输入信号 $v_i(t) = 0.2\cos(314t)$，如果供电双电源电压分别为 12V 和 -12V，输出信号会产生非线性失真吗？

1.15　有三种不同放大电路：（1）高输入阻抗型，$R_{i1} = 1\text{M}\Omega$，$A_{Vo1} = 10$，$R_{o1} = 10\text{k}\Omega$；（2）高增益型，$R_{i2} = 10\text{k}\Omega$，$A_{Vo2} = 100$，$R_{o2} = 1\text{k}\Omega$；（3）低输出阻抗型，$R_{i3} = 10\text{k}\Omega$，$A_{Vo3} = 1$，$R_{o3} = 10\Omega$。试用这三种放大电路，设计一个能在 100Ω 的负载电阻上提供至少 0.5W 功率的放大电路。已知信号源开路电压有效值为 30mV，内阻 $R_s = 0.5\text{M}\Omega$。

第 2 章　半导体二极管及其基本电路

PN 结是二极管的主要组成部分，也几乎是所有晶体管电子器件（包括集成电路）的基础。本章的主要内容如下：

（1）半导体材料的相关知识；

（2）PN 结的结构、形成、单向导电性；

（3）二极管的伏安特性；

（4）描述二极管特性的几个简单电路模型；

（5）通用的二极管基本电路，非线性器件线性化的方法及其应用；

（6）几种特殊二极管及其应用。

注意：本章虽然主要讨论硅二极管的特性，但所讨论的大部分内容也适用于其他半导体二极管。

2.1　引言

根据电阻率的不同，把电子器件常用的固体材料分为导体、半导体和绝缘体。用于制作电子器件的半导体材料通常有硅（Si）、锗（Ge）、砷化镓（GaAs）。硅、锗属于单质半导体，砷化镓属于化合物半导体。早期半导体工业中主要使用锗，砷化镓常用于制作高频器件、高速器件或光子器件。硅由于其结构特性、击穿电压及温度特性等优于其他半导体材料，所以成为半导体电子器件的主要制作材料。

一般金属的导电能力随温度的上升而下降，且变化不明显。例如，当温度从30℃升高到100℃时，金属铜（Cu）的电阻率增加不到一半，是一种正温度系数材料。半导体硅的导电能力随温度变化非常明显，如当温度从30℃下降到20℃时，硅的电阻率会增加一倍，它是一种负温度系数材料，这也说明硅具有热敏性。当半导体材料受到光照射时，其导电能力会发生显著的变化，而且随着照射光的强弱变化，其导电能力是不同的，这说明半导体材料具有光敏性。半导体光敏、热敏传感器正是利用热敏性、光敏性制作而成的。

当然，在电子电路中，晶体管因为具有光敏性、热敏性，会给电路带来不良影响，往往通过改进器件工艺或电路结构减弱其光敏性、热敏性的不良影响。在纯净的半导体中掺入微量杂质时，其导电能力也会显著增加。一般金属材料纯度在 99.9%时，已经认为很高了。而硅材料不同，纯净的硅在室温下的电阻率 $\rho = 214000\Omega \cdot cm$，如果在硅中掺入杂质磷（P）原子，使硅的纯度变为 99.9999%，其电阻率则变为 $\rho = 0.2\Omega \cdot cm$，这就是硅材料所具有掺杂性的表现。在半导体工艺中，故意利用硅材料的掺杂性，通过改变掺入杂质的多少来控制硅的导电能力，从而制造各种电子器件。硅材料具有这些独特的性质，与硅中电子的状态及其运动特点有密切的关系。

本节复习思考题

2.1.1　光敏传感器利用半导体材料的什么特性？

2.1.2　热敏传感器利用半导体材料的什么特性？

2.1.3　查阅资料，归纳半导体器件的封装起的主要作用。

2.1.4　自然界的硅主要以什么形式存在？需要经历些什么变化才能成为制作电子器件的材料？

2.2　半导体材料

2.2.1　本征半导体

半导体材料硅在化学元素周期表中是第 IV 族的元素，原子的最外层只有四个价电子。图 2.2.1 所示为简化的硅原子结构模型，四个价电子用黑点表示，由于整个原子呈电中性，电子带负电性，因此原子核用带圆圈的"+4"符号表示。

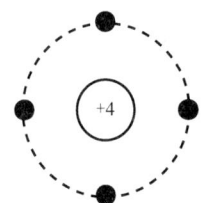

图 2.2.1　简化的硅原子结构模型

本征半导体是一种完全纯净、结构完整的半导体材料。真正的本征硅几乎是不可能得到的，在半导体工艺中通常将硅提纯到一定纯度（如每10^{10}个硅原子中杂质原子不超过 1 个）。本征硅的存在形式有非晶体、多晶体和单晶体，分别称为非晶硅、多晶硅和单晶硅。单晶硅和其他固态晶体一样，是由靠得很紧密的原子周期性重复排列而成的，原子之间依靠共价键结合，如图 2.2.2 所示。由图 2.2.2 可以看出，晶体中的电子状态和单个原子中的不同，一个晶体原子和周围的原子共用四对电子。图 2.2.2 中表示的晶体结构是二维的，实际上半导体晶体结构是三维的。

半导体材料的重要物理特性是它的电导率，电导率与材料内单位体积中所含的荷载电流粒子（称为载流子）的数目有关，载流子的浓度越高，其电导率越高。半导体材料内载流子的浓度取决于许多因素，包括材料的基本性质、温度及是否存在杂质等。在温度 $T=0$K 和没有外界刺激时，由于每个原子的外层电子被共价键束缚，这些被束缚电子对半导体材料内的传导电流没有贡献。但是，半导体共价键中的价电子并没有像绝缘体那样被束缚得很紧。在室温下，半导体共价键中的价电子就会从外界获得足够的能量挣脱共价键的束缚而成为自由电子，这相当于共价键中失去电子而出现空位，称之为空穴，如图 2.2.3 所示，用圆圈表示空穴，这种产生自由电子和空穴的现象称为本征激发。

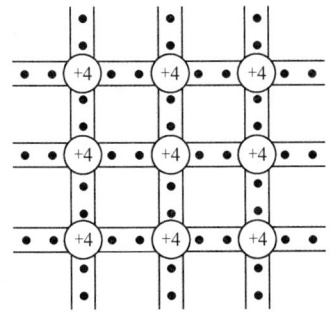 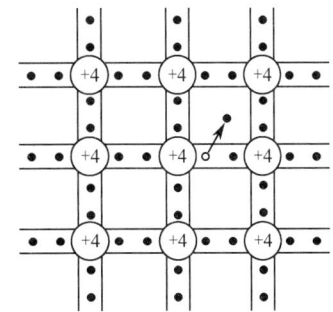

图 2.2.2　硅的二维晶体结构图　　　图 2.2.3　本征激发产生自由电子–空穴对

当共价键上出现了空穴时，这些空穴不是固定不动的，它会移动，邻近的电子会填补到这个空穴中来，在这个电子原来的位置上会留下新的空穴，随后其他处的电子又会转移到这个新的空穴中来。而且，在外加电场作用下共价键中出现的空穴会产生定向移动。

　　如图 2.2.4 所示，设外加电场 E 的方向为水平向左，如果在位置 1 处出现一个空穴，位置 2 处的电子便可以填补到这个空穴中来（除了外加电场的作用，电子还在做无规则的热运动，因此电子运动并不是沿水平方向），在位置 2 处留下一个新的空穴，接着位置 3 处的电子又填补到这个空穴中来，在位置 3 处留下一个空穴。在这个过程中，电子的移动方向为 3→2→1，但仍处于被束缚状态，而空穴的移动方向为 1→2→3，也就是说空穴的移动方向与电子的移动方向相反。

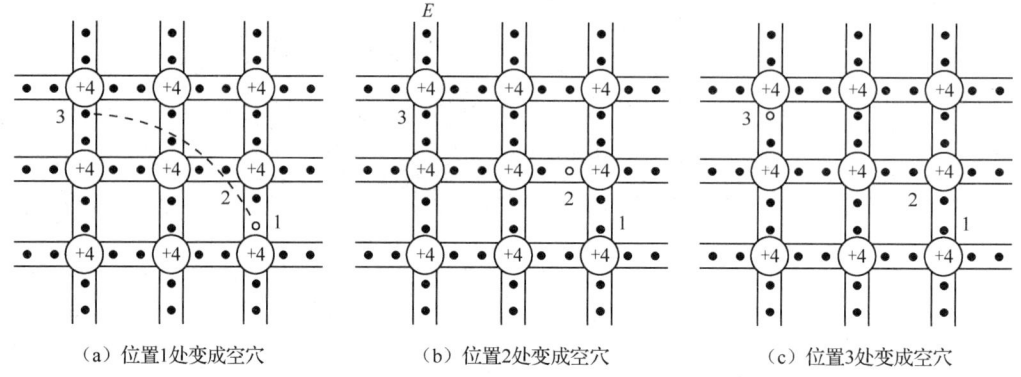

（a）位置1处变成空穴　　　　　　（b）位置2处变成空穴　　　　　　（c）位置3处变成空穴

图 2.2.4　半导体中电子和空穴的移动

　　由此可见，共价键上空穴或束缚电子移动产生电流的根本原因在于共价键上出现空穴，因此在实际分析中往往用空穴的运动来代表共价键上束缚电子的运动，并把空穴看作一个带正电的粒子，其所带电量与电子相同，但符号相反。在外加电场的作用下，空穴可以像自由电子一样参与导电，因此空穴也是一种导电载流子。这一点是半导体与金属的最大差异，金属中只有自由电子一种导电载流子，而半导体中有自由电子和空穴两种不同的导电载流子。正是由于具有两种不同的导电载流子，才使得半导体表现出许多奇异的特性，可用来制造各种各样的半导体电子器件。

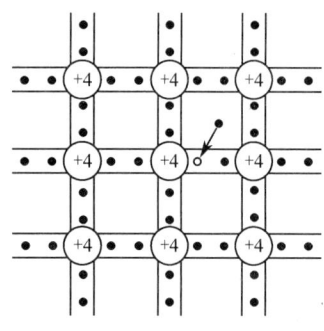

图 2.2.5　自由电子-空穴复合

　　本征激发产生的自由电子和空穴成对出现，也成对消失，所以被称为自由电子-空穴对。本征激发使得晶体中每产生一个自由电子，必然同时产生一个空穴，而这些自由电子也会向外界释放出能量，又填补到空穴中去，称为自由电子-空穴复合，如图 2.2.5 所示。因此在任何时候，本征半导体中的自由电子和空穴的数量总是相等的，设自由电子浓度为 n_i（单位为 $\mathrm{cm^{-3}}$），空穴浓度为 p_i（单位为 $\mathrm{cm^{-3}}$），则始终有 $n_i = p_i$。在室温下，单晶硅的自由电子浓度约为 $1.4 \times 10^{10}\,\mathrm{cm^{-3}}$，而单晶硅的原子密度大约为 $5 \times 10^{22}\,\mathrm{cm^{-3}}$，所以，纯净的单晶硅是一种导电性能很差的半导体材料。

　　当温度升高或受到光照时，半导体晶体中会有更多的电子从外界获得能量而挣脱半导体晶体共价键的束缚而成为自由电子，所以半导体晶体因本征激发产生的自由电子-空穴对浓度受温度或光照的影响而会发生显著变化。这就是半导体材料具有热敏性和光敏性的本质原因。

2.2.2　掺杂半导体

将杂质掺入纯净硅晶体的过程称为掺杂。根据所掺入杂质的性质不同，掺杂半导体可分 P（空穴）型半导体和 N（电子）型半导体两大类型。

1．P 型半导体

在硅晶体中掺入少量的三价元素杂质，如硼、铟等，可以形成 P 型半导体。因为硼原子只有三个价电子，它与周围四个硅原子形成共价键时，还缺少一个电子，所以必须从别处的硅原子中夺取一个价电子，如图 2.2.6 所示。硼原子接受一个电子后，成为带负电的硼离子，而原来硅原子的共价键则因缺少一个电子，形成空穴，但整个半导体晶体还是呈电中性。带负电的硼离子和带正电的空穴间有静电引力作用，所以这个空穴受到硼离子的束缚，在硼离子附近运动。不过，硼离子对这个空穴的束缚是很弱的，只需要很少的能量就可以使这个空穴挣脱束缚，成为在晶体共价键中自由运动的空穴。

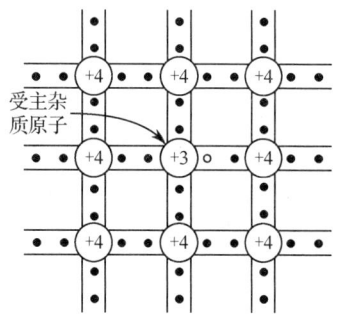

图 2.2.6　P 型半导体的共价键结构

因为三价元素杂质在硅晶体中能够接受电子而产生空穴，所以称它们为受主杂质或 P 型杂质。掺入砷化镓的受主杂质包括元素周期表中第 II 族的元素（作为镓原子的受主）或第 IV 族的元素（作为砷原子的受主）。

每掺入一个受主杂质原子，在硅晶体中就产生一个能够导电的空穴。通过控制掺入杂质原子的多少，可以控制空穴的数量。值得注意的是，掺入杂质产生空穴的同时，并不产生新的自由电子。

除了掺杂受主杂质产生空穴载流子，半导体晶体本身还会因为本征激发产生少量的自由电子-空穴对，所以在 P 型半导体中，既存在自由电子，又存在空穴，但是空穴数量比自由电子多得多。也就是说，在 P 型半导体中，以空穴导电为主，并把空穴称为多数载流子（简称为多子），而把自由电子称为少数载流子（简称为少子）。用 N_A 表示受主杂质浓度，n 和 p 分别表示 P 型半导体中的自由电子和空穴浓度，而 n_i 和 p_i 表示因本征激发产生的自由电子和空穴浓度，则有

$$n = n_i \tag{2.2.1}$$

$$p = N_A + p_i \tag{2.2.2}$$

在一定温度范围内，始终有 $N_A \gg p_i$，式（2.2.2）可写为

$$p = N_A + p_i \approx N_A \tag{2.2.3}$$

根据式（2.2.3），可以简单得出结论：在 P 型半导体中，少数载流子自由电子浓度 n 受温度影响，而多数载流子空穴浓度 p 不受温度影响。

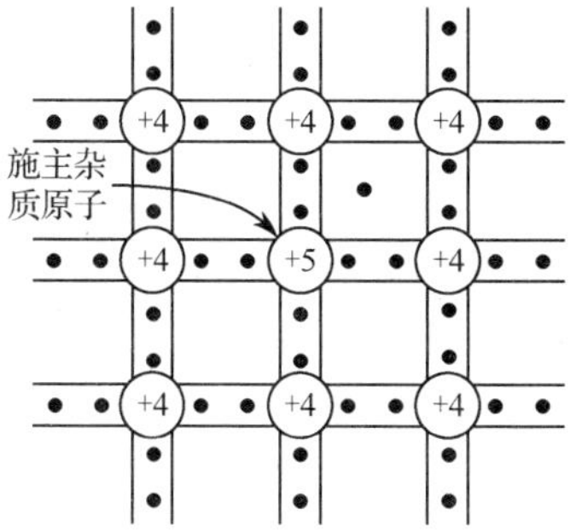

2．N 型半导体

在硅晶体中掺入少量的五价元素杂质，如磷、砷、锑等，可以形成 N 型半导体。磷原子有五个价电子，其中四个价电子与周围四个硅原子形成共价键，还剩余一个价电子。这个多余的价电子只要很小的能量就可以挣脱磷原子的束缚而成为自由电子，如图 2.2.7 所示。当这个多余的价

图 2.2.7　N 型半导体的共价键结构

电子移走后，磷原子成为带正电的磷离子，但整个半导体依然呈电中性。

因为五价元素杂质在硅晶体中能够产生导电的自由电子，所以称它们为施主杂质或 N 型杂质。对于砷化镓材料，所用的施主杂质包括元素周期表中的第 VI 族元素（作为砷原子的施主）或第 IV 族元素（作为镓原子的施主）。

同样，每掺入一个施主杂质原子，在硅晶体中就产生一个能够导电的自由电子。通过控制掺入杂质原子的多少，可以控制自由电子的数量。当然，N 型半导体被掺入杂质产生自由电子的同时，一样不会产生新的空穴。但是，N 型半导体中依然存在因本征激发而产生的少量自由电子-空穴对，所以在 N 型半导体中既有自由电子，也有空穴，只不过自由电子的数量比空穴多得多。也就是说，在 N 型半导体中，以自由电子导电为主，因此把自由电子称为多数载流子，把空穴称为少数载流子。用 N_D 表示施主杂质浓度，用 n 和 p 分别表示 N 型半导体中的自由电子和空穴浓度，n_i 和 p_i 分别表示因本征激发产生的自由电子和空穴浓度，则有

$$p = p_i \tag{2.2.4}$$
$$n = N_D + n_i \tag{2.2.5}$$

在一定温度范围内，始终有 $N_D \gg n_i$，式（2.2.5）可写为

$$n = N_D + n_i \approx N_D \tag{2.2.6}$$

根据式（2.2.6），可以简单得出结论：在 N 型半导体中，少数载流子空穴浓度 p 受温度影响，而多数载流子自由电子浓度 n 不受温度影响。

综上所述，在掺入杂质后，载流子的数目都有一定程度的增加。尽管杂质含量很少，但它们对半导体的导电能力却有很大的影响，因此掺杂是提高半导体导电能力最有效的方法。

本节复习思考题

2.2.1　请查阅资料回答，三种最佳导体分别是什么？它们的电阻率各为多少？

2.2.2　P 型半导体中的空穴是多数载流子，因此 P 型半导体带正电，N 型半导体中的自由电子是多数载流子，因而 N 型半导体带负电。这种说法是否正确？

2.2.3　在温度 $T = 300K$ 时，$1cm^3$ 本征硅含有多少个硅原子？含有多少个自由移动的空穴？如果在本征硅中掺入三价元素杂质，使其纯度变为 99.9999%，那么在 $1cm^3$ 掺杂硅中大约含有多少个能够自由移动的空穴？

2.3　半导体 PN 结

2.3.1　PN 结的形成

P 型半导体中含有受主杂质，在室温下，受主杂质电离成带正电的空穴和带负电的受主杂质离子；N 型半导体中含有施主杂质，在室温下，施主杂质电离成带负电的自由电子和带正电的施主杂质离子。此外，不管是 P 型半导体还是 N 型半导体，都存在由本征激发产生的自由电子-空穴对。但无论是因本征激发产生的导电载流子，还是因掺杂产生的导电载流子，在没有外加电压的条件下，整个半导体中的正负电荷总数是相等的，半导体保持电中性。

如果把同一块半导体材料的一部分掺杂形成 P 型半导体，另一部分掺杂形成 N 型半导体，则在它们的交界处会出现自由电子和空穴的浓度差。P 型半导体的空穴浓度比 N 型半导体高，而 N 型半导体的自由电子浓度比 P 型半导体高，这些导电载流子会从浓度高的地方向浓

度低的地方扩散，也就是说，空穴会从 P 区向 N 区扩散，而自由电子从 N 区向 P 区扩散，如图 2.3.1 所示。

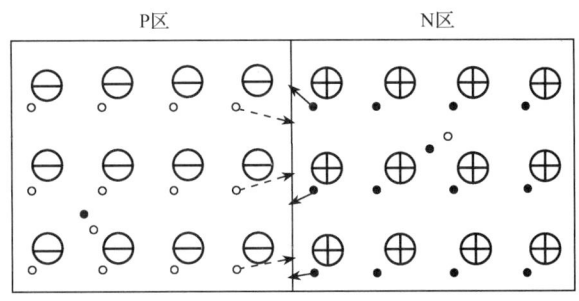

图 2.3.1　多数载流子的扩散

自由电子带负电，而空穴带正电，它们扩散的结果破坏了 P 区和 N 区原来所保持的电中性。P 区失去空穴，留下多余的带负电的受主杂质离子，而 N 区失去自由电子，留下多余的带正电的施主杂质离子。尽管这些杂质离子也带电，但它们不能自由移动，所以并不参与导电。这些带电的杂质离子通常被称为空间电荷，它们集中在 P 区和 N 区的交界面附近，形成一个很薄的空间电荷区，这就是所谓的 PN 结，如图 2.3.2（a）所示。空间电荷区中的多数载流子已扩散到对方的区域并被复合掉，或者说被消耗尽了，因此空间电荷区又被称为耗尽区。随着扩散运动的不断进行，空间电荷区将会变得越来越宽。

当空间电荷区中出现多余的正电荷和负电荷时，在空间电荷区就会产生一个方向从带正电的 N 区指向带负电的 P 区的电场。这个电场是由半导体内载流子的扩散运动形成的，而不是外加电压形成的，故称其为内电场 ε_0。内电场 ε_0 的方向与多数载流子扩散运动的方向相反，它对多数载流子的扩散运动起阻碍作用。

除了多数载流子的扩散运动，PN 结中还存在少数载流子的漂移运动。由于空穴带正电，自由电子带负电，而内电场是从 N 区指向 P 区的，因此，在内电场的作用下，N 区的少数载流子空穴向 P 区漂移，P 区的少数载流子自由电子向 N 区漂移。少数载流子漂移运动的方向刚好与多数载流子扩散运动的方向相反。从 N 区漂移到 P 区的空穴填补了一部分 P 区因扩散失去的空穴，而从 P 区漂移到 N 区的自由电子填补了一部分 N 区因扩散失去的自由电子，这会使空间电荷区电荷减少。因此，少数载流子漂移运动的结果使空间电荷区变窄，其效果正好与扩散运动相反。

由此可见，在 PN 结中既存在扩散运动，又存在漂移运动，它们相互联系且相互矛盾。扩散运动使空间电荷区变宽，内电场增强，对多数载流子扩散运动的阻碍作用增大，但增强了少数载流子的漂移运动；而漂移运动使空间电荷区变窄，内电场减弱，减小了对多数载流子扩散运动的阻碍作用，使扩散运动容易进行，但又不利于少数载流子的漂移运动。当少数载流子的漂移运动和多数载流子的扩散运动达到平衡时，PN 结就处于动态平衡状态。也就是说，从宏观来看，PN 结的宽度保持不变，既不增大，也不减小。

PN 结空间电荷区的内电场方向从 N 区指向 P 区，这说明 N 区的电位高于 P 区，如图 2.3.2（b）所示，q 表示电子电荷量的大小，高出的数值用 V_0 表示，这个电位差称为接触电位差。V_0 的值一般为零点几伏。在空间电荷区，N 区的电位比 P 区高 V_0，而在 PN 结空间电荷区以外的区域保持电中性，那些地方是等电位的。

PN 结空间电荷区的电子势能发生了变化（$-qV_0$），如图 2.3.2（c）所示。自由电子从 N 区扩散到 P 区必须越过一个能量高坡（一般称为势垒），因此空间电荷区又称为势垒区。

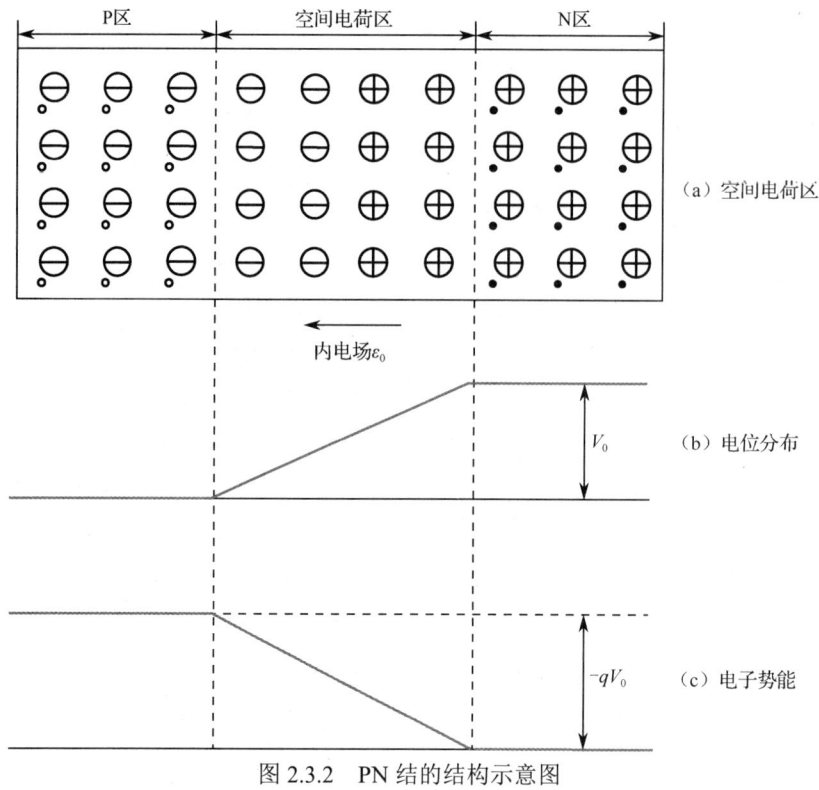

图 2.3.2　PN 结的结构示意图

2.3.2　PN 结的单向导电性

PN 结具有单向导电性，在外加电压的作用下，其单向导电性便表现出来。

1. 外加正向电压

当 PN 结的 P 区与外加电源正极相接，N 区与外加电源负极相接时，称 PN 结外加正向电压或正向偏置（简称正偏），并用 V_F 表示 PN 结两端的正向电压。此时，外加电压所产生的电场 ε_F 的方向与 PN 结内电场 ε_0 的方向相反。在这个外电场作用下，PN 结原来的平衡状态被打破了，更多的 P 区多数载流子空穴和 N 区多数载流子自由电子都要向 PN 结移动。当 P 区空穴进入 PN 结后，就要和原来的一部分负离子中和，使 PN 结靠近 P 区一侧的空间电荷量减少。同样，当 N 区自由电子进入 PN 结后，就要和原来的一部分正离子中和，使 PN 结靠近 N 区一侧的空间电荷量减少。空间电荷量的减少使 PN 结变窄，即空间电荷区变窄，如图 2.3.3（a）所示，空间电荷区由原来未外加电压时的 $a'b'$ 变为 ab。

外加电压使 PN 结的内电场由原来的 ε_0 减小到 $\varepsilon_0 - \varepsilon_F$，而势垒由原来的 V_0 变为 $V_0 - V_F$，如图 2.3.3（b）所示。随着空间电荷区变窄，势垒降低，PN 结电阻减小，P 区和 N 区中能够越过这个势垒区的多数载流子大大增加，形成扩散电流。此时，PN 结的扩散运动大于漂移运动，PN 结内的电流由扩散电流决定，在外电路中形成一个从 P 区流向 N 区的电流，称为正向电流 I_F。当外加电压 V_F 升高，PN 结内电场会进一步减弱，扩散电流随之增大。在正常工作范围内，PN 结上的外加电压只要稍有变化（如 0.1V），便会引起流过 PN 结的正向电流发生显著变化。因此，处于正偏的 PN 结表现为一个阻值很小的电阻。

注：在实际应用时，由于 PN 结两端的正偏电压并不会太高，而测试所用的电源不一定刚好满足 PN 结能承受的电压要求，故可接入串联电阻，不仅可起分压作用，还可起限流作用。

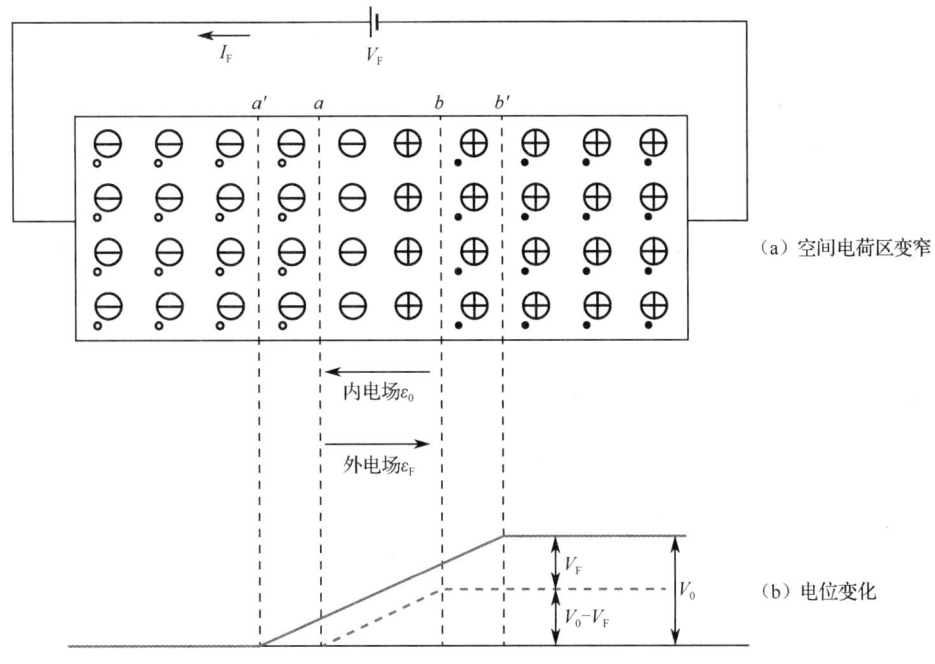

（a）空间电荷区变窄

（b）电位变化

图 2.3.3　PN 结外加正向电压

2. 外加反向电压

　　当 PN 结的 P 区与外加电源负极相接，N 区与外加电源正极相接时，称 PN 结外加反向电压或反向偏置（简称反偏），并用 V_R 表示 PN 结两端的反向电压。此时，外加电压所产生的电场 ε_R 的方向与 PN 结内电场 ε_0 的方向一致。在这个外电场作用下，PN 结原来的平衡状态也被打破了，P 区的空穴和 N 区的自由电子都要朝背离 PN 结的方向移动，使空间电荷量增加，空间电荷区变宽，PN 结变宽，如图 2.3.4（a）所示，空间电荷区由原来未外加电压时的 $a'b'$ 变为 ab。所以，外加反向电压使 PN 结的内电场由原来的 ε_0 增大到 $\varepsilon_0 + \varepsilon_R$ 了，而势垒由原来的 V_0 变为 $V_0 + V_R$，如图 2.3.4（b）所示。P 区的多数载流子空穴和 N 区的多数载流子自由电子很难越过势垒，因此扩散电流很小，几乎趋近于零。但是由于 PN 结内电场的增大，N 区的少数载流子空穴和 P 区的少数载流子自由电子更容易产生漂移运动，因此 PN 结内的电流由起支配地位的漂移电流决定，在外电路中形成一个从 N 区流向 P 区的电流，称为反向电流 I_R。漂移电流是由少数载流子的漂移运动形成的，由于少数载流子浓度很低，所以反向电流很微弱，一般为微安（如锗）或纳安（如硅）数量级。

　　半导体中的少数载流子是由本征激发产生的。当 PN 结形成后，少数载流子数量只由温度决定，几乎与外加反向电压 V_R 无关。所以，在一定温度下，反向电流 I_R 随外加反向电压的适当增大而趋于恒定，不再随着外加反向电压的变化而变化，故把这时的反向电流 I_R 称为反向饱和电流，并用 I_S 表示。

　　PN 结处于反偏时，反向饱和电流 I_S 很小，表现为一个阻值很大的电阻，此时，可认为它是基本不导电的。但因为 I_S 受温度影响较大，在某些实际应用中，必须加以考虑。

　　由此看来，当 PN 结外加正向电压时，正向电阻很小，正向电流随外加电压变化而产生的变化很激烈；而当 PN 结外加反向电压时，反向电阻很大，反向电流很微弱，且几乎不随反向电压的变化而变化，这就是 PN 结的单向导电性。

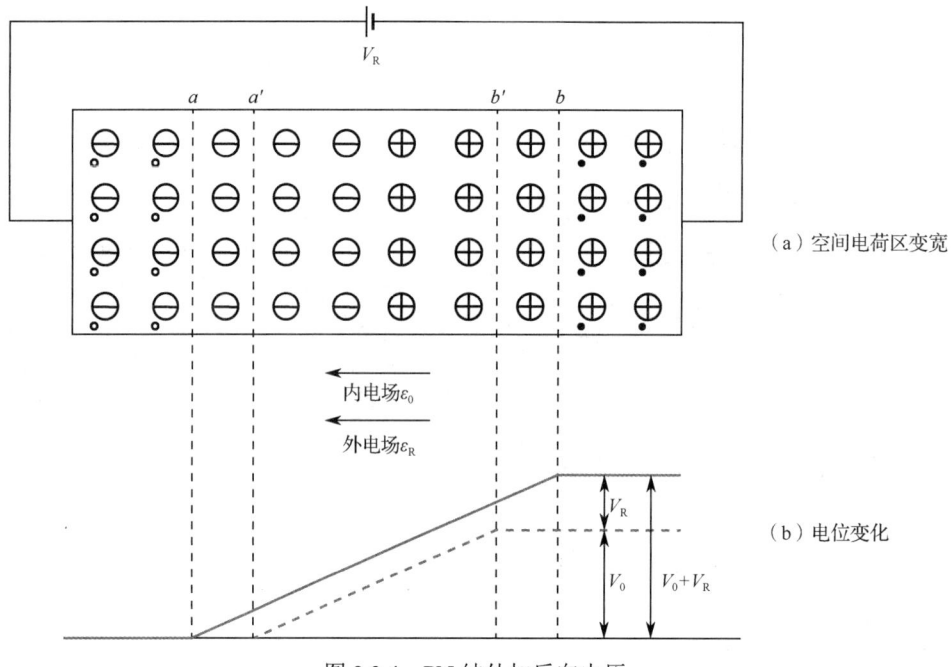

（a）空间电荷区变宽

（b）电位变化

图 2.3.4　PN 结外加反向电压

2.3.3　PN 结反向击穿

当反向电压很高时，它会产生很强的电场，反向饱和电流中的自由电子被加速，碰撞空间电荷区的被束缚电子成为自由移动的新载流子，它们又被加速，产生更多的新载流子，形成很大的击穿电流，这个过程称为雪崩击穿。

如果掺杂浓度很高，空间电荷区很窄，来不及碰撞，但由于电场更强，直接把被束缚电子拉出成为自由移动的载流子，这种击穿则称为齐纳（Zener）击穿，同样产生很大的击穿电流，但不需要雪崩击穿的碰撞过程。

2.3.4　PN 结的电容效应

1．势垒电容

PN 结交界面处形成的势垒区，是空间电荷积累的区域。由前面的讨论可知，当 PN 结两端电压改变时，就会引起积聚在 PN 结的空间电荷发生变化，这好像电容的充电或放电过程，从而显示出 PN 结的电容效应。PN 结的势垒电容用于描述势垒区的空间电荷随电压变化而产生的电容效应，并且势垒电容随着外加电压的变化而变化。只有当外加电压改变时，势垒电容才起作用，且外加电压变化频率越高，势垒电容的作用越显著。

2．扩散电容

PN 结内自由电子和空穴的浓度差，以及在 PN 结内积累的自由电子和空穴随着外加电压的变化而变化，这也好像电容的充电或放电过程，从而导致 PN 结的扩散电容效应，而且，外加电压变化频率越高，扩散电容的作用越显著。

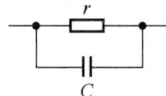

图 2.3.5　PN 结的
高频等效电路

由上述内容可知，在高频应用时，必须考虑 PN 结电容效应的影响。

图 2.3.5 所示为 PN 结的高频等效电路，其中 r 表示结电阻，C 表示结电容，包括势垒电容和扩散电容，它的大小除了与本身结构和工艺有关，还

与外加电压有关。当 PN 结正偏时，r 为正向电阻，其数值较小，结电容较大（主要取决于扩散电容）；当 PN 结反偏时，r 为反向电阻，其数值较大，结电容较小（主要取决于势垒电容）。

本节复习思考题

2.3.1　PN 结处于动态平衡时，没有多数载流子的扩散运动，也没有少数载流子的漂移运动，这种说法是否正确？

2.3.2　PN 结的扩散电流和漂移电流中，哪个更容易受温度影响？

2.3.3　PN 结的扩散电容和势垒电容有什么区别？

2.4　半导体二极管

从 PN 结的 P 区、N 区引出电极，这就形成了二极管，且其阳极接 P 区，阴极接 N 区，如图 2.4.1 所示。由于电极电阻很小，外加电压几乎都降落在 PN 结上，因此，二极管在外加电压条件下表现出的伏安特性由其 PN 结决定。

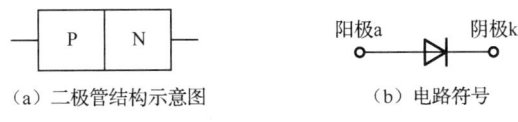

（a）二极管结构示意图　　　　（b）电路符号

图 2.4.1　二极管及其电路符号

2.4.1　二极管方程

根据 PN 结扩散电流、漂移电流形成的物理机制，经过理论推导，可得二极管流过电流 i_D 与其两端的电压 v_D 满足函数关系

$$i_D = I_S(e^{v_D/\eta V_T} - 1) \tag{2.4.1}$$

式中，η 称为发射系数，$1 \leqslant \eta < 2$，一般取 $\eta = 1$；V_T 为温度的电压当量，$V_T = kT/q$，其中 k 为玻尔兹曼常数（$k = 1.38 \times 10^{-23} \text{J/K}$），$T$ 为热力学温度，q 为电子电荷量（$q = 1.6 \times 10^{-19} \text{C}$），常温（$T = 300\text{K}$）下，$V_T = 0.026\text{V}$；e 为自然对数的底数；$I_S$ 为反向饱和电流，它是温度的函数，锗二极管的反向饱和电流在微安（10^{-6}A）数量级，小型硅二极管的反向饱和电流在纳安（10^{-9}A）数量级。

式（2.4.1）表明：

（1）当硅二极管外加正向电压时，v_D 为正值，且 v_D 超过 0.5V 以后，二极管中才会有电流流过，此时 e^{v_D/V_T} 远大于 1，式（2.4.1）可以简写成 $i_D = I_S e^{v_D/V_T}$ 的形式，i_D 与 v_D 成指数关系。

（2）当二极管外加反向电压时，v_D 为负值，只要 v_D 的值比 V_T 大几倍，指数项就趋近于 0，式（2.4.1）可以简写成 $i_D = -I_S$ 的形式。由式（2.4.1）可知，当温度一定时，反向饱和电流 I_S 是个常数，不随外加反向电压的变化而变化。

2.4.2　二极管的伏安特性曲线

用图像表示实际二极管电流 i_D 与外加电压 v_D 的变化关系，也称为二极管的伏安特性曲线，如图 2.4.2 所示。

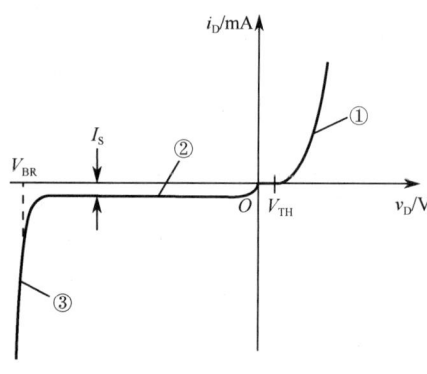

图 2.4.2　二极管的伏安特性曲线

1. 正向特性

对应图 2.4.2 中的第①段，此时外加于 PN 结的正向电压只有零点几伏，但相对来说流过 PN 结的电流却很大，因此 PN 结呈现的正向电阻很小。但是，在正向特性的起始部分，由于正向电压还较小，外电场还不足以克服 PN 结的内电场，因此这时的正向电流几乎为零，PN 结呈现出一个大电阻，好像一个门槛。硅 PN 结的门槛电压（也称为死区电压）V_{TH} 约为 0.5V，而锗 PN 结的死区电压 V_{TH} 约为 0.1V。当正向电压大于死区电压 V_{TH} 时，内电场大为减弱，电流迅速增大。

2. 反向特性

对应图 2.4.2 中的第②段，当外加反向电压时，反向电流很微弱，因此 PN 结呈现的反向电阻很大。并且，在一定温度下，反向电流 I_R 的值趋于恒定，用反向饱和电流 I_S 表示。硅 PN 结的反向饱和电流 I_S 比锗 PN 结的小得多，这也是集成电路采用硅而不采用锗的主要原因之一。

3. 反向击穿特性

对应图 2.4.2 中的第③段，当 PN 结两端的反向电压增大到一定数值时，反向电流突然增加，这时二极管方程失效，这种现象称为 PN 结的反向击穿（电击穿）。将 PN 结反向击穿的反向电压称为反向击穿电压 V_{BR}。当然，反向击穿是可逆的，当加在 PN 结上的反向电压降低后，PN 结仍可以恢复到原来的状态。

PN 结反向击穿后的电流很大，电压又很高，因此消耗在 PN 结上的功率是很大的，容易使 PN 结发热以致超过它的耗散功率而过渡到热击穿。这时 PN 结的反向电流和温度升高之间呈现恶性循环，PN 结温度升高使反向电流增大，而反向电流增大又使温度进一步升高，从而很快就会把 PN 结烧毁。所以，热击穿很容易烧毁 PN 结。

以上讨论表明，二极管表现出和 PN 结一样的单向导电性。

2.4.3　二极管的最大额定参数

二极管应用于整流电路时，必须考虑二极管的反向击穿电压 V_{BR}、反向饱和电流 I_S、最大正向平均电流 I_F 等参数，以保证二极管在电路中安全可靠地工作。

本节复习思考题

2.4.1　说明二极管与 PN 结之间的关系。

2.4.2　二极管方程式（2.4.1）是从理论推导出来的，而图 2.4.2 所示的二极管的伏安特性曲线是通过实验得出来的，它们的变化关系相同吗？

2.4.3　如何利用万用表的电阻挡判断二极管的极性和好坏？

2.4.4　画出电阻、电容、电感这些器件的伏安特性曲线，把二极管的伏安特性曲线和它们进行比较，说明二极管是一种非线性器件的原因。

2.5　半导体二极管基本电路

将二极管接入电子电路，当直流供电电源、交流信号源同时存在时，二极管的电压、电流中既有直流成分，又有交流成分，而二极管是一种非线性器件，对于不同的电路，分析不同的直流、交流成分，采用合适的等效电路模型，能够大大简化分析问题的过程，因此下面首先介绍常用的二极管模型。

2.5.1 二极管模型

二极管是非线性器件，它的伏安特性是曲线，而不是直线。当二极管用于整流、限压、低电压稳压、开关等应用时，工作于正向特性和反向特性区。为了方便分析，当二极管工作于正向特性和反向特性区时，常用简化的模型代替实际的二极管伏安特性，并称其为二极管模型，三种常用的二极管模型是理想模型、恒压降模型和小信号模型。

1. 理想模型

最简单的二极管模型是理想模型，它把工作于正向特性、反向特性部分的二极管视为理想开关，即二极管反偏时，二极管截止，相当于开关关断；二极管正偏时，二极管导通，相当于开关打开，如图 2.5.1 所示。

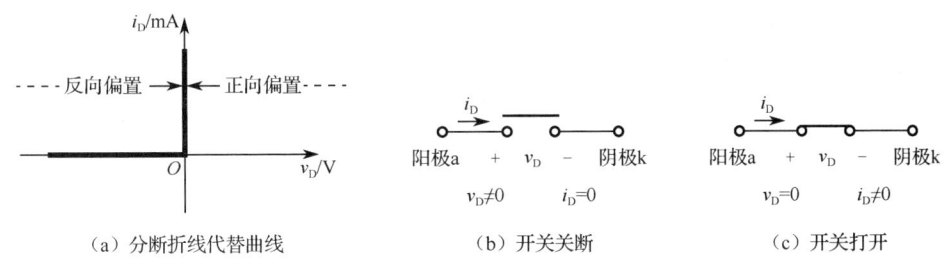

（a）分断折线代替曲线　　　　（b）开关关断　　　　（c）开关打开

图 2.5.1　二极管的理想模型

判断二极管在电路中工作状态的常用方法如下：

（1）首先假设二极管断开，然后根据二极管阳极、阴极间将承受的电压高低而判断其所处的工作状态。

（2）假设电路中出现两只以上的二极管承受大小不等的正向电压，则承受正向电压较大者优先导通。

应用理想模型判断二极管工作状态的过程如下：

（1）假设二极管断开，此时，如果 $v_{外} > 0$，则实际二极管导通，并且 $v_D = 0$，$i_D \neq 0$。

（2）假设二极管断开，此时，如果 $v_{外} \leq 0$，则实际二极管截止，并且 $v_D \neq 0$，$i_D = 0$。

2. 恒压降模型

与理想模型不同，恒压降模型把二极管的正向特性部分分为两段，当外加电压小于 0.7V 时，二极管截止，流过二极管的电流为 0；当外加电压大于 0.7V 时，二极管导通，二极管两端电压 $v_D = 0.7V$，如图 2.5.2 所示。

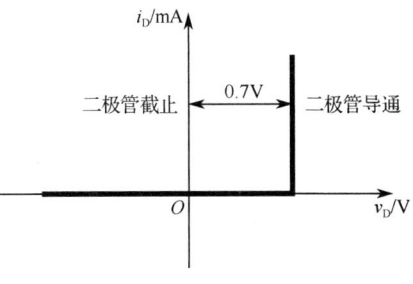

图 2.5.2　二极管的恒压降模型

应用恒压降模型判断二极管状态的过程如下：

（1）假设二极管断开，此时，如果 $v_{外} > 0.7V$，则实际二极管导通，并且 $v_D = 0.7V$，$i_D \neq 0$。

（2）假设二极管断开，此时，如果 $v_{外} \leq 0.7V$，则实际二极管断开，并且 $v_D \neq 0$，$i_D = 0$。

3. 小信号模型

小信号模型就是在小信号条件下，把非线性晶体管视为线性器件，这样能够简化分析计算过程。小信号模型应用于处于正向偏置的二极管，二极管的伏安特性虽然是曲线，但在外加小信号条件下，对应于二极管伏安特性上的一段曲线可近似视为一段线段，这就是线性化方法的依据。

电子电路是为了处理交流信号，直流偏置是为了确保电路中的电子器件处于需要的工作状态。应用小信号模型时，直流偏置电压、电流确保二极管工作于正向导通状态，因此电路中的二极管既有直流电压、电流成分，又有交流电压、电流成分。

用 V 和 $v(t)$ 分别表示二极管电路的直流电源和交流信号源，如图 2.5.3（a）所示。根据叠加原理，可分别计算二极管直流电压、电流和交流电压、电流。二极管的正向特性很陡，正向电压在 0.7V 左右变化，因此用恒压降模型分析计算二极管的直流电压、电流，而分析计算二极管的交流电压、电流成分，则可用二极管的小信号模型。

分别用 $v_D(t)$ 和 $i_D(t)$ 表示二极管在某一时刻 t 的总电压和总电流，其中直流成分为 V_D、I_D，交流成分为 $v_d(t)$ 和 $i_d(t)$，并假设其为正弦波信号。根据叠加原理，分别画出二极管的直流通路和交流通路，如图 2.5.3（b）、图 2.5.3（c）所示，则有

$$v_D(t) = V_D + v_d(t) \tag{2.5.1}$$
$$i_D(t) = I_D + i_d(t) \tag{2.5.2}$$

应用小信号模型分析的步骤如下。

（1）直流分析（简称 DC 分析）

根据恒压降模型，有

$$V_D = 0.7\text{V}$$
$$I_D = \frac{V - V_D}{R}$$

式中，R 为限流电阻的阻值。

（2）交流分析（简称 AC 分析）

根据直流分析结果，在二极管伏安特性曲线上确定出二极管的静态工作点（Q 点），如图 2.5.3（d）所示。交流成分 $v_d(t)$、$i_d(t)$ 叠加在直流成分 V_D、I_D 上，使得二极管总电压总电流 $v_D(t)$、$i_D(t)$ 围绕 Q 点在 A、B 两点间变化。在小信号条件下，A、B 两点靠得比较近，A、B 两点之间的伏安特性曲线可视为经过直线 MN 的一段线段 MQN，而直线 MN 是二极管伏安特性曲线在 Q 点处的切线。这样，二极管总电压、总电流之间的变化关系就近似为线性关系，即

$$\Delta i_D \cong \left(\frac{di_D}{dv_D} \right)_Q \Delta v_D \tag{2.5.3}$$

式（2.5.3）中的变化量 Δv_D、Δi_D 其实就是交流分量 v_d、i_d。这样，在小信号条件下，二极管等效为一个线性电阻 r_d，且有

$$i_d = \frac{v_d}{r_d} \tag{2.5.4}$$

式（2.5.4）中 r_d 的倒数 $1/r_d$ 其实就是式（2.5.3）中的 $\left(\dfrac{di_D}{dv_D} \right)_Q$，它是直线 MN 的斜率，也就是二极管伏安特性曲线经过 Q 点的切线斜率，因此有

$$r_{\mathrm{d}} \cong \left[\left(\frac{\mathrm{d}i_{\mathrm{D}}}{\mathrm{d}v_{\mathrm{D}}}\right)_Q\right]^{-1} = \left[\frac{I_{\mathrm{S}}}{V_T}\mathrm{e}^{v_{\mathrm{D}}/V_T}\right]_Q^{-1} \approx \left[\frac{I_{\mathrm{D}}}{V_T}\right]^{-1} \qquad (2.5.5)$$

式（2.5.5）利用了公式 $i_{\mathrm{D}} = I_{\mathrm{S}}\mathrm{e}^{v_{\mathrm{D}}/V_T}$，因为二极管处于正向导通状态。

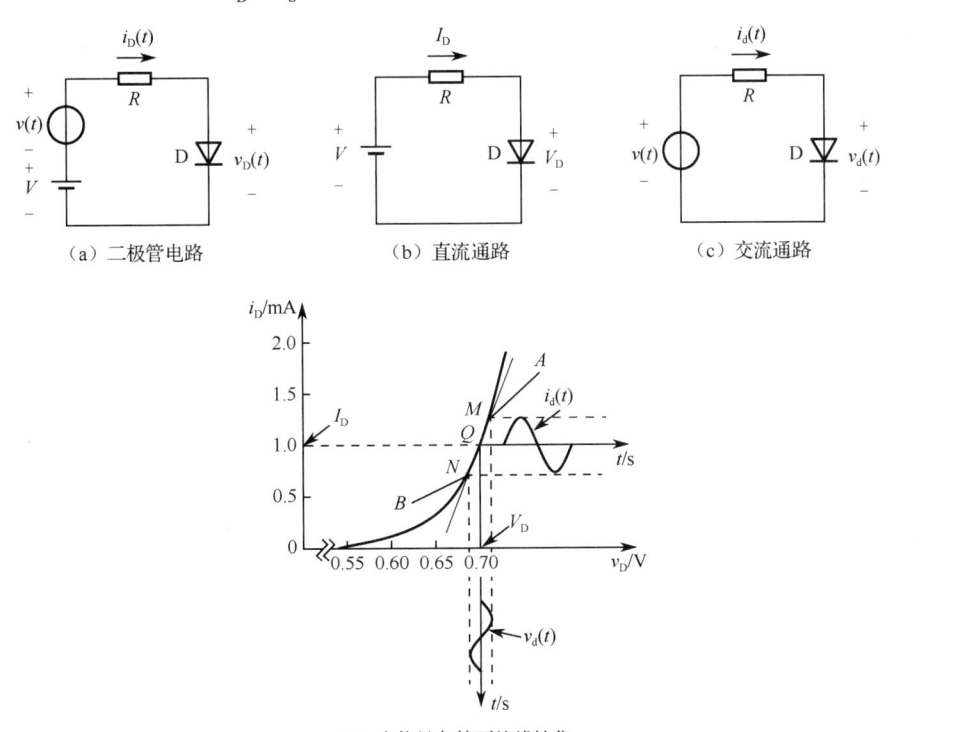

（a）二极管电路　　　　　　（b）直流通路　　　　　　（c）交流通路

（d）小信号条件下的线性化

图 2.5.3　二极管小信号模型及其应用

2.5.2　二极管基本电路

1. 整流电路

利用二极管的单向导电性能够把交流信号转换成单向脉动的直流信号，这样的电路称为整流电路。整流电路不仅可用于将交流电源转换成直流电源的电路，还可用于信号自动检测或自动控制等系统。根据输出信号的波形不同，整流电路可分为半波整流电路和全波整流电路。

（1）半波整流电路。

半波整流电路仅在正弦波的正半周有电流流过负载，只在输入信号的半个周期内存在输出波形，可采用单管二极管构成，如图 2.5.4 所示。在这样的电路中，假设信号源电压远大于 0.7V（0.7V 的 5 倍以上）时，因此用理想模型进行简单分析。在输入信号 $v_{\mathrm{s}}(t)$ 的正半周，二极管导通，所以输出电压 $v_{\mathrm{O}} = v_{\mathrm{s}}$；在输入信号 $v_{\mathrm{s}}(t)$ 的负半周，二极管截止，电路中的电流为 0，所以输出电压 $v_{\mathrm{O}} = 0$。

（2）全波整流电路。

图 2.5.5（a）所示为全波整流电路，在正弦波一个周期的两个半波期间都有电流流过负载，正半周、负半周都存在输出波形。由于采用四只二极管构成电桥结构，即有四个臂，两组相对顶点，一对顶点作为输入，另一对顶点作为输出，因此也称为桥式全波整流电路。下面应用理想模型进行简单分析。当信号 v_2［见图 2.5.5（b）］处于正半周时，二极管 A、B 导

通，电流经过变压器 Tr 次级线圈正极［图 2.5.5（a）中次级线圈的上端］、二极管 A、负载 R_L、二极管 B 回到次级线圈负极［图 2.5.5（a）中次级线圈的下端］，负载 R_L 上的输出电压 $v_O = v_2$，而且 R_L 上端为正极，下端为负极；当信号 v_2 处于负半周时，二极管 C、D 导通，电流经过变压器 Tr 次级线圈正极［图 2.5.5（a）中次级线圈的下端］、二极管 C、负载 R_L、二极管 D 回到次级线圈负极［图 2.5.5（a）中次级线圈的上端］，负载 R_L 上的输出电压 $v_O = -v_2$，且 R_L 依然上端为正极，下端为负极。输出波形如图 2.5.5（c）所示。

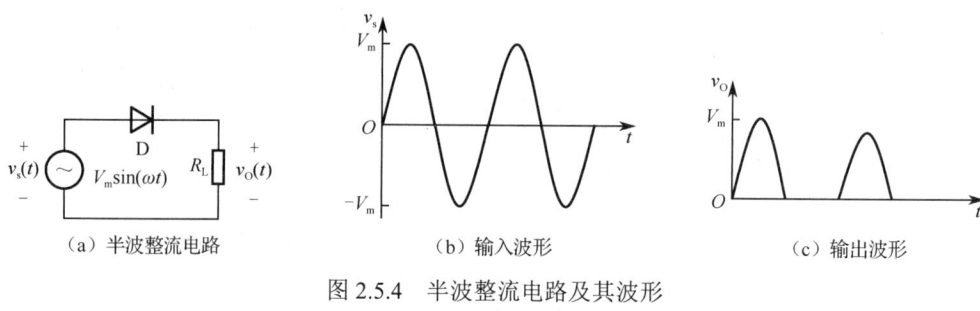

（a）半波整流电路　　　（b）输入波形　　　（c）输出波形

图 2.5.4　半波整流电路及其波形

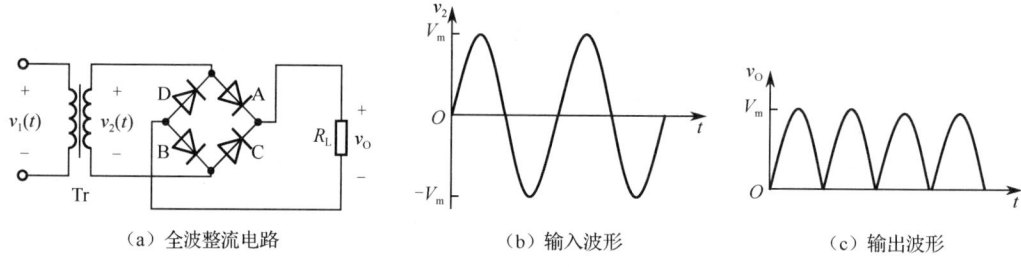

（a）全波整流电路　　　（b）输入波形　　　（c）输出波形

图 2.5.5　全波整流电路及其波形

注，需要进一步精确分析计算时，可采用恒压降模型。

2. 电压偏置电路

根据二极管的伏安特性可知，二极管处于正向导通状态时，正向电流变化得很快，但正向电压变化很小。因此，在电路中常利用二极管的这种特性构成电压偏置电路，为工作器件（如放大电路中的 BJT、FET 等，具体应用可见运算放大器电路中的二极管电压偏置电路）提供比较恒定的直流电压。此时的二极管交流等效电阻很小，甚至可以近似为 0。

单只二极管提供约 0.7V 的偏置电压，如果需要更大的直流偏置电压，常采用多只二极管串联的方式，如图 2.5.6 所示，三只二极管串联能够提供近似 2.1V 的偏置电压。

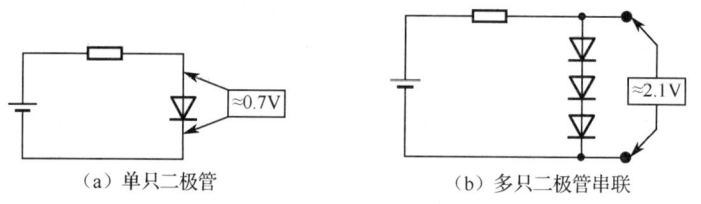

（a）单只二极管　　　　　（b）多只二极管串联

图 2.5.6　二极管电压偏置电路

例 2.5.1　二极管电路如图 2.5.7 所示，V^+ 表示含有脉动的直流电源，其中的脉动用等效交流电源 v_s 表示，直流电压 $V = 10$V。应用恒压降模型和小信号模型分析电路中的二极管直流电阻 R_D 和交流电阻 r_d，设限流电阻 R 的阻值为 10kΩ。

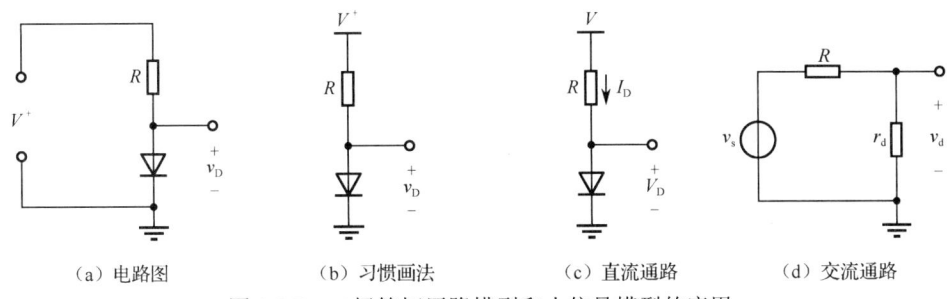

（a）电路图　　　　　（b）习惯画法　　　　　（c）直流通路　　　　　（d）交流通路

图 2.5.7　二极管恒压降模型和小信号模型的应用

解：假设二极管断开时，外加电压大于 0.7V，所以实际上二极管处于正向特性工作区。

（1）直流分析

画出直流通路，如图 2.5.7（c）所示。由 $V_D = 0.7\text{V}$，得

$$I_D = \frac{V - V_D}{R} = \frac{10\text{V} - 0.7\text{V}}{10\text{k}\Omega} = 0.93\text{mA}$$

二极管的直流电阻为

$$R_D = \frac{V_D}{I_D} = \frac{0.7\text{V}}{0.93\text{mA}} \approx 752.7\Omega$$

以上应用公式法计算二极管的静态工作点。直流分析还可以应用图解法，见习题 2.5。

（2）交流分析

画出交流通路，如图 2.5.7（d）所示。

因为

$$i_D = I_S(\text{e}^{v_D/V_T} - 1) \approx I_S \text{e}^{v_D/V_T}$$

所以

$$r_d \cong \left[\left(\frac{\text{d}i_D}{\text{d}v_D} \right)_Q \right]^{-1} = \left[\frac{I_S}{V_T} \text{e}^{v_D/V_T} \right]_Q^{-1} \approx \left[\frac{I_D}{V_T} \right]^{-1} = \left[\frac{0.93\text{mA}}{26\text{mV}} \right]^{-1} \approx 28.0\Omega$$

根据以上的计算结果可知，二极管的交流电阻（也称动态电阻）比直流电阻小得多，对于交流信号而言，二极管可简单视为短路。

3．限幅电路

限幅电路（削波电路）能够防止输出电压超过给定值。例如，用限幅二极管保护 MOS 管（金属-氧化物-半导体场效应管，简称 MOS 管）集成电路的输入栅极免受过高静电电压的破坏。应用二极管构成的限幅电路能限制输出信号的幅值，改变信号的输出波形，因此限幅电路也是一种波形整形电路，称为二极管波形整形电路。

例 2.5.2 二极管限幅电路的电路图如图 2.5.8（a）所示，其输出电压不得超过 V_1。

解：采用简单的理想模型

当 $v_s \leq V_1$ 时，二极管截止，电路中的电流 i_R 趋近于 0，电阻 R 两端的电压 v_R 趋近于 0，因此，$v_O = v_R + v_s = v_s$；当 $v_s > V_1$ 时，二极管导通，二极管两端电压 v_D 趋近于 0，因此，$v_O = v_D + V_1 = V_1$，如图 2.5.8（b）、图 2.5.8（c）所示，得证。

对于给定器件或电路，其输出电压与输入电压的关系曲线称为它的电压传输（转移）特性曲线。研究电路的电压传输特性能够得到重要信息。例如，从图 2.5.8（b）中可以看出，二极管限幅电路的输出电压 v_O 不会超过 V_1，输入电压 v_s 小于 V_1 时，输出电压 v_O 等于输入电压 v_s，输入电压 v_s 大于 V_1 以后，输出电压 v_O 被限制为 V_1。

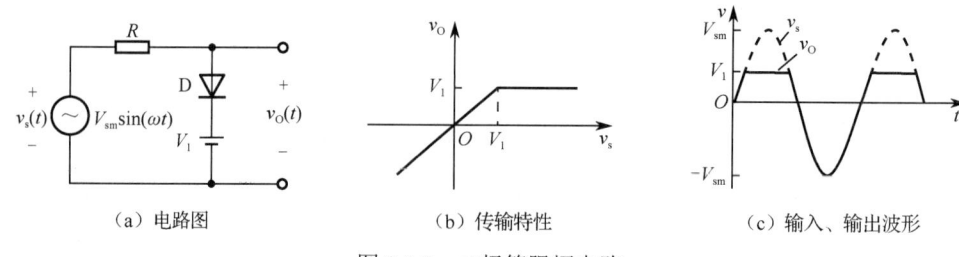

（a）电路图　　　　　　　（b）传输特性　　　　　　　（c）输入、输出波形

图 2.5.8　二极管限幅电路

4．二极管逻辑门电路

二极管逻辑门电路用在电路中完成简单逻辑运算。图 2.5.9 所示逻辑门电路的输入信号 V_1、V_2 只有两种电压取值，即高电平 5V 和低电平 0V。在图 2.5.9（a）中，当且仅当两个输入电压 V_1、V_2 都是低电平时，输出的才是低电平。而在图 2.5.9（b）中，当且仅当两个输入电压 V_1、V_2 都是高电平时，输出的才是高电平。

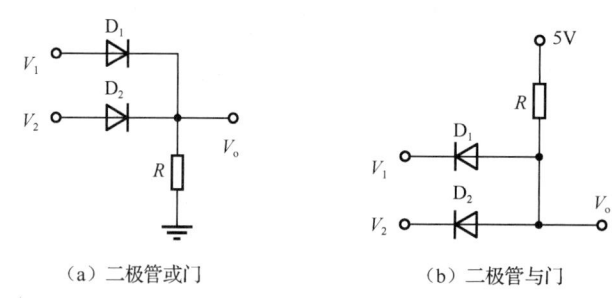

（a）二极管或门　　　　　　　（b）二极管与门

图 2.5.9　由二极管构成的逻辑门电路

例 2.5.3　由二极管构成的或门、与门如图 2.5.9 所示，应用二极管理想模型判断二极管状态并求输出电压 V_o。

解： 应用二极管的理想模型进行分析，图 2.5.9 所示的或门、与门的分析结果如表 2.5.1 所示。

表 2.5.1　图 2.5.9 所示的或门、与门的分析结果

逻 辑 门	输 入 电 压		二极管状态		输 出 电 压
	V_1/V	V_2/V	D_1	D_2	V_o/V
或门	0	0	截止	截止	0
	0	5	截止	导通	5
	5	0	导通	截止	5
	5	5	导通	导通	5
与门	0	0	导通	导通	0
	0	5	导通	截止	0
	5	0	截止	导通	0
	5	5	截止	截止	5

本节复习思考题

2.5.1　二极管理想模型、恒压降模型、小信号模型各有什么特点？应用这些模型时应该

分别注意哪些条件？

2.5.2　当二极管用作开关时，采用什么模型分析比较简便？

2.5.3　当二极管用于直流电压偏置电路时，采用什么模型分析其直流偏置电压、电流成分？采用什么模型分析其交流电压、电流成分？

2.5.4　图 2.5.6、图 2.5.7、图 2.5.8、图 2.5.9 中的电阻都被称为限流电阻，分析它们的取值大小对电路的影响。

2.5.5　与电阻、电容、电感这些无源元件不同，二极管是一种有源元件，这里的"源"指的是什么？

2.6　特殊二极管

在电子电路中，常将硅二极管作为整流二极管、限压二极管、低电压稳压二极管、开关等。除了这些普通应用的二极管，还有一些特殊应用的二极管，被称为特殊二极管，它们除了利用硅材料制作，还可能利用其他半导体材料制作。

1. 稳压二极管

无论是齐纳击穿还是雪崩击穿，击穿都发生在一个特定的反向电压下，并且几乎与电流的增大无关。我们常说的稳压二极管就是利用二极管的击穿特性制作而成的，这种二极管也称为击穿二极管，发生击穿的特定反向电压称为击穿电压，也称为稳压值，用 V_Z 表示。通过控制杂质的浓度与分布，就能把击穿电压控制在较宽的范围内，所以有各种稳压值的稳压二极管。齐纳击穿和雪崩击穿的击穿机理不同，但通常使用时，齐纳二极管可指所有的稳压二极管。由于击穿时会伴随着热量产生，所以需要设计稳压二极管的外部结构为其提供良好的散热条件，并且用不同于普通二极管的电路符号表示，如图 2.6.1 所示。

2. 发光二极管

发光二极管（LED）是一种将电能转换成光能的特殊二极管。发光二极管发射的光线位于光谱的可见光范围，通过外部封装让光线发射出去。发光二极管具有以下优点：效率高、寿命长、体积小，并与集成电路电压兼容。发光二极管工作于正偏状态，其电路如图 2.6.2 所示。发光二极管的发光强度由二极管电流控制。当有正向电流通过时，发光二极管就会发光，光的颜色视发光二极管的制造材料而定，有红、黄、绿等颜色。发光二极管的正向工作电压一般不超过 2V，正向电流为 10mA 左右。

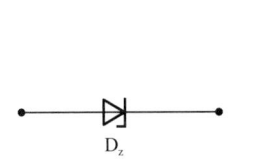

图 2.6.1　稳压二极管的电路符号

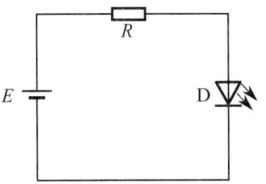

图 2.6.2　发光二极管电路

3. 光电二极管

光电二极管是一种将光信号转换成电信号的特殊二极管。当有光照射到光电二极管上时，光电二极管的反向饱和电流 I_S 大大增加。光电二极管的基本结构与普通二极管相似，当利用反向饱和电流 I_S 的特性设法使光能够到达 PN 结时，构成的就是光电二极管。因此，光电二极管的封装除了某种类型的 PN 结，还可能包括一个透镜，使光线聚集到 PN 结上。没有光照射时，PN 结的电流称为暗电流，用光照射到 PN 结上时，少数载流子增多，从而使反向电流增大，产生的载流子数正比于入射光强。光电二极管电路如图 2.6.3 所示。

4．光电耦合器

典型的红外线发射器由砷化镓制作而成。当由砷化镓做成的 PN 结正偏时，会发射位于光谱红外区的红外线。光电二极管的导通和截止时间都很短，其与红外线发射器组成一个发射接收系统，被广泛用于光通信系统、光隔离器与光传感器。光电耦合器或光电隔离器通常把一个红外线发射器与一个光电二极管制作到同一个衬底上。工作时，发光二极管将输入电路输入的电信号转换成光信号，光电二极管再将光信号转换成输出电路中的电信号，如图 2.6.4 所示。输入电路与输出电路之间进行信号传输，但它们相互隔离，不需要共地，即可实现两个电路之间的电气隔离，两电路之间不会相互影响，从而使系统具有良好的抗干扰性。

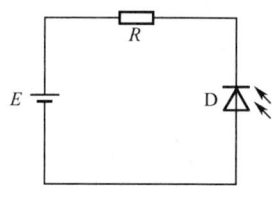

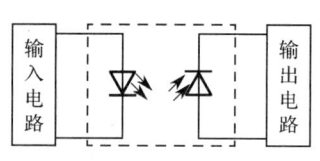

图 2.6.3　光电二极管电路　　　　　图 2.6.4　光电耦合器

5．变容二极管

当二极管反偏时，反偏电压 V_R 增大，则势垒宽度变宽，势垒电容减小。通过改变电压能够改变电容量，利用这个特性设计而成的二极管称为变容二极管，它的一个典型应用就是远程调节调谐电路的谐振频率。

本节复习思考题

2.6.1　试分析稳压二极管工作在反向击穿区（$I_Z < I_{Zmax}$）、反向截止区和正向导通区时的特点。

2.6.2　当稳压二极管在电路中正常工作时，是指稳压二极管处于其伏安特性曲线的哪个工作区？

2.6.3　稳压二极管的稳压值 $V_Z = 5V$，当该稳压二极管正常工作时，其两端电压维持在多少伏？是否可用一个等效电源代替它？

本章提要

1．PN 结是二极管、BJT、FET 及各种电子器件的基础，PN 结具有单向导电性，这是由 PN 结的结构与工作特点决定的。

2．利用一个 PN 结可以制成二极管，二极管分为普通二极管和特殊二极管。普通二极管的一个重要应用就是整流器，其能够将交流电转换成脉动的直流电。二极管还常用于直流电压偏置电路、限幅电路等。

3．分析二极管电路时，有图解法和公式法两种方法，且根据二极管的伏安特性，可用等效电路模型代替实际的二极管电路，以简化分析问题的过程，常用的三种二极管模型分别是理想模型、恒压降模型和小信号模型。

4．理想模型、恒压降模型是工作于正向特性、反向特性阶段的二极管等效电路，而小信号模型用于既有直流成分，又有交流成分的二极管电路，如二极管直流电压偏置电路，应用小信号模型分析工作于正向特性区域的二极管交流电压、电流成分。

5．小信号模型是一种在小信号条件下，把二极管伏安特性曲线上的一段曲线近似视为一段线段建立的等效电路，它是用一些线性器件代替二极管的电压、电流关系，这能大大简化分析计算过程，这种线性化思想和方法继续延伸用于 BJT、FET 等器件及其电路。

6．常用的特殊二极管，包括稳压二极管、发光二极管、光电二极管、光电耦合器、变容二极管等，它们不仅可用于信号检测电路、信号转换电路、信号处理电路，还可用于信号传输电路。

习　　题

2.1　硅原子浓度为 5×10^{22} 个/cm^3，本征硅电导率 $\sigma = n_i q\mu_n + p_i q\mu_p$，$n_i$、$p_i$ 分别是本征硅的自由电子、空穴浓度，q 是电子电量，μ_n、μ_p 分别是自由电子、空穴迁移率。在温度为 300K 时，本征硅的自由电子和空穴浓度为 $n_i = p_i \approx 1.5\times10^{10}$ 个/cm^3，自由电子迁移率 $\mu_n \approx 1500cm^2/(V\cdot s)$，空穴迁移率 $\mu_p \approx 480cm^2/(V\cdot s)$，计算本征硅的电导率与电阻率。

2.2　掺入五价元素杂质的 N 型硅的电导率 $\sigma_n \approx N_D q\mu_n$，$N_D$ 是掺杂浓度，q 是电子电量，μ_n 是自由电子迁移率，在温度为 300K 时，N 型硅的自由电子迁移率 $\mu_n \approx 1250cm^2/(V\cdot s)$。现在本征硅中每 10^8 个硅原子掺入一个磷原子，计算其在 300K 时的电导率与电阻率。

2.3　掺入三价元素杂质的 P 型硅的电导率 $\sigma_p \approx N_A q\mu_p$，$N_A$ 是掺杂浓度，q 是电子电量，μ_p 是空穴迁移率，在温度为 300K 时，P 型硅的空穴迁移率 $\mu_p \approx 350cm^2/(V\cdot s)$。现有一掺杂浓度为 2×10^{16} 个/cm^3 的 P 型硅，计算其在 300K 时电导率与电阻率。

2.4　测试 PN 结特性的电路如图 1 所示，直流电源电压为 5V。

（1）这个电路用于测试 PN 结的正向特性还是反向特性？

（2）电阻 R 与 PN 结串联，为什么称其为限流电阻？

2.5　如图 2 所示，两个反偏二极管串联在 100V 的电源上。它们的反向饱和电流分别为 $1\mu A$ 和 $2\mu A$，求每个二极管的工作电压和工作电流。

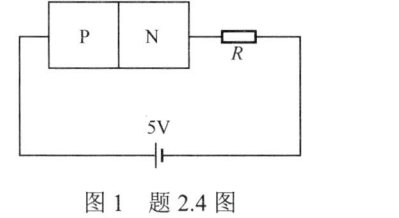
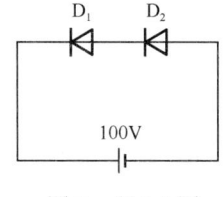

图 1　题 2.4 图　　　　　　　　图 2　题 2.5 图

2.6　已知一硅二极管，当电流为 1 mA 时，其电压降为 0.5V。将其与 10V 的电源和一个 1kΩ 的电阻串联起来，如图 3 所示，试估算二极管的静态工作点。

2.7　二极管电路如图 4（a）所示，设 $v_s = 1V$，$R = 50\Omega$。二极管的伏安特性曲线如图 4（b）所示，试用图解法求出静态工作点的 V_D、I_D。

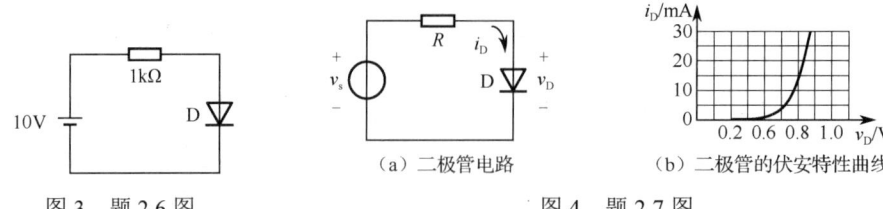

图 3　题 2.6 图　　　　　　　　图 4　题 2.7 图

2.8　半波整流电路如图 5 所示，输入电压是方波，在 $-5 \sim +5\,\mathrm{V}$ 之间变化。采用恒压降模型进行分析。

（1）试画出 v_O 与 v_s 的关系曲线（电压传输特性曲线）。

（2）试画出 $v_O(t)$ 的波形。

2.9　图 6 给出一个二极管限幅电路，设 $v_s = 10\sin(\omega t)$，$V_1 = 1\mathrm{V}$，$R = R_L = 1\mathrm{k}\Omega$。采用二极管理想模型进行分析。

（1）试画出 v_O 与 v_s 的关系曲线（电压传输特性曲线）。

（2）试画出 $v_O(t)$ 的波形。

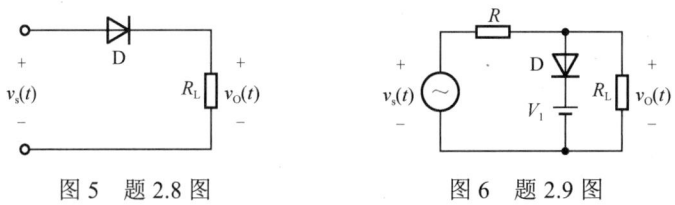

图 5　题 2.8 图　　　　　　　　图 6　题 2.9 图

2.10　图 7 给出一个二极管双限幅电路，设 $v_s = 10\sin(\omega t)$，$V_1 = 1\mathrm{V}$，$V_2 = -1\mathrm{V}$，$R_1 = R_L = 1\mathrm{k}\Omega$。采用二极管恒压降模型进行分析。

（1）试画出 v_O 与 v_s 的关系曲线（电压传输特性曲线）。

（2）试画出 $v_O(t)$ 的波形。

2.11　设计一个二极管电路以保护音频放大器的输入端，使其避免出现过电压。该放大器的输入电阻为 $10\mathrm{k}\Omega$，其一端接地，该放大器的正常输入电压的有效值小于 $1\mathrm{V}$。设计的保护电路要能保证放大器的输入电压不超过 $2\mathrm{V}$，并且输入信号的衰减不超过 25%。假定二极管的正向电压 $V_F = 0.5\mathrm{V}$，画出保护电路图，并标出所用元器件的参数值。

2.12　在图 8 所示电路中，稳压二极管的稳压值 $V_Z = 5\mathrm{V}$，正向电压降可忽略不计。若输入电压为交流电压 $v_i = 10\sin(\omega t)$，请画出输出电压的波形。

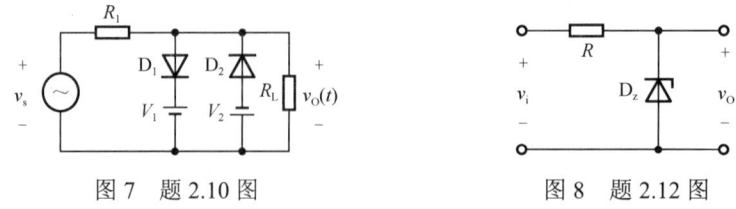

图 7　题 2.10 图　　　　　　　　图 8　题 2.12 图

2.13　二极管限幅电路中的定值电压源可以用稳压二极管来代替。如果将图 6 中的 V_1 用齐纳二极管来代替，试画出该电路的电压传输特性曲线。

2.14　如果用两个背靠背的稳压二极管来代替图 6 中的二极管和 V_1，试画出该电路的电压传输特性曲线（设稳压二极管的稳压值 $V_Z = 5\mathrm{V}$，$R = R_L = 1\mathrm{k}\Omega$）。

2.15   砷化镓发光二极管的工作电压 $V_{\mathrm{D}} = 1.6\mathrm{V}$ 。用该二极管指示图 9 所示电路中的 5V 电源。设该指示电路的偏置电流为 10mA，试计算所需的串联电阻的阻值。

2.16   光隔离器的输入电流与输出电流的比值 I_2 / I_1 称为电流传输比（CTR），用百分数表示。用光隔离器构成的电路如图 10 所示，假设光隔离器的电流传输比为 20%， $R_{\mathrm{L}} = 1\mathrm{k}\Omega$ ，为得到 1V 的输出电压，输入电流 I_1 应该为多少？

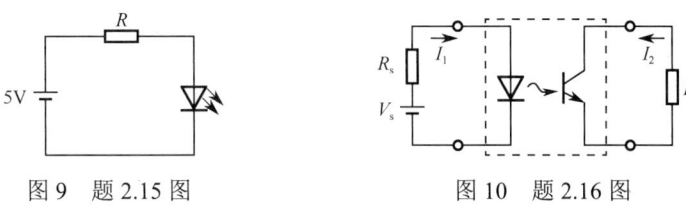

图 9   题 2.15 图   图 10   题 2.16 图

第 3 章 BJT 和 FET

晶体管被发明以后，很快就取代了真空电子管。尽管 BJT 和 FET 的结构不同，但它们都具有放大和开关特性，分别应用于模拟电路和数字电路。BJT、FET 既有共性，又有个性，这与它们的结构、工作原理、伏安特性等有关。本章的主要内容如下：

（1）BJT 的基本结构、工作原理、伏安特性、主要性能参数；

（2）MOS 管的基本结构、工作原理、伏安特性、主要性能参数；

（3）JFET（结型场效应晶体管）的基本结构、工作原理、伏安特性、主要性能参数；

（4）BJT、MOS 管、JFET 的对比分析。

3.1　引言

BJT 或 FET 集成电路一般采用硅（Si）材料，采用砷化镓制作的 MESFET（MEtal-Semiconductor Field Effect Transistor，金属-半导体场效应晶体管），主要用于射频、微波等高频电路或高速 CPU 电路。由硅材料制作的 FET 有结型（简称为 JFET）和绝缘栅型（简称为 MOS 管）两种。BJT 也曾被称为三极管。其实，BJT 和 MOS 管都被制作在硅衬底上，分立元件的 MOS 管也只有三个电极，其衬底和源极相连。但是，在半导体集成电路制造工艺中，所有晶体管都制作在同一硅衬底上，衬底连接方式对电路的性能会产生影响，因此，集成电路的 MOS 管衬底会专门引出一个电极，根据电路需要连接到合适的位置。

人类发明 BJT、FET 代替真空电子管，并不断改进工艺以改善其放大和开关特性。从结构上来看，BJT 和 FET 都有两个 PN 结，BJT 和 FET 的电极有对应关系，BJT 的基极、发射极、集电极分别与 FET 的栅极、源极、漏极相对应。从内部机制来看，在外加电流（对于 BJT）或电压（对于 FET）的控制下，两个 PN 结的宽度发生变化且相互影响，使得 BJT、FET 的导电沟道（电流通道）发生变化，对沟道电流的阻碍作用产生不同的影响，引起沟道电流的变化，从而使晶体管处于不同工作状态。从工作表现来看，在模拟电路中，利用 BJT 或 FET 的放大能力，控制晶体管沟道电流大小的变化，实现电路的放大作用；在数字电路中，利用 BJT 或 MOS 管的开关特性，控制晶体管导电沟道在导通打开和截止关断两种状态切换，即电流"有"和"无"两种状态，实现电路逻辑值"1"、"0"的变化。

本节复习思考题

3.1.1　BJT 和 MOS 管都具有放大和开关特性，如何确保它们在模拟电路中始终处于放大状态，在数字电路中只处于开关状态？

3.1.2　BJT 和 MOS 管都具有开关特性，改进电路结构有助于改善它们的开关性能，请用生活中的例子说明原因。

3.1.3　分立元件功率 MOS 管有几个电极？这样的 MOS 管主要应用于什么场合？

3.1.4　请查阅资料回答，为什么把制造半导体集成电路芯片的工艺过程称为流片？

3.2　BJT

BJT 的种类很多，按照工作频率不同，BJT 分为低频管、中频管、高频管；按照功率不同，BJT 分为小功率管、中功率管、大功率管；按照极性不同，BJT 分为 NPN 型 BJT 和 PNP 型 BJT 两种。NPN 型 BJT 和 PNP 型 BJT 的结构完全相同，只是极性刚好相反，但 NPN 型 BJT 的速度比 PNP 型 BJT 更快，BJT 数字集成电路用 NPN 型 BJT 作为工作管，而对于模拟电路，速度不是最重要的性能指标，根据电路需要，也会用 PNP 型 BJT 作为工作管。下面主要以 NPN 型 BJT 为主进行介绍。

3.2.1　BJT 的结构

NPN 型 BJT 由同一个晶片上的三层掺杂半导体材料制作而成，这三层掺杂半导体材料顺序排列成 NPN 结构，如图 3.2.1（a）所示。这三层掺杂半导体材料形成三个电区，分别是发射区、集电区、基区，引出三个电极分别称为发射极（e 或 E）、集电极（c 或 C）、基极（b 或 B），形成两个 PN 结，发射区与基区交界处的 PN 结被称为发射结，集电区与基区交界处的 PN 结被称为集电结。有时候为了简化，也会直接把三个区称为发射极、集电极、基极。

BJT 发射区的掺杂浓度高，基区比较薄且掺杂浓度较低，集电结面积大。发射区和集电区的掺杂极性虽然相同，但发射区掺杂浓度较高，用符号"+"区别开来。发射区的掺杂浓度高，有利于从发射区发射多数载流子，基区比较薄且掺杂浓度低，有利于控制从发射区发射出来的多数载流子在基区的复合，集电结面积大有利于收集从发射区发射出来的经过发射结后到达集电结的多数载流子。

图 3.2.1（b）所示为 NPN 型 BJT 的电路符号，其中，带箭头的线所连的电极被定义为发射极，箭头方向表示 NPN 型 BJT 发射结正偏时发射极的电流方向，即 NPN 型 BJT 的电流从发射极流出。图 3.2.1（b）也标出了 NPN 型 BJT 在电路中电压、电流的常用参考方向，后面章节没有特别说明时，表示采用这样的参考方向。

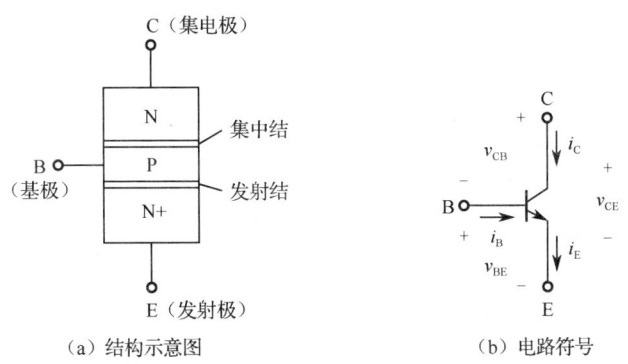

（a）结构示意图　　　　　　　　　　（b）电路符号

图 3.2.1　NPN 型 BJT 的结构示意图及其电路符号

图 3.2.1（a）显示了 NPN 型 BJT 的工作原理示意图，在 NPN 型 BJT 的实际制作工艺中，硅单晶片衬底表面覆盖有二氧化硅阻挡层，应用掩膜（Mask）通过光刻工艺将需要掺杂区域硅晶片衬底上的二氧化硅去除，然后利用扩散或离子注入工艺向裸露出的硅单晶片中掺入相应的杂质，最后利用金属化工艺制作出电极，如图 3.2.2 所示。

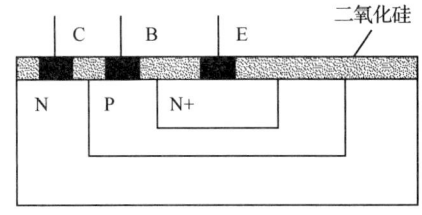

图 3.2.2　NPN 型 BJT 的截面结构

同样，PNP 型 BJT 也是由三层掺杂半导体材料构成的，这三层掺杂半导体材料按顺序排列成 PNP 结构，如图 3.2.3（a）所示。PNP 型 BJT 的工作特性与 NPN 型 BJT 几乎相同,只是它们的掺杂极性与 NPN 型 BJT 刚好相反,其电压极性、电流方向也刚好相反,所以其电路符号的发射极箭头方向与 NPN 型 BJT 也刚好相反,如图 3.2.3(b)所示,图中也标出了 PNP 型 BJT 电压、电流的常用参考方向。

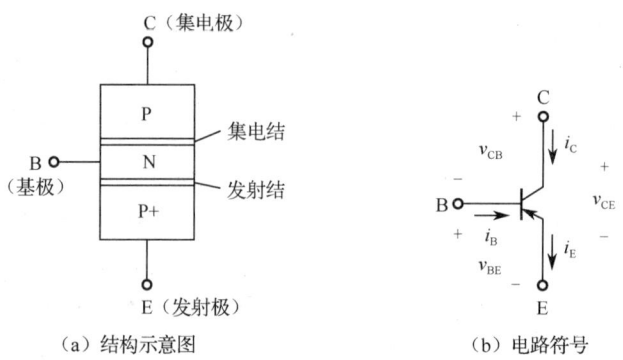

（a）结构示意图　　　　　　　（b）电路符号

图 3.2.3　PNP 型 BJT 的结构示意图及其电路符号

BJT 具有良好的高频性能和大电流驱动能力,除了集成电路中的 BJT,还有各种类型的分立元件 BJT,通常应用这些分立元件 BJT 设计功率放大电路。分立元件 BJT 封装外有三个电极,因此 BJT 也被称为三极管。BJT 本身的结构非常小,分立元件 BJT 通常是封装在密闭的金属或塑料材料里,封装虽然会占据一定空间,降低工作频率,但封装能够为 BJT 提供机械保护且有利于散热。

3.2.2　BJT 的放大原理

BJT 有两个 PN 结,利用两个 PN 结不同的偏置条件,改变 BJT 的基极电流,从而达到控制集电极、发射极之间电流的目的,以实现 BJT 的放大能力或开关特性,可以说基极是 BJT 的控制端。

PN 结正偏电阻很小,反偏电阻很大。当 BJT 的两个 PN 结都正偏时,BJT 处于饱和导通状态,从集电极到发射极的导电沟道电阻很小,此时,基极电流不等于 0,从集电极到发射极的导电沟道中的电流也不等于 0;当 BJT 的两个 PN 结都反偏时,BJT 处于截止断开状态,从集电极到发射极的导电沟道电阻很大,此时,基极电流等于 0,则从集电极到发射极的导电沟道中的电流也趋近于 0。BJT 数字电路正是利用 BJT 的这两个不同特性实现开关功能的,开关的两端是 BJT 的集电极 C 和发射极 E,基极 B 为控制端,如图 3.2.4 所示。

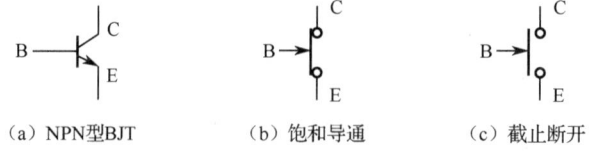

（a）NPN型BJT　　　　（b）饱和导通　　　　（c）截止断开

图 3.2.4　利用 BJT 的开关特性

无论是 NPN 型 BJT,还是 PNP 型 BJT,当利用它们的放大能力时,必须确保 BJT 的发射结正偏,集电结反偏,如图 3.2.5 所示,其中的电阻起分压限流作用。发射结外加正偏电压,能够保证发射极发射多数载流子,基区产生多数载流子的复合;集电结外加反偏电压,以保证集电结收集没有被复合掉的多数载流子。

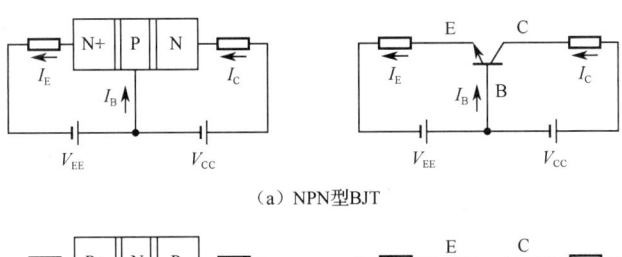

（a）NPN 型 BJT

（b）PNP 型 BJT

图 3.2.5　BJT 处于放大状态时的电压、电流方向

NPN 型 BJT 处于放大状态时，基极-发射极之间、集电极-基极之间的外加电压都为正，即 $V_{BE} > 0$，$V_{CB} > 0$，以确保发射结正偏，集电结反偏，发射区发射自由电子，基区复合自由电子，集电区收集自由电子，如图 3.2.6 所示。

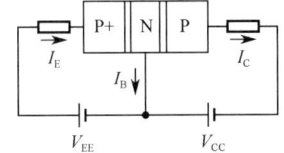
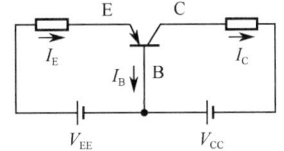

图 3.2.6　NPN 型 BJT 载流子的传输过程

1. BJT 内部载流子的传输过程

（1）发射区发射自由电子

由于发射结正偏，发射区发射的多数载流子自由电子不断通过发射结扩散到基区，形成发射极电流 i_E，其方向与自由电子流动的方向相反。与此同时，基区空穴也扩散到发射区，但由于发射区的掺杂浓度远比基区高，这部分空穴形成的电流与自由电子形成的电流相比可以忽略不计。

（2）基区复合自由电子

从发射区发射出来的自由电子注入基区后，一部分自由电子在基区与基区的空穴复合，复合掉的空穴通过基极补充进来，形成基极电流 i_B，所以基极电流就是自由电子在基区与空穴复合的电流。这部分复合自由电子是不能到达集电结的，因此基区复合的自由电子越多，则到达集电结的自由电子越少，这对放大功能是不利的。为此，常把基区做得很薄，并且使其掺杂浓度很低，使得自由电子在扩散过程中与空穴复合的数量很少，大部分都能够到达集电结。

（3）集电区收集自由电子

由于集电结外加反向电压，使集电区电压高于基区电压，发射区发射的自由电子经过基区复合后的剩余自由电子在集电区正电压的作用下越过集电结到达集电区，从而产生集电极电流 i_C。

此外，由于集电结外加反向电压，基区中少数载流子自由电子和集电区中少数载流子空穴在集电结电场作用下形成反向漂移电流。这部分电流由少数载流子浓度决定，被称为反向饱和电流 I_{CBO}，它的数值很小，对放大作用没有贡献，而且受温度影响很大，容易使 BJT 工作不稳定，所以要尽量设法减小 I_{CBO}。

由以上分析可知，BJT 内部有两种载流子参与导电，故其被称为双极性晶体管。

2. 电流分配关系

BJT 处于放大状态时，其发射结正偏，发射极电流 i_E 与发射结电压 v_{BE} 满足 PN 结的伏安特性，即

$$i_E = I_{ES}(\exp^{v_{BE}/V_T} - 1) \tag{3.2.1}$$

式中，V_T 为温度的等效电压，$V_T = kT/q$，已在第 2 章公式 $i_D = I_S(\exp^{v_D/V_T} - 1)$ 中进行了解释；I_{ES} 为发射结的反向饱和电流，它与发射区和基区的掺杂浓度、温度等因素有关，也与发射结的面积成比例。

由 BJT 内部载流子的传输过程可知，通过控制基区复合自由电子的多少能够控制集电区收集自由电子的多少。用 β 表示集电区收集自由电子产生的集电极电流 i_C 与基区复合自由电子产生的基极电流 i_B 之间的比值，即

$$\beta = \frac{i_C}{i_B} \tag{3.2.2}$$

集电区收集的电子流是发射区发射的总电子流的一部分，因此，根据基尔霍夫电流定律，发射极、基极、集电极之间的电流关系为

$$i_E = i_B + i_C \tag{3.2.3}$$

3. 放大作用

BJT 发射区在发射结正偏电压的作用下发射大量多数载流子，经过发射结，在集电结反偏电压的作用下穿过集电结到达集电区，从而形成集电极电流。发射极电流 i_E 与发射结电压 v_{BE} 满足 PN 结的伏安特性，根据 PN 结的正向特性可知，发射结电压的微小变化将引起发射极电流的明显变化，从而导致集电极电流的明显变化。因此，只要让输入交流信号有效作用在正偏的发射结上，就能够控制基极电流变化，集电结的直流反偏电压提供能量，保证集电结收集复合后的剩余自由电子，而电路负载上有经过集电极的电流流过，负载就会得到放大的交流信号。

发射区掺杂浓度高，集电结面积大，发射结正偏，集电结反偏，这有利于发射区发射大量的多数载流子，集电区收集复合后的剩余多数载流子。如果工作条件刚好相反，让集电结正偏，发射结反偏，BJT 不但起不了放大作用，反而产生衰减作用，通常把这种工作状态称为反向倒置放大，这种工作状态很少用到。

4. BJT 放大电路的连接方式

根据上述 BJT 的放大原理可知，输入信号必须能够有效控制基极电流的变化，而电路负载上应该有经过集电极的电流流过，才能发挥 BJT 的放大作用。为了符合放大的要求，集电极不能作为"信号传输路径"的输入端，而基极不能作为"信号传输路径"的输出端，因此，BJT 放大电路只有三种放大组态，分别是共射、共集、共基。

这里的"共"表示"信号传输路径"的"公共端"。共射放大组态的输入交流信号 v_s 经过基极传输到接在集电极上的电路负载 R_L，如图 3.2.7（a）所示；共集放大组态的输入交流信号 v_s 经过基极传输到接在发射极上的电路负载 R_L，如图 3.2.7（b）所示；共基放大组态的输入交流信号 v_s 经过发射极传输到接在集电极上的电路负载 R_L，如图 3.2.7（c）所示。必须注意，"信号传输路径"不能与"电流方向"混淆，对于交流信号而言，正半周的电流方向和负半周的电流方向完全相反。

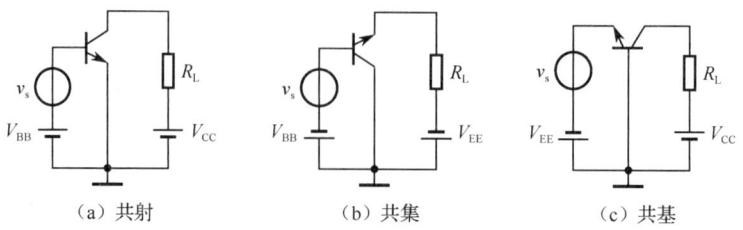

（a）共射   （b）共集   （c）共基

图 3.2.7　BJT 的三种放大组态

图 3.2.7 中的 v_s 表示需要放大的输入交流信号，R_L 为电路负载，V_{BB}、V_{CC}、V_{EE} 都是直流电源，为 BJT 工作于放大状态提供直流偏置电压。

3.2.3　BJT 的伏安特性

BJT 的伏安特性就是 BJT 外部电压与电流之间的变化关系，它是 BJT 内部载流子传输机制的外部表现。从使用 BJT 的角度来说，了解 BJT 的外部特性比了解 BJT 内部的载流子传输机制更为重要。

由于 BJT 有三个电极，因此它的外部特性就不像二极管那样简单，工程上最常用到的是它的输入特性和输出特性。一些 EDA（电子设计自动化）软件也支持 BJT 输入、输出特性的仿真测试。当然，在实际应用中，就算是采用同一工艺同时制作出来的 BJT，其参数的离散性也是比较大的，因此，要找到两只特性参数完全相同的 BJT 其实是不可能的。但是，在一定的误差要求范围内，这种离散性的影响可以忽略不计。

BJT 三个电极的电流分别用 i_B、i_C、i_E 表示，三个电极间电压分别用 v_{BE}、v_{CB}、v_{CE} 表示，总共六个电量。但根据基尔霍夫定律可知，$v_{CE} = v_{CB} + v_{BE}$，$i_E = i_B + i_C$，所以独立的电压量只需要两个，独立的电流量也只需要两个。并且，尽管 BJT 分为共射、共基、共集三种不同的接法，但在测试 BJT 时，根据其中一种接法的 BJT 伏安特性，即可得到其他两种接法的 BJT 伏安特性。

在 BJT 的三种放大电路组态中，共射放大电路组态用得较多，发射极是"公共端"。因此，可利用共射接法，选择 v_{BE}、v_{CE}、i_B、i_C 四个电量，并根据 BJT 的放大原理，测试 BJT 的 i_B 与 v_{BE} 的变化关系、i_C 与 v_{CE} 的变化关系，它们称为 BJT 的输入特性、输出特性，如图 3.2.8 所示。

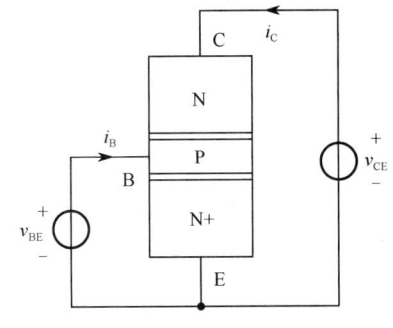

图 3.2.8　NPN 型 BJT 的伏安特性测试电路

1. 共射接法输入特性

输入特性是指当 BJT 集电极与发射极之间的电压 v_{CE} 为某一常数时，基极所在的输入回路中加在 BJT 基极与发射极之间的电压 v_{BE} 与基极电流 i_B 之间的函数关系，即

$$i_B = f(v_{BE})\big|_{v_{CE}=常数} \tag{3.2.4}$$

图 3.2.9 用图像表示了常温下硅材料 NPN 型 BJT 共射接法的输入特性曲线。不同的 v_{CE} 值对应的输入特性曲线有所不同，但它们的变化趋势却很相似。

（1）$v_{CE} = 0$ 和 $v_{CE} = 1V$ 两条输入特性曲线明显拉开一段距离，且 $v_{CE} = 1V$ 的输入特性曲线向右移动了一段距离。这是因为当 $v_{CE} = 0$ 时，$v_{CB} = v_{CE} - v_{BE} \approx 0 - 0.7V = -0.7V < 0$，集电结正偏；当 $v_{CE} = 1V$ 时，$v_{CB} = v_{CE} - v_{BE} \approx 1V - 0.7V = 0.3V > 0$，集电结加上了反偏电压，集电区吸引自由电子的能力增强，使得从发射区进入基区的自由电子更多地流向集电区，因此对于相同的 v_{BE}，流向基极的电流 i_B 比原来减小了，输入特性曲线也就相应地向右移动了。

（2）$v_{CE} > 1V$ 以后的输入特性曲线与 $v_{CE} = 1V$ 非常接近，这是因为当 $v_{CE} > 1V$ 时，只要 v_{BE} 保持不变，从发射区发射到基区的自由电子就一定，而集电结所加的反向电压大于 1V 后已经能把这些自由电子中的绝大部分拉到集电区来，以致即使 v_{CE} 再增加，i_B 也不再明显减小，故 $v_{CE} > 1V$ 后的输入特性曲线基本重合，所以通常只要画出 $v_{CE} > 1V$ 以后的任何一条输入特性曲线就可以代表 $v_{CE} > 1V$ 以后的情况了。由于实际使用时，v_{CE} 总是大于 1V，所以有用的还是 $v_{CE} > 1V$ 的输入特性曲线。

2. 共射接法输出特性

输出特性是在基极电流 i_B 一定的情况下，BJT 集电极所在的输出回路中集电极与发射极之间电压 v_{CE} 与集电极电流 i_C 之间的函数关系，即

$$i_C = f(v_{CE})\big|_{i_B=常数} \tag{3.2.5}$$

图 3.2.10 所示为常温下硅材料 NPN 型 BJT 共射接法的输出特性曲线。由图 3.2.10 可见，不同的 i_B 取值条件下的输出特性曲线形状基本是相同的，并且它们的变化是有一定规律的。

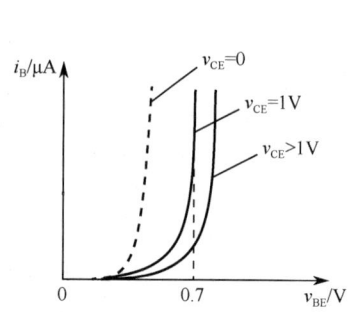

图 3.2.9　常温下硅材料 NPN 型 BJT
共射接法的输入特性曲线

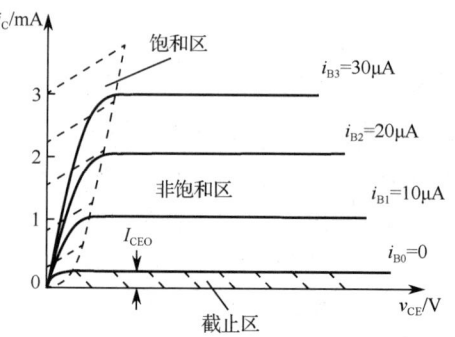

图 3.2.10　常温下硅材料 NPN 型 BJT 共射接法的
输出特性曲线（I_{CEO} 的标度被故意放大）

每一条输出特性曲线的起始部分都很陡，即只要 v_{CE} 略有增加，i_C 就增加得很快，这是由于当 v_{CE} 很小时（约为零点几伏），而 $v_{CE} = v_{CB} + v_{BE}$，因此集电结的反向电压很小，甚至为正向电压，对到达基区的自由电子吸引力不够，所以 i_C 受 v_{CE} 的影响很大。v_{CE} 稍有增加，从基区到集电区的自由电子也增加，故 i_C 也增加，BJT 的这个工作区域称为饱和区。

当 v_{CE} 超过某一数值（约 1V）后，输出特性曲线变得比较平坦。这是由于 v_{CE} 大于 1V 以后，集电结反偏且已足够能使发射区扩散到基区的自由电子绝大部分到达集电区，故虽然 v_{CE} 增加，但 i_C 增加得却不明显，因此，在 v_{CE} 大于零点几伏以后，输出特性曲线是一组间隔基本均匀、起伏比较平坦的近似平行线段，呈现出 $\Delta i_C = \beta \Delta i_B$ 特性，BJT 的这个工作区域称为非饱和区。

3. BJT 的工作区域

根据电路中 BJT 两个 PN 结的直流偏置电压不同，BJT 将处于四种不同的工作区：①发射结正偏，集电结反偏，BJT 处于非饱和导通区；②发射结正偏，集电结正偏，BJT 处于饱和导通区；③发射结反偏，集电结反偏，BJT 处于截止区；④发射结反偏，集电结正偏，BJT 处于反向倒置放大（衰减）状态。

BJT 常用的三个工作区各有特点。

（1）截止区

一般把 $i_B = 0$ 输出特性曲线以下的部分称为截止区，此时，v_{CE} 可能不等于 0，但 $i_B = 0$，集电极只存在反向饱和电流，如图 3.2.10 所示的 I_{CEO} 区域。通常情况下，这个反向饱和电流很小，可认为集电极电流 $i_C \approx 0$。数字电路正是利用 BJT 处于截止区时 $v_{CE} \neq 0$、但 i_C 趋近于 0 的这种伏安特性来模拟开关的截止断开状态。

（2）饱和导通区和非饱和导通区

对于 $i_B > 0$ 以后的输出特性曲线，BJT 处于导通状态，但又分为饱和导通和非饱和导通。

饱和导通区对应 $i_B > 0$ 输出特性曲线很陡的起始部分。在这个工作区内，$i_C \neq \beta i_B$，且 v_{CE}

值很小，原因在于发射结正偏，集电结正偏，$v_{CE} = v_{CB} + v_{BE}$，使得 v_{CE} 很小，并称为饱和压降，通常用 v_{CES} 表示，大概为 0.2V 或 0.3V。数字电路利用 BJT 处于饱和区时电流 $i_C \neq 0$、但 v_{CE} 非常小的伏安特性模拟开关的导通打开状态。另外，由于这个工作区中同一条输出特性曲线的斜率几乎不变，而不同输出特性曲线的斜率随 i_B 的变化而变化，所以这个工作区也被称为线性电阻区或可变电阻区，这个特性在需要可控的可变电阻时得到应用。

非饱和导通区对应 $i_B > 0$ 输出特性曲线变化基本均匀、起伏比较平坦的部分。这个工作区 v_{BE} 为 0.7V 左右，但 $\Delta i_C = \beta \Delta i_B$，因此也称为线性放大区，模拟电路正是利用 BJT 的 $\Delta i_C = \beta \Delta i_B$ 这个特性实现放大功能的。在这个工作区中，任何一条输出特性曲线上的 i_C 几乎不随 v_{CE} 变化，所以这个工作区也被称为恒流区。利用 BJT 这个恒流特性还可以构成电流源，可用于直流电流偏置电路。

根据以上分析可知，BJT 具有如下特点：①如果 $i_B = 0$，则 $i_C \approx 0$，BJT 处于截止断开状态；②如果 $i_B \neq 0$，则 $i_C \neq 0$，BJT 处于饱和导通或非饱和导通状态；③当 BJT 处于非饱和导通状态时，$\Delta i_C = \beta \Delta i_B$，集电极电流 i_C 的变化与基极电流 i_B 的变化呈线性关系。这就是 BJT 被称为电流控制电流型器件的原因。

在 BJT 的截止区，$i_B = 0$，则 $i_C \approx 0$，没有集电极电流流过电路负载；在 BJT 的饱和区，i_C 与 i_B 不再呈线性关系，$\Delta i_C \neq \beta \Delta i_B$，$i_B$ 增大，但 i_C 保持不变。这两种情况都会导致放大电路的输出信号产生非线性失真，分别称为截止失真和饱和失真，这都是由 BJT 的静态工作点设置不当引起的。设计 BJT 放大电路时，必须仔细预估输入交流信号的变化范围，为 BJT 设置合适的静态工作点，确保在输入交流信号的变化范围内，BJT 的工作状态始终处于线性放大区，避免输出信号产生非线性失真。

3.2.4　BJT 的主要参数

1. 电流放大系数

电流放大系数是描述 BJT 基极电流控制集电极电流的性能参数，式（3.2.2）的 β 就是电流放大系数，但式（3.2.2）是比较粗略的定义，更严格的定义需要区分直流电流放大系数和交流电流放大系数，它们分别用符号 $\overline{\beta}$ 和 β 表示。

直流电流放大系数 $\overline{\beta}$ 表示 BJT 集电极直流电流 I_C 与基极直流电流 I_B 的比值，即

$$\overline{\beta} = \frac{I_C}{I_B} \tag{3.2.6}$$

计算 BJT 直流电流放大系数 $\overline{\beta}$ 时，可采用 BJT 输出特性曲线上静态工作点的集电极电流 I_C 与基极电流 I_B 的比值，如图 3.2.11（a）所示。

交流电流放大系数 β 表示 BJT 集电极交流电流 i_c 与基极交流电流 i_b 的比值，即

$$\beta = \frac{i_c}{i_b} \tag{3.2.7}$$

计算交流电流放大系数 β 时，可采用 BJT 输出特性曲线上围绕静态工作点的集电极电流变化量 $\Delta i_C = i_{C2} - i_{C1}$ 与基极电流变化量 $\Delta i_B = i_{B2} - i_{B1}$ 的比值，如图 3.2.11（b）所示，即

$$\beta = \frac{\Delta i_C}{\Delta i_B} \tag{3.2.8}$$

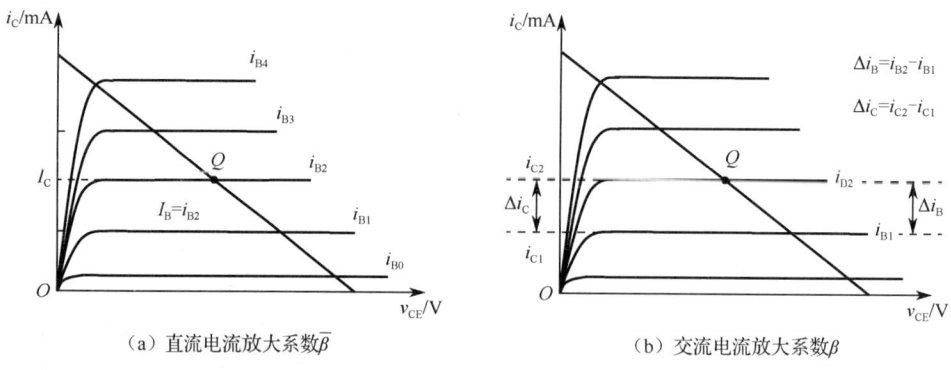

（a）直流电流放大系数 $\overline{\beta}$ （b）交流电流放大系数 β

图 3.2.11   BJT 电流放大系数的意义

在 BJT 的一定工作范围内，$\overline{\beta}$ 和 β 的差别很小，可认为它们近似相等。实际应用时，可利用 EDA 软件仿真测试 BJT 的伏安特性，找到 $\overline{\beta}$ 和 β 差别很小的工作范围。

2. 极间反向电流

当 BJT 处于放大状态时，集电结反偏。极间反向电流就是由集电结的反偏电压引起的。但这个极间反向电流不仅流经集电结，还会穿透发射结，流到发射极，因此，极间反向电流分为集电极-基极反向饱和电流 I_{CBO} 和集电极-发射极反向饱和电流 I_{CEO}，且它们的测试方法不同。

（1）集电极-基极反向饱和电流 I_{CBO}

集电极-基极反向饱和电流 I_{CBO} 是在发射极开路的情况下，向集电结外加反偏电压时，集电极和基极之间产生的电流，如图 3.2.12（a）所示。

（2）集电极-发射极反向饱和电流 I_{CEO}

集电极-发射极反向饱和电流 I_{CEO} 是在基极开路的情况下，在集电极和发射极之间外加电压让集电结反偏时，集电极产生的电流，如图 3.2.12（b）所示。此时，发射结正偏，集电结反偏，集电结反偏电压产生的反向饱和电流穿透发射结到达发射极，因此，集电极-发射极反向饱和电流 I_{CEO} 大于集电极-基极反向饱和电流 I_{CBO}，并且有

$$I_{CEO} = I_{CBO} + \beta I_{CBO} = (1 + \beta)I_{CBO} \qquad (3.2.9)$$

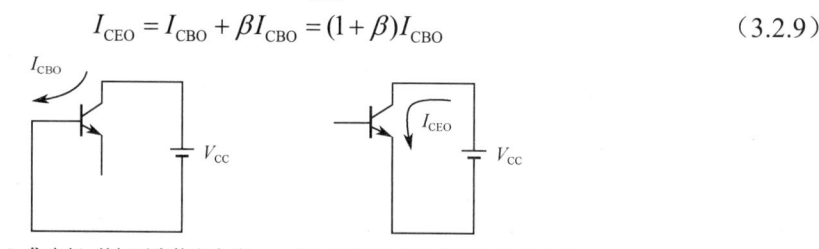

（a）集电极-基极反向饱和电流   （b）集电极-发射极反向饱和电流

图 3.2.12   BJT 极间反向电流测试电路

硅 BJT 的反向饱和电流 I_{CEO} 一般在几微安以下，但由于极间反向电流是由少数载流子形成的，其受温度影响，并且随着温度的升高而增大，所以极间反向电流是衡量 BJT 品质的重要参数。

3. 极限参数

当流过 BJT 的电流太大，或消耗功率太大，或 PN 结处于反向击穿状态时，BJT 内部产生的热量可能导致 BJT 性能变差甚至损毁，因此在使用 BJT 时应该避免这些情况发生。极限参数就是避免 BJT 因为这些因素导致性能变差甚至损毁的最大参数值。

（1）集电极最大允许电流 I_{CM}

这是 BJT 集电极允许的最大电流。

（2）集电极最大允许损耗功率 P_{CM}

BJT 的集电极损耗功率可用符号 P_{C} 表示，它就是 BJT 的损耗功率，常用符号 P_{T} 表示。BJT 的损耗功率 P_{T} 等于集电极电流 i_{C} 与集电极-发射极电压 v_{CE} 的乘积，即

$$P_{\text{T}} = i_{\text{C}} \times v_{\text{CE}}$$

BJT 的损耗功率 P_{T} 不允许超过 P_{CM}。

（3）反向击穿电压

BJT 有两个 PN 结，任意一个 PN 结外加电压不当导致反偏电压超过一定值时，该 PN 结将处于危险的反向击穿状态。因此，导致 BJT 反向击穿的电压有三个。

① $V_{\text{(BR)EBO}}$：指集电极开路时发射极-基极之间的反向击穿电压。

② $V_{\text{(BR)CBO}}$：指发射极开路时集电极-基极之间的反向击穿电压。

③ $V_{\text{(BR)CEO}}$：指基极开路时集电极-发射极之间的反向击穿电压。

3.2.5 PNP 型 BJT

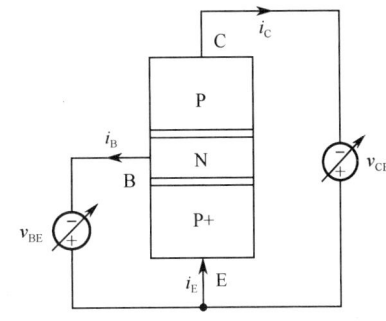

PNP 型 BJT 只是内部掺杂极性与 NPN 型 BJT 相反，上述 NPN 型 BJT 的放大原理、工作特性等同样适用于 PNP 型 BJT，唯一不同之处在于，PNP 型 BJT 外加电压极性、电流方向与 NPN 型 BJT 的相反，如图 3.2.13 所示。

3.2.6 BJT 用作有源负载管

图 3.2.13 PNP 型 BJT 的伏安特性测试电路

电阻具有分压和分流作用，在分立元件电路中，可以方便地采用电阻为工作管提供需要的直流偏置电压和电流。在集成电路中，采用电阻作为工作管的负载元件会带来诸多不利因素，如：电阻消耗功率比较大；采用与晶体管兼容的集成电路工艺制作金属大电阻，占用芯片面积会很大。

由 BJT 的伏安特性可知，BJT 是非线性器件，其电压很大时，电流可能会很小；而电流很大时，电压可能会很小。在这两种情况下，BJT 的消耗功率都会变小，而且可以利用 BJT 基极电流 i_{B} 控制集电极电流 i_{C}，获得需要的等效电阻值。其实采用半导体集成电路工艺制作 BJT 比制作电阻更容易，设计集成电路时，尽量利用晶体管及其电路结构代替电阻作用，并称其为有源负载。

由于基极相当于 BJT 的控制端，BJT 在集成电路中作为有源负载管时常用以下两种接法：①基极与集电极连在一起，这种接法也称为二极管接法，如图 3.2.14（a）所示；②基极外接固定电流 I_{B}，如图 3.2.14（b）所示，PNP 型 BJT 以此类推。

（a）基极与集电极连在一起   （b）基极外接固定电流 I_{B}

图 3.2.14 NPN 型 BJT 作为有源负载的两种接法

当 BJT 作为负载管时,是用 BJT 的集电极和发射极代替电阻的两个电极,如图 3.2.14 所示。因此,根据伏安法原理,BJT 用作负载管时,其等效电阻就是集电极-发射极两端电压与集电极电流的比值,且分为直流电阻 R_{CE} 和交流电阻 r_{ce}。直流电阻 R_{CE} 是集电极-发射极两端直流电压 V_{CE} 与集电极直流电流 I_C 的比值,交流电阻 r_{ce} 是集电极-发射极两端交流电压 v_{ce} 与集电极交流电流 i_c 的比值,即

$$R_{CE} = \frac{V_{CE}}{I_C}$$

$$r_{ce} = \frac{v_{ce}}{i_c}$$

R_{CE} 也称为 BJT 直流导通电阻,而 r_{ce} 也称为 BJT 交流输出电阻,它们也是描述 BJT 性能的参数。

本节复习思考题

3.2.1　利用式子 $V_{CE} = V_{CB} + V_{BE}$,说明 BJT 两个 PN 结都正偏时,电压 v_{dE} 只有零点几伏的原因。

3.2.2　简述用电压连续可调的直流电源测试 BJT 伏安特性的原因。

3.2.3　简述测试出共射接法 BJT 的伏安特性后,应用计算方法得到共基或共集接法的 BJT 伏安特性的过程和方法。

3.2.4　为什么测试共射接法 BJT 的输入特性时,要让集电极与发射极之间的电压 v_{CE} 取某个常数?

3.2.5　请从电特性的角度来解释,把发射区、集电区、基区直接称为发射极、集电极、基极的理由。

3.2.6　如图 3.2.7(b)所示,信号源 v_s 接在基极与集电极之间,这样的接法能够有效控制发射结电压和基极电流的变化,请说明理由。

3.3　MOS 管

MOS 管是 FET 的一种,它的全称是金属-氧化物-半导体场效应管(Metal-Oxide-Semiconductor Field Effect Transistor)。MOS 管被发明初期,由于当时的半导体工艺条件限制,MOS 管并没有得到广泛应用。因此,人类又发明了 BJT 并得到广泛应用,直到现在,BJT 及其集成电路仍然有一定的应用场合。BJT 电路的输入电阻较低,只在千欧数量级,但后来发明的 JFET 用于模拟集成电路,大大提高了模拟集成电路的输入电阻,达到了兆欧数量级。与 JFET 不同,MOS 管是一种绝缘栅型 FET,其表现出更好的工作性能。随着半导体集成电路技术的发展,MOS 管因其优越性能得到广泛应用,成为集成电路的主流。最早的 MOS 管栅极采用金属铝材料制成,因此称为 MOS 管。随着半导体工艺的发展,MOS 管栅极采用多晶硅材料制成,但 MOS 管的名称一直被沿用下来。

3.3.1　MOS 管的结构

根据导电沟道的不同,MOS 管分为 P 沟道 MOS 管(简称为 PMOS 管)和 N 沟道 MOS 管(简称为 NMOS 管);根据在没有外加电压条件下导电沟道形成与否又分为耗尽型 MOS 管和增强型 MOS 管。

　　增强型 NMOS 管是在适度掺杂的 P 型硅衬底上制作两个掺杂浓度较高的 N+型区，分别作为漏区和源区，引出的电极分别为漏极和源极，并用字母 D（Drain）、S（Source）表示。在漏区和源区之间的区域上制作一层二氧化硅绝缘层，在二氧化硅绝缘层上再制作一层多晶硅导电物质，引出栅极，用字母 G（Gate）表示，如图 3.3.1（a）所示。MOS 管漏极到源极导电沟道的长度 L 和宽度 W 是最重要的参数，L、W 就是 MOS 管漏区和源区之间的区域上面的那层二氧化硅绝缘层的长度和宽度，如图 3.3.1（b）所示，Tox 表示栅极二氧化硅绝缘层的厚度。器件的制作工艺一旦确定，就可以通过改变 L、W 来获得需要的性能参数。

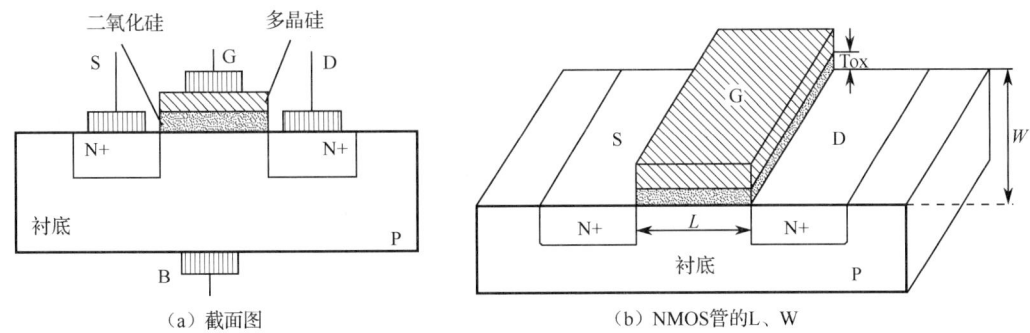

（a）截面图　　　　　　　　　　　　（b）NMOS 管的 L、W

图 3.3.1　NMOS 管结构示意图

　　从 NMOS 管的结构来看，NMOS 管的源区和漏区是完全对称的，如果 NMOS 管的衬底没有与任何电极相连，NMOS 管的源极和漏极完全可以互换。

　　PMOS 管的结构和 NMOS 管类似，不同的是两种晶体管的掺杂极性刚好相反，PMOS 管制作在 N 型硅衬底上，漏区和源区是 P+掺杂，如图 3.3.2 所示。

　　在 MOS 管模拟集成电路中，增强型 MOS 管常用的电路符号如图 3.3.3 所示。"B"表示 MOS 管的衬底，箭头表示 MOS 管导通以后的电流方向，即 NMOS 管的导通电流从漏极流向源极，PMOS 管的导通电流从源极流向漏极，它们刚好相反，这也是判断两种不同极性 MOS 管

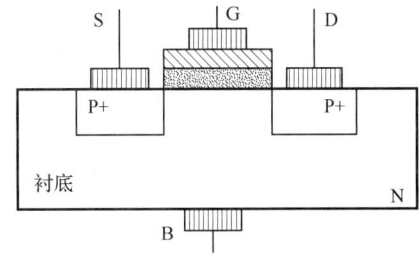

图 3.3.2　PMOS 管结构示意图

漏极、源极的方法之一。MOS 管的电路符号还有其他表示方法，但都是为了形象直观地表示出 MOS 管的极性，以及 MOS 管是耗尽型还是增强型。

　　分立元件功率 MOS 管的衬底没有单独引出，衬底事先与源极连在一起，如图 3.3.4 所示。因此，分立元件功率 MOS 管只有三个引脚，且与衬底连接的电极就是源极，这是判断 MOS 管漏极、源极的另一个方法。MOS 管电路符号的衬底箭头只表示衬底的掺杂极性，不代表衬底有电流流过。衬底箭头方向向内表示衬底是 P 型半导体，衬底箭头方向向外表示衬底是 N 型半导体。其实，MOS 管的衬底是不能有电流流过的，这不利于对 MOS 管的控制，且容易烧毁衬底。

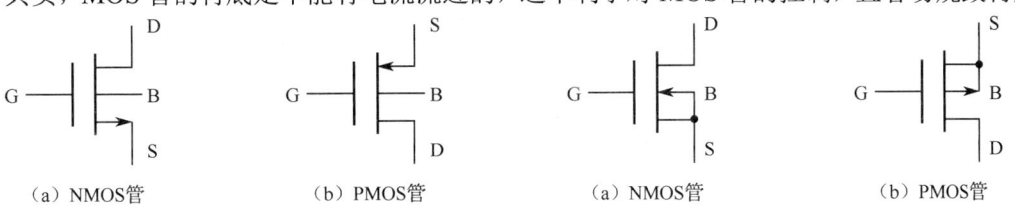

（a）NMOS 管　　　（b）PMOS 管　　　　　（a）NMOS 管　　　（b）PMOS 管

图 3.3.3　增强型 MOS 管在模拟电路中的常用符号　　　图 3.3.4　衬底与源极连接的 MOS 管电路符号

　　与增强型 MOS 管不同，耗尽型 MOS 管是在器件制作过程中通过离子注入方式事先形成导电沟道的。例如，在耗尽型 NMOS 管的制作过程中，将正离子注入 NMOS 管栅极下面的二氧化硅绝缘层，在正离子的吸引作用下，硅衬底中的自由电子移动并堆积在 P 型硅衬底靠近栅极的表面，因此，在没有外加电压条件下，在 NMOS 管的漏极和源极之间就已经存在导电沟道，如图 3.3.5 所示。

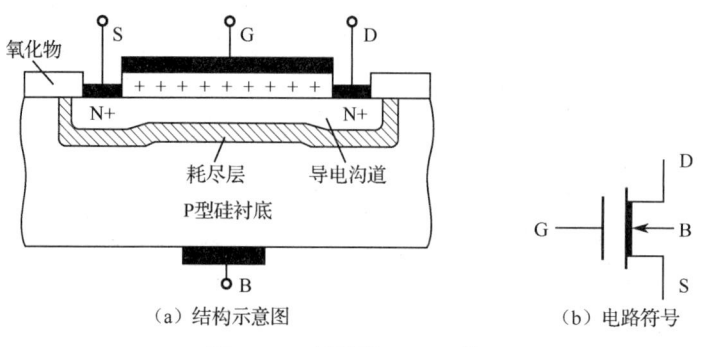

(a) 结构示意图　　　　　　　(b) 电路符号

图 3.3.5　耗尽型 NMOS 管

　　实际的集成电路一般只用耗尽型 NMOS 管，且主要用作负载元件，但为了对比分析，文中有时也会引入耗尽型 PMOS 管。

3.3.2　MOS 管的工作原理

　　要让增强型 MOS 管的漏极和源极之间产生可控的沟道电流需要两个条件：①在漏极和源极之间形成宽窄可控的导电沟道；②在漏极和源极间外加电压，导电沟道中的载流子在电压的作用下定向运动，从而产生沟道电流。

　　当增强型 MOS 管栅极上没有外加电压时，MOS 管的漏极和源极被两个背靠背的二极管隔开，如果漏极、源极之间外加电压，一个二极管正偏，另一个二极管反偏，源区和漏区之间不会形成导电沟道，从而呈现出高阻状态，如图 3.3.6 所示。

　　从 MOS 管的栅极往里看，MOS 管好像一个电容，一个极板是多晶硅栅极，另一个极板是 P 型硅衬底，电介质是栅极下面的二氧化硅。其与常见的平行板电容器的不同之处只在于，MOS 管电容的两个极板结构不对称，NMOS 管的整个 P 型硅衬底作为一个极板。对于平行板电容器来说，当一个极板 A 带电时，会在另一个极板 B 靠近极板 A 的一面感应出极性相反的电荷，如图 3.3.7 所示。

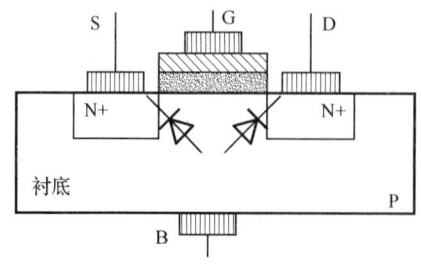

图 3.3.6　导电沟道没有形成

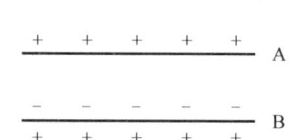

图 3.3.7　平行板电容器的感应电荷

　　与图 3.3.7 所示的平行板电容器产生感应电荷类似，为了在 MOS 管的漏极、源极间形成自由电子排列的导电沟道，可在 MOS 管栅极上外加电压。

（1）在栅极上外加正电压，在 NMOS 管栅极下面的 P 型硅衬底靠近栅极的表面感应出自由电子，使得 N+掺杂的漏区、源区连通起来，形成自由电子排列的导电沟道；

（2）NMOS 管的 P 型硅衬底连接在电势较低处，有利于形成导电沟道，并且衬底连接确保衬底中没有电流流过，尽可能避免衬底连接方式带来的不良影响。

当 MOS 管栅极外加电压，形成宽窄可控的导电沟道后，在漏极、源极之间外加电压，MOS 管的漏极、源极之间就会有电流流过。MOS 管的栅极与漏极、源极绝缘，栅极电流 i_G 可视为 0，因此，MOS 管的漏极、源极电流相等，即 $i_D = i_S$。与 BJT 相对应，栅极是 MOS 管的控制端，且只用 v_{GS}、v_{DS}、i_D 即可描述 MOS 管伏安特性。下面以增强型 NMOS 管为例，采用 v_{GS}、v_{DS}、i_D 三个电量，分析 NMOS 管的工作原理。

1. 栅极电压 v_{GS} 对导电沟道电流 i_D 的控制作用

为了更好地体现栅极电压 v_{GS} 对 NMOS 管导电沟道的控制作用，让漏极电压 $v_{DS}=0$。

（1）当 $v_{GS}=0$ 时，NMOS 管没有形成导电沟道；

（2）当 $v_{GS}>0$ 时，但 v_{GS} 还比较小时，在栅极电压 v_{GS} 的作用下，P 型硅衬底靠近栅极表面附近的空穴被排斥，远离该表面向内部移动，而且，随着栅极电压 v_{GS} 的增大，更多的 P 型硅衬底靠近栅极表面附近的空穴被排斥向内部移动；

（3）当 $v_{GS}>0$ 且 v_{GS} 增大到某个值时，虽然不会有更多的空穴被栅极电压 v_{GS} 排斥向 P 型硅衬底内部移动，但是，P 型硅衬底中的自由电子在栅极电压的作用下，开始被吸引到 P 型硅衬底靠近栅极的表面来，也就是说，导电沟道开始形成，但漏区、源区与 P 型硅衬底之间存在 PN 结，如图 3.3.8（a）所示；

（4）随着栅极电压 v_{GS} 的继续增大，有更多的自由电子被吸引到 P 型硅衬底靠近栅极的表面来，导电沟道变得越来越宽，如图 3.3.8（b）所示。

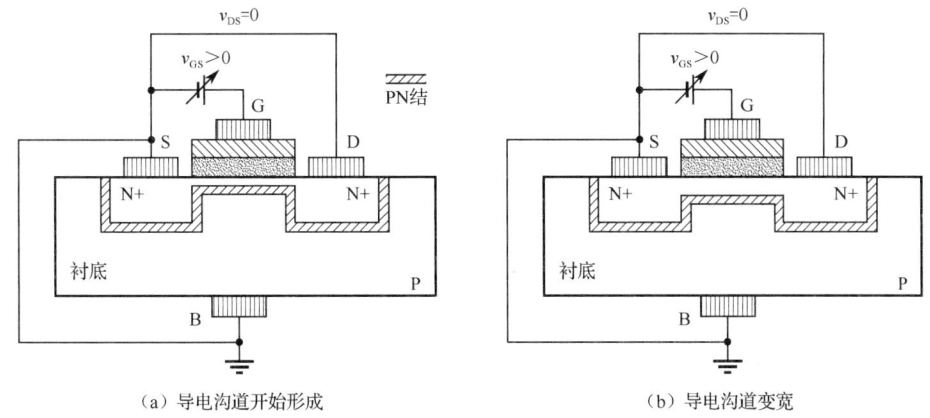

（a）导电沟道开始形成　　　　　　　　（b）导电沟道变宽

图 3.3.8　栅极电压 v_{GS} 控制形成宽窄可控的导电沟道

把上述开始形成导电沟道时的栅极电压 v_{GS} 称为 MOS 管的阈值电压或开启电压，并用符号 V_T 表示。NMOS 管的开启电压 V_T 是个正值，即 $V_T>0$。

由此可知，NMOS 管在栅极电压 v_{GS} 的控制下，在 P 型硅衬底靠近栅极的表面感应出自由电子，把 N+掺杂的漏极、源极之间连通起来，形成导电载流子以自由电子为主的电流通道，因此，NMOS 管是 N 型导电沟道。

2. 漏极电压 v_{DS} 对导电沟道电流 i_D 的影响作用

当 MOS 管形成导电沟道以后，只要在导电沟道两端外加电压，就会在导电沟道中产生电流。NMOS 管的载流子自由电子要从源极向漏极运动，形成从漏极流向源极的沟道电流，因此，NMOS 管漏极电压应该比源极电压高，即 $v_{DS} > 0$。

当改变漏极电压 v_{DS} 的大小时，导电沟道的宽窄受到影响，导电沟道中流过的电流 i_D 按照一定的规律发生变化。

（1）当 $v_{DS} < v_{GS} - V_T$ 时，在漏极电压 v_{DS} 的作用下，导电沟道越靠近漏极的地方变得越窄，如图 3.3.9（a）所示。但是，随着 v_{DS} 的增大，有更多的自由电子越过导电沟道，从源极到达漏极，沟道电流 i_D 随着 v_{DS} 的增大而增大，此时的 MOS 管处于非饱和状态。

（2）当 $v_{DS} = v_{GS} - V_T$ 时，导电沟道刚好开始在漏极的地方被夹断，称为预夹断，如图 3.3.9（b）所示。随着 v_{DS} 的继续增大，$v_{DS} > v_{GS} - V_T$，夹断区域从漏极向源极不断延伸，如图 3.3.9（c）所示，此时，源极的自由电子在漏极电压 v_{DS} 的作用下，依然能够越过导电沟道流向漏极，在沟道中产生电流 i_D，但是，导电沟道中流过的自由电子数量几乎保持不变，即导电沟道中流过的电流 i_D 几乎保持不变。此时的 MOS 管处于饱和状态。

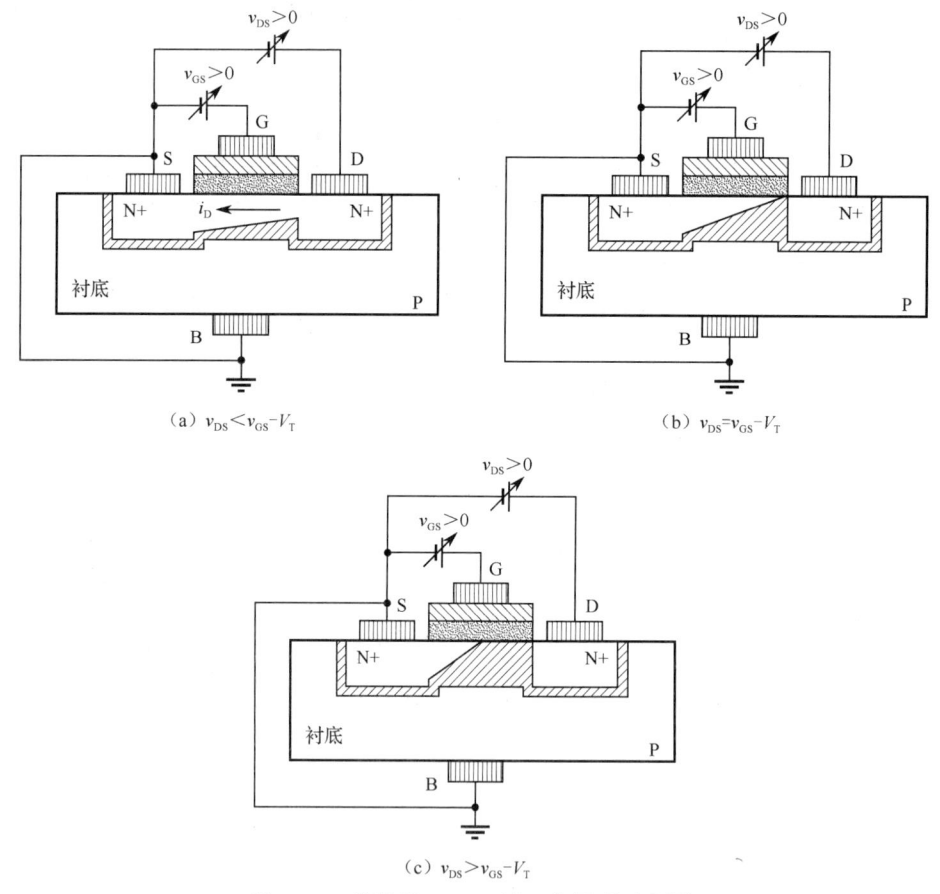

(a) $v_{DS} < v_{GS} - V_T$ (b) $v_{DS} = v_{GS} - V_T$

(c) $v_{DS} > v_{GS} - V_T$

图 3.3.9   增强型 NMOS 管工作原理示意图

耗尽型 NMOS 管的工作原理与增强型 NMOS 管类似，但也有不同之处。

（1）开启电压 V_T 为负值，即 $V_T < 0$；

（2）栅极-源极电压 v_{GS} 可正可负。

增强型 PMOS 管的工作原理与增强型 NMOS 管也类似，不同之处在于，增强型 PMOS 管的开启电压为负值，即 $V_T < 0$，增强型 PMOS 管的外加电压极性与增强型 NMOS 管刚好相

反，产生的电流方向也与增强型 NMOS 管刚好相反，即增强型 PMOS 管的 $v_{\mathrm{GS}}<0$，导电沟道的导电载流子是空穴，漏极电压 $v_{\mathrm{DS}}<0$，在漏极电压作用下，空穴从源极向漏极运动，形成从源极流向漏极的沟道电流 i_{D}，如图 3.3.10 所示。

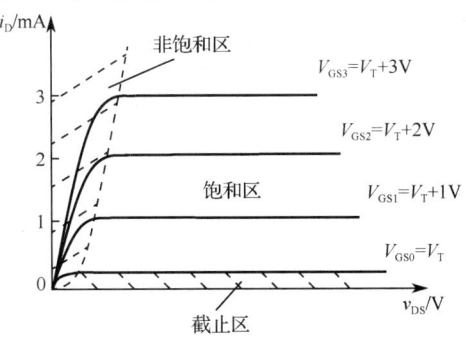

图 3.3.10　增强型 PMOS 管的电压、电流方向

3.3.3　MOS 管的伏安特性

由上述工作原理可知，MOS 管的栅极电压起控制作用，输入的交流信号必须作用在栅极上，才能有效控制导电沟道的宽窄变化，达到有效控制沟道电流 i_{D} 的效果。因此，MOS 管的栅极不能作为信号的输出端，漏极不能作为信号的输入端，MOS 管只存在共源、共漏和共栅三种放大组态。由于 MOS 管的栅极电流 i_{G} 趋近于 0，所以，MOS 管不存在输入特性。测试 i_{D} 与 v_{DS} 之间、i_{D} 与 v_{GS} 之间的关系，分别称为 MOS 管伏安特性的输出特性和转移特性，如图 3.3.11 所示。

1．输出特性

输出特性是指当 MOS 管的栅极与源极之间的电压 v_{GS} 为某一常数时，沟道电流 i_{D} 与沟道电压 v_{DS} 之间的函数关系，即

$$i_{\mathrm{D}} = f(v_{\mathrm{DS}})|_{V_{\mathrm{GS}}} \tag{3.3.1}$$

式中 v_{GS} 为常数，可直接用 V_{GS} 表示。

用图像表示 NMOS 管的输出特性，如图 3.3.12 所示。由图 3.3.12 可知，不同的 V_{GS} 取值条件下的输出特性曲线形状基本是相同的，并且它们的变化是有一定规律的。

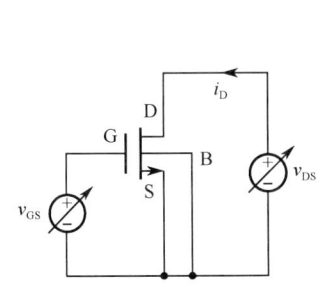

图 3.3.11　NMOS 管的伏安特性测试电路

图 3.3.12　NMOS 管的输出特性

（1）$V_{\mathrm{GS}} \leqslant V_{\mathrm{T}}$

当栅极电压 $V_{\mathrm{GS}} \leqslant V_{\mathrm{T}}$ 时，导电沟道还未形成，当外加漏极电压 v_{DS} 时，漏极只存在很小的反向漏电流，i_{D} 趋近于 0（图 3.3.12 所示截止区的电流 i_{D} 标度被放大了），把 NMOS 管的这个工作区称为截止区。

（2）$V_{\mathrm{GS}} > V_{\mathrm{T}}$

每一条输出特性曲线的起始部分都很陡，此时，$v_{\mathrm{DS}} < v_{\mathrm{GS}} - V_{\mathrm{T}}$，导电沟道形成，但未被夹断，沟道电流 i_{D} 随 v_{DS} 的增大而增大，把 NMOS 管的这个工作区称为非饱和（导通）区。当 $v_{\mathrm{DS}} = v_{\mathrm{GS}} - V_{\mathrm{T}}$ 时，每条输出特性曲线开始变得比较平坦，此时，导电沟道预夹断。当 $v_{\mathrm{DS}} > v_{\mathrm{GS}} - V_{\mathrm{T}}$ 时，v_{DS} 再增加，夹断位置不断向源极延伸，但 i_{D} 增加得不多，输出特性曲线是一组间隔基本均匀、起伏比较平坦的近似平行线，把 NMOS 管的这个工作区称为饱和（导通）区。

当栅极电压 $V_{\mathrm{GS}} > V_{\mathrm{T}}$ 时，导电沟道已经形成，NMOS 管处于导通状态，且分为非饱和导通

状态和饱和导通状态。当 NMOS 管处于饱和导通状态时，漏极电流变化量 Δi_D 与栅极电压变化量 Δv_{GS} 呈线性关系，$\Delta i_D = g_m \Delta v_{GS}$，$g_m$ 是个常数，因此这个区域也被称为线性放大区，模拟电路正是利用 NMOS 管的这个特性实现放大功能。在这个工作区中，任何一条输出特性曲线上的 i_D 几乎不随 v_{DS} 的变化而变化，所以这个工作区也被称为恒流区。利用 MOS 管的恒流特性还可以构成电流源，为工作管提供直流偏置电流。当 MOS 管处于非饱和导通状态时，同一条输出特性曲线的斜率几乎不变化，而不同输出特性曲线的斜率随着栅极电压 V_{GS} 的变化而变化，所以这个工作区也被称为线性电阻区或可变电阻区，这个特性在需要可控的可变电阻时得到应用。

由 MOS 管的伏安特性还可以看出，MOS 管处于非饱和导通状态时，导电沟道未被夹断，沟道电压 v_{DS} 很小，沟道电阻很小，数字电路利用这个特性模拟开关闭合；而在 MOS 管的截止区，导电沟道未形成，沟道电流 i_D 趋近于 0，沟道电阻很大，数字电路利用这个特性模拟开关断开。当利用 MOS 管的开关特性时，开关的两端为 MOS 管的漏极和源极，栅极相当于控制端，通过栅极电压 v_{GS} 控制开关处于断开和闭合两种不同工作状态，如图 3.3.13 所示。

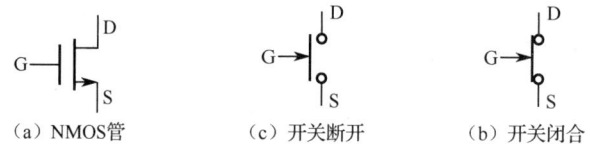

(a) NMOS管   (c) 开关断开   (b) 开关闭合

图 3.3.13   MOS 管用作开关

2. 转移特性

MOS 管的转移特性描述 MOS 管漏极电流 i_D 受栅极电压 v_{GS} 的控制作用，它是指当 MOS 管沟道电压 v_{DS} 为某一常数时，沟道电流 i_D 与栅极电压 v_{GS} 之间的函数关系，即

$$i_D = f(v_{GS})|_{v_{DS}} \qquad (3.3.2)$$

图 3.3.14 用图像表示了增强型 NMOS 管的转移特性，V_{TN} 是开启电压，下标"N"表示其是 NMOS 管。

NMOS 管的转移特性曲线可以直接利用输出特性曲线给出，如图 3.3.15 所示。在输出特性曲线上作出一条垂直于横轴 v_{DS} 的直线，直线与横轴的交点就是转移特性曲线需要的 V_{DS} 值，直线与每条输出特性曲线形成的交点数值（v_{GS}、i_D），对应转移特性曲线的坐标值。

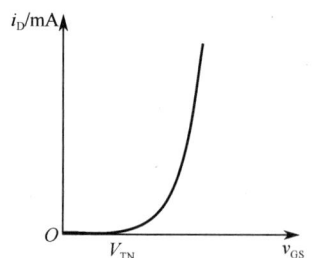

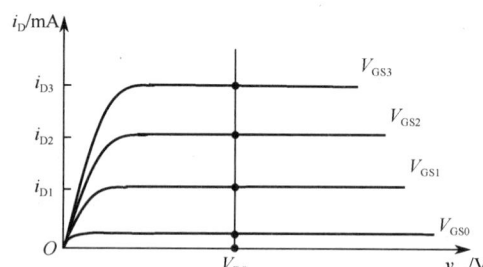

图 3.3.14   增强型 NMOS 管的转移特性曲线   图 3.3.15   利用 NMOS 管输出特性绘出转移特性曲线

根据 MOS 管的工作原理可知，当 MOS 管处于饱和区时，其漏极电流 i_D 与栅极电压 v_{GS} 的关系为

$$i_D = k \frac{(v_{GS} - V_T)^2}{2} \qquad (3.3.3)$$

式中，k 是一个与 MOS 管的结构（包括几何尺寸 L、W）有关的器件参数，它的单位是 $A \cdot V^{-2}$。

式（3.3.3）对 NMOS 管和 PMOS 管都适用，但要注意它们的电压、电流方向的不同之处。

3.3.4　MOS 管的主要参数

1．开启电压

开启电压 V_T 是 MOS 管的重要参数之一，它与 MOS 管结构、MOS 衬底偏置电压有关。V_T 越小，MOS 管越容易形成导电沟道。

2．跨导

跨导 g_m 反映了 v_{GS} 对 i_D 的控制作用，定义为

$$g_m = \left. \frac{\partial i_D}{\partial v_{GS}} \right|_{V_{DS}} \tag{3.3.4}$$

跨导也是表征 FET 放大能力的一个重要参数，单位常用 mS。

3．输出电阻

输出电阻反映沟道电压 v_{DS} 对沟道电流 i_D 的影响，分为直流导通电阻 R_{on} 和交流输出电阻 r_d。

（1）直流导通电阻 R_{on}

MOS 管直流导通电阻 R_{on} 定义为直流沟道电压 V_{DS} 与沟道电流 I_D 的比值，如图 3.3.16（a）所示，即

$$R_{on} = \frac{V_{DS}}{I_D} \tag{3.3.5}$$

（2）交流输出电阻 r_d

交流输出电阻是描述器件动态性能的一个重要参数，如图 3.3.16（b）所示，其定义为

$$r_d = \left. \frac{\Delta v_{DS}}{\Delta i_D} \right|_{V_{GS}} = \frac{v_{ds}}{i_d} \tag{3.3.6}$$

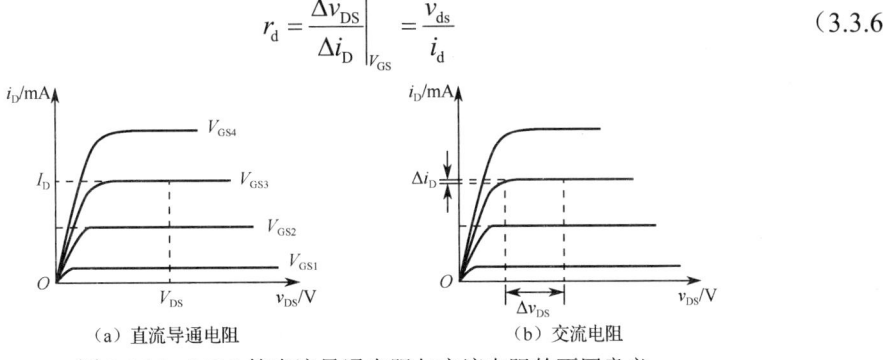

（a）直流导通电阻　　　　　　（b）交流电阻

图 3.3.16　MOS 管直流导通电阻与交流电阻的不同意义

由图 3.3.16 可以看出，MOS 管处于非饱和区时的直流导通电阻很小，MOS 管处于饱和区时的交流电阻很大。

4．极限参数

当流过 MOS 管的电流太大，或消耗功率太大，或者 PN 结处于反向击穿状态时，MOS 管内部产生的热量可能导致 MOS 管性能变坏甚至损毁，因此在使用 MOS 管时应该避免这些情况发生。极限参数就是避免 MOS 管因为这些因素导致性能变坏甚至损毁的最大参数值。

（1）漏极最大允许电流 I_{DM}

这是 MOS 管漏极允许的最大电流。

（2）最大允许损耗功率 P_{DM}

MOS 管的损耗功率用 P_D 表示，也可以用符号 P_T 表示，它是 MOS 管沟道电流 i_D 与沟道

电压 v_{DS} 的乘积，即 $P_D = i_D \times v_{DS}$。MOS 管的损耗功率不能超过最大允许值 P_{DM}。

（3）反向击穿电压

① $V_{(BR)GS}$：最大栅源电压。

② $V_{(BR)DS}$：最大漏源电压。

③ $V_{(BR)DG}$：最大漏栅电压。

3.3.5　MOS 管用作有源负载管

在 MOS 管集成电路中，常用 MOS 管代替电阻作为工作管的有源负载。此时，MOS 管的漏极、源极代替电阻的两个电极接入电路，栅极相当于控制端，其常用接法如下。

（1）增强型 MOS 管的栅极与漏极连在一起，如图 3.3.17（a）、图 3.3.17（c）所示，这种接法也称二极管接法；

（2）增强型 MOS 管的栅极接固定电平，如图 3.3.17（b）、图 3.3.17（d）所示；

（3）耗尽型 NMOS 的栅极与源极连在一起，如图 3.3.17（e）所示。

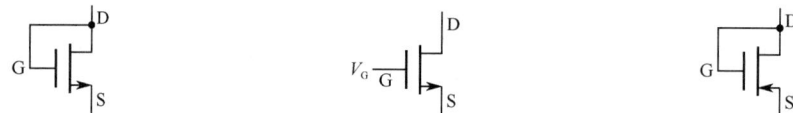

（a）增强型NMOS管栅漏短接　　　（b）增强型NMOS管栅极接固定电平　　　（c）增强型PMOS管栅漏短接

（d）增强型PMOS管栅极接固定电平　　　（e）耗尽型NMOS管栅源短接

图 3.3.17　MOS 管作为有源负载的几种接法

与 BJT 类似，由于 MOS 管的漏源极代替电阻的两个电极，因此 MOS 管等效的直流导通电阻 R_D 和交流电阻 r_d 用下面式子求解

$$R_D = \frac{V_{DS}}{I_D} \qquad r_d = \frac{v_{ds}}{i_d}$$

工作于饱和状态的 MOS 管交流电阻很大。R_D、r_d 的意义和 3.3.4 节介绍的 MOS 管输出电阻相同。

本节复习思考题

3.3.1　简述 MOS 管的漏区、源区也可简单说成漏极、源极的理由。

3.3.2　根据集成电路的发展历史，简述市场上分立元件 BJT 的种类很多，但分立元件 MOS 管较少的原因。

3.3.3　MOS 管的栅电容只有 pF 数量级，因此在设计 MOS 管集成电路时，需另外设计什么样的电路，以保护 MOS 管集成电路芯片不容易因静电击穿而损坏？

3.3.4　当 MOS 管的栅极与漏极连在一起接入电路时，这种接法的 MOS 管处于什么工作状态？

3.3.5　耗尽型 NMOS 管的栅极与源极连在一起接入电路时，MOS 管中存在导电沟道吗？为什么？

3.3.6　为什么 MOS 管的衬底能与源极连接但不能与漏极连接？

3.4　JFET

JFET 也是 FET 的一种类型，JFET 的全称是结型场效应晶体管（Junction Field-Effect Transistor），JFET 在模拟集成电路的输入级得到应用，能够提高放大电路的输入阻抗。JFET 根据导电沟道的极性不同，分为 P 型 JFET 和 N 型 JFET 两种。

3.4.1　JFET 的结构

JFET 有三个电极，分别是栅极（Gate）、漏极（Drain）、源极（Source）。N 型 JFET 是在一块 N 型半导体材料两边扩散形成两个高浓度的 P 型区（用 P+表示），形成两个 PN 结制成的，如图 3.4.1（a）所示。通过控制 JFET 两个 PN 结的宽窄来控制漏极与源极之间的导电沟道的宽窄。

N 型 JFET 的电路符号如图 3.4.1（b）所示，栅极箭头表示栅极是 P 型区。尽管 JFET 电路符号中的栅极带有箭头，但在应用时，不允许栅极存在电流流过。

实际的 JFET 制造工艺要比上文描述的复杂。N 型 JFET 衬底和中间顶部都是 P+半导体，它们连接在一起（图 3.4.2 中未画出连线）作为栅极，N 型导电沟道的两个重掺杂区 N+是为了形成良好的欧姆接触，引出金属电极分别为漏极和源极，如图 3.4.2 所示。

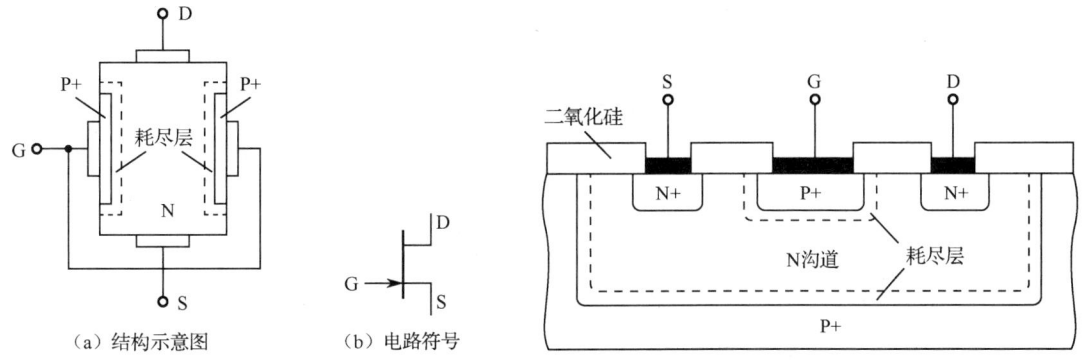

（a）结构示意图　　　（b）电路符号

图 3.4.1　N 型 JFET　　　　　　　　图 3.4.2　N 型 JFET 的剖面图

P 型 JFET 的结构与 N 型 JFET 完全相同，只是极性刚好相反，如图 3.4.3 所示。

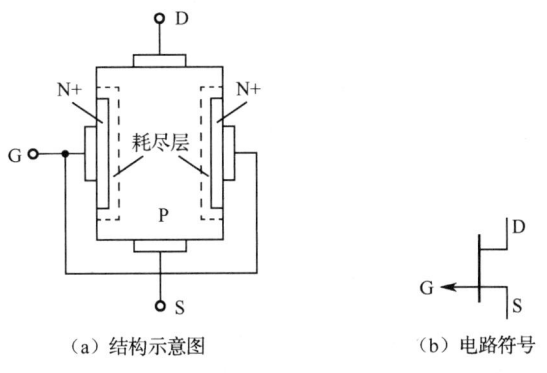

（a）结构示意图　　　　　　　　（b）电路符号

图 3.4.3　P 型 JFET

3.4.2　JFET 的工作原理

JFET 栅极的绝缘结构与 MOS 管不同，其栅极直接连接 PN 结。而且，JFET 在没有外加

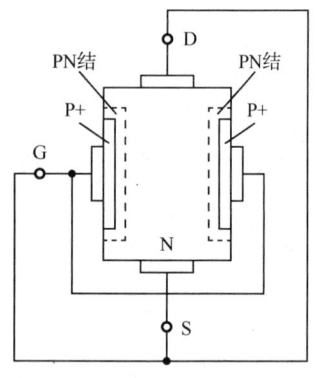

图3.4.4　JFET在没有外加电压条件下已经存在导电沟道

电压的条件下，已经存在导电沟道，这说明 JFET 是耗尽型 FET，如图 3.4.4 所示。

要求 JFET 栅极电流 i_G 越小越好，栅极电阻越大越好，且栅极电压 v_{GS} 能够有效控制导电沟道的宽窄。因此，栅极电压 v_{GS} 不能让栅极连接的 PN 结正偏。下面以 N 型 JFET 为例，用 v_{GS}、v_{DS}、i_D 三个电量，分析 JFET 的工作原理。

1. 栅极电压 v_{GS} 对导电沟道电流 i_D 的控制作用

栅极电压 v_{GS} 不能取正值，但 v_{GS} 可以取为 0，如图 3.4.5 所示。当只有栅极电压 v_{GS} 作用时，从漏极到源极导电沟道的宽窄均匀变化。栅极电压 v_{GS} 的绝对值越大，两个反偏 PN 结就越宽，导电沟道越窄，如图 3.4.5（b）所示，对电流的阻碍作用越大，导电沟道中能够流过的电流越小。当栅极电压 v_{GS} 达到某个值时，导电沟道完全夹断，如图 3.4.5（c）所示，这个电压称为夹断电压，用符号 V_P 表示。N 型 JFET 的 V_P 是个负值。

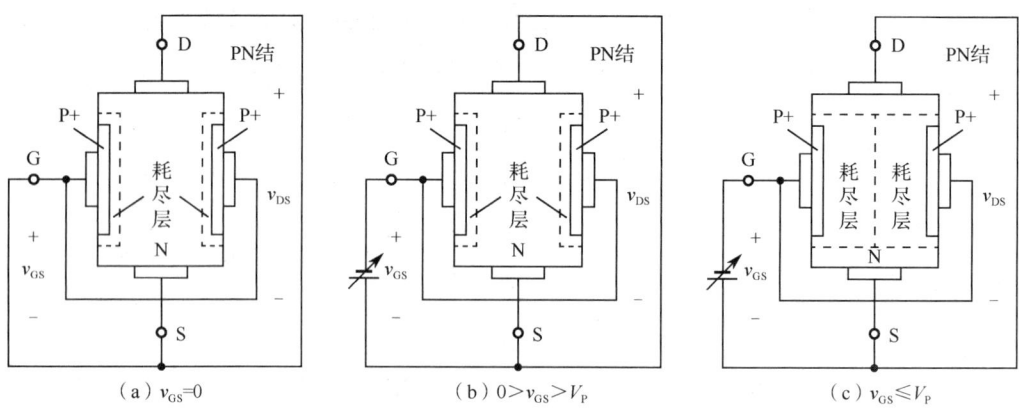

（a）$v_{GS}=0$　　　　　　　（b）$0>v_{GS}>V_P$　　　　　　　（c）$v_{GS}\leqslant V_P$

图 3.4.5　JFET 栅极电压 v_{GS} 对导电沟道电流 i_D 的控制作用

2. 漏极电压 v_{DS} 对导电沟道电流 i_D 的影响作用

N 型 JFET 的导电沟道形成以后，如果在漏极和源极之间的导电沟道外加电压 v_{DS}，则产生沟道电流 i_D。和 NMOS 管一样，导电载流子自由电子是从源极向漏极运动，漏极电压高于源极电压，即 $v_{DS}>0$，沟道电流 i_D 从漏极流向源极。

如图 3.4.6 所示，改变漏极电压 v_{DS} 的大小，导电沟道宽度会发生变化，从而影响沟道电流 i_D 的变化。

（1）当 $v_{DS}<v_{GS}-V_P$ 时，在漏极电压 v_{DS} 的作用下，导电沟道越靠近漏极的地方变得越窄，如图 3.4.6（b）所示。但是，随着 v_{DS} 的增大，有更多的自由电子越过导电沟道，从源区到达漏区，沟道电流 i_D 随着 v_{DS} 的增大而增大，称此时的 N 型 JFET 处于非饱和导通状态。

（2）当 $v_{DS}=v_{GS}-V_P$ 时，导电沟道刚好开始在漏极的地方被夹断，称为预夹断，如图 3.4.6（c）所示。随着 v_{DS} 继续增大，$v_{DS}>v_{GS}-V_P$，夹断区域从漏极向源极不断延伸，此时，源极的自由电子在漏极电压 v_{DS} 作用下依然能够越过导电沟道流向漏极，导电沟道中有电流 i_D 流过，但是，导电沟道中流过的自由电子数量几乎保持不变，即导电沟道中的电流 i_D 几乎保持不变，如图 3.4.6（d）所示，称此时的 JFET 处于饱和导通状态。

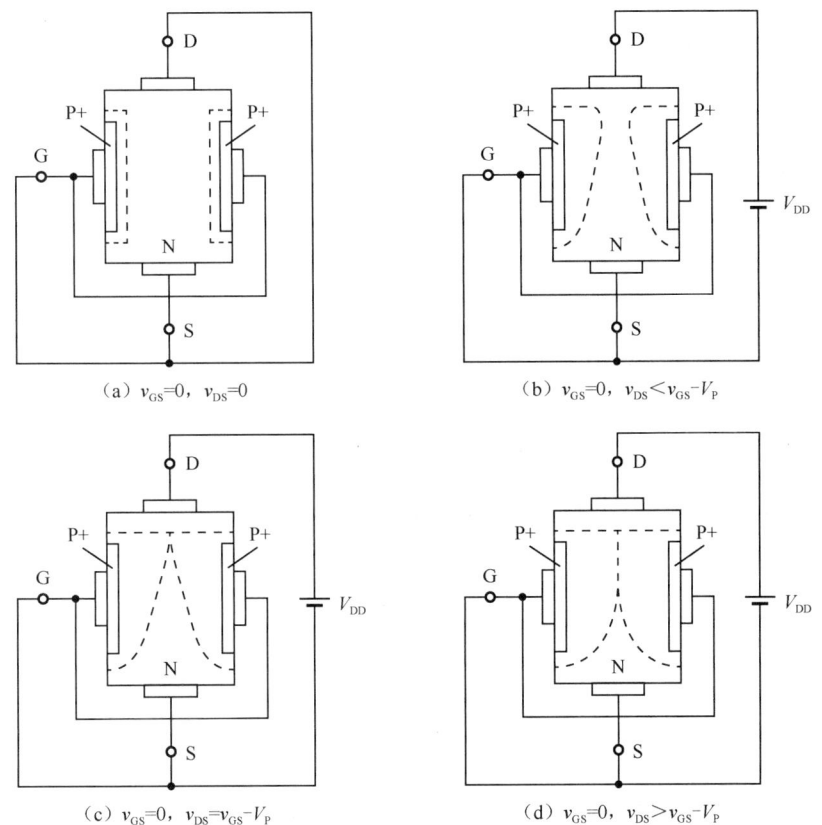

图 3.4.6　N 型 JFET 漏极电压 v_{DS} 对沟道电流 i_D 的影响作用

3.4.3　JFET 的伏安特性

JFET 的栅极电流 i_G 趋近于 0，因此，与 MOS 管一样，JFET 也不存在输入特性，只有输出特性和转移特性。

1. 输出特性

输出特性是指当 JFET 栅极与源极之间的电压 v_{GS} 为某一常数时，沟道电流 i_D 与沟道电压 v_{DS} 之间的函数关系，即

$$i_D = f(v_{DS})|_{v_{GS}} \tag{3.4.1}$$

用图像表示 N 型 JFET 的输出特性，如图 3.4.7 所示。由图 3.4.7 可知，N 型 JFET 的输出特性变化规律和 NMOS 管相似，不同之处在于用夹断电压 V_P 取代开启电压 V_T。JFET 也存在截止区、非饱和区、饱和区三个工作区。饱和区也称为线性放大区，应用于放大电路时，JFET 就处于饱和导通状态。

2. 转移特性

JFET 的转移特性描述了 JFET 漏极电流 i_D 受栅极电压 v_{GS} 的控制作用，它是指当 JFET 沟道电压 v_{DS} 为某一常数时，沟道电流 i_D 与栅极电压 v_{GS} 之间的函数关系，即

$$i_D = f(v_{GS})|_{v_{DS}} \tag{3.4.2}$$

图 3.4.8 用图像表示了常温下 N 型 JFET 的转移特性，V_P 是夹断电压。

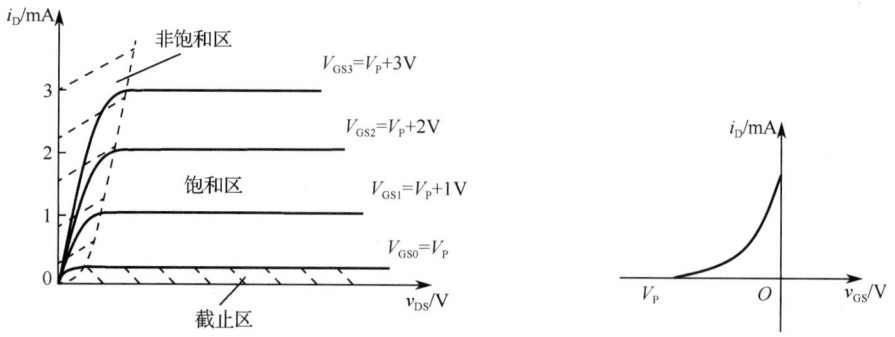

图 3.4.7 N 型 JFET 的输出特性曲线   图 3.4.8 N 型 JFET 的转移特性曲线

N 型 JFET 属于一种耗尽型 FET，它与耗尽型 MOS 管的不同之处在于，N 型 JFET 的栅极电压 v_{GS} 不能为正值，而耗尽型 MOS 管的栅极电压 v_{GS} 可正可负。

N 型 JFET 处于饱和区时，漏极电流 i_D 与栅极电压 v_{GS} 的关系为

$$i_D = I_{DSS}\left(1 - \frac{v_{GS}}{V_P}\right)^2 \tag{3.4.3}$$

式中，I_{DSS} 表示 N 型 JFET 的饱和漏极电流；V_P 表示夹断电压，且 $V_P < v_{GS} \leq 0$。

P 型 JFET 的工作原理、伏安特性和 N 型 JFET 类似，主要不同之处在于，两种 JFET 的电压极性、电流方向刚好相反。

3.4.4 JFET 的主要参数

（1）夹断电压 V_P

（2）跨导 g_m

$$g_m = \left.\frac{\partial i_D}{\partial v_{GS}}\right|_{V_{DS}} \tag{3.4.4}$$

跨导也是表征 JFET 放大能力的一个重要参数，常用单位为 mS。

（3）极限参数

① 漏极最大允许电流 I_{DM}。

② 最大允许损耗功率 P_{DM}。

③ 反向击穿电压。

三个反向击穿电压分别为 $V_{(BR)GS}$、$V_{(BR)DS}$、$V_{(BR)DG}$。

本节复习思考题

3.4.1 如果把 MOS 管、JFET 的转移特性曲线绘于同一个坐标系下，且规定增强型 NMOS 管的电压、电流方向为正，则可发现 N 型 JFET 的转移特性曲线只处于坐标系的第二象限，说明其原因。

3.4.2 为什么在外加漏极电压 v_{DS} 时，JFET 的导电沟道首先在靠近漏极的地方夹断？

3.4.3 在图 3.4.6 中，令 $v_{GS} = 0$ 来测试沟道电流 i_D 随着沟道电压 v_{DS} 的变化关系，说明这样做的好处。

3.4.4 简述 JFET 的输入阻抗能够达到 MΩ 数量级的理由。

3.5　BJT 和 FET 的比较

BJT 和 FET 都有两个 PN 结，通过控制两个 PN 结的变化，控制导电沟道中的电流变化，实现放大作用，但它们内部结构、工作原理的不同之处，决定了它们具有不同的工作特点和性能优势，如表 3.5.1 所示。

表 3.5.1　BJT 和 FET 的比较

器件		BJT		FET	
类型		电流控制电流型器件 双极性器件		电压控制电流型器件 单极性器件	
性能 优势		电流大 电流增益高		输入阻抗高 噪声低 集成度高	
工作特点	分类	NPN 型	PNP 型	N 沟道	P 沟道
	截止区	$V_{BE} < 0$ $V_{CB} > 0$ $i_B = 0$ $i_C \to 0$	$V_{BE} > 0$ $V_{CB} < 0$ $i_B = 0$ $i_C \to 0$	$v_{GS} \le V_T$ $i_D \to 0$	$v_{GS} \ge V_T$ $i_D \to 0$
	饱和区	$V_{BE} > 0$ $V_{CB} < 0$ $i_B \ne 0$ $i_C \ne 0$ $i_C \ne \beta i_B$ 线性电阻区	$V_{BE} < 0$ $V_{CB} > 0$ $i_B \ne 0$ $i_C \ne 0$ $i_C \ne \beta i_B$ 线性电阻区	$v_{GS} > V_T$ $v_{DS} \ge v_{GS} - V_T$ 线性放大区	$v_{GS} < V_T$ $v_{DS} \le v_{GS} - V_T$ 线性放大区
	非饱和区	$V_{BE} > 0$ $V_{CB} > 0$ $i_B \ne 0$ $i_C \ne 0$ $i_C = \beta i_B$ 线性放大区	$V_{BE} < 0$ $V_{CB} < 0$ $i_B \ne 0$ $i_C \ne 0$ $i_C = \beta i_B$ 线性放大区	$v_{GS} > V_T$ $v_{DS} < v_{GS} - V_T$ 线性电阻区	$v_{GS} < V_T$ $v_{DS} > v_{GS} - V_T$ 线性电阻区

这里的 N 沟道 FET 包括增强型 NMOS 管、耗尽型 NMOS 管、N 型 JFET，P 沟道 FET 包括增强型 PMOS 管、耗尽型 PMOS 管、P 型 JFET。并且 MOS 管的开启电压、JFET 的夹断电压都统一用符号 V_T 表示。

本节复习思考题

3.5.1　总结判断 BJT 的基极、发射极、集电极的方法，以及如何区分 NPN 型 BJT、PNP 型 BJT 的方法。

3.5.2　总结判断 MOS 管的栅极、源极、漏极的方法，以及如何区分增强型 MOS 管、耗尽型 MOS 管的方法。

3.5.3　总结 MOS 管和 JFET 的不同之处，以及如何区分 MOS 管、JFET 的方法。

3.5.4　从导电沟道的结构、在外加电压或电流条件下的不同变化等，分析 BJT 和 MOS 管导电沟道的不同之处。

本章提要

1. BJT 是一种电流控制电流型器件，有两种载流子参与导电，属于双极性器件；FET 是一种电压控制电流型器件，只有一种载流子参与导电，属于单极性器件。

2. 硅 BJT 分 NPN 型和 PNP 型两种，硅 FET 分绝缘栅型（MOS 管）和结型（JFET）两类，而 MOS 管又分为 NMOS 管和 PMOS 管，JFET 又分为 N 型 JFET 和 P 型 JFET。

3. BJT 和 FET 都有两个 PN 结，通过外加电压使两个 PN 结发生变化，从而引起两个 PN 结之间的导电沟道电流变化，使 BJT 或 FET 处于不同的工作状态。

4. BJT 和 FET 的结构、工作原理、伏安特性不同，但它们都具有放大能力和开关特性，在一定的电压、电流条件下，它们处于需要的工作区，因此，利用它们构建电路的方法有相通之处。只有区别它们的个性，找出它们的共性，才能在设计放大电路时，选择合适的放大器件。

5. BJT、FET 除了在电路中用作放大管，还可用作负载管，代替电路中的电阻。

习　题

3.1　测得某放大电路中 BJT 的三个电极 A、B、C 的对地电位分别为 $V_A = 5\text{V}$，$V_B = 2\text{V}$，$V_C = 1.3\text{V}$，试分析电极 A、B、C 中哪个是基极，哪个是发射极，哪个是集电极，并说明该 BJT 是 NPN 型还是 PNP 型。

3.2　请根据下列工作条件，确定 NPN 型 BJT 的工作状态。

（1）$V_{BE} = 0.7\text{V}$，$V_{CE} = 6\text{V}$；

（2）$V_{BE} = -5\text{V}$，$V_{CB} = 0.7\text{V}$；

（3）$V_{BE} = 0.7\text{V}$，$V_{CE} = 0.2\text{V}$；

（4）$V_{BE} = -0.7\text{V}$，$V_{CE} = 6\text{V}$。

3.3　请根据下列工作条件，确定 PNP 型 BJT 的工作状态。

（1）$V_{BE} = 0.7\text{V}$，$V_{CE} = -6\text{V}$；

（2）$V_{BE} = -0.7\text{V}$，$V_{CE} = -0.2\text{V}$；

（3）$V_{BE} = -0.7\text{V}$，$V_{CE} = -6\text{V}$。

3.4　某放大电路中 BJT 三个电极 A、B、C 的电流参考方向如图 1 所示，用万用表直流挡测得三个电极电流分别为 $I_A = 2\text{mA}$，$I_B = 0.04\text{mA}$，$I_C = -2.04\text{mA}$，试分析电极 A、B、C 中哪个是基极，哪个是发射极，哪个是集电极，并说明该 BJT 是 NPN 型还 PNP 型，它的直流电流放大系数 $\bar{\beta}$ 是多少？

3.5　某 BJT 的极限参数 $I_{CM} = 100\text{mA}$，$P_{CM} = 200\text{mW}$，$V_{(BR)CEO} = 30\text{V}$。若它的工作电压 $v_{CE} = 10\text{V}$，则工作电流 i_C 不得超过多少？若它的工作电流 $i_C = 10\text{mA}$，则工作电压 v_{CE} 不得超过多少？若工作电流 $i_C = 1\text{mA}$ 呢？

3.6　如图 2 所示，如果 V_{EE} 为两节 1.5V 的干电池，V_{CC} 为四节 1.5V 的干电池，如果要使 BJT 的 $V_{BE} = 0.7\text{V}$、$V_{CB} = 4\text{V}$、$I_C = 2\text{mA}$、$I_B = 0.04\text{mA}$，求 R_e、R_c 的阻值。

3.7　试分析图 3 所示的各电路能否对输入正弦交流信号起放大作用，并简述理由（设各电容对输入交流信号的容抗可以忽略）。

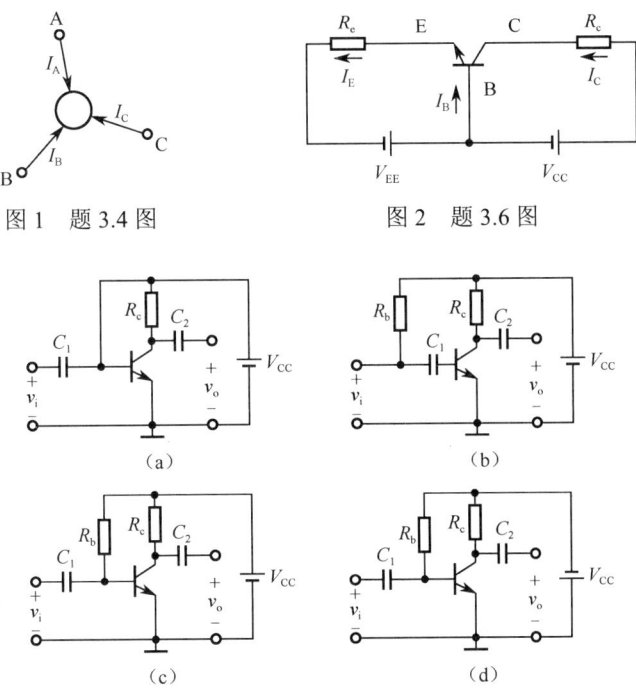

图 1　题 3.4 图　　　　　　　　　　图 2　题 3.6 图

图 3　题 3.7 图

3.8　假设测试一个 NPN 型 BJT，保持 $V_{BE} = 0.65\text{V}$ 不变，当 $V_{CE} = 2\text{V}$ 时测得 $I_C = 2\text{mA}$，当 $V_{CE} = 6\text{V}$ 时测得 $I_C = 2.04\text{mA}$，求该 BJT 的交流输出电阻 r_o。

3.9　NMOS 管的开启电压 $V_T = 2\text{V}$，请根据下列工作条件，确定该 NMOS 管的工作状态。

（1）$V_{GS} = 3\text{V}$，$V_{DS} = 0.1\text{V}$；

（2）$V_{GS} = 1\text{V}$，$V_{DS} = 5\text{V}$；

（3）$V_{GS} = 3\text{V}$，$V_{DS} = 5\text{V}$。

3.10　PMOS 管的开启电压 $V_T = -2\text{V}$，请根据下列工作条件，确定该 PMOS 管的工作状态。

（1）$V_{GS} = -3\text{V}$，$V_{DS} = -5\text{V}$；

（2）$V_{GS} = -1\text{V}$，$V_{DS} = -5\text{V}$；

（3）$V_{GS} = -3\text{V}$，$V_{DS} = -0.1\text{V}$。

3.11　某放大电路中 NMOS 管三个电极 A、B、C 的电流参考方向如图 4 所示，用万用表直流挡测得三个电极电流 $I_A = 0$，$I_B = 2\text{mA}$，$I_C = -2\text{mA}$，试分析电极 A、B、C 中哪个是栅极，哪个是源极，哪个是漏极。

3.12　一个 N 型 JFET 的 $V_P = -5\text{V}$，以下情况若要刚好产生预夹断，那么 V_{GS} 应该分别为何值？

（1）$V_{DS} = 4\text{V}$；

（2）$V_{DS} = 2\text{V}$。

3.13　一个 P 型 JFET 的 $V_P = 5\text{V}$，以下情况若要刚好产生预夹断，那么 V_{GS} 应该分别为何值？

（1）$V_{DS} = -4\text{V}$；

（2）$V_{DS} = -2V$ 。

3.14 用图 5 所示的 N 型 JFET 构成一个电流源，$I_{DSS} = 2mA$ ，$V_P = -4V$ ，电阻 R 的阻值和电源电压 V_{DD} 如何取值？

图 4 题 3.11 图   图 5 题 3.14 图

3.15 试在直角坐标系中分别画出硅 FET（包括增强型 NMOS 管、PMOS 管，耗尽型 NMOS 管、PMOS 管，N 型 JFET、P 型 JFET）的转移特性曲线，设从漏极流向源极的电流为正，并标明各自的开启电压 V_T 或夹断电压 V_P。

第4章　小信号中频单管放大电路

BJT、FET 单管放大电路是电子电路常用的基本电路单元，直流偏置电路确保放大电路中的 BJT、FET 始终处于放大状态，这时的 BJT、FET 称为工作管，为工作管提供直流偏置的元件称为工作管的负载元件。如果负载元件是电阻，则称为负载电阻，如果负载元件是 BJT 或 FET，则称为负载管。分析 BJT 或 FET 放大电路时，首先要进行直流分析，因为放大管的直流偏置电压、电流是决定放大电路是否能够正常工作的首要条件，然后进行交流分析。在小信号条件下，交流分析方法除了图解法，还常用一种近似的公式分析方法，即小信号模型分析法。

MOS 管是集成电路的主流，在 MOS 管集成电路中，几乎全部采用 MOS 管代替电阻的负载作用，MOS 管的特性及参数直接受 MOS 管结构参数的影响，制作工艺确定后还可通过改变 MOS 管的几何尺寸 L、W 来改变 MOS 管及其集成电路的性能，因此，本章以电阻作为负载元件的单管 BJT 放大电路开始介绍，以此直观、形象地引入放大电路的定量分析方法、分析步骤。现在的集成电路设计，必须借助于 EDA 软件。在应用 EDA 软件进行集成电路设计时，会很容易把这些直观、形象的分析方法、分析步骤迁移到 MOS 管放大电路的设计中。本章的主要内容如下：

（1）BJT、FET 的中频小信号模型；
（2）BJT 单管基本放大电路的基本结构、工作原理、性能指标；
（3）JFET 基本放大电路的基本结构、工作原理、性能指标；
（4）MOS 管基本放大电路的基本结构、工作原理、性能指标；
（5）BJT、FET 及其放大电路的对比分析。

4.1　引言

如图 4.1.1 所示，在放大电路的中频区，幅频响应曲线比较平坦，电压增益最大，此时，放大电路的电抗特性可忽略不计，电压增益不随频率变化；而在高频区、低频区，电压增益下降，且随着频率而变化，这是由于放大电路存在电抗特性引起的。

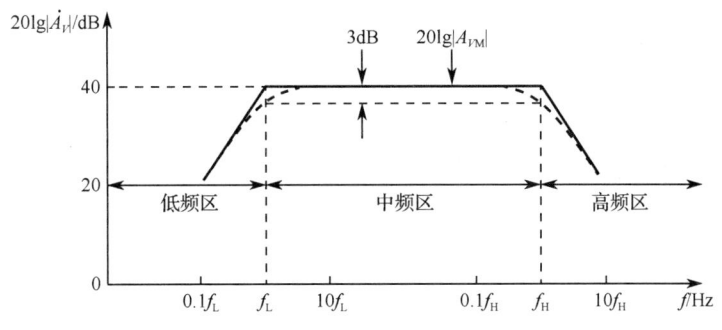

图 4.1.1　放大电路的低频区、中频区、高频区

正如第 1 章的频率响应所言，需要放大的信号频谱位于放大电路的中频区，使得信号的

每一个正弦波分量的增益相同，不会产生输出失真。而干扰、噪声位于低频区或高频区，被放大电路衰减或抑制，提高信噪比。

放大电路的高频响应是由晶体管的电容效应、器件的布局布线导致的分布电容等引起的。在一定频率范围内，无论是 BJT 还是 FET，它们的电容效应可以忽略不计，但随着频率的升高，BJT、FET 的电容效应变得非常明显，使得它们的放大能力变差，甚至完全失去放大能力。描述晶体管失去放大能力的频率参数称为特征频率，用符号 f_T 表示。当晶体管的放大能力变差时，放大电路的放大能力随之变差，甚至失去放大能力。如果放大电路存在耦合电容、旁路电容等，则低频响应来自放大电路的耦合电容、旁路电容，频率越低，耦合电容、旁路电容的电抗特性越明显，放大电路的电压增益越低。

小信号模型是在小信号条件下，将晶体管的非线性伏安特性进行线性化的一种方法，即用一些线性器件参数近似描述晶体管的电压、电流关系，以简化分析计算过程，但计算结果又在工程允许的误差范围内。把 BJT 视为有源器件组成双口网络，建立 BJT 的小信号模型通常有以下两种方法：

（1）根据双口网络代表的 BJT 外部电压、电流关系，应用数学公式推导建立小信号模型。

（2）从双口网络所代表的 BJT 内部物理机制出发，应用电阻、电容等线性元件来模拟其物理过程，从而得到小信号模型。

BJT 的外部电压、电流关系是 BJT 内部物理机制的宏观表现，因此，两种建模方法得到的结果应该相互吻合。

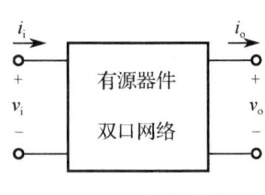

图 4.1.2　有源器件组成的双口网络

有源器件组成的双口网络有输入端和输出端两个端口，如图 4.1.2 所示。用 v_i、i_i 分别表示输入端的电压、电流，v_o、i_o 分别表示输出端的电压、电流，并在图 4.1.2 中标示出它们的参考方向。为了分析双口网络的四个电量 v_i、i_i、v_o、i_o 的变化关系，可选其中两个作为自变量，其余两个作为因变量，得到不同的网络参数，如 Z 参数（开路阻抗参数）、Y 参数（短路导纳参数）和 H 参数（混合参数，H 是 Hybrid 的首字母）等。H 参数在低频时用得较广泛，下面采用 H 参数建立 BJT 小信号模型。

本节复习思考题

4.1.1　每个确定的放大电路都具有一定的通频带，这会使得放大电路只能正常放大一定频率范围内的输入信号，说明放大电路具有这样的频率特性带来的有益作用。

4.1.2　设计 BJT 或 FET 放大电路时，为什么选取的晶体管特征频率 f_T 与放大电路带宽 BW 有关？

4.1.3　分析 BJT 或 FET 放大电路时，为什么总是采用正弦波信号测试放大电路？

4.1.4　如果放大电路没有耦合电容、旁路电路等，其下限频率 $f_L=0$ 吗？

4.1.5　设计低频电子电路时，器件的布局、器件之间的互连线（布线）对电路的影响不明显，但对于高频电子电路，器件的布局、布线对电路的影响很明显，说明理由。

4.2　BJT 小信号模型

BJT 存在共射、共集、共基三种放大电路组态，每种放大电路组态又各有特点，共射放大电路具有适中的输入电阻，且既有大于 1 的电压增益，又有大于 1 的电流增益；共基放大电路的输入电阻低，但仅能获得大于 1 的电压增益，电流增益总是小于 1；共集放大电路可获得高输入阻抗、低输出阻抗，但是仅获得大于 1 的电流增益，电压增益总是小于 1。这里的增益是指没有变换成分贝的。

小信号模型是针对输入交流信号而言的，应用小信号模型时，直流偏置电路确保 BJT 处于线性放大工作状态。

4.2.1　BJT 的静态工作点

BJT 是一种电流控制电流型器件，利用基极电流 i_B 控制集电极电流 i_C。放大电路的输入信号是交变的，且幅值比较小，甚至小到 mV 数量级以下，这样的交流信号不可能保证晶体管处于放大的工作状态。因此，需要直流偏置电路，确保发射结正偏、集电结反偏，并且 $i_B \neq 0$，$i_C \neq 0$，$i_C = \beta i_B$，满足 BJT 处于放大状态的要求。

简单的 BJT 直流偏置电路如图 4.2.1 所示。在图 4.2.1（a）中，采用两个直流电源 V_{BB}、V_{CC}，R_b 为基极偏置电阻，R_c 为集电极偏置电阻。实际应用时，用两个直流电源很不方便，因此，常采用一个直流电源 V_{CC} 供电，如图 4.2.1（b）所示，其习惯画法如图 4.2.1（c）所示。发射极"接地"作为公共端，也作为电势参考零点。实物连接时，正电源"V_{CC}"与直流电源正极连接，"接地"端则与直流电源负极连接。

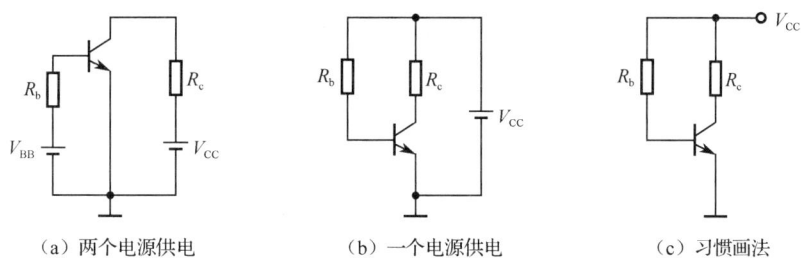

(a) 两个电源供电　　　　　(b) 一个电源供电　　　　　(c) 习惯画法

图 4.2.1　简单的 BJT 直流偏置电路

直流偏置电路确保 BJT 处于放大状态以后，如果将交流信号输入 BJT 的基极，从 BJT 的集电极输出到负载，则构成共射放大电路，如图 4.2.2 所示。分立元件 BJT 放大电路可以很方便地接入耦合电容 C_1、C_2，起到"隔直通交"的作用，让直流电源既不会影响信号源 v_s，也不会影响负载 R_L，而输入交流信号 v_s 却能够顺利通过电容 C_1、C_2，即电容 C_1、C_2 对交流信号 v_s 的容抗小到可以忽略不计，这也是选取电容 C_1、C_2 大小的原则之一。

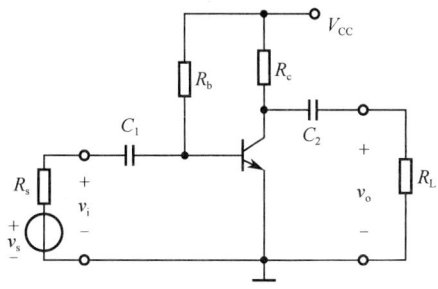

图 4.2.2　分立元件的 BJT 共射放大电路

根据求出的 BJT 直流偏置 V_{BE}、I_B、I_C、V_{CE}，分别在该 BJT 的输入特性、输出特性曲线上找到对应的坐标点，它们就是该 BJT 的静态工作点，如图 4.2.3 所示。

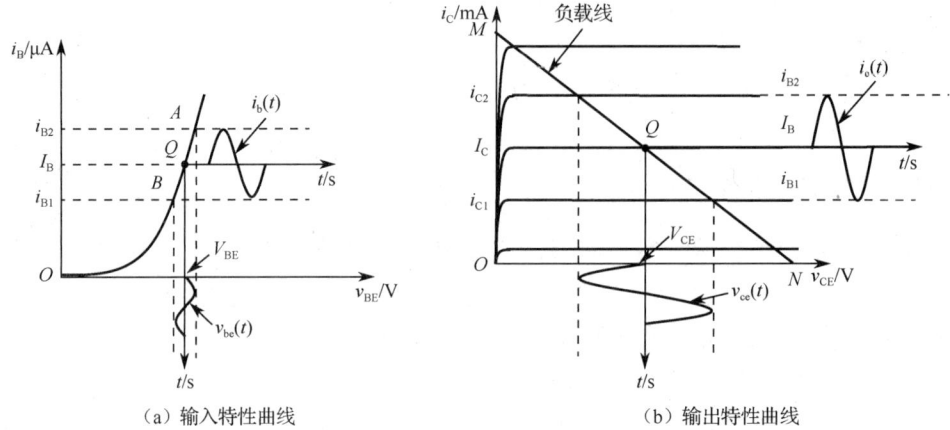

（a）输入特性曲线　　　　　　　　　　（b）输出特性曲线

图 4.2.3　BJT 图解法

输入交流信号 v_s 引起 BJT 的电压 v_{BE} 变化，导致基极电流 i_B 随 v_{BE} 的变化而变化，基极电流 i_B 控制集电极电流 i_C 变化，引起电压 v_{CE} 变化。这些变化其实就是输入信号 v_s 在 BJT 上产生的交流分量，分别用 v_{be}、i_b、i_c、v_{ce} 表示。因此，BJT 既存在直流电压、电流，又存在交流电压、电流，是直流分量与交流分量的代数叠加，假设输入信号为正弦波信号，则有

$$v_{BE} = V_{BE} + v_{be} = V_{BE} + V_{bem}\sin\omega t$$
$$i_B = I_B + i_b = I_B + I_{bm}\sin\omega t$$
$$i_C = I_C + i_c = I_C + I_{cm}\sin\omega t$$
$$v_{CE} = V_{CE} + v_{ce} = V_{CE} + V_{cem}\sin\omega t$$

BJT 的交流分量与直流分量相叠加，使 BJT 的静态工作点在伏安特性曲线上围绕 Q 点变化。在小信号条件下，BJT 工作点围绕 Q 点在一个比较小的范围内变化，这个变化范围的曲线段 AB 可近似视为直线段 AB，如图 4.2.3（a）所示，而 $i_C = \beta i_B$，因此，在小信号条件下，BJT 的电压、电流变化呈线性关系。

图 4.2.3 描述了分析放大电路的图解法，它是分析放大电路的方法之一。在大信号条件下，放大电路很容易产生非线性失真，应用图解法能够直观分析放大电路的非线性失真情况。根据图 4.2.3 可知，电压 v_{ce} 与电压 v_{be} 的相位相反。

4.2.2　BJT 中频小信号模型

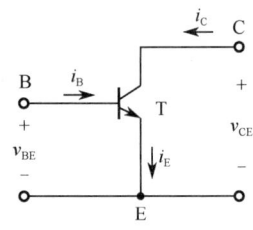

图 4.2.4　BJT 视为双口网络

把处于放大状态的 BJT 视为一个有源器件组成的双口网络，可用 v_{BE}、i_B 分别表示输入端的电压、电流，v_{CE}、i_C 分别表示输出端的电压、电流，如图 4.2.4 所示。

根据 BJT 的工作原理和伏安特性，把 BJT 的电压-电流变化关系写成函数形式为

$$\begin{cases} v_{BE} = f_1(i_B, v_{CE}) \\ i_C = f_2(i_B, v_{CE}) \end{cases} \tag{4.2.1}$$

对式（4.2.1）求微分得

$$\begin{cases} \mathrm{d}v_{BE} = \dfrac{\partial v_{BE}}{\partial i_{B}}\bigg|_{V_{CE}} \cdot \mathrm{d}i_{B} + \dfrac{\partial v_{BE}}{\partial v_{CE}}\bigg|_{I_{B}} \cdot \mathrm{d}v_{CE} \\[4mm] \mathrm{d}i_{C} = \dfrac{\partial i_{C}}{\partial i_{B}}\bigg|_{V_{CE}} \cdot \mathrm{d}i_{B} + \dfrac{\partial i_{C}}{\partial v_{CE}}\bigg|_{I_{B}} \cdot \mathrm{d}v_{CE} \end{cases} \tag{4.2.2}$$

在小信号条件下，式（4.2.2）的微分量 $\mathrm{d}v_{BE}$、$\mathrm{d}i_{B}$、$\mathrm{d}i_{C}$、$\mathrm{d}v_{CE}$ 就是 BJT 的交流分量 v_{be}、i_{b}、i_{c}、v_{ce}。于是，式（4.2.2）可以写为

$$\begin{cases} v_{be} = h_{ie}i_{b} + h_{re}v_{ce} \\ i_{c} = h_{fe}i_{b} + h_{oe}v_{ce} \end{cases} \tag{4.2.3}$$

式中，h_{ie}、h_{re}、h_{fe}、h_{oe} 为 BJT 共射接法时的 H 参数。H 参数中的第一个下标的意义为 i 表示输入，r 表示反向传输，f 表示正向传输，o 表示输出；第二个下标 e 表示共射接法，且有

$h_{ie} = \dfrac{\partial v_{BE}}{\partial i_{B}}\bigg|_{V_{CE}}$，表示输出端交流短路时的输入电阻，单位为欧姆（Ω）；

$h_{re} = \dfrac{\partial v_{BE}}{\partial v_{CE}}\bigg|_{I_{B}}$，表示输入端交流开路时的反向电压传输比（无量纲）；

$h_{fe} = \dfrac{\partial i_{C}}{\partial i_{B}}\bigg|_{V_{CE}}$，表示输出端交流短路时的正向电流传输比或电流放大系数（无量纲）；

$h_{oe} = \dfrac{\partial i_{C}}{\partial v_{CE}}\bigg|_{I_{B}}$，表示输入端交流开路时的输出电导，单位为西门子（S）。

由于这四个参数 h_{ie}、h_{re}、h_{fe}、h_{oe} 的量纲各不相同，因此被称为混合参数。

式（4.2.3）的第一个公式左边的 v_{be} 是电压，右边含有相加的两项 $h_{ie}i_{b}$ 和 $h_{re}v_{ce}$，根据分压原理可知，它表示两个等效的电路器件串联。其中，$h_{re}v_{ce}$ 项表示反向传输电压，可以用一个电压 v_{ce} 控制的等效受控电压源 $h_{re}v_{ce}$ 表示，但根据 BJT 的放大原理可知，这个值非常小，完全可以忽略不计；$h_{ie}i_{b}$ 项表示输入电流 i_{b} 在输入端电阻上的电压降，可以用一个等效输入电阻 h_{ie} 表示。

式（4.2.3）的第二个公式左边的 i_{c} 是电流，右边含有相加的两项 $h_{fe}i_{b}$ 和 $h_{oe}v_{ce}$，根据分流原理可知，它表示两个等效的电路器件并联。其中，$h_{fe}i_{b}$ 项表示正向传输电流，可以用一个电流 i_{b} 控制的等效受控电流源 $h_{fe}i_{b}$ 表示，根据 BJT 的放大原理可知，这个值比较大；$h_{oe}v_{ce}$ 项表示输出电压 v_{ce} 在输出端电阻上产生的电流，可以用一个等效输出电阻 $1/h_{oe}$ 表示。$1/h_{oe}$ 值很大时，电流 $h_{oe}v_{ce}$ 非常小。

BJT 的伏安特性是其内部物理机制的宏观表现，上述根据外部特性引入的四个 H 参数应该与 BJT 的内部工作机制相对应，即 $1/h_{oe}$ 与 BJT 的交流输出电阻 r_{ce} 相对应，h_{fe} 与 BJT 的电流放大系数 β 相对应，h_{ie} 与 BJT 从基极到发射极的等效电阻 r_{be} 相对应，如图 4.2.5（a）所示。如果流过 r_{ce} 的电流小到可以忽略不计，则 r_{ce} 可以省略不画出，如图 4.2.5（b）所示。但是，BJT 的输出电阻 r_{ce} 非常大，分析 BJT 的输出电压 v_{ce} 时，就用这个电阻与流过其电流的乘积表示，即 $v_{ce} = i_{r_{ce}}r_{ce}$，$i_{r_{ce}}$ 表示流过电阻 r_{ce} 的电流。

图 4.2.5 所示的 BJT 中频小信号等效电路模型简称为 BJT 中频小信号模型，图中所有的电压、电流方向只是参考方向，且图 4.2.5 所示的 BJT 中频小信号模型同样适用于 PNP 型 BJT。

但必须注意，BJT 中频小信号模型是对于交变的输入信号而言的，在 $\dot{V}_{be}$ 的正半周，电流 $\dot{i}_b$ 为顺时针方向，则在 $\dot{V}_{be}$ 的负半周，电流 $\dot{i}_b$ 为逆时针方向，但无论是 NPN 型 BJT，还是 PNP 型 BJT，受控电流源 $\beta\dot{i}_b$ 的方向都与电流 $\dot{i}_b$ 的方向保持一定的对应关系，即如果电流 $\dot{i}_b$ 从基极流向发射极，则受控电流源 $\beta\dot{i}_b$ 的电流方向为由集电极流向发射极；如果电流 $\dot{i}_b$ 从发射极流向基极，则受控电流源 $\beta\dot{i}_b$ 的电流方向为由发射极流向集电极，实际应用时，通常会选择电流 $\dot{i}_b$ 从基极流向发射极这样的参考方向，即图 4.2.5 所示的方向为常用的参考方向。

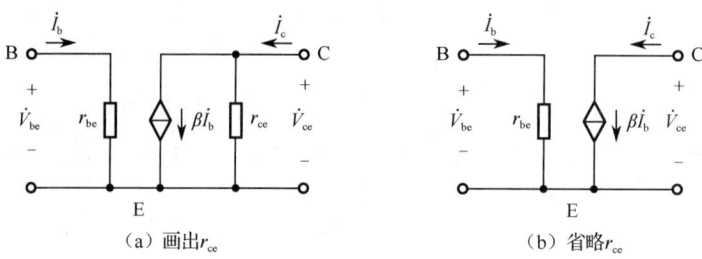

图 4.2.5　BJT 中频小信号模型

图 4.2.5 中 r_{be} 的计算公式为

$$r_{be} = r_b + (1+\beta)r_e \qquad (4.2.4a)$$

式中，r_b 为基区体电阻，对于低频小功率管，r_b 约为 200Ω；r_e 为发射结正偏电阻，根据 PN 结的伏安特性有 $r_e = V_T(mV)/I_E(mA)$；$(1+\beta)r_e$ 为 r_e 折算到基极回路的等效电阻。于是，在一定的发射极偏置电流 I_E 条件下，式（4.2.4）可写为

$$r_{be} = 200\Omega + (1+\beta)\frac{V_T(mV)}{I_E(mA)} \qquad (4.2.4b)$$

式中，I_E 为 BJT 静态时的发射极电流；V_T 为温度的电压当量，$V_T = kT/q$（见第 2 章），在常温（300K）时，其值为 26mV。

4.2.3　BJT 高频小信号模型

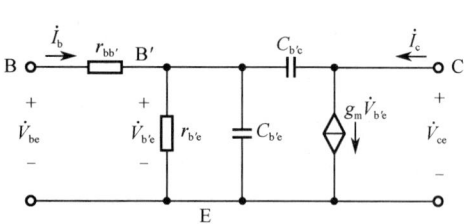

图 4.2.6　BJT 高频小信号模型

高于一定的工作频率时，BJT 的电容效应变得明显，因此，高频时的 BJT 小信号模型需要考虑电容效应，如图 4.2.6 所示。BJT 的电容效应主要发生于发射结和集电结，用 $C_{b'e}$、$C_{b'c}$ 分别表示发射结电容和集电结电容，$C_{b'e}$、$C_{b'c}$ 的大小在 pF 数量级，b′ 是基区内的等效基极。由于 BJT 处于放大状态时，发射结正偏，集电结反偏，因此，$C_{b'e}$ 表示发射结正偏时的等效电容，$C_{b'c}$ 表示集电结反偏时的等效电容。

在高频条件下，由于结电容的影响，集电极电流 $\dot{i}_c$ 和基极电流 $\dot{i}_b$ 不再保持正比关系，因此用 $g_m\dot{V}_{b'e}$ 表示受控电流源，它直接受等效基极 b′ 和发射极之间的电压 $\dot{V}_{b'e}$ 控制。这里的 g_m 称为互导，g_m 具有电导的量纲，常采用 mS，其定义为

$$g_m = \frac{\partial i_C}{\partial v_{B'E}}\bigg|_{V_{CE}} = \frac{\Delta i_C}{\Delta v_{B'E}}\bigg|_{V_{CE}} \qquad (4.2.5)$$

图 4.2.6 中的 $r_{bb'}$ 表示 BJT 基区体电阻，$r_{b'e}$ 表示发射结电阻。当然，中频条件下的 BJT 也可以采用互导参数表示的小信号模型，只是此时的结电容 $C_{b'e}$、$C_{b'c}$ 视为开路，$\dot{V}_{b'e}$ 与 $\dot{I}_b$ 成正比。因此，BJT 中频小信号模型可以用 BJT 高频小信号模型简化而来。

根据图 4.2.6 定性分析可知，在高频条件下，由于 BJT 结电容 $C_{b'e}$、$C_{b'c}$ 存在分流、分压现象，信号从 BJT 输入端传输到输出端相比于忽略结电容影响时变小，而且，输入信号的频率越高，这种变小的程度越厉害，BJT 的放大能力越差，甚至完全失去。这是 BJT 放大电路存在上限截止频率的原因之一。存在上限截止频率的另一个原因是分布电容，这是电路的布局布线产生的寄生参数，在高频条件下，分布电容的影响变得明显，也会导致 BJT 放大电路的放大能力变差，甚至完全失去。

本节复习思考题

4.2.1　当应用 BJT 的小信号模型时，BJT 处于其伏安特性的非饱和区、饱和区还是截止区？

4.2.2　用小信号模型代替 BJT 时，BJT 本身还存在直流偏置电压、电流吗？

4.2.3　根据 BJT 的工作原理，说明 BJT 的四个电量 i_B、v_{BE}、i_C、v_{CE} 之间的相互影响关系，并说明式（4.2.1）的意义。

4.2.4　定性说明 BJT 的结电容 $C_{b'e}$、$C_{b'c}$ 如何影响 BJT 的高频响应特性。

4.3　FET 小信号模型

4.3.1　FET 中频小信号模型

类似于 BJT，把处于放大状态的 MOS 管视为有源器件组成的双口网络，用 v_{GS} 表示输入端电压，输入端电流 i_G 趋近于 0，用 v_{DS}、i_D 分别表示输出端的电压和电流，如图 4.3.1 所示。

与 BJT 采用的方法一样，根据 FET 的伏安特性，再结合其内部工作机制，得到 FET 处于放大状态时的小信号等效电路模型，简称 FET 小信号模型，如图 4.3.2（a）所示。

图 4.3.2 所示的中频小信号模型对于 MOS 管、JFET 都适用，且包括 N 沟道和 P 沟道两种类型，只是不同类型的 FET，各个电量的极性和数值不同。栅极画成开路形式，是因为栅极输入阻抗很高，栅极电流 i_G 趋近于 0，尤其是对于 MOS 管，栅极是绝缘的，栅极开路的画法更形象。$g_m\dot{V}_{gs}$ 表示受栅极电压 $\dot{V}_{gs}$ 控制的受控电流源，r_{ds} 表示漏极与源极之间的等效电阻，即 FET 的交流输出电阻。当 r_{ds} 非常大时，流过 r_{ds} 的电流往往小到可以忽略不计，因此它可以省略不画出，如图 4.3.2（b）所示。但可以利用 r_{ds} 计算 FET 的输出电压 $\dot{V}_{ds}$，即 $\dot{V}_{ds} = \dot{I}_{r_{ds}} r_{ds}$，$\dot{I}_{r_{ds}}$ 表示流过电阻 r_{ds} 的电流。

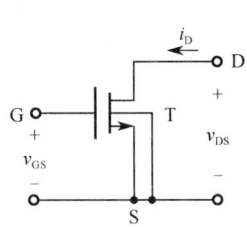

图 4.3.1　将 FET 视为双口网络

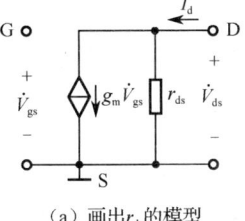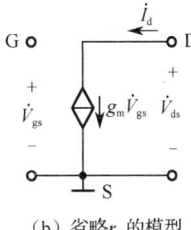

（a）画出 r_{ds} 的模型　　　　　（b）省略 r_{ds} 的模型

图 4.3.2　FET 中频小信号模型

小信号模型是对于输入的交流信号而言的，且 FET 在直流偏置下处于放大状态。图 4.3.2 所示的所有电压、电流方向只是参考方向。但是，无论是 MOS 管，还是 JFET，无论是 P 沟道 FET，还是 N 沟道 FET，图 4.3.2 中的受控电流源 $g_{\mathrm{m}}\dot{V}_{\mathrm{gs}}$ 方向都必须和栅极电压 $\dot{V}_{\mathrm{gs}}$ 方向保持一定的对应关系，即如果 $\dot{V}_{\mathrm{gs}}$ 为正，则 $g_{\mathrm{m}}\dot{V}_{\mathrm{gs}}$ 的方向必须是从漏极流向源极；如果 $\dot{V}_{\mathrm{gs}}$ 为负，则 $g_{\mathrm{m}}\dot{V}_{\mathrm{gs}}$ 的方向必须是从源极流向漏极。

4.3.2　FET 高频小信号模型

在高频条件下，FET 的电容效应变得很明显，必须考虑其带来的影响。此时的小信号模型与中频条件下的不同，FET 高频小信号模型（衬底已经和源极相连）如图 4.3.3 所示。

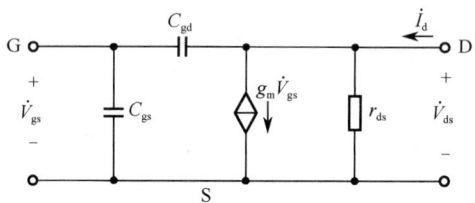

图 4.3.3　FET 高频小信号模型（衬底已经和源极相连）

图 4.3.3 所示的 C_{gs} 表示栅极与源极间的电容，C_{gd} 表示栅极与漏极间的电容，它们都为 pF 数量级。图 4.3.3 中衬底与源极相连，不存在衬底另外引起的电容影响。

根据图 4.3.3 可知，在高频条件下，由于 C_{gs}、C_{gd} 的分流、分压影响，信号从 FET 输入端传输到输出端相比于没有 C_{gs}、C_{gd} 影响时变小。而且，输入信号的频率越高，这种变小的程度越厉害，导致 FET 的放大能力变差，甚至完全失去。这是 FET 放大电路存在上限截止频率的原因之一。存在上限截止频率的另一个原因是分布电容，这是电路的布局布线产生的寄生参数，在高频条件下，分布电容的影响变得明显，也导致 FET 放大电路的放大能力变差，甚至完全失去。

本节复习思考题

4.3.1　当应用图 4.3.2 所示的 FET 中频小信号模型时，FET 处于其伏安特性的非饱和区、饱和区还是截止区？

4.3.2　图 4.3.2 所示的 FET 中频小信号模型对于 MOS 管、JFET 都适用，且包括 N 沟道和 P 沟道，根据它们的工作原理说明理由。

4.3.3　电路中处于放大状态的 MOS 管可采用图 4.3.2 所示的 FET 中频小信号模型，那么处于饱和状态的 MOS 负载管可以用图 4.3.2 所示的 FET 中频小信号模型吗？为什么？

4.4　BJT 单管基本放大电路

4.4.1　BJT 直流偏置电路

BJT 有共射、共集、共基三种连接方式，形成三种放大电路组态。尽管这三种放大电路组态输入交流信号的传输路径不同，但它们都有一个共性，那就是它们都需要直流偏置电路，以保证 BJT 发射结正偏，集电结反偏，$I_{\mathrm{B}}\neq 0$，$I_{\mathrm{C}}\neq 0$，$I_{\mathrm{E}}\neq 0$，且 $I_{\mathrm{C}}=\beta I_{\mathrm{B}}$，确保 BJT 工作管处于放大状态。因此，这三种放大电路组态都可以用相同的直流偏置电路，即直流通路。

简单的 NPN 型 BJT 直流偏置电路如图 4.4.1（a）所示，V_{CC} 为正电源，能够保证发射结正偏，集电结反偏，$I_B \neq 0$，$I_C \neq 0$，$I_E \neq 0$。如果是用 PNP 型 BJT，只要把直流电源改为负电源 $-V_{CC}$ 即可。

图 4.4.1（a）所示的直流偏置电路只适合共射放大电路，这是因为发射极"接地"，如果交流信号从发射极输入，或者发射极作为放大电路的输出端，则会引起输入交流信号源短路，或者输出负载短路的问题。另一种常用的 BJT 直流偏置电路如图 4.4.1（b）所示，同样能够保证发射结正偏，集电结反偏，$I_B \neq 0$，$I_C \neq 0$，$I_E \neq 0$，且发射极带偏置电阻 R_e，具有稳定静态工作点的作用。这种直流偏置电路不只适用于共射放大组态，也适用于共集、共基放大组态。

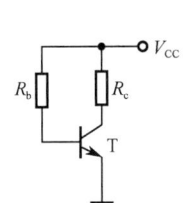
（a）简单的直流偏置电路

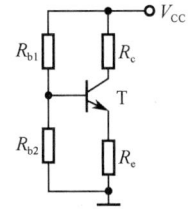
（b）带发射极偏置电阻 R_e 的直流偏置电路

图 4.4.1　BJT 常用的直流偏置电路（NPN 型）

根据 BJT 的工作原理，如果分析计算出 BJT 的直流电压、电流，即 V_{BE}、I_B、I_C、V_{CE}，就能够判断 BJT 是否处于放大的工作状态。图 4.4.1 所示两种直流偏置电路的分析计算方法如下。

（1）图 4.4.1（a）所示电路的直流分析

找出电压 V_{BE}、V_{CE} 所在的回路，根据基尔霍夫定律有

$$I_B R_b + V_{BE} = V_{CC} \tag{4.4.1}$$

$$I_C R_c + V_{CE} = V_{CC} \tag{4.4.2}$$

利用二极管恒压降模型得

$$V_{BE} \approx 0.7\text{V} \tag{4.4.3}$$

根据 BJT 的放大原理有

$$I_C = \beta I_B \tag{4.4.4}$$

利用式（4.4.1）、式（4.4.2）、式（4.4.3）、式（4.4.4）四个公式，即可求解 BJT 静态工作点的电压、电流值，即 V_{BE}、I_B、I_C、V_{CE}。

（2）图 4.4.1（b）所示电路的直流分析

利用相同的方法，建立求解 V_{BE}、I_B、I_C、V_{CE} 的方程式，即

$$\frac{V_{CC}}{R_{b1} + R_{b2}} R_{b2} = V_{BE} + I_E R_e \tag{4.4.5}$$

$$I_C R_c + V_{CE} + I_E R_e = V_{CC} \tag{4.4.6}$$

$$V_{BE} \approx 0.7\text{V} \tag{4.4.7}$$

$$I_C = \beta I_B \tag{4.4.8}$$

$$I_C + I_B = I_E \tag{4.4.9}$$

在式（4.4.5）中，由于电流 I_B 在 μA 数量级，而流过 R_{b1}、R_{b2} 的电流在 mA 数量级，因此，流过 R_{b1}、R_{b2} 的电流可视为相等，得

$$I_{R_{b1}}R_{b1} + I_{R_{b2}}R_{b2} = V_{CC} \qquad (4.4.10)$$

因为

$$I_{R_{b1}} \approx I_{R_{b2}} \qquad (4.4.11)$$

所以

$$V_B = I_{R_{b2}}R_{b2} \approx \frac{V_{CC}}{R_{b1}+R_{b2}}R_{b2} \qquad (4.4.12)$$

4.4.2　共射放大电路

如果给定共射放大电路，分析的基本方法和步骤如下：①分析电路结构，初步判断电路的功能；②直流分析，判断 BJT 是否能够正常放大；③交流分析，计算放大电路性能指标，定量评价放大电路的品质。

1．电路结构

利用图 4.4.1（a）所示的直流偏置电路，输入交流信号经过 BJT 的基极、集电极传输到电路输出端，发射极成为"公共端"，并且"接地"，形成共射放大电路，如图 4.4.2（a）所示，耦合电容 C_1、C_2 的作用如前所述。放大电路的输入端电压用 v_i 表示，输出端电压用 v_o 表示，交流信号源接在输入端，电路负载 R_L 接在输出端，如图 4.4.2（b）所示。

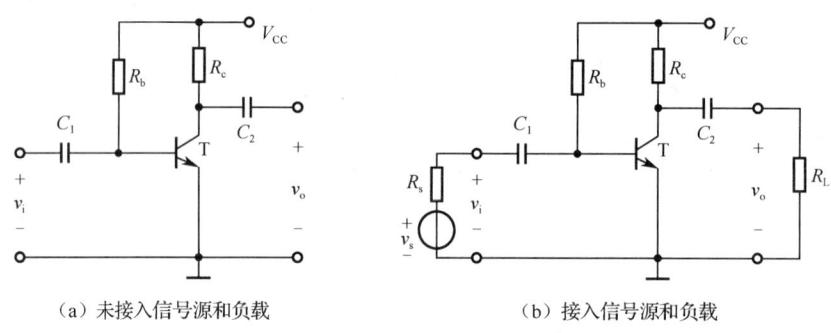

（a）未接入信号源和负载　　　　　　　　　　（b）接入信号源和负载

图 4.4.2　简单偏置 BJT 共射放大电路原理图

2．直流分析

直流分析简称 DC 分析，也称为静态分析。直流分析的步骤如下。

（1）画出直流通路

直流通路就是 BJT 放大电路的直流电源能够通过的电路，也就是 BJT 的直流偏置电路。画直流通路时，可按照这样的方法画出：①交流电源视为 0，即"交流电压源短路，交流电流源开路"；②"耦合电容、旁路电容开路"，注意，图 4.4.2 所示的放大电路并没有接入旁路电容。图 4.4.2 所示放大电路的直流通路和图 4.4.1（a）所示的直流偏置电路完全一样，如图 4.4.3（a）所示。

（2）计算 BJT 直流偏置电压电流值

除了采用如式（4.4.1）、式（4.4.2）、式（4.4.3）、式（4.4.4）等所示的公式法，分析 BJT 的静态工作点还可采用图解法。当 BJT 接入放大电路时，BJT 既要满足本身固有的伏安特性，又要满足放大电路结构确定的电压-电流关系。例如，图 4.4.2 所示放大电路，既要满足由电路结构得到的 BJT 输入回路方程式（4.4.1）和输出回路方程式（4.4.2），又要满足该 BJT 的伏安特性，因此，可利用该 BJT 的伏安特性图像，分别画出方程式（4.4.1）、式（4.4.2）代表的直流

负载线 AB 和 MN，它们与输入特性、输出特性曲线的交点就是 BJT 的静态工作点 Q，其坐标值就是 BJT 的直流偏置电压、电流值，即 V_{BE}、I_B、I_C、V_{CE}，如图 4.4.3（b）、图 4.4.3（c）所示。

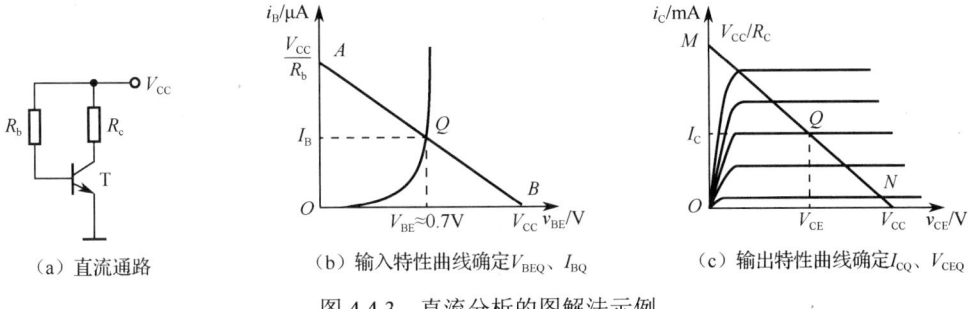

（a）直流通路　　　（b）输入特性曲线确定 V_{BEQ}、I_{BQ}　　　（c）输出特性曲线确定 I_{CQ}、V_{CEQ}

图 4.4.3　直流分析的图解法示例

3. 交流分析

交流分析简称为 AC 分析，也称为动态分析。交流分析的目的是分析放大电路的增益、输入电阻、输出电阻等性能指标。交流分析方法同样分为图解法和公式法，图解法的分析过程如图 4.2.3 所示，图 4.2.3（b）中的直线 MN 也称为交流负载线，它由输入交流信号后 BJT 满足的电路方程确定。在小信号条件下，常用小信号模型分析法近似求解，其分析方法和步骤如下。

（1）交流通路

交流通路就是放大电路输入的交流信号能够通过的电路，可按照如下方法画出交流通路：①直流电源视为 0，即"直流电压源短路，直流电流源开路"，图 4.4.2 中只有直流电压源 V_{CC}，在交流通路中认为其直接"接地"；②"耦合电容、旁路电容短路"，图 4.4.2 所示的放大电路只有耦合电容 C_1、C_2，对交流信号的容抗小到可以忽略不计，两端视为短路，如图 4.4.4 所示，图中表示出各个电压、电流参考方向。

根据图 4.4.4 可知，$\dot{V}_{be} = \dot{V}_i$，$\dot{V}_{ce} = \dot{V}_o = -\dot{I}_c(R_L /\!/ R_c)$。因此，图 4.2.3 所示交流负载线 MN 的斜率 $k = \Delta i_C / \Delta v_{CE} = i_c / v_{ce} = -1/(R_L /\!/ R_c)$，且其经过静态工作点 Q。

（2）中频小信号模型等效电路

用 BJT 的中频小信号模型代替图 4.4.4 所示交流通路的 BJT，即可得到其中频小信号模型等效电路，如图 4.4.5 所示。

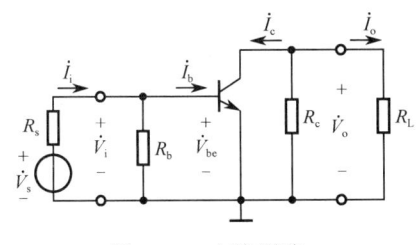

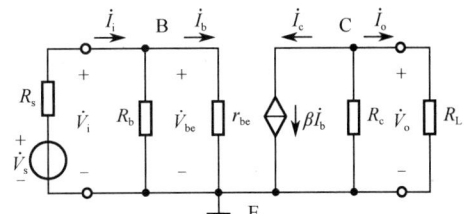

图 4.4.4　交流通路　　　　　　　　图 4.4.5　中频小信号模型等效电路

（3）计算性能指标

利用中频小信号模型等效电路，分析计算 BJT 放大电路的电压增益 $\dot{A}_v$、输入电阻 R_i、输出电阻 R_o 等性能指标。

① 电压增益 $\dot{A}_v$

假设交流信号源 $\dot{V}_s$ 处于正半周，其产生的电流方向应该是顺时针方向，因此，基极电流

$\dot{I}_{\rm b}$ 竖直向下流过 $r_{\rm be}$，受控电流源 $\beta\dot{i}_{\rm b}$ 的电流方向竖直向下，则流过 $R_{\rm c}$、$R_{\rm L}$ 的电流方向应该竖直向上，如图 4.4.6 所示。

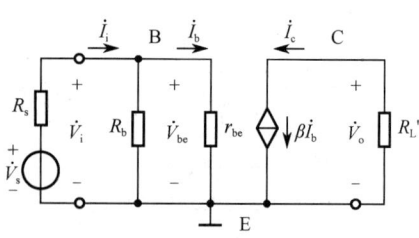

$$\dot{V}_{\rm i} = \dot{V}_{\rm be} = \dot{I}_{\rm b} r_{\rm be}$$

$$\dot{I}_{\rm c} = \beta\dot{I}_{\rm b}$$

$$\dot{V}_{\rm o} = \dot{V}_{\rm ce} = -\beta\dot{I}_{\rm b} R'_{\rm L}$$

$$\dot{A}_v = \frac{\dot{V}_{\rm o}}{\dot{V}_{\rm i}} = \frac{-\beta\dot{I}_{\rm b} R'_{\rm L}}{\dot{I}_{\rm b} r_{\rm be}} = \frac{-\beta R'_{\rm L}}{r_{\rm be}}$$

图 4.4.6　分析计算电压增益的等效电路模型（$R'_{\rm L} = R_{\rm L} / / R_{\rm c}$）

式中，$R'_{\rm L} = R_{\rm L} / / R_{\rm c}$，表示 $R_{\rm c}$、$R_{\rm L}$ 并联总电阻。电压增益表达式的负号说明共射放大电路是一种反相电压放大电路，输出电压与输入电压的相位相反。

② 输入电阻 $R_{\rm i}$

根据第 1 章输入电阻定义，在放大电路输入端输入测试信号 $\dot{V}_{\rm T}$。测试信号 $\dot{V}_{\rm T}$ 是交流信号，因此采用小信号模型等效电路分析输入电阻，如图 4.4.7 所示。测试信号 $\dot{V}_{\rm T}$ 输入 BJT 放大电路的输入端，其产生的电流 $\dot{I}_{\rm T}$ 流过 $R_{\rm b}$ 和 $r_{\rm be}$，则有

$$\dot{I}_{\rm T} = \dot{I}_{R_{\rm b}} + \dot{I}_{\rm b} = \frac{\dot{V}_{\rm T}}{R_{\rm b}} + \frac{\dot{V}_{\rm T}}{r_{\rm be}}$$

所以有

$$R_{\rm i} = \frac{\dot{V}_{\rm T}}{\dot{I}_{\rm T}} = R_{\rm b} / / r_{\rm be}$$

③ 输出电阻 $R_{\rm o}$

根据第 1 章输出电阻定义，在输入信号源电压 $\dot{V}_{\rm s} = 0$ 的条件下，用测试信号 $\dot{V}_{\rm T}$ 输入 BJT 放大电路的输出端，产生电流 $\dot{I}_{\rm T}$，但由于输入回路的信号源电压 $\dot{V}_{\rm s} = 0$，所以基极电流 $\dot{I}_{\rm b} = 0$，因此，受控电流源 $\beta\dot{i}_{\rm b} = 0$，电流 $\dot{I}_{\rm T}$ 只流过电阻 $R_{\rm c}$，如图 4.4.8 所示，则有

$$R_{\rm o} = \frac{\dot{V}_{\rm T}}{\dot{I}_{\rm T}} \bigg|_{\dot{V}_{\rm s} = 0} \approx R_{\rm c}$$

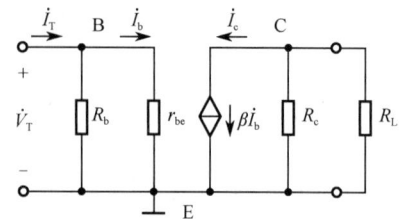

图 4.4.7　分析计算输入电阻的等效电路模型

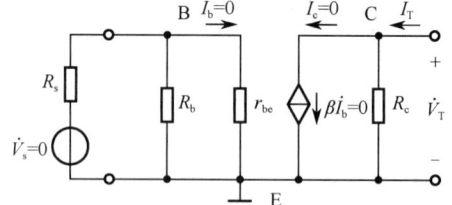

图 4.4.8　分析计算输出电阻的等效电路模型

4.4.3　发射极偏置共射放大电路

1. 电路结构

BJT 是一种半导体晶体管，随着温度升高，集电极电流 $i_{\rm C}$ 会升高，导致 BJT 静态工作点发生漂移，给电路造成不利影响。为此，在 BJT 的发射极接入偏置电阻 $R_{\rm e}$，起稳定放大电路静态工作点的作用，如图 4.4.1（b）所示，现重画于图 4.4.9（a）。

如果 BJT 基极接交流信号源 $v_{\rm s}$，集电极接负载 $R_{\rm L}$，则构成发射极偏置共射放大电路。

如果是分立元件电路，则可以很方便地在交流信号源与基极之间接入耦合电容C_1，在集电极与输出负载R_L之间接入耦合电容C_2，如图4.4.9（b）所示。

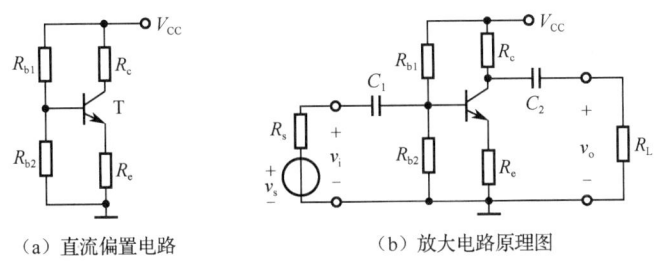

（a）直流偏置电路　　　　　　　（b）放大电路原理图

图4.4.9　BJT发射极偏置共射放大电路

2．直流分析

图4.4.9（a）所示直流偏置电路的分析计算方法见式（4.4.5）～式（4.4.9），这样的直流偏置电路具有稳定静态工作点的优势。

BJT的β是正温度系数参数，V_{BE}是负温度系数参数。4.4.9（a）所示直流偏置电路稳定静态工作点的过程如下。

（1）温度T升高→BJT的参数变化→集电极电流I_C升高，这是由温度T引起的集电极电流I_C的变化；

（2）假设电源电压V_{CC}保持不变，电路中的各个电阻的温度稳定性很好，则基极电压$V_B = V_{R_{b2}}$保持不变，但由于集电极电流I_C升高，发射极电流I_E随之升高，R_e两端的电压$I_E R_e$升高，而$V_B = V_{R_{b2}} = V_{BE} + I_E R_e$，导致$V_{BE}$降低，使基极电流$I_B$降低，控制集电极电流$I_C$随之降低，这是由电路结构引起的集电极电流$I_C$降低。因此，温度升高引起的$I_C$变化与电路结构控制的$I_C$变化相反，如果它们的变化量刚好相等，集电极电流$I_C$保持不变。

3．交流分析

发射极偏置共射放大电路的交流分析方法、分析步骤与BJT简单共射放大电路完全相同。

（1）交流通路

交流通路（$R_b = R_{b1} /\!/ R_{b2}$）如图4.4.10所示。

（2）小信号模型等效电路

小信号模型等效电路如图4.4.11所示。

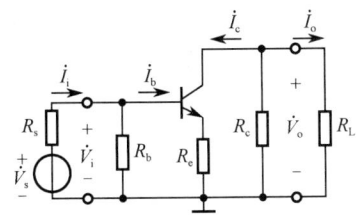 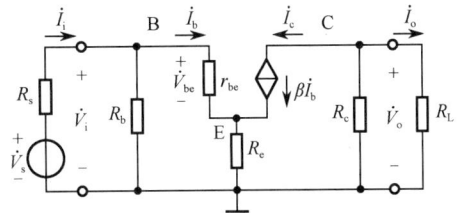

图4.4.10　交流通路（$R_b = R_{b1} /\!/ R_{b2}$）　　　　图4.4.11　小信号模型等效电路

（3）性能指标

① 电压增益$\dot{A}_v$

根据图4.4.11有

$$\dot{V}_i = \dot{V}_{be} + \dot{V}_{R_e} = \dot{I}_b r_{be} + (1+\beta)\dot{I}_b R_e$$

$$\dot{I}_c = \beta \dot{I}_b$$
$$\dot{V}_o = -\beta \dot{I}_b R'_L$$

所以有

$$\dot{A}_v = \frac{\dot{V}_o}{\dot{V}_i} = \frac{-\beta \dot{I}_b R'_L}{\dot{I}_b r_{be} + (1+\beta)\dot{I}_b R_e} = \frac{-\beta R'_L}{r_{be} + (1+\beta)R_e}$$

式中，$R'_L = R_L // R_c$。电压增益表达式的负号表示发射极偏置共射放大电路是一种反相电压放大电路，输出电压与输入电压的相位相反。

② 输入电阻 R_i

根据第 1 章输入电阻定义可知，用测试信号 $\dot{V}_T$ 接入小信号模型等效电路的输入端，在输入端产生电流 $\dot{I}_T$，分别流过 R_b 和 r_{be}，如图 4.4.12 所示，则有

$$\dot{V}_T = \dot{I}_b r_{be} + (1+\beta)\dot{I}_b R_e$$

$$\dot{I}_b = \frac{\dot{V}_T}{r_{be} + (1+\beta)R_e}$$

$$\dot{I}_T = \dot{I}_{R_b} + \dot{I}_b = \frac{\dot{V}_T}{R_b} + \frac{\dot{V}_T}{r_{be} + (1+\beta)R_e}$$

$$R_i = \frac{\dot{V}_T}{\dot{I}_T} = R_b // [r_{be} + (1+\beta)R_e]$$

③ 输出电阻 R_o

根据第 1 章输出电阻定义可知，在输入信号源电压 $\dot{V}_s = 0$ 的条件下，测试电压 $\dot{V}_T$ 产生的电流 $\dot{I}_T$ 分成两个支路 $\dot{I}_c$ 和 $\dot{I}_{R_c}$，输出电阻 R_o 就等于这两个支路的并联总电阻。$\dot{I}_{R_c}$ 就是流过 R_c 的电流，$\dot{I}_c$ 支路的等效电阻比 R_c 大得多，如图 4.4.13 所示。因此有

$$R_o = \left. \frac{\dot{V}_T}{\dot{I}_T} \right|_{\dot{V}_s=0} \approx R_c$$

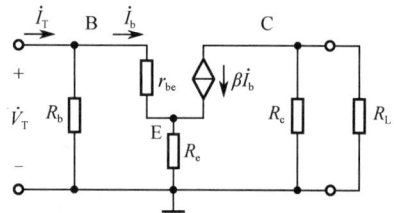
图 4.4.12　计算输入电阻的等效电路模型

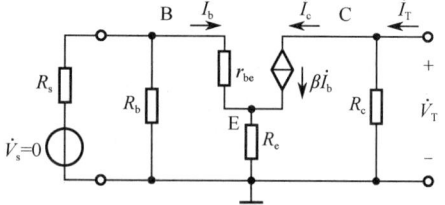
图 4.4.13　计算输出电阻的等效电路模型

4.4.4　带旁路电容的发射极偏置共射放大电路

1. 电路结构

发射极偏置共射放大电路的 BJT 发射极带旁路电容 C_e，就形成带旁路电容的射极偏置共射放大电路，如图 4.4.14 所示，其直流通路和图 4.4.9（a）所示的偏置电路完全相同。

2. 交流通路

旁路电容 C_e 和耦合电容 C_1、C_2 都起"隔直通交"的作用。对于输入交流信号，旁路电

容 C_e 相当于短路,如图 4.4.15 所示,其中, R_b 是 R_{b1}、 R_{b2} 的并联电阻, $R_b = R_{b1}//R_{b2}$。

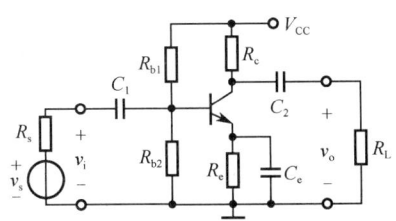 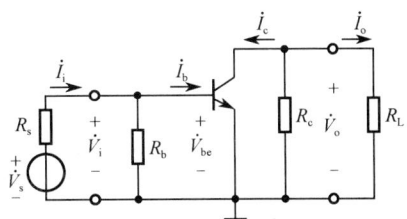

图 4.4.14 带旁路电容的发射极偏置
共射放大电路原理图　　　　　　图 4.4.15 带旁路电容的发射极偏置
　　　　　　　　　　　　　　　　　　共射放大电路交流通路

图 4.4.15 所示交流通路与图 4.4.4 所示电路完全相同,它们的分析方法、步骤完全相同,这样的放大电路既能够获得与简单共射放大电路相同的电压增益、输入电阻、输出电阻,又能够稳定静态工作点。

4.4.5 共集放大电路和共基放大电路

1. 电路结构

利用图 4.4.1 (b) 所示的直流偏置电路还可构成共集或共基放大电路。如果信号经过 BJT 的基极传输到发射极,则构成共集放大电路,且由于集电极是"公共端",因此可以省去集电极电阻 R_c,基极只需要接入一个电阻 R_b,如图 4.4.16 (a) 所示,其直流通路和直流分析如图 4.4.16 (b)、图 4.4.16 (c) 所示。

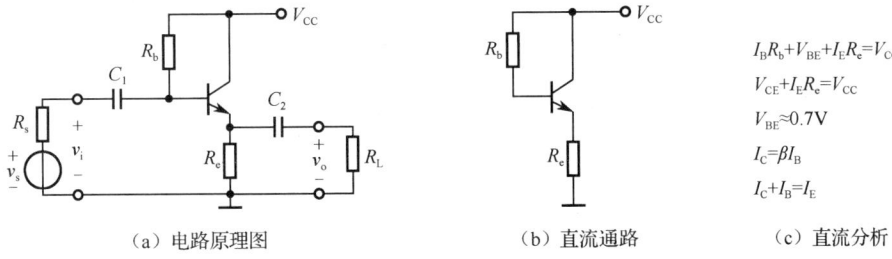

$$I_B R_b + V_{BE} + I_E R_e = V_{CC}$$
$$V_{CE} + I_E R_e = V_{CC}$$
$$V_{BE} \approx 0.7V$$
$$I_C = \beta I_B$$
$$I_C + I_B = I_E$$

(a) 电路原理图　　　　　　(b) 直流通路　　　　　　(c) 直流分析

图 4.4.16 共集放大电路

利用图 4.4.1 (b) 所示的直流偏置电路,如果信号经过 BJT 的发射极传输到集电极,则构成共基放大电路,且由于基极是"公共端",如果是分立元件电路,很方便接入基极旁路电容 C_b,如图 4.4.17 所示,使得对于输入交流信号而言,基极被旁路电容 C_b 短接到"地"。

实际设计电路时,很少单独应用共基放大电路,在 BJT 集成电路中,通常采用共集-共基组合或共射-共基组合,形成复合结构来改善高频响应,但为了对比分析,在此引入单独的共基放大电路。

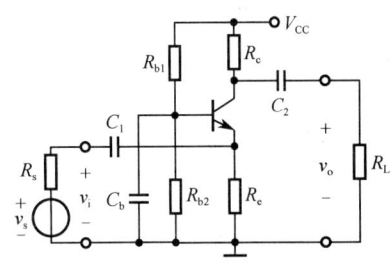

图 4.4.17 共基放大电路

2. 交流分析

共集、共基放大电路的交流分析方法、分析步骤与共射放大电路完全相同,如表 4.4.1 所示。

表 4.4.1　BJT 三种组态放大电路的交流分析对比

分析步骤	共射放大电路	共集放大电路	共基放大电路
电路原理图			
交流通路	 $R=R_1//R_2$		
小信号模型 等效电路			
电压增益	$\dot{A}_v = \dfrac{-\beta R_c}{r_{be}}$	$\dot{A}_v = \dfrac{(1+\beta)R_e}{r_{be}+(1+\beta)R_e} \approx 1$	$\dot{A}_v = \dfrac{\beta R_c}{r_{be}}$
输入电阻	$R_i = R_b // r_{be}$	$R_i = R_b // [r_{be}+(1+\beta)R_e]$	$R_i = R_e // \dfrac{r_{be}}{1+\beta}$
输出电阻	$R_o \approx R_c$	$R_o \approx R_e // \dfrac{r_{be}+(R_b//R_s)}{1+\beta}$	$R_o \approx R_c$
特点	（1）反相电压放大器； （2）电压增益大于 1； （3）电流增益大于 1。	（1）电压跟随器； （2）电压增益小于 1，电流增益大于 1； （3）输出电阻低。	（1）电流跟随器； （2）电压增益大于 1，电流增益小于 1； （3）高频响应好。

　　　共集放大电路也称为射极跟随器，因为其发射极电压跟随基极电压变化。BJT 的三种放大电路各有特点，共射放大电路中电压增益、电流增益均大于 1，在工程实践中得到了广泛的应用。共集放大电路的电压增益小于 1，但电流增益大于 1，且输出电阻低，带负载能力强。共基放大电路的电流增益小于 1，但电压增益大于 1，且高频响应好，可用于改善放大电路的高频响应。

本节复习思考题

　　　4.4.1　当 BJT 或 FET 放大电路采用耦合电容或旁路电容时，为什么它们的电容量不能任意选取？

　　　4.4.2　工作管的负载元件在电路中起什么作用？它和电路负载 R_L 有区别吗？

　　　4.4.3　交流负载线和直流负载线有什么区别？为什么交流负载线也经过静态工作点 Q？如何利用点斜式方法在 BJT 的输出特性曲线上画出交流负载线？

　　　4.4.4　共基放大电路的电压增益和共射放大电路的电压增益可能相同吗？

　　　4.4.5　旁路电容能够使 BJT 三种放大电路的公共端"接地"，这会给电压增益带来什么好处？为什么集成电路不用旁路电容？

4.5 JFET 放大电路

JFET 放大电路已经用得不多，本节内容主要为理解后面的 MOS 管放大电路做铺垫。

4.5.1 JFET 直流偏置电路

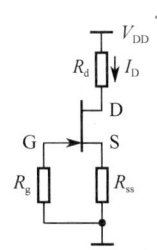

图 4.5.1 N 型 JFET 的直流偏置电路

和 BJT 类似，JFET 放大电路也需要直流偏置电路，为 JFET 提供合适的直流电压和电流。JFET 直流偏置电路为栅极、漏极提供直流电压 V_{GS}、V_{DS}，为漏极、源极提供直流电流 I_{D}，如图 4.5.1 所示。

N 型 JFET 处于放大状态时，栅极电压 $V_{\mathrm{P}} < v_{\mathrm{GS}} \leqslant 0$。图 4.5.1 所示的直流偏置电路中，JFET 的栅极电流 I_{G} 趋近于 0，因此，电阻 R_{g} 两端电压近似为 0，$V_{\mathrm{G}} = V_{R_{\mathrm{g}}} = 0$，则有

$$V_{\mathrm{GS}} + I_{\mathrm{D}} R_{\mathrm{ss}} = 0 \qquad (4.5.1)$$

$$I_{\mathrm{D}} R_{\mathrm{d}} + V_{\mathrm{DS}} + I_{\mathrm{D}} R_{\mathrm{ss}} = V_{\mathrm{DD}} \qquad (4.5.2)$$

根据式（4.5.1），$V_{\mathrm{GS}} = -I_{\mathrm{D}} R_{\mathrm{ss}}$，是个负值，满足 N 型 JFET 放大的工作条件。为了计算 JFET 静态工作点的 V_{GS}、V_{DS}、I_{D}，除了式（4.5.1）、式（4.5.2），还需要一个方程式，可用 JFET 处于饱和区时的电压、电流关系式

$$i_{\mathrm{D}} = I_{\mathrm{DSS}} \left(1 - \frac{v_{\mathrm{GS}}}{V_{\mathrm{P}}} \right)^2 \qquad (4.5.3)$$

4.5.2 JFET 共源放大电路

直流偏置电路确保 JFET 处于放大状态，如果交流信号从 JFET 栅极输入，电路负载 R_{L} 接在 JFET 漏极，则构成 JFET 共源放大电路，并接入耦合电容 C_1、C_2，旁路电容 C_{s}，如图 4.5.2 所示。

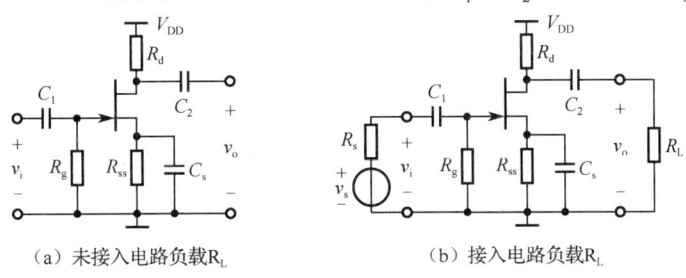

（a）未接入电路负载 R_{L} （b）接入电路负载 R_{L}

图 4.5.2 自偏压式 JFET 共源放大电路

FET 放大电路的交流分析方法、步骤和 BJT 放大电路相同，首先画出交流通路，然后画出小信号模型等效电路，最后利用小信号模型等效电路分析其性能指标。

1. 交流通路

在图 4.5.2 所示的自偏压式 JFET 共源放大电路中，耦合电容 C_1、C_2 及旁路电容 C_{s} 对输入交流信号的容抗小到可忽略不计，在交流通路中视为短路，如图 4.5.3 所示。

2. 小信号模型等效电路

用 FET 的中频小信号模型代替交流通路中的 FET，画出其小信号模型等效电路，如图 4.5.4 所示。

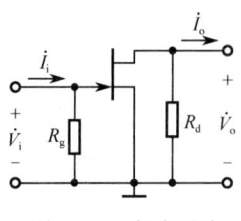

图 4.5.3　交流通路

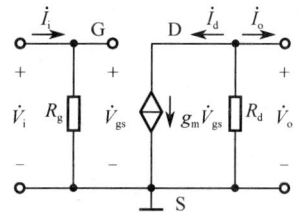

图 4.5.4　小信号模型等效电路

3．分析性能指标

（1）电压增益 $\dot{A}_v$

接入电路负载 R_L 后，图 4.5.3 所示电路的小信号模型等效电路如图 4.5.5 所示，假设交流信号 $\dot{V}_s$ 处于正半周，则 $\dot{V}_{gs}$ 为正值，栅极电压高于源极电压，受控电流源 $g_m\dot{V}_{gs}$ 的电流方向从漏极指向源极，因此，流过 R_L、R_d 的电流方向为自下向上，使输出电压 $\dot{V}_o$ 的方向与参考方向相反，于是有

$$\dot{V}_o = -g_m\dot{V}_{gs}R'_L$$

$$\dot{V}_i = \dot{V}_{gs}$$

$$\dot{A}_v = \frac{\dot{V}_o}{\dot{V}_i} = \frac{-g_m\dot{V}_{gs}R'_L}{\dot{V}_{gs}} = -g_m R'_L$$

式中，R'_L 表示 R_L 与 R_d 的并联电阻，$R'_L = R_L // R_d$。

（2）输入电阻 R_i

当在电路输入端输入测试电压 $\dot{V}_T$ 时，产生电流 $\dot{I}_T$，如图 4.5.6 所示。由于 FET 的栅极电流 $\dot{i}_g$ 趋近于 0，因此 $\dot{I}_T \approx \dot{I}_{R_g}$，则有

$$R_i = \frac{\dot{V}_T}{\dot{I}_T} \approx R_g$$

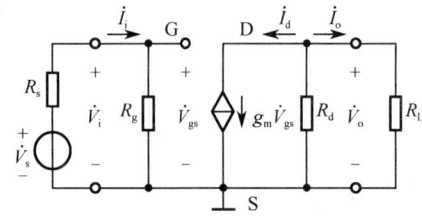

图 4.5.5　分析电压增益的电路模型

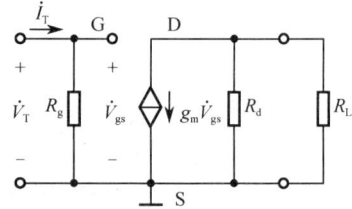

图 4.5.6　计算输入电阻的电路模型

FET 本身的输入电阻很高，达 MΩ 数量级以上，故 R_g 是 MΩ 数量级的电阻，因此，FET 放大电路的输入电阻达 MΩ 数量级以上，远高于 BJT 放大电路的输入电阻。

（3）输出电阻 R_o

如图 4.5.7 所示，在输入信号源电压 $\dot{V}_s = 0$ 的条件下，当在交流通路的输出端输入测试信号 $\dot{V}_T$ 时，$\dot{V}_{gs} = 0$，则受控电流源电流 $g_m\dot{V}_{gs}$ 趋近于 0，因此有

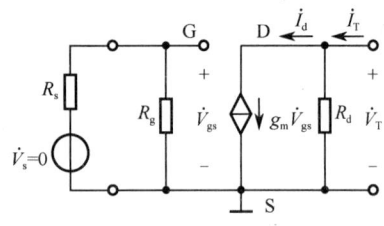

图 4.5.7　计算输出电阻的电路模型

$$R_{\mathrm{o}} = \left. \frac{\dot{V}_{\mathrm{T}}}{\dot{I}_{\mathrm{T}}} \right|_{\dot{V}_{\mathrm{s}}=0} \approx R_{\mathrm{d}}$$

4.5.3　JFET 共漏放大电路和共栅放大电路

1. 电路结构

如果将交流信号源接至 JFET 栅极,负载 R_{L} 接至 JFET 源极,则构成 JFET 共漏放大电路,如图 4.5.8（a）所示, C_1、C_2 为耦合电容,此时,可以不接入漏极电阻 R_{d}。

如果将交流信号源接至 JFET 源极,负载 R_{L} 接至 JFET 漏极,则构成 JFET 共栅放大电路,如图 4.5.8（b）所示, C_1、C_2 是耦合电容, C_{g} 是栅极旁路电容。JFET 共栅放大电路通常不会单独使用,但为了对比分析,在此引入单独的 JFET 共栅放大电路。

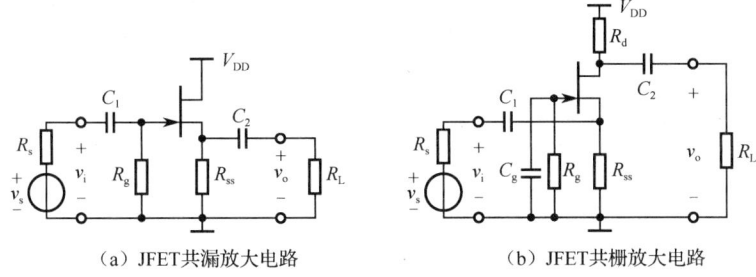

（a）JFET共漏放大电路　　　　　　　（b）JFET共栅放大电路

图 4.5.8　JFET 共漏、共栅放大电路

2. 交流分析

JFET 共漏、共栅放大电路的交流分析方法和步骤与 JFET 共源放大电路完全相同,如表 4.5.1 所示。

表 4.5.1　JFET 三种组态放大电路的交流分析对比

分析步骤	共源放大电路	共漏放大电路	共栅放大电路
电路原理图			
交流通路			
小信号模型等效电路			

分析步骤	共源放大电路	共漏放大电路	共栅放大电路
电压增益	$\dot{A}_v = -g_m R_d$	$\dot{A}_{v_s} = \dfrac{g_m R_{ss}}{1 + g_m R_{ss}} \approx 1$	$\dot{A}_v = g_m R_d$
输入电阻	$R_i = R_g$	$R_i = R_g$	$R_i \approx \dfrac{1}{g_m} // R_{ss}$
输出电阻	$R_o \approx R_d$	$R_o \approx \dfrac{1}{g_m} // R_{ss}$	$R_o \approx R_d$
特点	(1) 反相电压放大器； (2) 电压增益高。	(1) 电压跟随器； (2) 输出电阻低。	(1) 电流跟随器； (2) 高频响应好。

本节复习思考题

4.5.1 JFET 共栅放大电路的电压增益和 JFET 共源放大电路的电压增益有什么相同？

4.5.2 说明 JFET 共栅放大电路输出电流与输入电流相等的原因，这会带来什么不利影响？

4.5.3 如果 JFET 的栅极外加正偏电压，会带来哪些不利影响？

4.5.4 JFET 放大电路的源极电阻 R_{ss} 具有类似发射极偏置共射放大电路中的发射极偏置电阻 R_e 能够稳定静态工作点的作用吗？

4.6 MOS 管放大电路

在半导体集成电路工艺中，制作常用电子元器件的难易程度排序如下：电感>电容>电阻>BJT>MOS 管，排在前面的元器件制作难度大，即制作电感的难度最大，最容易制作的是 MOS 管，且比 BJT 更容易制作出对称性高的 MOS 管。制作二极管与制作 BJT 或 MOS 管的工艺兼容，且可以用 BJT 或 MOS 管的二极管接法替代电路中需要的二极管。因此，设计集成电路时尽量采用晶体管代替电阻、电容等器件。

4.6.1 MOS 管共源放大电路

第 3 章已经介绍了 MOS 管代替电阻作为负载元件的接法。在 MOS 管放大电路中，如果将 MOS 管栅极作为交流信号输入端，漏极作为电路输出端，则构成 MOS 管共源放大电路，如图 4.6.1（a）所示，图中省略了 NMOS 管 M_1 的栅极偏置电路，V_{ss} 表示负电源，如果采用单电源供电，V_{ss} "接地"。图 4.6.1（b）~图 4.6.1（f）用 MOS 管 M_2 代替负载电阻 R_d 接入电路，代替 R_d 的作用。虽然放大电路的漏极负载形式不同，但它们都是共源放大电路。

图 4.6.1（b）~图 4.6.1（d）的负载元件 M_2 都是 NMOS 管，衬底与源极间的电压 $v_{BS} \neq 0$，会导致 M_2 存在衬底偏置效应，即 MOS 管的开启电压 V_T 根据 v_{BS} 的变化而变化。而图 4.6.1（e）、图 4.6.1（f）的负载元件 M_2 采用 PMOS 管，其衬底与源极间的电压 $v_{BS} = 0$，使得 M_2 不存在衬底偏置效应即 MOS 管的开启电压 V_T 只与工艺有关，这样的电路属于 CMOS（互补金属氧化物半导体器件）电路结构。这些放大电路的分析方法、分析步骤与前面介绍的放大电路完全相同，下面以图 4.6.1（f）所示的放大电路为例，分析计算其电压增益。

1. 交流通路

重画图 4.6.1（f）所示的共源放大电路原理图，如图 4.6.2（a）所示。PMOS 管 M_2 的源极、漏极代替图 4.6.1（a）中的电阻 R_d 的两个电极，接在直流电压 V_{DD} 与工作管 M_1 的漏极之间，因此，画交流通路时，用 M_2 的输出交流电阻 r_{d2} 代替 M_2，如图 4.6.2（b）所示，r_{d2} 的求法见 3.3.5 节。

2. 小信号模型等效电路

用 MOS 管的中频小信号模型代替图 4.6.2（b）的 MOS 管 M_1，得到图 4.6.3 所示的小信号模型等效电路，图中假设 MOS 管 M_1 的输出电阻 r_{d1} 非常大，流过其电流小到可忽略不计，因此未画出。

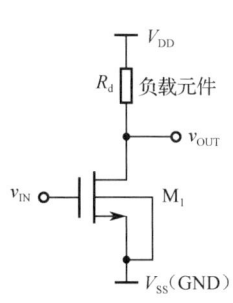
（a）电阻作为漏极负载元件

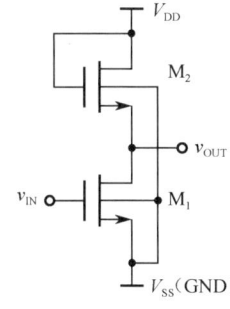
（b）栅–漏连接的增强型NMOS管

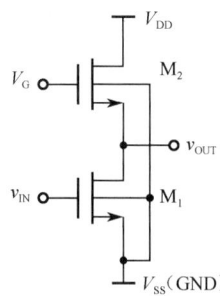
（c）栅极接固定电压的增强型NMOS管

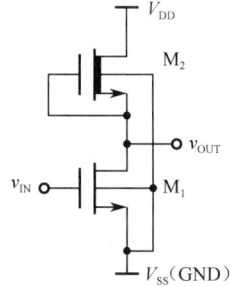
（d）栅–源连接的耗尽型NMOS管

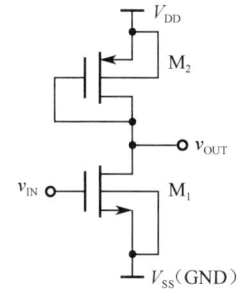
（e）栅–漏连接的增强型PMOS管

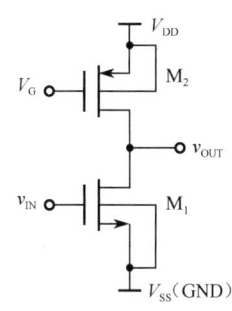
（f）栅极接固定电平的增强型PMOS管

图 4.6.1 不同漏极负载形式的 MOS 管共源放大电路

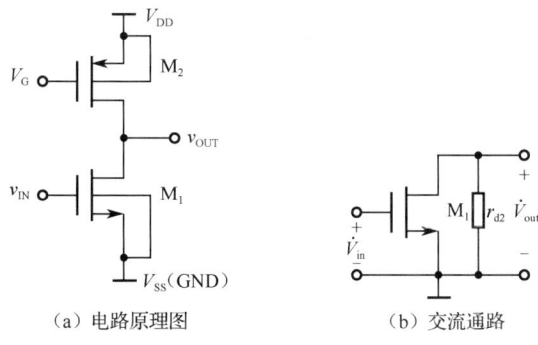
（a）电路原理图   （b）交流通路

图 4.6.2 PMOS 管作为负载的 MOS 管共源放大电路

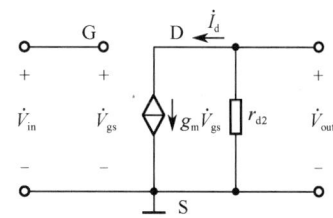

图 4.6.3 图 4.6.2 所示电路的小信号模型等效电路

3. 分析计算电压增益 $\dot{A}_v$

由图 4.6.3 所示电路可知，输出电压 $\dot{V}_{out}$ 等于 r_{d2} 两端的电压，因此有

$$\dot{V}_{out} = -g_m \dot{V}_{gs} r_{d2}$$

$$\dot{V}_{in} = \dot{V}_{gs}$$

$$\dot{A}_v = \frac{\dot{V}_{out}}{\dot{V}_{in}} = \frac{-g_m \dot{V}_{gs} r_{d2}}{\dot{V}_{gs}} = -g_m r_{d2}$$

式中，负号表示 MOS 管共源放大电路是一种反相电压放大电路，输出电压与输入电压的相

位相反。图 4.6.2 所示共源放大电路省略了栅极直流偏置电路，但常用的直流偏置电路将在后面章节详细介绍，在此不再介绍其输入电阻求法，但可以利用输出电阻的定义，推导出输出电阻近似为 r_{d2}。

4.6.2　MOS 管共漏放大电路

如果交流信号从 MOS 管栅极输入，源极作为电路输出端，则构成 MOS 管共漏放大电路，如图 4.6.4 所示，图 4.6.4 中省略了 NMOS 管 M_1 的栅极偏置电路，V_{SS} 表示负电源，如果采用单电源供电，V_{SS} "接地"。图 4.6.4（b）用 NMOS 管 M_2 代替源极电阻 R_{ss}。

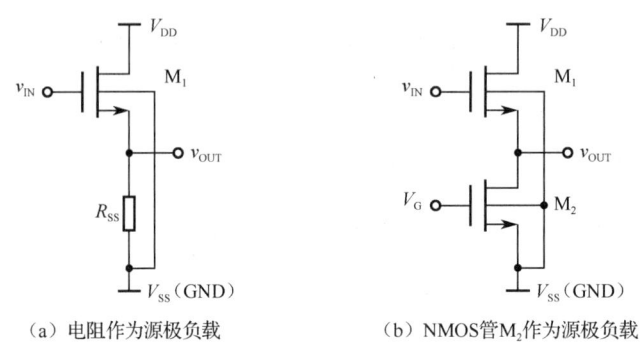

（a）电阻作为源极负载　　　　　　（b）NMOS 管 M_2 作为源极负载

图 4.6.4　MOS 管共漏放大电路

1．交流通路

NMOS 管 M_2 的漏极、源极代替电阻 R_{ss} 的两个电极，接入工作管 M_1 的源极与 "V_{SS}（GND）"之间，因此，画交流通路时，用 M_2 的输出交流电阻 r_{d2} 代替 M_2，如图 4.6.5 所示。

2．小信号模型等效电路

用 MOS 管的中频小信号模型代替图 4.6.5 中的 MOS 管 M_1，得到小信号模型等效电路，如图 4.6.6 所示，图中也假设 MOS 管 M_1 的输出电阻 r_{d1} 非常大，流过其电流小到可忽略不计，故图中未画出。

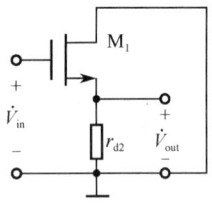　　　　　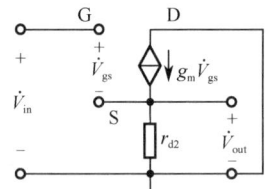

图 4.6.5　交流通路　　　　　　　　图 4.6.6　小信号模型等效电路

3．分析计算电压增益 $\dot{A}_v$

根据图 4.6.6，输出电压 $\dot{V}_{out}$ 等于 r_{d2} 两端的电压，因此有

$$\dot{V}_{out} = g_m \dot{V}_{gs} r_{d2}$$

$$\dot{V}_{in} = \dot{V}_{gs} + g_m \dot{V}_{gs} r_{d2}$$

$$\dot{A}_v = \frac{\dot{V}_{out}}{\dot{V}_{in}} = \frac{g_m r_{d2}}{1 + g_m r_{d2}} \approx 1$$

MOS 管的交流输出电阻 r_d 很大，采用 MOS 管代替电阻 R_{ss}，使 MOS 管共漏放大电路的电压增益非常接近 1，电压跟随效果好。

MOS 管集成电路不会单独采用共栅放大电路,通常采用共源-共栅组合或共漏-共栅组合形成复合结构,以改善高频响应。共源-共栅或共漏-共栅组可见后面章节的运算放大器电路。

本节复习思考题

4.6.1　尝试将栅极、漏极相连的 MOS 管作为负载元件,为图 4.6.1 中的 MOS 管 M_2 栅极提供固定的直流偏置电压 V_G。

4.6.2　尝试利用漏极、栅极相连的 MOS 管,代替图 4.6.4 中的电阻 R_{ss}。

4.6.3　结合 MOS 管的伏安特性曲线,说明 MOS 管的交流输出电阻 r_d 很大的原因。

4.7　两种晶体管放大电路的性能比较

尽管 BJT 和 FET 的结构、工作原理、伏安特性、性能参数不同,但它们都具有放大能力,因此,利用它们构成的放大电路既具有个性,又具有共性,如表 4.7.1 所示。

表 4.7.1　BJT 和 FET 三种放大电路性能比较

种类	反相电压放大器	电压跟随器	电流跟随器
主要特征	$\dot{V}_o$ 与 $\dot{V}_i$ 反相 通常 $\|\dot{A}_{VM}\| \gg 1$ 电压增益高	$\dot{V}_o \approx \dot{V}_i$ $\|\dot{A}_{VM}\| \approx 1$ 输出电阻 R_o 低	$\dot{I}_o \approx \dot{I}_i$ BJT,　$\dot{I}_c \approx \dot{I}_e$ FET,　$\dot{I}_d = \dot{I}_s$
放大组态	共射(CE) 共源(CS)	共集(CC) 共漏(CD)	共基(CB) 共栅(CG)
典型应用	(1) 电压放大; (2) 多级放大电路的中间级。	(1) 多级放大电路的输入级、输出级; (2) 缓冲器; (3) 阻抗变换。	(1) 高频、宽带电路; (2) 与其它放大电路形成复合结构,以改善高频组态响应。

本节复习思考题

4.7.1　根据 BJT 和 MOS 管的内部结构,说明集成电路用 BJT 而不用 MOS 管实现大电流的原因。

4.7.2　为什么 MOS 管放大电路的输入电阻比 BJT 放大电路大?

本章提要

1．尽管 BJT、FET 的结构、工作原理、伏安特性不同,但它们都具有放大能力。它们构成的放大电路结构、工作原理、性能指标等既有个性,又有共性。

2．设计合适的直流偏置电路,确保放大电路中的 BJT 或 FET 工作管处于放大状态,发挥其放大能力。因此,分析 BJT 或 FET 放大电路时,首先分析计算 BJT 或 FET 的静态工作点,判断其是否处于正常的工作状态,这称为直流分析。

3．BJT 或 FET 放大电路的直流分析方法分为图解法和公式法,它们各有特点。公式法需要比较麻烦的计算过程,但只要根据直流通路和晶体管的少量参数就可以建立方程组求解;图解法需要用到 BJT 或 FET 的伏安特性曲线,但容易观察 BJT 或 FET 的静态工作点是否合适,有助于判断放大电路的放大输入信号的范围等。

4．BJT 或 FET 放大电路可以放大输入的交流信号,交流定量分析就是分析放大电路的电压增益、输入电阻、输出电阻、带宽等性能指标,用以评价放大电路是否达到需要的放大品质。

5. BJT 或 FET 放大电路的交流分析方法分为图解法和公式法，它们各有特点。图解法是指利用 BJT 或 FET 的伏安特性曲线，找出放大电路的输入信号波形、输出信号波形，分析计算放大电路的电压增益，且容易观察放大电路的静态工作点是否合适，是否会出现非线性失真等。

6. 小信号模型分析方法是一种常用的交流分析方法，它是在输入交流小信号的条件下，用一些线性器件参数代替晶体管参数，简化了计算过程。利用小信号模型能够近似分析放大电路的电压增益、输入电阻、输出电阻、带宽等性能指标。

7. 利用集成电路工艺比较容易制作晶体管，因此，设计集成电路时，通常用 BJT 或 FET 代替电阻作为负载元件，为工作管提供需要的直流电压、电流。

习　题

4.1　在图 1 所示的直流偏置电路中，BJT 的 $\beta=60$，电阻 R_c 的阻值为 1kΩ，$V_{CC}=5V$，求下列两种不同情况下的 I_C、V_{CE}，并判断 BJT 处于放大区、饱和区还是截止区。

（1）$R_b=100$kΩ；

（2）$R_b=20$kΩ。

4.2　除了图 4.4.1 所示的直流偏置电路，还有一种常用的 BJT 直流偏置电路如图 2 所示，设 BJT 的 $\beta=100$，求 I_B、I_C、V_{CE}，并判断该 BJT 处于放大区、饱和区还是截止区。

图 1　题 4.1 图　　　　　　　图 2　题 4.2 图

4.3　图 3（a）所示电路中 BJT 的特性曲线如图 3（b）所示。设 $V_{CC}=12V$，$R_c=600\Omega$，$V_{BB}=5V$，$R_b=43$kΩ。

（1）求 I_B、I_C、V_{CE} 的静态值；

（2）假设在直流偏置上叠加一交流基极电流 $i_b=50\sin\omega t$ μA，画出 i_C、v_{CE} 随时间变化的波形；

（3）假设交流基极电流增加到 $i_b=100\sin\omega t$ μA，画出 i_C 随时间变化的波形。

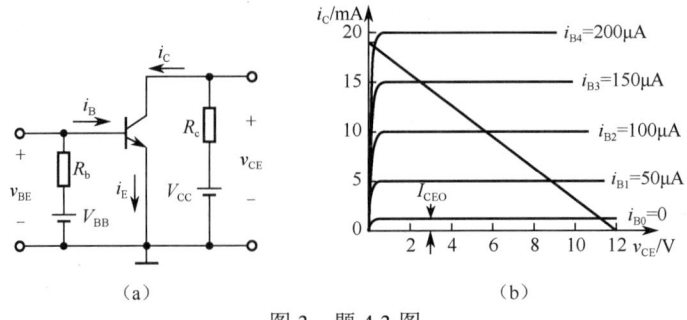

图 3　题 4.3 图

4.4　由 MOS 管构成的电路如图 4 所示，且 $R_1+R_2=100$kΩ，MOS 管参数 $k=3$mA/V^2，$V_T=2V$。

（1）当 $R_1 = R_2$ 时，求 I_D 的值；

（2）当 MOS 管刚工作于饱和区边缘时，R_1、R_2 的阻值分别是多少？

4.5　图 5 所示的 JFET 的参数为 $V_P = -5V$，$I_{DSS} = 10mA$，电路参数为 $R_g = 1M\Omega$，$R_d = 1k\Omega$，$V_{DD} = 10V$，要使 $V_{GS} = -2V$，R_{ss} 的值为多大？JFET 处于伏安特性什么工作区？

4.6　图 6 所示直流偏置电路的 BJT 的 $\beta = 60$，电阻 R_b 的阻值为 $120k\Omega$，R_c 的阻值为 $1k\Omega$，$V_{CC} = 5V$。

（1）求 I_C、V_{CE}；

（2）画出小信号模型等效电路，并求出 BJT 的小信号模型参数 r_{be}；

（3）分析计算输入电阻 R_i、输出电阻 R_o、电压增益 $\dot{A}_{VM}$。

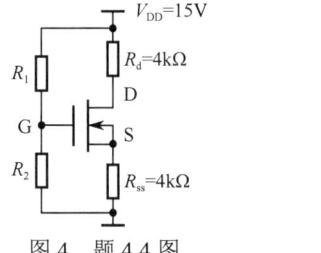 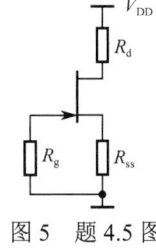 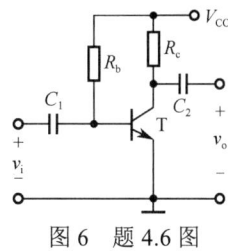

　　图 4　题 4.4 图　　　　　图 5　题 4.5 图　　　　　图 6　题 4.6 图

4.7　如图 7 所示的放大电路，BJT 的 $\beta = 50$。

（1）判断电路的放大组态；

（2）画出直流通路，确定静态工作点；

（3）画出小信号模型等效电路；

（4）分析计算电压增益 v_o/v_i。

4.8　如图 8 所示的放大电路，BJT 的 $\beta = 50$。

（1）判断电路的放大组态；

（2）画出直流通路，确定静态工作点；

（3）画出小信号模型等效电路；

（4）分析计算输入电阻 R_i、输出电阻 R_o、电压增益 $\dot{A}_{VM}$。

4.9　共集放大电路如图 9 所示，基极偏置电路省略未画出，发射极电阻 R_e 的阻值越大，放大电路的电压增益越接近于 1。请利用基极接固定电流 I_B 的 BJT 取代电阻 R_e 重新设计电路。要想放大电路的跟随效果好，取代电阻 R_e 的 BJT 应该工作于饱和区、非饱和区还是截止区？

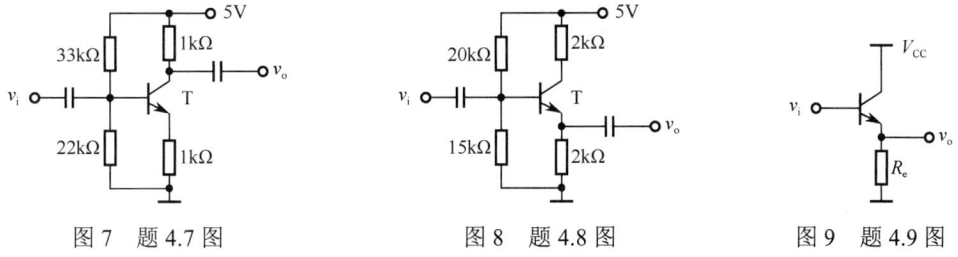

　　图 7　题 4.7 图　　　　　图 8　题 4.8 图　　　　　图 9　题 4.9 图

4.10　利用数字电路输出信号控制驱动继电器 J 接通和断开的电路如图 10 所示。

（1）当数字电路输出信号为高电平（例如 5V）时，继电器 J 是接通还是断开？

（2）为了降低功耗，应该让 BJT 工作于什么状态？

（3）R_b 起什么作用？选取 R_b 的阻值有哪些依据？

4.11　源极跟随器如图 11 所示，已知电路参数 $R_g = 1\text{M}\Omega$，$R_{ss} = 10\text{k}\Omega$，$V_{DD} = 12\text{V}$，N 型 JFET 的 $g_m = 1\text{mS}$。

（1）画出电路的小信号模型等效电路；

（2）求电压增益 $\dot{A}_v$；

（3）求输入电阻 R_i。

4.12　两个 N 型 JFET 构成的共源放大电路如图 12 所示，T_2 与 R_2 形成恒流源，作为 T_1 的漏极有源负载。设两个 JFET 的参数 g_m、r_d 完全相同，且 $R_1 = R_2 = R$。

（1）画出电路的小信号模型等效电路；

（2）推导电压增益 $\dot{A}_v$、输入电阻 R_i 的表达式。

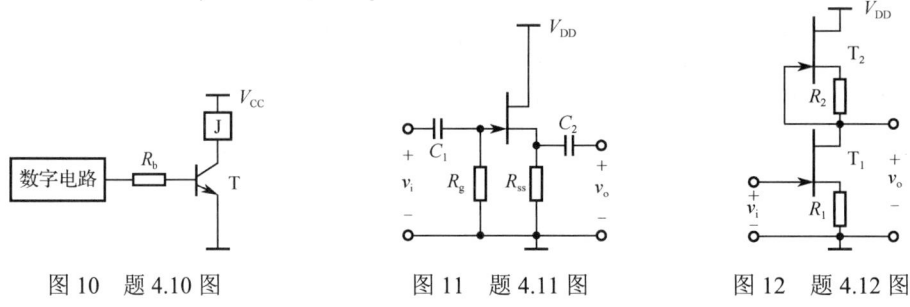

图 10　题 4.10 图　　　　图 11　题 4.11 图　　　　图 12　题 4.12 图

4.13　由两个 MOS 管构成的共源放大电路如图 13 所示，M_2 作为 M_1 的漏极有源负载。已知 M_1、M_2 的参数 g_{m1}、r_{d1} 和 g_{m2}、r_{d2}。

（1）画出电路的小信号模型等效电路；

（2）推导电压增益 $\dot{A}_v$ 的表达式。

4.14　MOS 管放大电路如图 14 所示，图 14 中未画出 M_1 的栅极直流偏置电路。

（1）判断起放大作用的 MOS 管的极性；

（2）为了提高电压增益，应该让 MOS 管 M_2 处于其伏安特性的什么工作区？

（3）M_1 的跨导用 g_{m1} 表示，M_2 的输出电阻用 r_{d2} 表示，画出小信号模型等效电路，写出电压增益 $\dot{A}_v$ 的表达式。

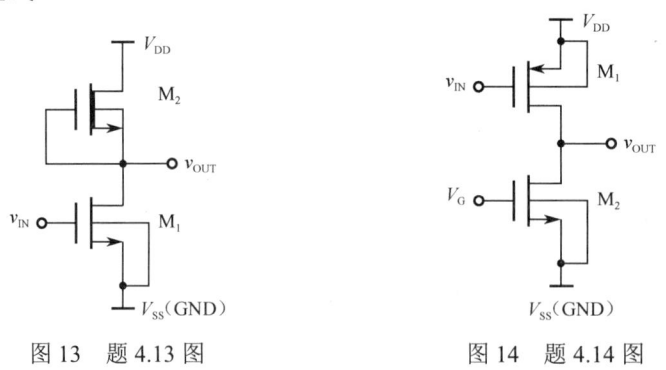

图 13　题 4.13 图　　　　　　图 14　题 4.14 图

4.15　请基于图 10 所示的电路，把 BJT 换成功率 MOS 管，设计一个利用数字电路输出信号控制驱动继电器 J 接通和断开的电路。

（1）如果继电器接在 MOS 管上方靠近直流电源正极位置处，那么功率 MOS 管最好采用 NMOS 管而不是 PMOS 管的理由；

（2）为了降低功率消耗，应该让功率 MOS 管工作于什么状态？

第 5 章　互补推挽式放大电路

多级放大电路的输出级电路除了考虑一般放大器的特性，还要考虑输出电流驱动能力、输出电压的动态范围等问题。但由于输出级是大信号，如果采用 BJT 或 FET 单管放大电路，为了让信号的正半周和负半周都能够正常放大，静态工作点会比较高，这将会导致放大管本身的损耗功率很高，降低电路的能耗效率。如果放大管的静态工作点设置得低，则能够有效降低电路的功耗，却很容易使放大管进入截止状态，导致产生非线性失真。为此，可采用极性相反的对称晶体管构成推挽式（或推拉式）放大电路，让两个晶体管分别在信号的正半周和负半周轮流导通放大，推挽式电路结构也因此得名。本章的主要内容如下：

（1）功率放大电路的有关概念；

（2）BJT 互补对称推挽式功率放大电路；

（3）MOS 管互补对称推挽式功率放大电路。

5.1　概述

输入交流信号经过多级放大电路，输出级输出一定幅值的电压或电流信号，以驱动负载正常工作，如图 5.1.1 所示。

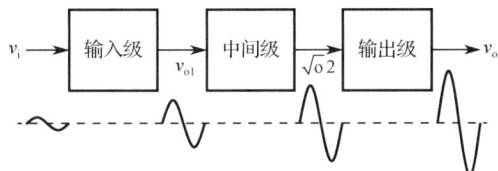

图 5.1.1　多级放大电路的信号幅值放大（假设都是同相放大）

在放大电路中,起放大作用的 BJT 或 FET 工作管产生的功耗在放大电路中的占比通常较高。尤其是多级放大电路的输出级，即使是由 MOS 管构成的放大电路，放大管工作在大信号条件下，其产生的功耗也不可忽略，降低放大管的功耗很有必要。

5.1.1　功率放大电路及其特点

1. 功率放大电路的概念

当放大电路的输出功率较高时，放大电路也称为功率放大电路，此时的放大管又称为功率管。例如，多级放大电路的输出级，其输出功率很高，用于驱动负载正常工作，此时的输出级也称为功率放大电路，其中的放大管又称为功率管。由于功率放大电路的功率管工作在大信号条件下，消耗的功率往往很高，散热成了一个重要的问题。

无论是 BJT 放大电路，还是 FET 放大电路，它们都有三种放大组态，分别为反相电压放大器、电压跟随器和电流跟随器。多级放大电路通常由输入级、中间级及输出级组成，尽管每一级都是采用 BJT 或 FET 三种放大组态中的一种，但从消耗功率的高低角度来看，输出级因为消耗功率较高，被称为功率放大电路，而输入级、中间级以电压放大为主，被称为电压放大电路。因此，设计放大电路时，功率放大电路和电压放大电路应该区别对待：

（1）研究侧重点不同

电压放大电路的主要要求是使电路负载得到不失真的电压信号，研究的主要性能指标是电压增益、输入电阻和输出电阻等，但输出功率不一定大。

功率放大电路要求获得一定的、不失真（或失真较小）的输出功率，通常是在大信号条件下工作，主要考虑的是尽可能让电路输出功率大，能耗效率高，非线性失真小，还要考虑功率管散热问题等，能耗效率成为研究的重要性能指标。

（2）研究方法不同

电压放大电路往往工作于小信号条件下，可以采用小信号模型进行分析，而功率放大电路工作在大信号条件下，有时也可采用小信号模型分析方法得到近似解，但为了得到精度更高的分析计算结果，通常采用图解法。

2. 能耗效率η

功率分为瞬时功率和平均功率，瞬时功率$p(t)$是任意时刻t消耗的功率。设某器件在t时刻的交流信号电压、电流分别为$v(t)$、$i(t)$，则该信号的瞬时功率等于$v(t)$、$i(t)$的乘积

$$p(t) = v(t) \times i(t)$$

放大电路的交流信号电压$v(t)$、电流$i(t)$随时间t的变化而变化，如图 5.1.2 所示，不同时间该信号的瞬时功率不同。因此，采用平均功率比瞬时功率更有意义，它是一段时间内器件或电路消耗功率的平均值。

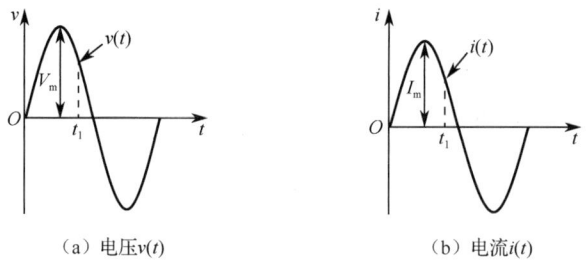

（a）电压$v(t)$ （b）电流$i(t)$

图 5.1.2 t 时刻信号的电压、电流波形（没有考虑相位不同）

设某正弦波信号的电压有效值和电流有效值分别为V、I，则该正弦波信号的平均功率P可表示为V、I的乘积

$$P = V \times I \tag{5.1.1}$$

如果已知该正弦波信号的电压最大值V_m、电流最大值I_m，平均功率还可以表示成如下形式

$$P = \frac{1}{2} V_m \times I_m \tag{5.1.2}$$

式中，$V_m = \sqrt{2} V$，$I_m = \sqrt{2} I$。

放大电路输入交流信号，输出放大后的交流信号到电路负载。从能量转换角度来看，放大电路具有一种把直流能量转换成交流能量的能力，其本质是放大电路中的放大管具有这种能量转换能力，即放大管 BJT 或 FET 能够利用电路中的直流电源，把直流能量转换成交流能量，因此电路负载获得一定的输出交流功率。但是，放大管及其放大电路本身也会消耗能量，并把消耗功率转换成热量形式，这是一种能量浪费，且不利于放大管及放大电路正常工作。

因此，设计放大电路时，放大管及放大电路消耗功率越低，电路负载获得的输出交流功率越高，电路的能耗效率越高，放大电路的性能越优越。

放大电路的能耗效率用符号 η 表示，它是电路负载获得的有用交流信号输出功率 P_{o} 与直流电源提供功率 P_{V} 的百分比

$$\eta = \frac{P_{\mathrm{o}}}{P_{\mathrm{V}}} \times 100\% \qquad\qquad (5.1.3)$$

5.1.2　功率放大电路的分类

功率放大电路有很多种类，下面只根据功率管静态工作点在伏安特性曲线上所处的位置不同，把功率放大电路分为甲类、乙类、甲乙类三种。甲类功率放大电路中功率管的静态工作点 Q 位于放大电路负载线 MN 的中点，如图 5.1.3（a）所示；乙类功率放大电路中功率管的静态工作点 Q 位于放大电路负载线 MN 的中点以下，并在截止区，如图 5.1.3（b）所示；甲乙类功率放大电路中功率管的静态工作点 Q 位于放大电路负载线 MN 的中点以下，但在乙类功率放大电路中功率管的静态工作点以上，如图 5.1.3（c）所示。

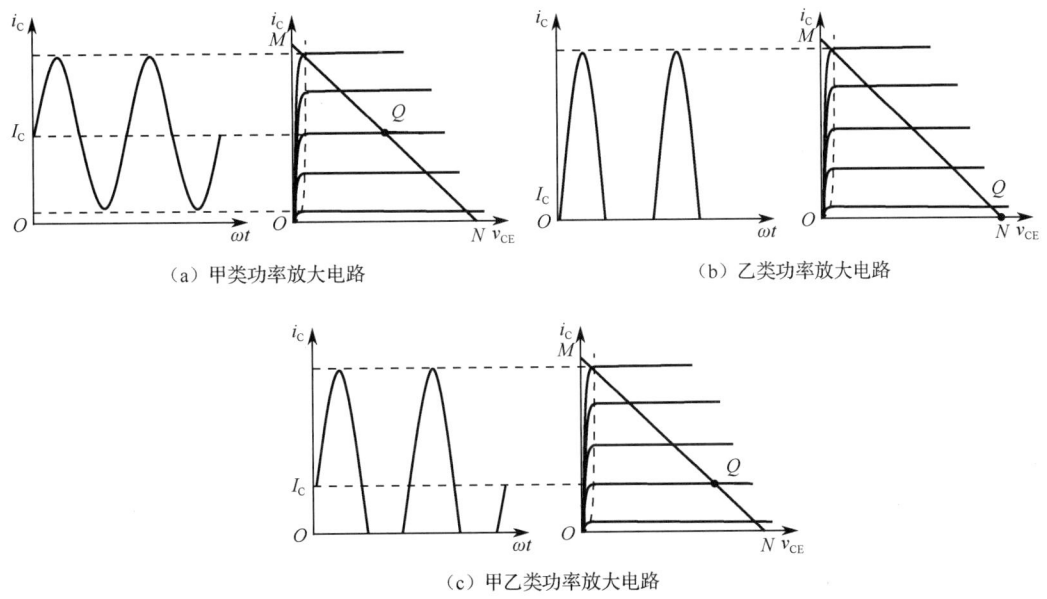

（a）甲类功率放大电路　　　　　　　　　　（b）乙类功率放大电路

（c）甲乙类功率放大电路

图 5.1.3　BJT 三类功率放大电路的功率管静态工作点

用 T 表示输入交流信号的周期，甲类、乙类、甲乙类三类功率放大电路的功率管的导通时间和导通角各不相同：

（1）甲类功率放大电路

导通时间 t：$t = T$。

导通角 θ：$\theta = 2\pi$。

（2）乙类功率放大电路

导通时间 t：$t = \dfrac{1}{2}T$。

导通角 θ：$\theta = \pi$。

（3）甲乙类功率放大电路

导通时间 t：$\frac{1}{2}T < t < T$。

导通角 θ：$\pi < \theta < 2\pi$。

BJT 消耗功率计算公式为 $P_T = v_{CE} \cdot i_C$，FET 消耗功率计算公式为 $P_T = v_{DS} \cdot i_D$，两个公式都是电压与电流的乘积，如果公式中的功率管电压（v_{CE}、v_{DS}）很小，或者公式中的功率管电流（i_C、i_D）很小，则它们的乘积会比较小，即功率管的消耗功率比较低。BJT 和 FET 都是非线性器件，它们的伏安特性分为不同的工作区，且不同工作区的电压、电流各有特点。当 BJT 处于伏安特性的截止区时，其电流 i_C 很小，而当 BJT 处于伏安特性的饱和区时，其电压 v_{CE} 很小，在这两个工作区中 BJT 的消耗功率 P_T 会比较低。

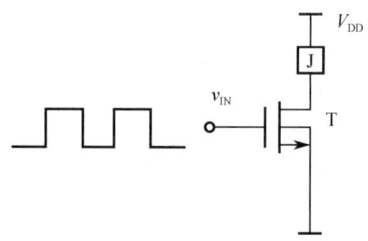

图 5.1.4　丁类功率放大电路及其
输入信号

有一类功率放大电路正是利用 BJT 或 FET 这种伏安特性，让功率管工作于近似开关的状态，用于降低功率管的消耗功率。例如，继电器电路就可以采用这样的设计方案，即丁类功率放大电路，其输入信号通常是脉冲信号，如图 5.1.4 所示。这样的简单放大电路的功率管可采用 BJT，也可采用功率 MOS 管，但这不属于本章讨论的甲类、乙类、甲乙类这三类功率放大电路范围。

5.1.3　输出级采用单管放大电路存在的局限

放大电路的功耗由静态功耗和动态功耗两部分组成。静态功耗是直流偏置电路产生的功耗，动态功耗是输入交流信号引起的功耗。为了实现交流信号的放大，动态功耗无法避免，但静态功耗与放大管的静态工作点的选取相关，放大管的静态工作点直接决定了放大管及放大电路的静态功耗。例如，BJT 放大电路，BJT 的静态功耗计算公式为 $P_T = V_{CE} \cdot I_C$，如果 BJT 的静态电压 V_{CE} 或电流 I_C 很小，或两个值都很小，则其静态功耗 P_T 很低。

图解法能够直观、形象地分析放大电路的非线性失真情况。图解法在第 4 章已经做了简单介绍。下面应用图解法分析静态工作点的选取与 BJT 放大电路功耗的关系。如图 5.1.5 所示，为了简化问题，将电路负载 R_L 直接接在发射极电阻 R_e 的位置，且假设 R_L 的阻值与放大电路相匹配。

1．单管放大电路的静态工作点选取

（1）静态工作点太高

此时，BJT 的静态工作点 Q 在放大电路负载线 MN 的中点之上，输入交流信号的半个周期能够正常放大，另外半个周期却因为 BJT 进入饱和区，导致信号产生饱和失真，如图 5.1.6 所示。虽然 BJT 的电压 V_{CE} 很小，但由于 BJT 的电流 I_C 很大，不利于 BJT 正常工作，因此，放大管静态工作点太高的方案完全不可行。

（2）静态工作点太低

此时，BJT 的静态工作点 Q 在负载线 MN 的中点之下，输入交流信号的半个周期能够正常放大，另外半个周期却因为 BJT 进入截止区，使信号产生截止失真，如图 5.1.7（a）所示，并且，BJT 的静态工作点越低，BJT 的电流 I_C 越小，产生的功耗越小，截止失真越厉害，如图 5.1.7（b）所示。

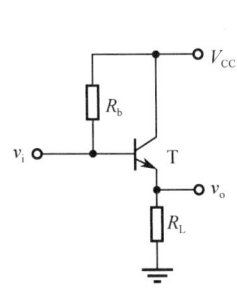

图 5.1.5　BJT 共集放大电路

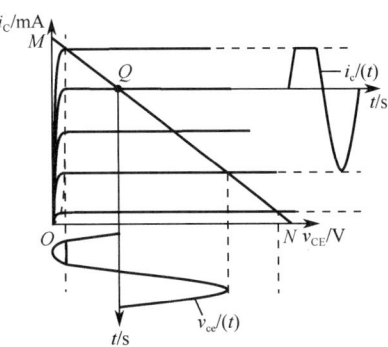

图 5.1.6　静态工作点太高容易产生饱和失真

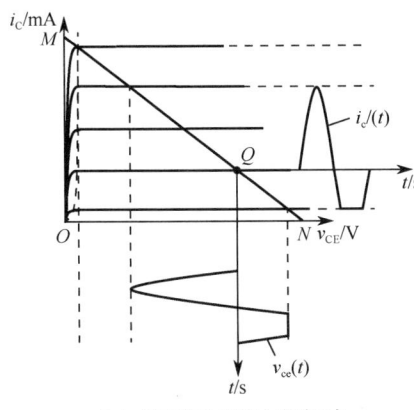

（a）甲乙类功率放大电路 Q 点　　　　　　（b）乙类功率放大电路 Q 点

图 5.1.7　静态工作点太低容易产生截止失真

（3）静态工作点选在负载线的中点

为了使输入正弦波信号正半周、负半周都能够正常放大，BJT 的静态工作点 Q 应该选取在负载线 MN 的中点，而且无论输入交流信号变弱还是变强，放大电路都能够正常放大，如图 5.1.8 所示。

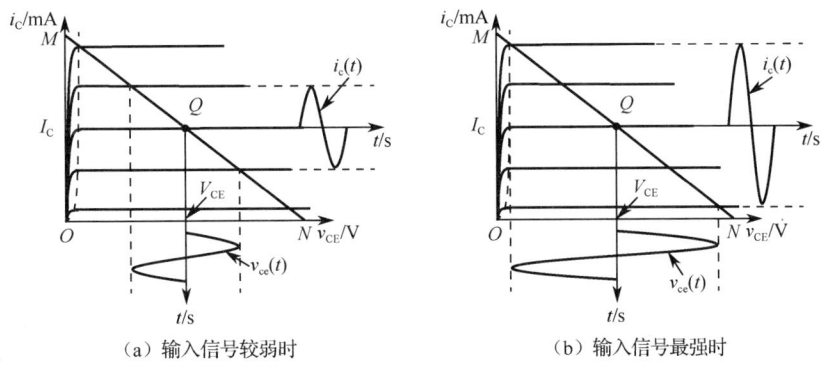

（a）输入信号较弱时　　　　　　　　　（b）输入信号最强时

图 5.1.8　BJT 的静态工作点选在负载线中点

2. 单管放大电路的能耗效率

下面以图 5.1.5 所示的单管共集放大电路为例，分析单管功率放大电路的能耗效率。假设输入正弦波交流信号 $v_i = V_{im}\sin\omega t$，用 P_V、P_{om}、η_m 分别表示直流电源提供的总功率、电路负载得到的最大有用交流信号输出功率、最大能耗效率，此时输入信号最强，如图 5.1.8

（b）所示。

（1）直流电源提供的总功率 P_V

$$P_V = \frac{1}{T}\int_0^T V_{CC}i_C\mathrm{d}t$$

$$i_C = I_C + i_c = I_C + I_{cm}\sin\omega t$$

$$I_C \approx \frac{1}{2}\frac{V_{CC}}{R_L}$$

$$P_V = \frac{1}{T}\int_0^T V_{CC}I_C\mathrm{d}t + \frac{1}{T}\int_0^T V_{CC}I_{cm}\sin\omega t\mathrm{d}t$$

$$P_V = \frac{1}{T}\int_0^T V_{CC}I_C\mathrm{d}t = V_{CC}I_C \approx \frac{1}{2}\frac{V_{CC}^2}{R_L}$$

（2）电路负载得到的最大有用交流信号输出功率 P_{om}

$$V_{omm} = \frac{1}{2}(V_{CC} - V_{CES}) \approx \frac{1}{2}V_{CC}$$

$$I_{omm} = \frac{V_{omm}}{R_L} \approx \frac{1}{2}\frac{V_{CC}}{R_L}$$

$$P_{om} = \frac{1}{2}V_{omm}\cdot I_{omm} \approx \frac{1}{8}\frac{V_{CC}^2}{R_L}$$

（3）最大能耗效率 η_m

$$\eta_m = \frac{P_{om}}{P_V}\times 100\% = 25\%$$

上面的分析结果说明，图 5.1.5 所示 BJT 单管放大电路的最大能耗效率只有 25%，电路负载获得的最大有用交流信号输出功率只有 25%，75%的功率消耗在放大管及放大电路上，并转换成热量形式散失掉。图 5.1.5 所示 BJT 单管放大电路能耗效率低的一个原因在于放大管的静态功耗。多级放大电路的输入级、中间级输入的交流信号比较小，静态工作点虽然选取在负载线中点处，但其实输入级、中间级工作管的静态电压、电流都很小，静态功耗 P_T 很低，工作管及其电路消耗功率的影响不明显。输出级工作在大信号条件下，如果静态工作点依然选取在负载线中点时，则功率管需要的静态电压、电流很大，静态功耗变得很高，功率管及其电路消耗功率的影响很明显，使散热问题更加严重。因此，在大信号条件下，放大电路通常不采用这种电路方案。

本节复习思考题

5.1.1 图 5.1.5 所示电路的负载 R_L 接在发射极电阻 R_e 位置，电路的直流负载线和交流负载线是同一条吗？

5.1.2 推导图 5.1.5 所示 BJT 共集放大电路的 BJT 静态功耗、动态功耗所占的百分比。

5.1.3 说明功率管装配散热片的原因。

5.1.4 尽管利用 MOS 管不容易像 BJT 那样实现大功率放大，但对于 MOS 管多级放大电路，输出级的输出功率也会比较大，请说明理由。

5.2 BJT 互补对称推挽式功率放大电路

应用 BJT 容易实现大电流输出，因此，当需要输出的功率很高时，通常采用 BJT 构成功率放大电路。BJT 互补对称推挽式功率放大电路分为乙类和甲乙类两种，它们都采用两个极性相反的对称 BJT 功率管轮流导通放大，它们最大的区别在于，静态时，乙类互补对称推挽式功率放大电路的两个 BJT 功率管处于乙类工作状态，甲乙类互补对称推挽式功率放大电路的两个 BJT 功率管处于甲乙类工作状态。

5.2.1　乙类互补对称推挽式功率放大电路

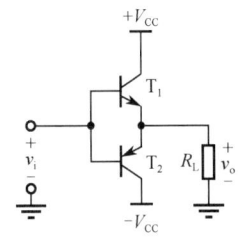

BJT 乙类互补对称推挽式功率放大电路由两个互补对称的 NPN 型 BJT（T_1）和 PNP 型 BJT（T_2）构成，它们的发射极连接在一起作为输出端，交流信号从它们连在一起的基极输入，它们的集电极分别与正电源 $+V_{CC}$ 和负电源 $-V_{CC}$ 相接，如图 5.2.1 所示。

利用"信号传输路径"的概念，交流输入信号 v_i 分别经过 T_1、T_2 的基极传输到 T_1、T_2 的发射极，输出到电路负载 R_L，因此 T_1、T_2 的集电极都是公共端，T_1、T_2 都构成共集放大电路。

图 5.2.1　BJT 乙类互补对称推挽式功率放大电路

静态时，$v_i = 0$，$V_{BE1} = 0$，$V_{BE2} = 0$，$V_{CE1} = V_{CC}$，$V_{CE2} = -V_{CC}$，T_1、T_2 的发射结、集电结都反偏，$I_{B1} = 0$，$I_{B2} = 0$，因此，$I_{C1} = 0$，$I_{C2} = 0$，没有直流电流流过电路负载 R_L，$I_O = 0$，电路负载 R_L 的直流电压 $V_O = 0$。

动态时，在输入交流信号 v_i 的正半周，T_1 的集电结反偏，但发射结变成正偏，T_1 处于导通放大状态，而 T_2 的集电结、发射结都反偏，处于截止断开状态，输入交流信号 v_i 经过 T_1 放大输出到电路负载 R_L，此时，输出交流电流 i_o 经 T_1 流到电路负载 R_L，输出交流电压 $v_o = -v_{ce1}$，如图 5.2.2（a）所示。在输入交流信号 v_i 的负半周，T_2 的集电结反偏，但发射结变成正偏，T_2 处于导通放大状态，T_1 的集电结、发射结都反偏，处于截止断开状态，输入交流信号 v_i 经过 T_2 放大输出到电路负载 R_L，此时，输出交流电流 i_o 经电路负载 R_L 流到 T_2，输出交流电压 $v_o = -v_{ce2}$，如图 5.2.2（b）所示。

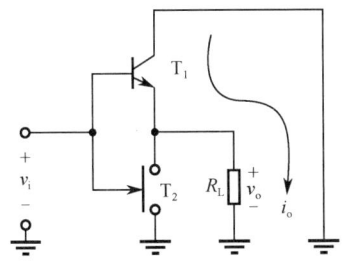
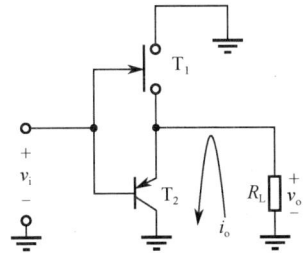

（a）输入信号的正半周　　　　　　　　　　　（b）输入信号的负半周

图 5.2.2　BJT 乙类互补对称推挽式功率放大电路的交流通路

T_1、T_2 构成共集放大电路组态，其电压增益近似为 1。设输入交流信号 v_i 的峰值电压为 v_{im}，输出交流信号 v_o 的峰值电压为 v_{om}，则有 $v_{om} \approx v_{im}$。

在输入交流信号 v_i 的正半周，当输入交流信号达到最大峰值电压 v_{imm} 时，输出交流信号达到最大峰值电压 v_{omm}，此时，T_1 刚好接近饱和状态，$v_{CE1} \approx 0$，由于 $V_{CE1} = +V_{CC}$，$v_{CE1} = V_{CE1} + v_{ce1}$，因此，$v_{ce1} = -V_{CC}$，则输出交流电压 $v_{omm} = -v_{ce1} = +V_{CC}$；在输入交流信号 v_i 的负半周，当输入交流信号达到最大峰值电压 v_{imm} 时，输出交流信号达到最大峰值电压 v_{omm}，此时，T_2 刚好接近饱和状态，$v_{CE2} \approx 0$，由于 $V_{CE2} = -V_{CC}$，$v_{CE2} = V_{CE2} + v_{ce2}$，因此，$v_{ce2} = +V_{CC}$，

则输出交流电压 $v_{omm} = -v_{ce2} = -V_{CC}$。因此，在输入交流信号 v_i 的正半周、负半周，输出交流信号电压 v_o 都与输入交流信号电压 v_i 同相，如图 5.2.3 所示。

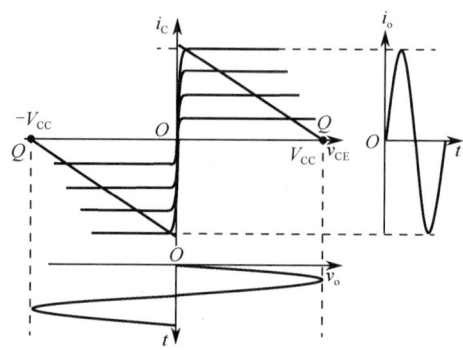

图 5.2.3　乙类互补推挽式功率放大电路的最大输出

1. 分析计算

对于功率放大电路,必须考虑电路负载得到的有用交流信号输出功率和电路的能耗效率，这将有助于电路的优化设计、元件及其参数的正确选择，以避免因功率管等器件过热引起的电路损坏，保证电路安全可靠地运行。

1）有用交流信号输出功率 P_o

有用交流信号输出功率 P_o 用输出交流信号的电压有效值 V_o 和电流有效值 I_o 的乘积来表示。设输出电压的峰值为 V_{om}，则有

$$P_o = V_o I_o = \frac{V_{om}}{\sqrt{2}} \cdot \frac{V_{om}}{\sqrt{2}R_L} = \frac{1}{2} \cdot \frac{V_{om}^2}{R_L} \tag{5.2.1}$$

当输出电压达到最大值时，负载得到的最大有用交流信号输出功率为

$$P_{om} = \frac{1}{2} \cdot \frac{V_{omm}^2}{R_L} \approx \frac{1}{2} \cdot \frac{V_{CC}^2}{R_L} \tag{5.2.2}$$

2）功率管功耗 P_T

BJT 功率管 T_1 和 T_2 在一个信号周期内各导通约 $180°$，且两个 BJT 功率管的电流、电压在数值上都相等（只是在时间上错开了半个周期）。因此，求出单管的功耗后，总功耗则是单管的两倍。设输出交流信号电压 $v_o = V_{om}\sin\omega t$，则 BJT 功率管 T_1 的功耗为

$$\begin{aligned}
P_{T_1} &= \frac{1}{2\pi} \int_0^\pi (V_{CC} - v_o) \frac{v_o}{R_L} \mathrm{d}(\omega t) \\
&= \frac{1}{2\pi} \int_0^\pi \left[(V_{CC} - V_{om}\sin\omega t) \frac{V_{om}\sin\omega t}{R_L} \mathrm{d}(\omega t) \right] \\
&= \frac{1}{2\pi} \int_0^\pi \left[\left(\frac{V_{CC}V_{om}}{R_L}\sin\omega t - \frac{V_{om}^2}{R_L}\sin^2\omega t \right) \mathrm{d}(\omega t) \right]
\end{aligned}$$

所以

$$P_{T_1} = \frac{1}{R_L}\left(\frac{V_{CC}V_{om}}{\pi} - \frac{V_{om}^2}{4} \right) \tag{5.2.3}$$

两管的总功耗 P_T 为

$$P_{\mathrm{T}} = P_{\mathrm{T}_1} + P_{\mathrm{T}_2} = \frac{2}{R_{\mathrm{L}}}\left(\frac{V_{\mathrm{CC}}V_{\mathrm{om}}}{\pi} - \frac{V_{\mathrm{om}}^2}{4}\right) \tag{5.2.4}$$

3）直流电源提供的总功率 P_{V}

计算直流电源提供的总功率 P_{V} 有两种方法：第一种利用能量守恒定律，分析计算出电路负载功率 P_{o}、BJT 功率管的功耗 P_{T}，直接用 P_{o}、P_{T} 相加，得到 P_{V}；第二种方法是利用功率的定义求解。

方法一：利用能量守恒定律求直流电源提供的总功率 P_{V}。

当 $v_{\mathrm{i}} = 0$ 时，$P_{\mathrm{V}} \approx 0$；当 $v_{\mathrm{i}} \neq 0$ 时，由式（5.2.1）和式（5.2.4）得

$$P_{\mathrm{V}} = P_{\mathrm{o}} + P_{\mathrm{T}} = \frac{2V_{\mathrm{CC}}V_{\mathrm{om}}}{\pi R_{\mathrm{L}}} \tag{5.2.5}$$

当输出电压幅值达到最大时，即 $V_{\mathrm{omm}} \approx V_{\mathrm{CC}}$ 时，则得直流电源供给的最大功率为

$$P_{\mathrm{Vm}} = \frac{2}{\pi} \cdot \frac{V_{\mathrm{CC}}^2}{R_{\mathrm{L}}} \tag{5.2.6}$$

方法二：利用功率定义求解直流电源提供的总功率 P_{V}。

$$\begin{aligned}
P_{\mathrm{V}} &= 2\left[\frac{1}{2\pi}\int_0^{2\pi} i_{\mathrm{C}} V_{\mathrm{CC}}\mathrm{d}(\omega t)\right] \\
&= \frac{1}{\pi}\int_0^{\pi} I_{\mathrm{om}}\sin\omega t\, V_{\mathrm{CC}}\mathrm{d}(\omega t) = \frac{1}{\pi}\int_0^{\pi}\frac{V_{\mathrm{om}}}{R_{\mathrm{L}}}\sin\omega t\, V_{\mathrm{CC}}\mathrm{d}(\omega t) \\
&= \frac{2V_{\mathrm{CC}}V_{\mathrm{om}}}{\pi R_{\mathrm{L}}}
\end{aligned}$$

两种方法的求解结果完全相同。

4）能耗效率 η

一般情况下，能耗效率为

$$\eta = \frac{P_{\mathrm{o}}}{P_{\mathrm{V}}} = \frac{\pi}{4} \cdot \frac{V_{\mathrm{om}}}{V_{\mathrm{CC}}} \tag{5.2.7}$$

当 $V_{\mathrm{om}} \approx V_{\mathrm{CC}}$ 时，达到最大能耗效率为

$$\eta_{\mathrm{m}} = \frac{P_{\mathrm{o}}}{P_{\mathrm{V}}} = \frac{\pi}{4} \approx 78.5\% \tag{5.2.8}$$

这个结论是在假定互补对称推挽式功率放大电路工作在乙类状态下，负载电阻为理想阻值，忽略功率管的饱和压降 V_{CES} 且输入信号足够大（$V_{\mathrm{im}} \approx V_{\mathrm{om}} \approx V_{\mathrm{CC}}$）的情况下得来的，实际能耗效率比这个数值要低些。

2．BJT 功率管的选择

1）最大功耗和最大输出功率的关系

放大电路输入交流信号的幅值发生变化，输出交流信号的幅值也发生变化，因此，式（5.2.1）、式（5.2.3）、式（5.2.5）计算结果也相应变化。把输出交流信号的电压幅值 V_{om} 作为自变量，分别计算出不同 V_{om} 值时式（5.2.1）、式（5.2.3）、式（5.2.5）表示的有用交流信号输出功率 P_{o}、功率管功耗 P_{T_1}、直流电源提供的总功率 P_{V} 的值，并用图像直观地表示出来，如图 5.2.4 所示，横坐标采用输出交流信号电压峰值 V_{om} 与直流电源电压 V_{CC} 的比值，即 $V_{\mathrm{om}}/V_{\mathrm{CC}}$，纵坐标采用功率与 $V_{\mathrm{CC}}^2/2R_{\mathrm{L}}$ 的比值。

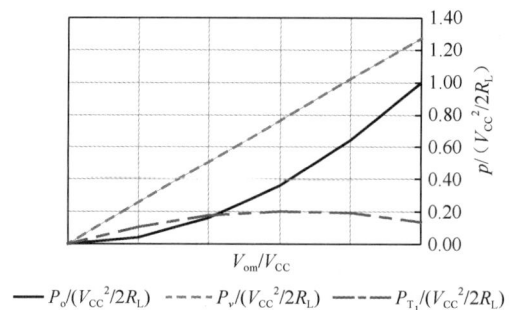

$$--- P_o/(V_{CC}^2/2R_L) \quad ---- P_v/(V_{CC}^2/2R_L) \quad --- P_{T_1}/(V_{CC}^2/2R_L)$$

图 5.2.4　乙类互补对称推挽式功率放大电路 P_o、P_{T_1}、P_V 随 V_{om}/V_{CC} 变化的关系曲线

从图 5.2.4 中可看出，当乙类互补对称推挽式功率放大电路的有用交流信号输出功率 P_o 达到最大值时，功耗 P_{T_1} 并不是最大值。利用求函数极值的方法，对式（5.2.3）进行求导，则有

$$\mathrm{d}P_{T_1}/\mathrm{d}V_{om} = \frac{1}{R_L}\left(\frac{V_{CC}}{\pi} - \frac{V_{om}}{2}\right)$$

当 $\mathrm{d}P_{T_1}/\mathrm{d}V_{om} = 0$，即 $\dfrac{V_{CC}}{\pi} - \dfrac{V_{om}}{2} = 0$ 时，则有

$$V_{om} = \frac{2V_{CC}}{\pi} \tag{5.2.9}$$

式（5.2.9）表明，当 $V_{om} = 2V_{CC}/\pi \approx 0.6V_{CC}$ 时，功率管具有最大功耗 P_{T_1m}，且有

$$P_{T_1m} = \frac{1}{R_L}\left[\frac{\dfrac{2}{\pi}V_{CC}^2}{\pi} - \frac{\left(\dfrac{2V_{CC}}{\pi}\right)^2}{4}\right] = \frac{1}{R_L}\left(\frac{2V_{CC}^2}{\pi^2} - \frac{V_{CC}^2}{\pi^2}\right) = \frac{1}{\pi^2} \cdot \frac{V_{CC}^2}{R_L} \tag{5.2.10}$$

最大有用交流信号输出功率 $P_{om} = V_{CC}^2/2R_L$，则每个管的最大功耗 P_{T_1m} 和电路的最大有用交流信号输出功率 P_{om} 的关系为

$$P_{T_1m} = \frac{1}{\pi^2} \cdot \frac{V_{CC}^2}{R_L} \approx 0.2P_{om} \tag{5.2.11}$$

式（5.2.11）常用作乙类互补对称推挽式功率放大电路选择功率管的依据，它说明，如果要求输出功率为 10W，则需要用两个额定功耗大于 2W 的功率管。

上面的分析计算是在理想情况下进行的，实际在选用功率管的额定功耗时，还要留有充分的余地。

2）BJT 功率管的选择（考虑 BJT 的极限参数）

由上面的分析可知，若想得到最大有用交流信号输出功率 P_{om}，BJT 功率管的参数必须满足下列条件：

（1）每个 BJT 功率管的最大允许功耗 P_{CM} 必须大于 $0.2P_{om}$，这是因为 $P_{T_1m} \approx 0.2P_{om}$；

（2）在功率放大电路输入交流信号的负半周，BJT 功率管 T_2 导通放大，当交流信号幅值达到最大时，T_2 的管压降 v_{CE2} 达到最小值，$v_{CE2m} = V_{CE2} + v_{ce2m} \approx 0$，而 T_1 的管压降 v_{CE1} 达到最大值，$v_{CE1m} = V_{CE1} + v_{ce1m} \approx 2V_{CC}$。因此，应选用 $|V_{(BR)CEO}| > 2V_{CC}$ 的 BJT 功率管；

（3）所选 BJT 功率管的最大集电极电流 I_{CM} 一般不低于其可能流过的最大电流 V_{CC}/R_L。

例 5.2.1　乙类互补对称推挽式功率放大电路如图 5.2.1 所示，设 $V_{CC} = 12\text{V}$，$R_L = 8\Omega$，

BJT 的极限参数为 $I_{CM} = 2A$，$\left| V_{(BR)CEO} \right| = 30V$，$P_{CM} = 5W$。试求：

（1）最大有用交流信号输出功率 P_{om}，并检验所给的 BJT 是否能安全工作；

（2）放大电路在 $\eta = 0.6$ 时的有用交流信号输出功率 P_o。

解：（1）求 P_{om}，并检验 BJT 的安全工作情况；

由式（5.2.2）可求得

$$P_{om} = \frac{1}{2} \cdot \frac{V_{CC}^2}{R_L} = \frac{(12V)^2}{2 \times 8\Omega} = 9W$$

BJT 功率管的最大集电极电流 i_{Cm}、最大管压降 v_{CE1m}、最大管耗 P_{T_jm} 分别为

$$i_{Cm} = \frac{V_{CC}}{R_L} = \frac{12V}{8\Omega} = 1.5A$$

$$v_{CE1m} = 2V_{CC} = 24V$$

$$P_{T_jm} \approx 0.2 P_{om} = 0.2 \times 9W = 1.8W$$

所求 i_{Cm}、v_{CE1m} 和 P_{T_jm} 均分别小于选用 BJT 的极限参数 I_{CM}、$\left| V_{(BR)CEO} \right|$ 和 P_{CM}，故 BJT 能安全工作。

（2）求 $\eta = 0.6$ 时的 P_o。

由式（5.2.7）可求得

$$V_{om} = \eta \cdot 4 \frac{V_{CC}}{\pi} = \frac{0.6 \times 4 \times 12V}{\pi} \approx 9.2V$$

将 V_{om} 带入式（5.2.1）得

$$P_o = \frac{1}{2} \cdot \frac{V_{om}^2}{R_L} = \frac{1}{2} \cdot \frac{(9.2V)^2}{8\Omega} \approx 5.3W$$

5.2.2　甲乙类双电源互补对称推挽式功率放大电路

1. 乙类双电源互补对称推挽式功率放大电路存在交越失真

在图 5.2.1 所示的乙类推挽式功率放大电路中，由于 BJT 存在死区电压 V_{TH}，当发射结正偏电压小于死区电压 V_{TH} 时，BJT 基极电流 $i_B = 0$，集电极只存在反偏饱和电流，i_C 趋近于 0，因此，输出电流 $i_o = 0$，电路负载 R_L 两端的交流电压 $v_o = 0$，输出信号存在交越失真，如图 5.2.5 所示。

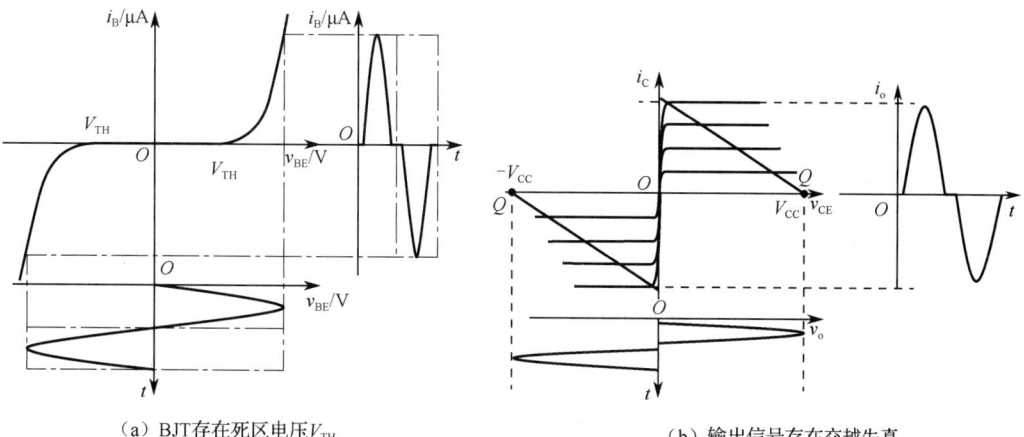

（a）BJT 存在死区电压 V_{TH}　　　　　　　　（b）输出信号存在交越失真

图 5.2.5　乙类双电源互补对称推挽式功率放大电路产生交越失真

2．双电源甲乙类互补对称推挽式功率放大电路

乙类双电源互补对称推挽式功率放大电路存在交越失真的原因是功率管存在死区电压 V_{TH}，因此，设法为功率管提供适当的直流偏置电压，就能够克服交越失真。第 2 章已经介绍过，正偏的二极管可用于低电压偏置电路，而且，最简单的电压偏置电路就是利用正偏的二极管构成的。将两个二极管 D_1、D_2 串联起来，接在功率管 T_1、T_2 的基极之间，分别为两个 BJT 功率管 T_1、T_2 提供一定的直流偏置电压，这时，功率管 T_1、T_2 处于甲乙类工作状态，因此 T_1、T_2 构成甲乙类双电源互补对称推挽式功率放大电路，如图 5.2.6（a）所示。I_{bias} 是恒流源，为 D_1、D_2、T_1、T_2 提供直流偏置电流，让 T_1、T_2 处于微导通状态。

实际的 BJT 集成电路，则采用接成二极管接法的 BJT（T_3、T_4）代替二极管 D_1、D_2，如图 5.2.6（b）所示。I_{bias} 是简化的恒流源，为 T_1、T_2、T_3、T_4 提供直流偏置电流，让 T_1、T_2 处于微导通状态。

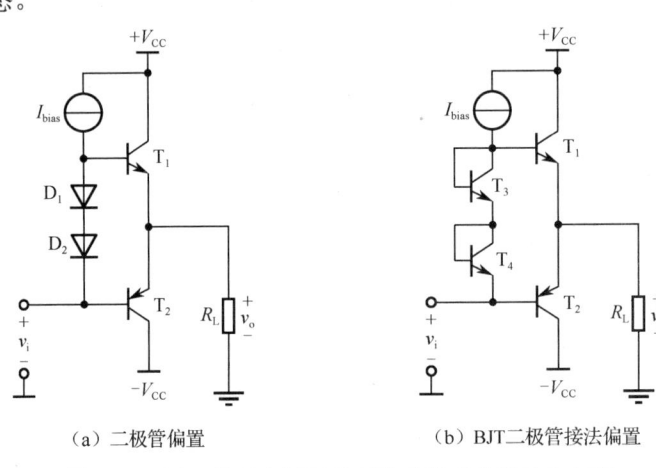

（a）二极管偏置　　　　　　　　　　　　（b）BJT二极管接法偏置

图 5.2.6　甲乙类双电源互补对称推挽式功率放大电路

静态时，在二极管 D_1、D_2 的偏置作用下，让 BJT 功率管 T_1、T_2 处于微导通状态，基极电流 $i_B \neq 0$，所以集电极电流 $i_C \neq 0$，虽然集电极电流 i_C 很小，但 BJT 功率管 T_1、T_2 已经脱离截止区，因此，输出信号不存在交越失真。

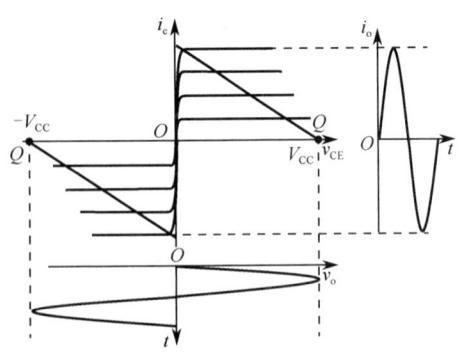

图 5.2.7　甲乙类双电源互补对称推挽式功率放大电路的最大输出

假设 BJT 功率管 T_1、T_2 完全对称，静态时，$V_{CE1} = V_{CC}$，$V_{CE2} = -V_{CC}$，没有直流电流流过电路负载 R_L，即 $I_O = 0$，电路负载 R_L 的直流电压 $V_O = 0$。动态时，在输入信号 v_i 的正半周，T_1 导通放大，在输入信号 v_i 的负半周，T_2 导通放大，输入交流信号达到最大峰值电压 v_{imm} 时，输出交流信号达到最大峰值电压 v_{omm}，且有 $v_{omm} \approx V_{CC}$，如图 5.2.7 所示，集电极反向饱和电流标度没有放大。虽然 BJT 负载线和图 5.2.5（b）相同，但其已经脱离截止区。

甲乙类双电源互补对称推挽式功率放大电路在互补对称功率管外加直流偏置电压处于微导通的条件下，和乙类双电源互补对称推挽式功率放大电路的工作情况很接近，输出交流信号的最大峰值电压几乎也达到 V_{CC}，因此，甲乙类双电源互补对称推挽式功率放大电路也可采用乙类双电源互补对称推挽式功率放大电路的计算公式，得到有用交流信号输出功率 P_o、功率管功耗 P_{T_1}、直

流电源提供的总功率 P_V、电路能耗效率 η 的近似结果,即式(5.2.1)-式(5.2.8)也适用于甲乙类双电源互补对称推挽式功率放大电路。

5.2.3 甲乙类单电源互补对称推挽式功率放大电路

在图 5.2.6 的基础上,让负电源 $-V_{CC}$ 接地,并在输出端与电路负载 R_L 之间接入大电容 C,就构成单电源甲乙类互补对称推挽式功率放大电路,如图 5.2.8 所示,I_{bias} 也是简化的恒流源,为 T_1、T_2、T_3、T_4 提供直流偏置电流,让 T_1、T_2 处于微导通状态。

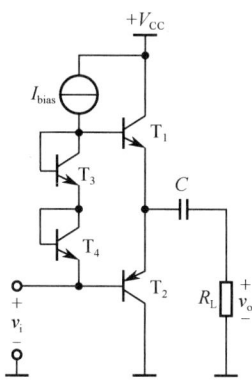

图 5.2.8 甲乙类单电源互补对称推挽式功率放大电路

静态时,设 BJT 功率管 T_1、T_2 完全对称,则 T_1、T_2 平分电源电压 V_{CC},因此,$V_{CE1} = \frac{1}{2}V_{CC}$,$V_{CE2} = -\frac{1}{2}V_{CC}$,大电容被充电,两端电压 $V_C = \frac{1}{2}V_{CC}$,电路负载 R_L 直流电流 $I_O = 0$,直流电压 $V_O = 0$。

动态时,在输入交流信号 v_i 的正半周,T_1 导通放大,输入交流信号 v_i 经过 T_1 放大传输到电路负载 R_L,并且电源 V_{CC} 向电容 C 充电,补充电容 C 损失的能量;在输入交流信号 v_i 的负半周,T_2 导通放大,输入交流信号 v_i 经过 T_2 放大传输到电路负载 R_L,此时电容 C 释放能量,类似一个电源为电路供电。输入交流信号达到最大峰值电压 v_{imm} 时,输出交流信号达到最大峰值电压 v_{omm},且有 $v_{omm} \approx \frac{1}{2}V_{CC}$,如图 5.2.7 所示,只要把 V_{CC} 改成 $\frac{1}{2}V_{CC}$ 即可。

与乙类互补对称推挽式功率放大电路的分析方法相同,单电源甲乙类互补对称推挽式功率放大电路也可采用式(5.2.1)、式(5.2.2)等公式计算电路负载获得的输出交流功率、功率管功耗、直流电源提供的总功率、电路能耗效率,以及如何选取功率管等。唯一不同之处在于,对于单电源甲乙类互补对称推挽式功率放大电路,应该把公式中的 V_{CC} 换成 $\frac{1}{2}V_{CC}$。

本节复习思考题

5.2.1 乙类互补对称推挽式功率放大电路功率管的最大功耗出现在输入交流信号振幅最大的时候吗?

5.2.2 直流电源提供的总功率 P_V 等于有用交流信号输出功率 P_o 与 BJT 功率管的功耗 P_T 之和,为什么没有考虑其他器件消耗的功率呢?

5.2.3　图5.2.6所示的电路采用二极管为功率管提供基极偏置电压，这样的偏置电路比较简单，但不容易通过其自身调节获得适当的偏置电压，使功率管处于微导通状态，请说明再接入 I_{bias} 的作用。

5.2.4　放大电路分别发生频率失真、非线性失真、交越失真时，输出波形有什么不同？它们产生的原因分别是什么？

5.3　MOS管互补对称推挽式放大电路

互补对称推挽式放大电路具有静态功耗低、输出电压动态范围宽等特点，如图 5.3.1 所示，在需要电压动态变化范围宽的场合得到广泛应用。

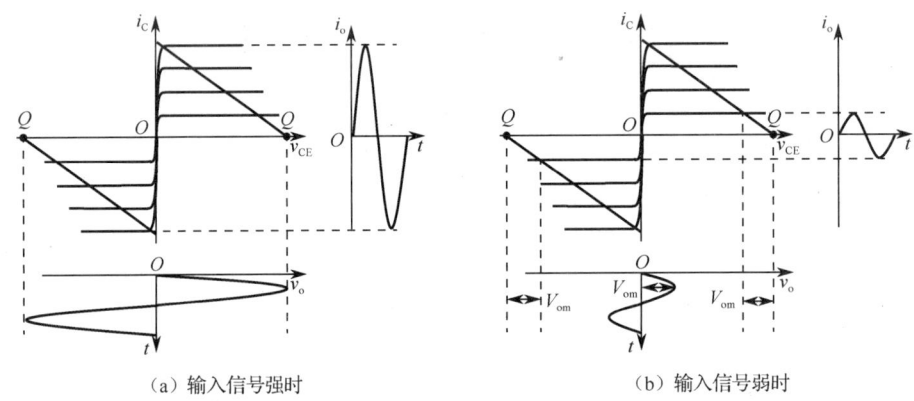

（a）输入信号强时　　　　　　　（b）输入信号弱时

图 5.3.1　互补对称推挽式放大电路的输出电压动态范围宽

虽然 MOS 管集成电路不像 BJT 集成电路那样容易实现放大电流的功能，但 MOS 管集成电路更容易制作。在有些应用中，并不需要大电流驱动能力，而需要放大电路输出一定范围内的电压信号。例如，传感器采集信号经放大电路放大后，需要输出动态变化范围比较宽的电压信号，以驱动数字电路工作，这样的实际应用并不需要放大电路输出大电流。对于这样的应用场景，完全可以利用 CMOS 电路结构的优势构成多级放大电路。基于 BJT 互补对称推挽式放大电路的结构特点，即可构造出共漏组态的 MOS 管甲乙类互补对称推挽式放大电路，如图 5.3.2 所示。

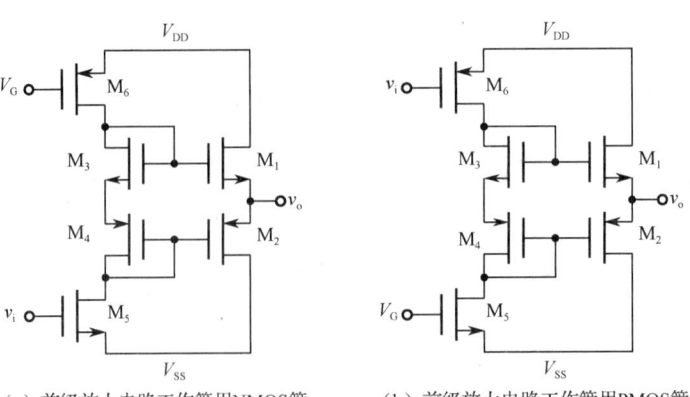

（a）前级放大电路工作管用NMOS管　　　（b）前级放大电路工作管用PMOS管

图 5.3.2　共漏组态的 MOS 管甲乙类互补对称推挽式放大电路

在图 5.3.2（a）所示的电路中，NMOS 管 M_1 和 PMOS 管 M_2 构成互补对称推挽式放大电路，且是共漏组态。它们在输入正弦波信号的正、负半周轮流导通，输入信号从其中导通的 MOS 管栅极传输到源极。二极管接法的 NMOS 管 M_3、PMOS 管 M_4 为放大管 M_1、M_2 提供栅极直流偏置电压，用以克服交越失真，因此，M_1、M_2 处于甲乙类工作状态。NMOS 管 M_5 是前级放大电路的工作管，PMOS 管 M_6 作为其漏极负载，M_5 的栅极直流偏置电路未画出。当直流电源 $V_{SS} = -V_{DD}$ 时，输出信号最大峰值电压 $v_{omm} \approx V_{DD}$，近似计算电路负载获得的输出交流功率、MOS 功率管功耗、直流电源提供的总功率、电路能耗效率等的公式和 BJT 类似。

CMOS 电路结构的最大特点就是工作管和负载管用不同极性的 MOS 管。在图 5.3.2（a）中，前级放大电路的放大管用 NMOS 管 M_5，所以其负载管则用 PMOS 管 M_6；如果前级放大电路的放大管用 PMOS 管 M_6，则其负载管用 NMOS 管 M_5，如图 5.3.2（b）所示。

如果输出信号直接驱动数字电路工作，并不需要放大电路输出电阻小、带负载能力强，其输出级可直接采用共源组态的 MOS 管甲乙类互补对称推挽式放大电路，如图 5.3.3 所示。

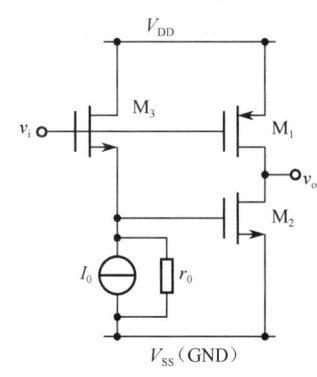

图 5.3.3　共源组态的 MOS 管甲乙类互补对称推挽式放大电路

在图 5.3.3 所示的电路中，PMOS 管 M_1 和 NMOS 管 M_2 构成甲乙类互补对称推挽式放大电路，且是共源放大组态。它们在输入正弦信号的正、负半周轮流导通，输入信号从其中导通的 MOS 管栅极传输到漏极。PMOS 管 M_1 的衬底直接与源极相连，一起接高电平 V_{DD}，NMOS 管 M_2 的衬底直接与源极相连，一起接低电平 V_{SS}（图中未画出衬底连接），它们的衬底与源极间的电压都为 0，因此不存在衬底偏置效应。NMOS 管 M_3 构成源极跟随电路，当输入信号 v_i 为正电压时，M_3 导通，输入信号 v_i 经 M_3 的栅极、源极和 M_2 的栅极、漏极传输到输出端；当输入信号 v_i 为负电压时，M_3 截止，输入信号 v_i 经 M_1 的栅级、漏极传输到输出端。注意，图 5.3.3 是 M_3 的栅极和 M_1 的栅极连接一起的画法，并不表示这根线与 M_3 衬底相连，在制造该电路时，这条栅极间的互连线和衬底连接线之间用绝缘的二氧化硅隔开的。

本节复习思考题

5.3.1　功率管及其功率放大电路越对称，负载 R_L 的直流电压和直流电流越趋近于 0，请说明原因。

5.3.2　为了使图 5.3.2 所示放大电路对称，除了功率管 M_1、M_2 互补对称要求，还有其他的对称要求吗？

5.3.3　如果传感器采集的信号直接输入数字电路进行处理，则往往不需要放大电路的输出电阻低，请说明理由。

5.3.4　为什么 CMOS 电路结构的 PMOS 管布局在靠近正电源 V_{DD} 的位置，而 NMOS 管布局在靠近负电源 V_{SS} 的位置更容易克服衬底偏置效应？

5.4　短路保护

模拟集成电路输出级工作管消耗功率的占比最高，通常会比整个电路其他所有模块消耗功率之和还要高得多。而且，当设计的模拟集成电路应用于各种不同场合时，要接入不同的

电路负载 R_L，输出级工作管都会在其最大额定值范围内工作。如果 $R_L = 0$，即电路输出端短路，则直流电源产生的大电流流过输出级工作管，工作管可能会因此烧毁。为了防止这种情况发生，通常在电路中设计短路保护电路。

输出级短路保护电路如图 5.4.1 所示，T_1 为输出级工作管，其短路保护电路由 BJT（T_2）和电阻 R_{sc} 构成，因此有

$$i_I = i_{B1} + i_{C2} \tag{5.4.1}$$

$$i_L = i_{E2} + i_{C1} - i_{B2} \tag{5.4.2}$$

当 $i_{B2} \ll i_{C1}$ 时，有

$$v_{BE2} \approx i_{C1} R_{sc} \tag{5.4.3}$$

在正常情况下，即 T_1 工作在最大额定值范围内时，R_{sc} 两端的电压小于 T_2 发射结的死区电压，T_2 截止断开，则有

$$i_L = i_{C1} = \beta_1 i_{B1} = \beta_1 i_I \tag{5.4.4}$$

如果 R_L 发生短路，R_{sc} 两端的电压增加，使 T_2 导通，i_{C2} 的增大有效地限制了驱动电流 i_{B1}。根据式（5.4.3），电路负载 R_L 上的电流被有效地箝位在

$$i_{Lmax} = \frac{v_{BE2}}{R_{sc}} \tag{5.4.5}$$

注意，式（5.4.5）利用了 $i_{C2} \ll i_{C1}$，且 T_2 导通时，其电压 V_{BE2} 通常取 $0.55 \sim 0.7V$。

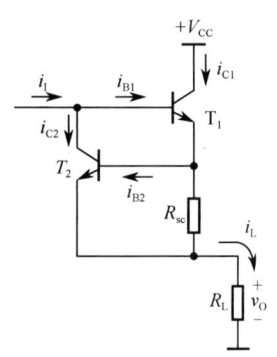

图 5.4.1　输出级短路保护电路

例 5.4.1　要让某音响功率放大电路向一个 8Ω 的电路负载提供 $100W$ 的功率，那么其保护电路的电阻 R_{sc} 的阻值应该是多少，才能保护输出级功率管不受短路的损害？

解：电路负载 R_L 的电流峰值为

$$i_{Lm} = \sqrt{\frac{2P_L}{R_L}} = \sqrt{\frac{2 \times 100W}{8\Omega}} = 5A$$

因此有

$$R_{sc} = \frac{v_{BE2}}{i_{Lm}} = \frac{0.6V}{5A} = 0.12\Omega$$

注意，R_{sc} 的电压降 0.6V 与电路负载 R_L 的峰值电压 $v_{Lm} = 5A \times 8\Omega = 40V$ 相比是可以忽略的。

本节复习思考题

5.4.1　当输出级放大电路正常工作时，保护电路的电阻 R_{sc} 的影响可以忽略不计吗？

5.4.2　BJT 的死区电压是 0.5V，当保护电路的电阻 R_{sc} 两端电压小于 0.5V 时，图 5.4.1 所示的短路保护电路中 BJT 处于什么状态？

本章提要

1. 为了获得一定的电压或电流驱动电路负载工作，模拟集成电路采用多级放大电路，因此，输出级工作在大信号条件下，输出级工作管消耗的功率通常远大于整个电路其他所有模块消耗的功率之和。

2. 由于能耗效率太低，BJT 或 FET 单管放大电路不适合应用于多级放大电路输出级。

3. BJT 乙类或甲乙类互补对称推挽式功率放大电路的能耗效率较高，最大能耗效率可达 78.5%，很适合应用于需要大电流的模拟集成电路输出级。

4. 半导体集成电路工艺更容易制作对称性很高的 MOS 管，MOS 管甲乙类互补对称推挽式放大电路的能耗效率和 BJT 甲乙类互补对称推挽式功率放大电路一样高，非常适合应用于输出电压动态变化范围宽的场合。

5. 模拟集成电路的输出级工作在大电流情况下，需要保护电路以避免出现输出短路或过载现象，从而引起的电路损坏，保护电路利用 BJT 具有死区电压的特点构造。

习　题

5.1　共集组态的甲类功率放大电路如图 1 所示。设 $V_{CC}=12V$，计算输入交流信号电压峰值分别为 2V、4V、6V 时的能耗效率 η。

5.2　共射组态的甲类功率放大电路如图 2 所示。

（1）功率管 T 的直流电压 V_{CE} 是多少？

（2）画出交流通路，说明输出交流信号电压 v_o 与功率管两端交流电压 v_{ce} 的关系；

（3）输出交流信号最大峰值电压是多少？

（4）最大能耗效率 η_m 是多少？

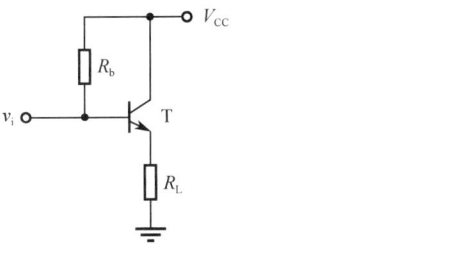

图 1　题 5.1 图　　　　　　　　　图 2　题 5.2 图

5.3　BJT 乙类互补对称推挽式功率放大电路如图 5.2.1 所示，忽略交越失真。设 $v_i=10\sin(\omega t)V$，$V_{CC}=15V$，$R_L=1k\Omega$。

（1）电路负载获得的有用交流信号输出功率 P_o 是多少？

（2）计算电路能耗效率 η；

（3）功率管 T_1、T_2 的功耗分别是多少？

5.4　甲乙类互补对称推挽式功率放大电路如图 3 所示，计算输入交流信号峰值电压分别为 2V、4V、6V 时的能耗效率 η，设 V_{CC} 的值为 12V，并与题 5.1 的甲类功率放大电路的计算结果相比较。

5.5　单电源互补对称推挽式功率放大电路如图 4 所示。设 $V_{CC}=12V$，$R_L=1k\Omega$。

（1）静态时，电容 C 两端的电压是多少？

（2）当 $v_i=4\sin(\omega t)$ 时，电路负载获得的有用交流信号输出功率 P_o 是多少？

5.6　MOS 管互补对称推挽式放大电路如图 5 所示，设 $V_{DD}=-V_{SS}$。

（1）指明构成推挽式放大电路的对互补称管；

（2）MOS 管 M_3、M_4 在电路中起什么作用？

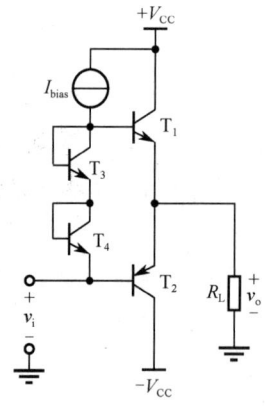

图 3　题 5.4 图

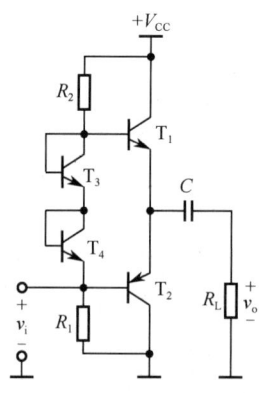

图 4　题 5.5 图

（3）输出交流电压的最大峰值是多少？

（4）前一级放大电路构成什么放大组态？

5.7　在图 5 所示的电路中设 $V_{DD} = -V_{SS}$，电路负载用 R_L 表示。推导下列表达式。

（1）电路负载获得的最大有用交流信号输出功率 P_{om}；

（2）电路的最大能耗效率 η_m；

（3）功率管 M_1、M_2 的最大功耗。

5.8　BJT 甲乙类互补对称推挽式功率放大电路如图 6 所示。正常工作时忽略 25 Ω 保护电阻的影响。设 $V_{CC} = 15V$，$R_L = 2k\Omega$。

（1）该电路最大的输出交流功率是多少？

（2）达到最大输出交流功率时，直流电源提供的功率是多少？

（3）在输出级保护电路开始工作之前，R_L 的最小阻值是多少？

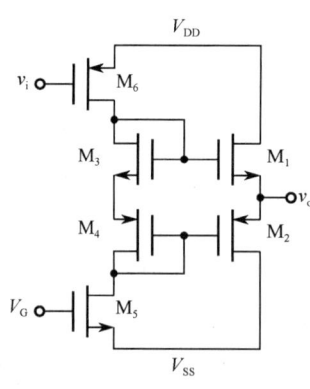

图 5　题 5.6 图

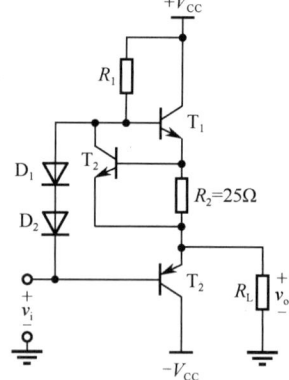

图 6　题 5.8 图

第6章 运算放大器

运算放大器是模拟电路中用途最广泛、最重要的器件之一,不仅被广泛应用于集成电路,还大量应用于分立元件电路,因此有各种类型的集成运算放大器芯片。尽管运算放大器只是构成电子系统的一小部分电路,但是,运算放大器电路的组合式拓扑结构、分析方法、设计方法具有普遍意义,通过运算放大器,能够使层次化、模块化的设计思想和方法更好地推广应用到其他模拟电路、数字电路等各种电子电路的设计和分析中。

前面章节已经介绍 BJT、FET 单管基本放大电路、互补对称推挽式放大电路,这些基本电路单元还将被应用于运算放大器电路,这些章节介绍的分析方法同样适用于运算放大器电路。除了这些基本电路单元,运算放大器电路还需要差分放大电路、直流偏置电路等基本电路单元,当然,这些基本电路单元也会在其他模拟电路中用到。

BJT、MOS 管基本电路单元各有特点,但它们都具有相同的功能,因此,尽管由 BJT、MOS 管构成的运算放大器性能各有不同,但它们的设计方法和设计流程非常相似。本章的主要内容如下:

（1）运算放大器及其电路结构、性能分析;
（2）直流偏置电路;
（3）差分放大电路;
（4）典型 MOS 管运算放大器;
（5）通用型 BJT 运算放大器;
（6）集成运算放大器的选用。

6.1 概述

6.1.1 运算放大器的概念

第 1 章已经图示过运算放大器的电路符号,现重画于图 6.1.1,它的两个输入端（同相端和反相端）分别用字母 P、N 表示,图 6.1.1 中未画出供电的直流电源,在实际应用时必须要接入直流电源。为了对称改善电路性能,运算放大器通常采用双电源供电,一个为正电源,一个为负电源,但也有单电源供电的运算放大器。

同相端意味着输出电压信号 v_o 的相位与其输入电压信号 v_i 的相位相同,如图 6.1.2 所示。

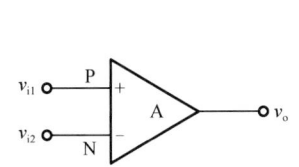

图 6.1.1 运算放大器的电路符号

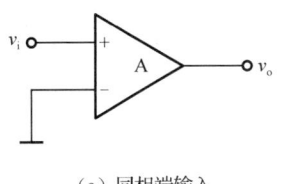

（a）同相端输入

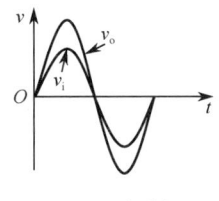

（b）v_o、v_i 相位相同

图 6.1.2 同相端的意义

反相端意味着输出电压信号 v_o 的相位与该输入端输入电压信号 v_i 的相位相反，如图 6.1.3 所示。

运算放大器可以单端输入，也可以双端输入，双端输入意味着前级电路需要双端输出，如图 6.1.4 所示。

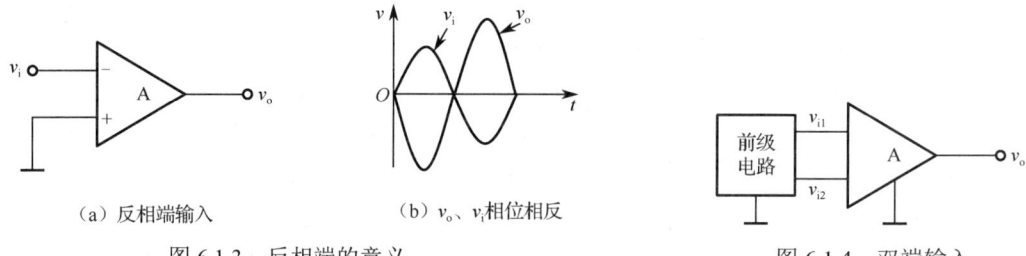

（a）反相端输入　　　　　　（b）v_o、v_i 相位相反

图 6.1.3　反相端的意义　　　　　　图 6.1.4　双端输入

运算放大器的类型很多，但都具有增益高的特点。为了获得高增益，运算放大器可采用输入级、中间级、输出级三个放大模块构成的方式，并用偏置电路为每级放大电路提供直流偏置电压、电流，确保每级放大电路中的工作管处于放大状态，如图 6.1.5 所示。通用型运算放大器通常都采用电路这种结构。

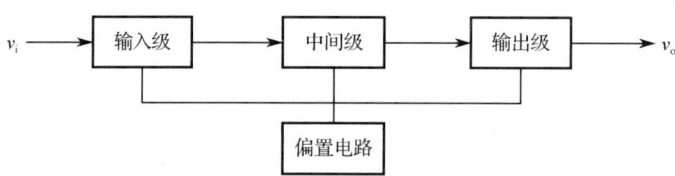

图 6.1.5　运算放大器的结构模块

采用三级放大模块结构的运算放大器每级放大电路所起的作用不同，输入级需要起放大作用，更需要抑制共模信号，因为这一级电路对整个放大电路抑制共模信号的影响至关重要，通常采用差分对管构成的差分放大电路，它的两个差分输入端分别构成运算放大器的同相端和反相端；中间级的主要作用是电压放大，可由一级或多级电压放大电路构成；输出级通常需要带负载能力强，因此采用输出电阻低的电压跟随器构成，如表 6.1.1 所示。

表 6.1.1　通用型运算放大器组成模块的主要作用和电路组态

功能模块	主要功能与作用	常用电路组态
输入级	提高共模抑制比	差分放大电路
中间级	提高电压增益	电压放大电路
输出级	降低输出电阻 提高带负载能力	电压跟随器
电流偏置	提供合适的静态工作电流	恒流源
电压偏置	提供合适的静态工作电压	二极管

除了以上功能模块，运算放大器还可能需要一些其他环节或辅助功能电路模块，如电平移动模块、过载保护模块、高频补偿模块等。

用 $\dot{A}_{V1}$、$\dot{A}_{V2}$、$\dot{A}_{V3}$ 分别表示运算放大器输入级、中间级、输出级的电压增益，则总电压增益等于各级放大电路电压增益的乘积，即

$$\dot{A}_V = \dot{A}_{V1} \cdot \dot{A}_{V2} \cdot \dot{A}_{V3} \qquad (6.1.1)$$

在有些应用电路中，如集成传感器，首先把非电信号转换为电信号，再经过模拟电路放大，最后变成数字信号输入数字电路进行处理，这种情况下，模拟电路通常并不需要输出电阻低、带负载能力强的输出级，中间级和输出级可直接联合起来采用推挽式结构的电压放大电路，提高输出电压摆幅，通常把这类运算放大器称为运算跨导放大器（Operational Transconductance Amplifier，OTA）。

6.1.2 差模信号和共模信号

差分放大电路两个输入端的输入信号分别为 v_{i1} 和 v_{i2}，在理想情况下，输出信号为

$$v_o = A_{VD}(v_{i1} - v_{i2}) = A_{VD}v_{id} \qquad (6.1.2)$$

式中，A_{VD} 为差模信号电压增益。

从式（6.1.2）中可以看出，理想差分放大电路的输出信号只与输入信号之差 v_{id} 有关，即如果两个输入信号 v_{i1}、v_{i2} 同时叠加一个大小相等、方向相同的信号 v_{ic}，那么信号 v_{ic} 对输出信号没有任何影响。其实，输入信号之差 v_{id} 就是差模信号，v_{ic} 就是共模信号。但在一般情况下，由于差分放大电路的对称性问题，实际的输出电压不仅取决于两个输入端的差模信号 v_{id}，还与两个输入端的共模信号 v_{ic} 有关。

当测试出差分放大电路的两个输入信号 v_{i1}、v_{i2} 时，差分放大电路的差模信号 v_{id}、共模信号 v_{ic} 则可分别用下列公式计算

$$v_{id} = v_{i1} - v_{i2} \qquad (6.1.3)$$

$$v_{ic} = \frac{1}{2}(v_{i1} + v_{i2}) \qquad (6.1.4)$$

也就是说，差模信号是两个输入信号之差，而共模信号则是二者的算术平均值。这是从数值上来区别差模信号和共模信号的。反过来，如果已知差模信号 v_{id} 和共模信号 v_{ic}，差分放大电路的两个输入信号 v_{i1}、v_{i2} 可表示为

$$v_{i1} = \frac{v_{id}}{2} + v_{ic} \qquad (6.1.5)$$

$$v_{i2} = -\frac{v_{id}}{2} + v_{ic} \qquad (6.1.6)$$

差模信号与共模信号的性质不同。例如，传感器检测并输出差模信号，分别输入差分放大电路的两个输入端，这两个信号大小相等、方向相反，是需要放大的有用信号；而干扰或噪声等共模信号则同时进入差分放大电路的两个输入端，它们是大小相等、方向相同的信号，是需要抑制或衰减的无用信号，如图 6.1.4 所示。

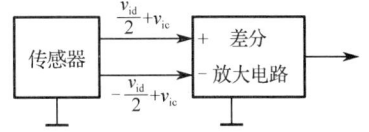

图 6.1.6 差模信号与共模信号

在差模信号和共模信号同时存在的情况下，对于实际的线性放大电路来说，输出端电压是两者的代数和，即

$$v_o = A_{VD}v_{id} + A_{VC}v_{ic} \qquad (6.1.7)$$

式中，A_{VD} 为差模信号电压增益，$A_{VD} = v_{od}/v_{id}$；A_{VC} 为共模信号电压增益，$A_{VC} = v_{oc}/v_{ic}$。

多级放大电路的电压增益很高，因此，输入级对抑制或衰减共模信号起着至关重要的作用。否则，输入级的共模信号经多级电路放大，变成一个不容小觑的信号。运算放大器的输入级采用差分放大电路，就是为了让差模信号电压增益 A_{VD} 远大于 1（如 50 以上），而共模

信号电压增益 A_{VC} 远小于 1（如 0.01 以下），使得输出信号中的共模信号远小于差模信号，后面的电路完全能够从共模信号中识别出差模信号来。

例 6.1.1　差分放大电路的差模信号电压增益 $A_{VD}=100$，共模信号电压增益 $A_{VC}=0.01$。当 $v_{i1}=1500\mu V$，$v_{i2}=500\mu V$ 时，计算差分放大电路输入端、输出端的差模信号和共模信号电压。

解：$v_{id}=v_{i1}-v_{i2}=1000\mu V$

$v_{ic}=(v_{i1}+v_{i2})/2=1000\mu V$

$v_{od}=A_{VD}v_{id}=100\times 1000\mu V=100000\mu V=100mV$

$v_{oc}=A_{VC}v_{ic}=0.01\times 1000\mu V=10\mu V$

6.1.3　集成运算放大器

运算放大器具有电压增益高、通频带宽等优势，因此得到了广泛应用。运算放大器早期应用于模拟计算机，用来实现数学运算，因此得名。运算放大器电路可以作为一个电路单元集成在许多电子电路中，如果运算放大器电路被制作成单独的芯片，则其被称为集成运算放大器。

FET 是一种电压控制电流型器件，相比于 BJT，它具有输入阻抗高、抗辐射能力较强、噪声低、易构成互补对称电路、制作工艺最简单等优势。由于 FET 的这些特点，使它在模拟集成电路中逐渐得到广泛应用。最先得到发展的是 JFET 与双极型器件相容工艺（也称为BJFET 工艺）的运算放大器，接着发展了 MOS 管与双极型器件相容工艺（也称为 Bi-MOS工艺）的运算放大器。从 20 世纪 70 年代中后期广泛发展了单片 MOS 管模拟集成电路。

分立元件放大电路会用耦合电容、旁路电容等形成阻容耦合放大电路，但在半导体集成电路工艺中，制作高精度、高稳定性电容的成本比晶体管高得多，因此，集成电路尽可能避免使用电容，运算放大器的多级放大电路采用直接耦合方式，且通过提高电路对称性等不同方式来降低直接耦合带来的不良影响。

本节复习思考题

6.1.1　从性质、大小、极性几个不同方面总结差模信号和共模信号的本质区别，并列举共模信号的类型和产生原因。

6.1.2　线性放大电路具有两个输入端，试举例说明，共模信号会同时进入两个输入端，且大小、方向都相同的原因。

6.1.3　为什么阻容耦合放大电路只能放大交流信号，不能放大直流信号？

6.1.4　为什么阻容耦合放大电路不强调零点漂移问题，而在直接耦合放大电路却要重视零点漂移问题？

6.2　直流偏置电路

直流偏置电路就是提供恒定的直流电压、直流电流的电路，包括直流电压偏置电路和直流电流偏置电路，它们有时候也被直接称为电压源、电流源或恒压源、恒流源，甚至有时候也称直流稳压电源、直流稳流电源。当然，这里提及的"恒定"（包括本书其他地方）是相对实际应用的需要而言的，是指变化对实际应用的影响可以忽略不计。

6.2.1　MOS 管直流电压偏置电路

第 2 章已经介绍，二极管的正向击穿特性和反向击穿特性曲线都非常陡峭，直流电压偏置电路通常应用二极管的这两部分特性构成。简单的通用直流电压源按电路要求产生恒定的直流电压，并控制相关器件的工作状态，一般没有特殊要求，因此，简单的通用直流电压源常采用二极管串联的分压电路，如第 5 章中图 5.2.6（a）所示的甲乙类双电源互补对称推挽式功率放大电路，就是利用二极管构成的简单直流电压偏置电路克服交越失真的。

实际应用时，常利用二极管接法的 BJT 或 MOS 管代替二极管，即将 BJT 的基极与集电极连在一起，如图 3.2.12（a）所示，其应用电路如图 5.2.6（b）所示的 T_3、T_4；或 MOS 管的栅极与漏极连在一起，如图 3.3.17（a）、图 3.3.17（c）所示，其应用电路如图 5.3.2 所示的 M_3、M_4。

三个 MOS 管构成的分压式通用直流电压源如图 6.2.1（a）所示，V_{DD} 表示正电源，V_{SS} 表示负电源，通常 V_{DD}、V_{SS} 的值相同，有利于电路平衡，如果采用单电源供电，V_{SS} "接地"（GND）。

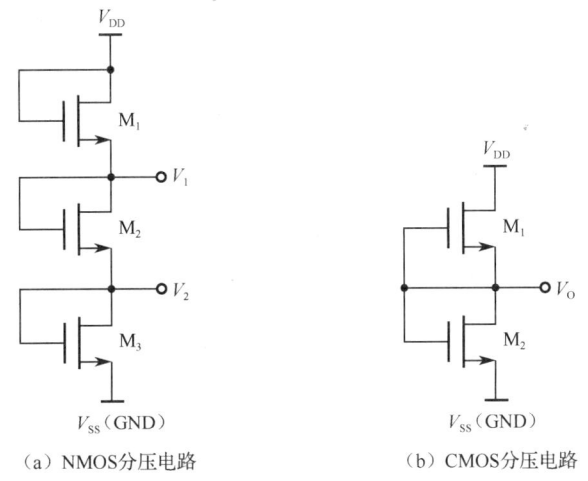

（a）NMOS分压电路　　　　　（b）CMOS分压电路

图 6.2.1　MOS 管构成的分压式通用直流电压源

图 6.2.1（a）给出了全 NMOS 通过管的分压电路，可以引出 V_1、V_2 两个电压输出端，分别提供不同的直流电压值。当制造集成电路的工艺确定时，还可改变各个串联 MOS 管的尺寸 L、W，从而改变输出电压 V_1、V_2。

对于这种由三层 MOS 管串联的直流电压源，常用于从正电源 V_{DD} 到负电源 V_{SS}（GND）存在三层 MOS 管的放大电路，这样有利于调节放大电路需要的直流偏置电压。如果需要用于两层 MOS 管的放大电路，可用两层 MOS 管串联构成的直流电压偏置电路。如果是用于只有两层结构的 CMOS 放大电路，则可采用 CMOS 分压电路，如图 6.2.1（b）所示。

对于一般的电子电路，简单的通用直流电压源已经能满足需要。如果需要高精度的直流电压源，如需要考虑温度变化，直流电源电压 V_{DD}、V_{SS} 波动等影响，则可采用带隙基准电压源这样的直流电压源，这里就不做详细介绍。

6.2.2　MOS 管直流电流偏置电路

根据第 3 章内容可知，当 MOS 管处于伏安特性的恒流区（饱和区）时，漏极电流 i_D 几乎不会随漏-源电压 v_{DS} 而变化，直流电流偏置电路就是利用 MOS 管的这种特性构成的。最常用的直流电流偏置电路是电流镜，它的最大特点是具有参考支路，只要参考支路的电流不变，输出支路的电流就保持不变。

1. NMOS 管电流镜

如图 6.2.2 所示，NMOS 管电流镜是由两个背靠背的 NMOS 管 M_1、M_2 和参考电流 I_{REF} 构成的，且参考支路 MOS 管的栅极和漏极连在一起，工作于伏安特性的恒流区，产生的输出电流 I_O 的方向是流入电流镜的方向，即如图 6.2.2 所示的竖直向下方向。

由于参考支路的 MOS 管 M_1、参考电流 I_{REF} 与电源 V_{DD}、V_{SS} 形成独立的闭合回路，不会受放大电路的输入交流信号变化的影响，因此，M_1 的栅-源电压 V_{GS1}、漏极电流 I_{REF} 不受输入交流信号变化的影响而保持不变。而 M_2 的栅极与 M_1 的栅极连在一起，M_2 的源极与 M_1 的源极连在一起，使得 M_2 的栅-源电压 $V_{GS2} = V_{GS1}$，且工作于伏安特性的恒流区，即参考支路为 M_2 栅极提供恒定的直流偏置电压，使其工作于需要的状态。只要 M_1 的 V_{GS1} 不变，M_2 的 V_{GS2} 就保持不变，其漏极输出电流 I_O 也因此保持不变，即 M_2 的漏极输出电流 I_O 与 M_1 的漏极电流 I_{REF} 形成镜像变化关系，因此称为电流镜。

实际应用时，会遇到需要多路电流镜的情况。根据上述电流镜的工作原理，用一个参考支路（提供参考电流 I_{REF}）并联多个 MOS 管即可产生多路电流，称为多路电流镜，如图 6.2.3 所示。注，图 6.2.3 的画法只表示 M_0 栅极与 M_3 栅极、M_2 栅极、M_1 栅极连接一起。

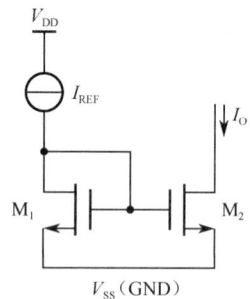

图 6.2.2　NMOS 管电流镜

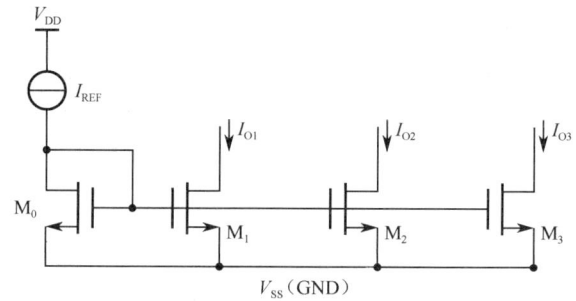

图 6.2.3　NMOS 管多路电流镜

由于输出电流 I_O 与参考电流 I_{REF} 之比等于两个背靠背 MOS 管的宽长比之比，即参考支路 MOS 管的宽长比为 W_0/L_0，输出支路 MOS 管的宽长比为 W_i/L_i，如果 W_i/L_i 是 W_0/L_0 的 N 倍，则输出支路电流 I_O 是参考电流 I_{REF} 的 N 倍。例如，第 1 路支路 MOS 管 M_1 的宽长比 W_1/L_1 是参考支路 MOS 管 M_0 宽长比 W_0/L_0 的 2 倍，则第 1 路支路的输出电流 I_{O1} 是参考支路电流 I_{REF} 的 2 倍，即 $I_{O1} = 2I_{REF}$。根据这样的原则，当确定参考电流 I_{REF} 以后，只要改变第 i 路输出支路的 MOS 管 M_i 宽长比 W_i/L_i 与参考支路 MOS 管宽长比 W_0/L_0 之比，就能改变第 i 路输出电流 I_{Oi} 与参考支路电流 I_{REF} 的关系。

2. PMOS 管电流镜

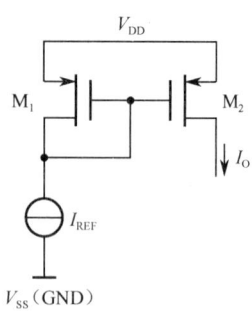

图 6.2.4　PMOS 管电流镜

NMOS 管电流镜的输出电流 I_O 的方向是流入电流镜的方向，如果需要流出电流镜方向的输出电流 I_O，则需要用 PMOS 管电流镜，如图 6.2.4 所示，电流方向为竖直向下。

PMOS 管电流镜的电路结构、工作原理与 NMOS 管电流镜完全相同，只不过用 PMOS 管代替 NMOS 管，且与 NMOS 管的布局位置刚好相反，即 NMOS 管电流镜的 NMOS 管布局在靠近负电源 V_{SS} 的位置，参考电流 I_{REF} 布局在靠近正电源 V_{DD} 的位置；而 PMOS 管电流镜的 PMOS 管布局在靠近正电源 V_{DD} 的位置，参考电流 I_{REF} 布局在靠近负电源 V_{SS} 的位置。

3．参考电流 I_{REF}

在电流镜中，最简单的参考电流 I_{REF} 用电阻实现，如图 6.2.5 所示的电阻 R_{REF}。

实际的集成电路尽量采用 MOS 管代替电阻。如果是 NMOS 管电流镜，最简单的用法是采用栅-漏直接相连的增强型 PMOS 管代替电阻 R_{REF}，如图 6.2.6 所示。PMOS 管电流镜的参考电流 I_{REF} 方法以此类推。

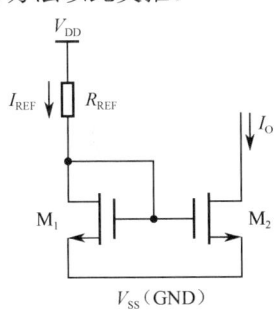

图 6.2.5　用电阻实现参考电流 I_{REF}

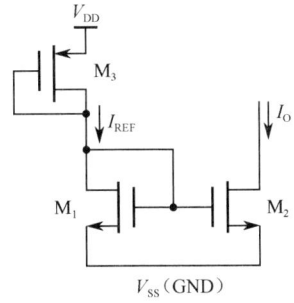

图 6.2.6　有源负载实现参考电流 I_{REF}

6.2.3　BJT 电流镜

BJT 电流镜的演绎方式和 MOS 管电流镜的完全相同。如果需要的偏置电流方向是流出 BJT 电流镜的，则用两个背靠背的 PNP 型 BJT。如果需要的偏置电流方向是流入 BJT 电流镜的，则用两个背靠背的 NPN 型 BJT，它们的基极连在一起，发射极也连在一起，参考支路的 BJT 基极和集电极连在一起，工作于恒流区（非饱和区），如图 6.2.7 所示，参考电流 I_{REF} 用电阻 R_{REF} 实现。

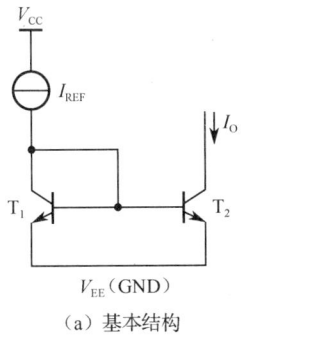

（a）基本结构

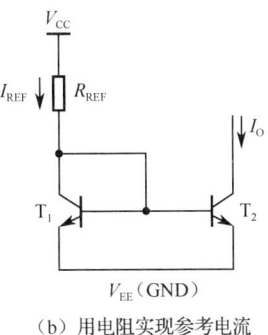

（b）用电阻实现参考电流

图 6.2.7　NPN 型 BJT 电流镜

BJT 电流镜的工作原理与 MOS 管电流镜相似。由于两个 BJT 的基极、发射极分别连在一起，使得它们的发射结电压相同，$V_{\text{BE2}}=V_{\text{BE1}}$，只要 V_{BE1} 不变，V_{BE2} 就随之保持不变。且 T_2 和 T_1 一样，工作于伏安特性的恒流区（非饱和区），其基极电流 I_{B} 保持不变，集电极电流也保持不变，输出恒定的电流 I_{O}。计算图 6.2.7（b）所示电路的输出电流 I_{O} 公式如下

$$I_{\text{O}} \approx I_{\text{REF}} = \frac{V_{\text{CC}} - V_{\text{EE}} - V_{\text{BE1}}}{R_{\text{REF}}} \approx \frac{V_{\text{CC}} - V_{\text{EE}}}{R_{\text{REF}}} \tag{6.2.1}$$

本节复习思考题

6.2.1　说明直流电压偏置电路属于直流稳压电源的理由。

6.2.2　解释电流镜的镜像原理，并说明参考电流的含义。

6.2.3　一个高内阻的电压源可认为是一个电流源。利用 BJT 或 FET 可构成各种各样电流源电路，如何实现高内阻特性？

6.3　差分放大电路

差分放大电路是模拟集成电路的重要单元，通常应用于模拟集成电路的输入级。它利用差分放大电路的对称特性提高整个电路的共模抑制比及其他方面的性能。

6.3.1　MOS 管差分放大电路的结构

1. MOS 管差分放大电路的基本结构

理想的 MOS 管差分放大电路主要由一对几何结构、参数和极性完全相同的 MOS 管 M_1、M_2 构成，称其为差分对管。差分对管的两个栅极作为电路的输入端 v_{i1}、v_{i2}，差分对管的两个漏极作为电路的输出端 v_{D1}、v_{D2}，差分对管的两个源极连接在一起，并接入源极负载 R_s，如图 6.3.1 所示。

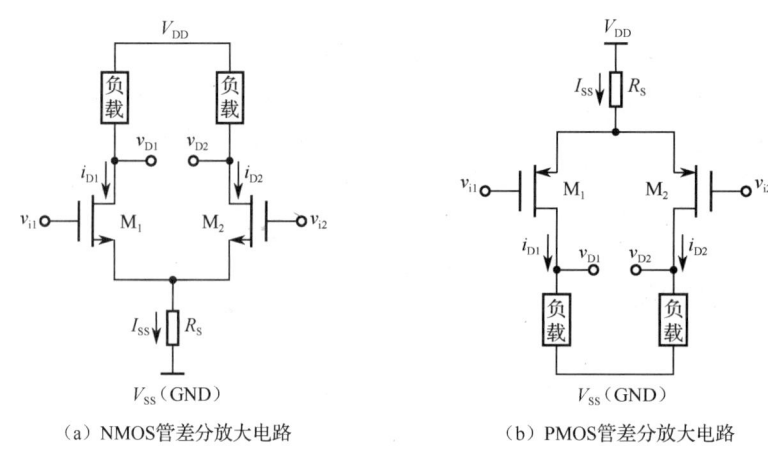

（a）NMOS管差分放大电路　　　　　　　（b）PMOS管差分放大电路

图 6.3.1　MOS 管差分放大电路的基本结构

图 6.3.1（a）、图 6.3.1（b）所示电路的工作原理相同，不同之处在于，图 6.3.1（a）所示电路的差分对管是 NMOS 管，图 6.3.1（b）所示电路的差分对管是 PMOS 管。

虽然差分放大电路有两个输入端、两个输出端，但信号输入端、输出端与电路输入端、输出端有区别，信号输入端就是接信号源的端口，信号输出端是接负载 R_L 的端口。差分放大电路既可以双端输入，也可以单端输入。如果信号源 v_{id} 接在差分放大电路的两个电路输入端 v_{i1}、v_{i2} 之间，则是双端输入，如图 6.3.2（a）所示；如果信号源 v_{id} 接在差分放大电路的一个电路输入端，另一个电路输入端"接地"，则是单端输入，如图 6.3.2（b）所示，图中信号源接在输入端 v_{i1}。当然信号源也可接在输入端 v_{i2}，让输入端 v_{i1}"接地"。

差分放大电路既可以双端输出，也可以单端输出。如果电路负载 R_L 接在两个电路输出端 v_{D1}、v_{D2} 之间，则是双端输出，如图 6.3.3（a）所示；如果电路负载 R_L 只接在其中的一个电路输出端与"地"之间，则是单端输出，如图 6.3.3（b）所示。图中负载 R_L 接在输出端 v_{D1} 与"地"之间，当然，负载 R_L 也可接在输出端 v_{D2} 与"地"之间。

采用不同的输出接法 v_{i1}、v_{i2} 的极性不同。在图 6.3.3 所示的输出接法中，v_{i1} 是反相端，

而 v_{i2} 是同相端。这是因为：①当输入差模信号 v_{id} 从 M_1 的栅极 v_{i1} 传输到 M_1 的漏极时，经过的传输路径为 M_1 栅极 → M_1 漏极，即经过 M_1 的共源放大组态，这种放大组态是反相放大，因此，输出差模信号 v_{od} 的相位与输入差模信号 v_{id} 的相位相反，M_1 栅极输入端 v_{i1} 为反相端；②当输入差模信号 v_{id} 从 M_2 的栅极 v_{i2} 传输到 M_1 的漏极时，经过的传输路径为 M_2 栅极 → M_2 源极 → M_1 源极 → M_1 漏极，即经过 M_2 的共漏放大组态、M_1 的共栅放大组态，这两种放大组态都是同相放大，因此，输出差模信号 v_{od} 的相位与输入差模信号 v_{id} 的相位相同，M_2 栅极输入端 v_{i2} 为同相端。如果输出端为 M_2 的漏极，则刚好相反，v_{i1} 是同相端，而 v_{i2} 是反相端。

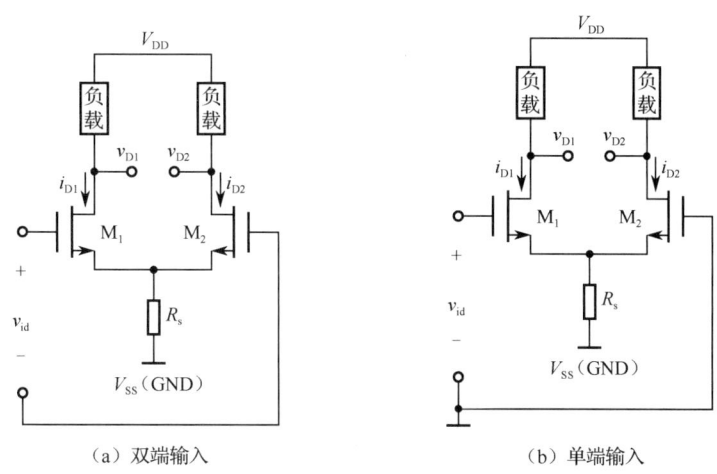

图 6.3.2　差分放大电路的输入方式接法

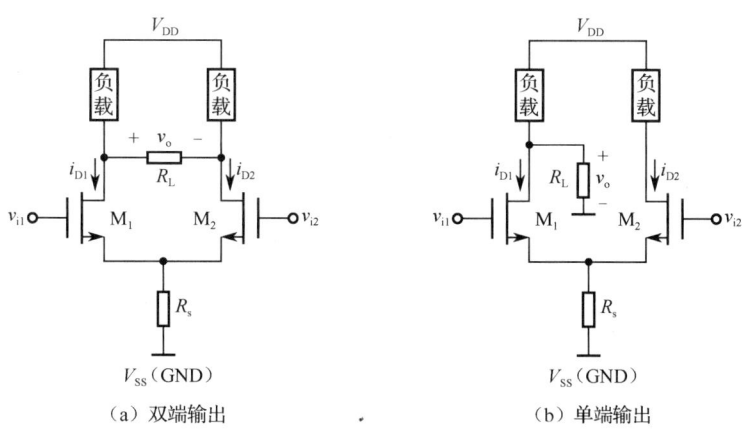

图 6.3.3　差分放大电路的输出方式接法

在图 6.3.3（b）所示的单端输出差分放大电路中，虽然输入差模信号 v_{id} 经过 M_1 的栅极直接传输到 M_1 的漏极，但因为有了差分对管 M_2，差分放大电路抑制共模信号的能力与单管放大电路完全不一样。

2. 电流源作为源极负载的差分放大电路

源极负载 R_s 的阻值越大，差分放大电路抑制共模信号的能力越强，因此，常用电流源取代差分放大电路的源极负载 R_s，如图 6.3.4 所示。

在图 6.3.4 中，NMOS 管 M_5、M_6、M_7、M_8 组成电流镜，作为差分对管 M_1、M_2 的源极负载。电流镜的参考支路用了三层二极管接法的 MOS 管，分别是 M_5、M_6、M_7，是因为需要提供直流电流偏置电路的差分放大电路从正电源V_{DD}到负电源V_{SS}（GND）包含三层 MOS 管，分别是漏极负载管 M_3、M_4，差分对管 M_1、M_2，源极负载管 M_8，这样的平衡结构，有利于调节静态工作点。

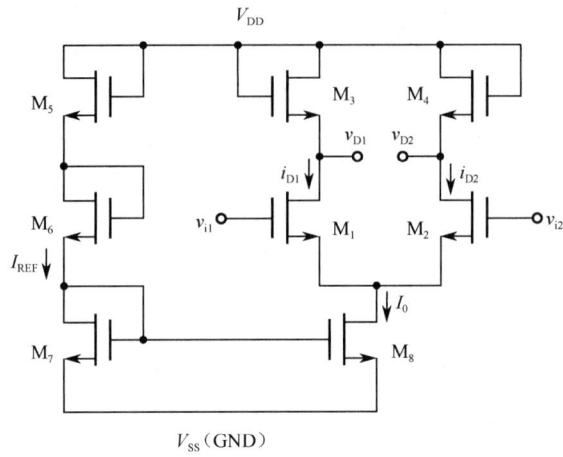

图 6.3.4　NMOS 管差分放大电路的源极负载为电流源

　　为了形象地表示电流镜的特征和作用，常用恒流源 I_0 和电阻 r_0 并联的等效电路代替电流镜，如图 6.3.5 所示。I_0 的大小由参考支路的参考电流 I_{REF}、电流镜输出支路 MOS 管的宽长比与参考支路 MOS 管的宽长比之比决定。根据电流源的工作原理，与恒流 I_0 并联的电阻 r_0 的阻值非常大，分析时可简单认为 r_0 趋近于 ∞。

3．MOS 管差分放大电路的漏极负载

　　MOS 管差分放大电路的漏极负载有多种形式。漏极负载采用 MOS 管时，既可用 NMOS 管，也可用 PMOS 管，NMOS 管二极管接法的漏极有源负载形式如图 6.3.4 所示。尽管差分对管的漏极有源负载有多种结构形式，但通常采用与差分对管极性互补的 MOS 管构成，即差分对管用 NMOS 管，其漏极有源负载用 PMOS 管，如图 6.3.6 所示，漏极有源负载 PMOS 管 M_3、M_4 栅极采用接固定电平 V_G 的形式。

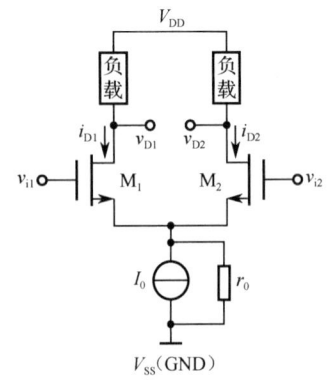

图 6.3.5　源极电流源的等效电路

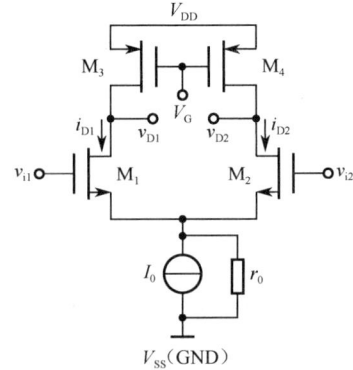

图 6.3.6　栅极接固定电平 V_G 的漏极负载形式

　　理想的差分放大电路的差分对管完全对称，整个电路结构对称，利用电路的高对称性提高抑制共模信号的效果。图 6.3.4、图 6.3.6 所示的差分放大电路漏极负载结构采用完全对称的形式，但这种对称结构形式存在以下问题，如果采用单端输出，差分放大电路的电压增益

会受到损失；如果采用双端输出，意味着后级的放大电路必须是双端输入，否则，必须在两级放大电路之间插入双端输出转单端输出的电路，这都会增加器件和连线的数量。因此，差分放大电路漏极有源负载常采用 MOS 管电流源形式，如图 6.3.7 所示。由于采用了 M_3、M_4 构成的电流源，因此在差分放大电路中就完成了双端输出转单端输出的功能，又不会损失电压增益。

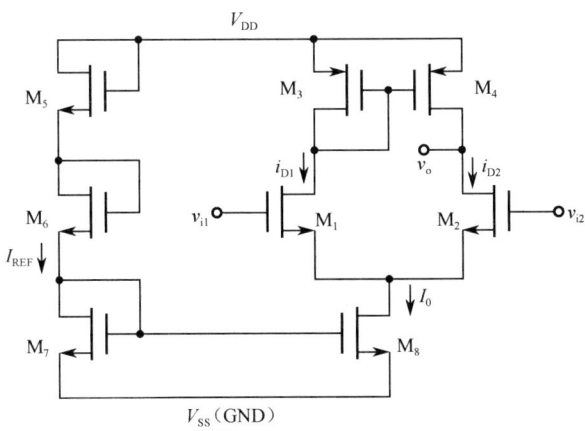

图 6.3.7 电流源作为漏极有源负载的差分放大电路

6.3.2 MOS 管差分放大电路的性能分析

虽然实际的差分放大电路达不到理想差分放大电路那样的完全对称，但应用理想差分放大电路得到的分析结果，足以表示实际差分放大电路的放大特点。下面就利用差分对管漏极负载对称的理想差分放大电路，简单引入差分放大电路的分析方法与分析步骤。为了简化分析过程，直接用等效电路代替差分对管的漏极、源极有源负载，如图 6.3.8 所示。NMOS 管 M_1、M_2 为差分对管，差分对管的漏极负载用等效电阻 R_{d1}、R_{d2} 代替，且假设 $R_{d1} = R_{d2} = R_d$，源极电流镜用恒流 I_0 和电阻 r_0 并联的等效电路代替。

静态时，$v_{i1} = 0$，$v_{i2} = 0$，$I_{D1} + I_{D2} = I_0$，差分管及放大电路完全对称，则有 $I_{D1} = I_{D2} = I_D = I_0/2$，漏极电阻 R_{d1}、R_{d2} 两端的电压相同，$V_{D1} = V_{D2}$。实际设计时，可利用 EDA 软件，通过调节各个 MOS 管的几何尺寸 L、W，使得差分对管处于需要的线性放大区。

下面分析该差分放大电路对交流的差模信号 v_{id}、共模信号 v_{ic} 的放大作用。

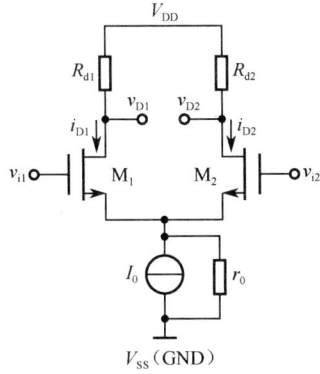

图 6.3.8 NMOS 管差分放大电路的简化电路

1．差分放大电路的交流通路

进行交流分析时，首先画出差分放大电路的交流通路。差模信号、共模信号都是交流信号，利用直流电压源 V_{DD}、V_{SS} 短路，直流电流源 I_0 开路的原则，可得到图 6.3.8 所示的 NMOS 管差分放大电路的交流通路，如图 6.3.9 所示。根据电压叠加原理，下面分别分析差模信号和共模信号的作用，即分析差模信号时，$v_{ic} = 0$；分析共模信号时，$v_{id} = 0$。

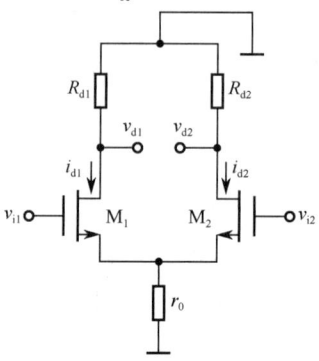

图 6.3.9　图 6.3.8 的 NMOS 管差分放大电路的交流通路

2．差分放大电路对差模信号的作用

在图 6.3.9 所示的 NMOS 管差分放大电路的交流通路中，无论是双端输入，还是单端输入，由于差分对管完全对称，差分对管源极等效电阻 r_0 趋于无穷大，M_1、M_2 平分输入的差模信号 v_{id}，即 $v_{gs1} = +v_{id}/2$，$v_{gs2} = -v_{id}/2$，但两种不同输入方式平分 v_{id} 的原理不同。假设 v_{id} 为正，如果是双端输入，则输入端 v_{i1} 的差模信号 $v_{i1} = +v_{id}/2$ 为正，输入端 v_{i2} 的差模信号 $v_{i2} = -v_{id}/2$ 为负，因此，差模信号产生的电流 i_d 从 M_1 漏极流向 M_1 源极，然后全部流入 M_2 源极，再从 M_2 源极流到 M_2 漏极，使得流过等效电阻 r_0 的电流 $i_{r_0} = 0$，r_0 两端的电压 $v_{r_0} = 0$，差分对管的源极相当于短接到"地"，如图 6.3.10（a）所示；如果是单端输入，且从 v_{i1} 端输入，虽然流过等效电阻 r_0 的电流 i_{r_0} 趋近于 0，但 i_{r_0} 不等于 0，而 r_0 趋近于 ∞，使得 r_0 两端的电压 $v_{r_0} = +v_{id}/2 \neq 0$，而由于 i_{r_0} 趋近于 0，则差模信号产生的电流 i_d 从 M_1 漏极流向 M_1 源极，然后几乎全部流入 M_2 源极，再从 M_2 源极流到 M_2 漏极，如图 6.3.10（b）所示。

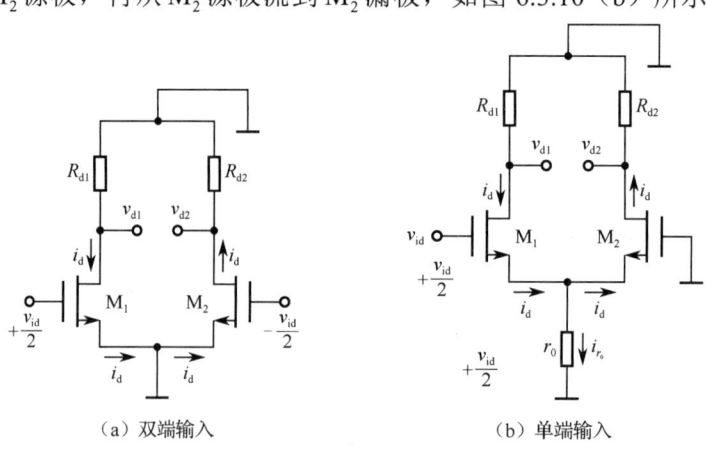

（a）双端输入　　　　　　　　（b）单端输入

图 6.3.10　差分放大电路对差模信号的作用

在图 6.3.10 中，M_1、M_2 平分输入的差模信号 v_{id}，$v_{gs1} = -v_{gs2} = v_{id}/2$。当 v_{id} 为正时，则有 M_1 的漏极电压 $v_{d1} = -i_{d1}R_{d1} = -i_dR_d$，$M_2$ 的漏极电压 $v_{d2} = +i_{d2}R_{d2} = +i_dR_d$，即 M_1 的漏极电压 v_{d1}

低于"地"，M_2 的漏极电压 v_{d2} 高于"地"。如果是双端输出，$v_o = v_{d1} - v_{d2} = -2i_d R_d$；如果是单端输出，当从 M_1 漏极 v_{d1} 输出时，$v_o = v_{d1} = -i_d R_d$；当从 M_2 漏极 v_{d2} 输出时，$v_o = v_{d2} = +i_d R_d$。进一步定量分析可知，无论是双端输入，还是单端输入，差分放大电路的差模信号电压增益 A_{VD} 会远大于 1。

3. 差分放大电路对共模信号的作用

在图 6.3.9 所示的差分放大电路交流通路中，假设输入端 1 的共模信号 $v_{i1} = v_{ic}$ 为正，则输入端 2 的共模信号 $v_{i2} = v_{ic}$ 也为正，输入端 1 的共模信号 v_{ic} 产生的电流 i_{d1} 从 M_1 的漏极流向源极，输入端 2 的共模信号 v_{ic} 产生的电流 i_{d2} 也从 M_2 的漏极流向源极，然后全部流入等效电阻 r_0，$i_{r_0} = i_{d1} + i_{d2} = 2i_d$，如图 6.3.11 所示。

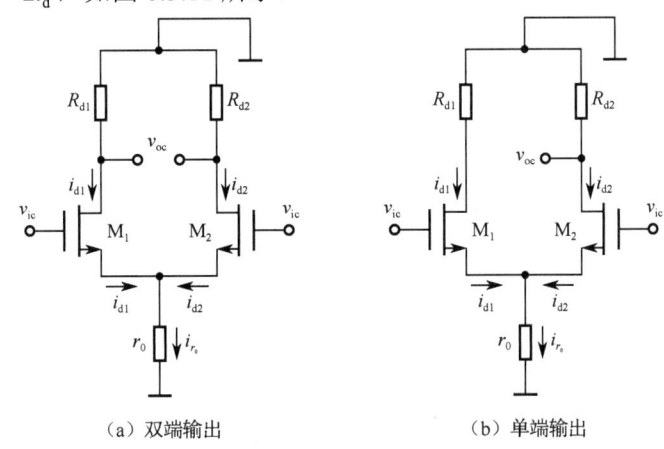

(a) 双端输出　　　　　　　　　　(b) 单端输出

图 6.3.11　差分放大电路对共模信号的作用

由于电流 $i_{r_0} = 2i_d$ 流过等效电阻 r_0，因此，等效电阻 r_0 两端的电压不为 0。等效电阻 r_0 的分压作用使得 M_1、M_2 的栅-源电压 v_{gs1}、v_{gs2} 显著变小，因此 M_1、M_2 的漏极电流 i_{d1}、i_{d2} 都很小。如果是双端输出，由于 M_1、M_2 的漏极电压 v_{d1}、v_{d2} 大小和方向都相同，输出共模信号 $v_{oc} = v_{d1} - v_{d2} = 0$，共模信号电压增益 A_{VC} 为 0；如果是单端输出，由于 M_1、M_2 的漏极电压 v_{d1} 或 v_{d2} 都很小，所以共模信号电压增益 A_{VC} 非常小，而且远小于 1。

差分放大电路采用两个放大管，差模信号电压增益却和单管放大电路接近，但是，差分放大电路的结构使差模信号电压增益远大于 1，共模信号电压增益远小于 1，使得输出的差模信号远大于共模信号。如果是完全对称的差分放大电路，且采用双端输出形式，则输出端完全没有共模信号，因此，差分放大电路具有抑制或衰减共模信号的能力。

4. 共模抑制比 K_{CMR}

电压增益、输入电阻、输出电阻、通频带等是评价放大电路的主要性能指标，但对于差分放大电路，还有一个重要性能指标，它就是共模抑制比 K_{CMR}［CMR 是 Common Mode Rejection（共模抑制）的简写］。共模抑制比 K_{CMR} 定义为放大电路对差模信号的电压增益 A_{VD} 与对共模信号的电压增益 A_{VC} 之比的绝对值，即

$$K_{CMR} = \left| \frac{A_{VD}}{A_{VC}} \right| \qquad (6.3.1)$$

或者写为

$$K_{CMR} = 20\lg \left| \frac{\dot{A}_{VD}}{\dot{A}_{VC}} \right| (dB) \qquad (6.3.2)$$

共模抑制比 K_{CMR} 是衡量差分放大电路抑制共模信号能力的一个重要指标,共模抑制比越大,表示放大电路抑制共模信号的能力越强。双端输出时,如果差分放大电路完全对称,输出共模信号为 0,共模信号电压增益为 0,表示差分放大电路能够完全抑制共模信号,即

$$K_{CMR} = \left| \frac{A_{VD}}{A_{VC}} \right| \to \infty$$

单端输出时,尽管共模信号电压增益不为 0,但由于差模信号电压增益 A_{VD} 远大于共模信号电压增益 A_{VC},如差模信号电压增益 A_{VD} 可达 100,而共模信号电压增益 A_{VC} 还不到 0.01,因此,共模抑制比 K_{CMR} 可达数万以上,在一般的应用情况下,已经足够从干扰、噪声等共模信号中识别出有用的差模信号。

尽管差分放大电路对差模信号、共模信号的作用不同,且具有不同的输入、输出方式,但与单管放大电路一样,画出交流通路以后,可用第 4 章的小信号模型分析法分析、计算差分放大电路的电压增益、输入电阻、输出电阻等,如表 6.3.1 所示,差分对管的漏极负载、源极负载用等效电路代替。表 6.3.1 中采用理想差分放大电路,M_1、M_2 的跨导相同,即 $g_{m1} = g_{m2} = g_m$。

表 6.3.1　MOS 管差分放大电路不同接法的性能指标对比

输 入 方 式	双 端 输 入		单 端 输 入	
电路原理图				
输出方式	双端输出 $v_{od} = v_{d1} - v_{d2}$	单端输出 $v_{od} = v_{d1}$	双端输出 $v_{od} = v_{d1} - v_{d2}$	单端输出 $v_{od} = v_{d1}$
差模信号电压增益 $A_{VD} = \dfrac{v_{od}}{v_{id}}$	$A_{VD} = -g_m R_d$	$A_{VD} = -\dfrac{1}{2} g_m R_d$	$A_{VD} = -g_m R_d$	$A_{VD} = -\dfrac{1}{2} g_m R_d$
差模信号输入电阻 R_{id}	$R_{id} \to \infty$	$R_{id} \to \infty$	$R_{id} \to \infty$	$R_{id} \to \infty$
差模信号输出电阻 R_{od}	$R_{od} = 2R_d$	$R_{od} = R_d$	$R_{od} = 2R_d$	$R_{od} = R_d$
共模信号电压增益 $A_{VC} = \dfrac{v_{oc}}{v_{ic}}$	$A_{VC} \to 0$	$A_{VC} \approx -\dfrac{R_d}{2r_0}$	$A_{VC} \to 0$	$A_{VC} \approx -\dfrac{R_d}{2r_0}$
共模信号输入电阻 R_{ic}	$R_{ic} \to \infty$	$R_{ic} \to \infty$	$R_{ic} \to \infty$	$R_{ic} \to \infty$
共模信号输出电阻 R_{oc}	$R_{oc} = 2R_d$	$R_{oc} = R_d$	$R_{oc} = 2R_d$	$R_{oc} = R_d$
共模抑制比 $K_{CMR} = \dfrac{A_{VD}}{A_{VC}}$	$K_{CMR} \to \infty$	$K_{CMR} \approx g_m r_0$	$K_{CMR} \to \infty$	$K_{CMR} \approx g_m r_0$
高频响应	与共源放大电路相同		如果信号从 v_{D2} 单端输出,形成共漏-共栅结构,有效地提高了信号的上限频率	
应用	输入、输出不需要一端接地,常用于多级直接耦合放大电路的输入级、中间级。	双端输入转单端输出,常用于多级直接耦合放大电路的输入级、中间级。	单端输入转双端输出,常用于多级直接耦合放大电路的输入级。	用于输入、输出均需要一端接地的放大电路。

6.3.3　BJT 差分放大电路

BJT 差分放大电路的两个差分对管可用 NPN 型 BJT，也可用 PNP 型 BJT，两个差分对管的基极作为电路输入端 v_{i1}、v_{i2}，集电极作为电路输出端 v_{C1}、v_{C2}，如图 6.3.12 所示，它是由两只 NPN 型 BJT 构成的差分放大电路。差分对管的发射极电流镜有源负载用等效电路 I_{EE}、r_0 代替。在分析计算时，差分对管的集电极有源负载可分别用电阻 R_{C1}、R_{C2} 代替。图 6.3.12 未画出 T_1、T_2 的基极偏置电路。

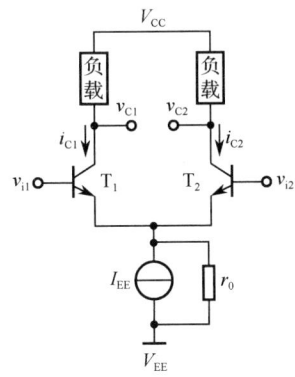

图 6.3.12　BJT 差分放大电路的基本结构

双端输入时，差模信号 v_{id} 接在两个电路输入端 v_{i1}、v_{i2} 之间，单端输入时，差模信号 v_{id} 接在两个电路输入端 v_{i1}、v_{i2} 中的一个。双端输出时，电路负载接在两个电路输出端 v_{C1}、v_{C2} 之间，单端输出时，电路负载一端接在两个电路输出端 v_{C1}、v_{C2} 中的一个，另一端接地。

静态时，即 $v_{i1} = 0$，$v_{i2} = 0$，在电路完全对称的情况下，$I_{C1} = I_{C2} = I_{EE}/2$，$I_{C1}R_{C1} + V_{CB} = V_{CC}$。利用 $V_{CE} = V_{CB} + V_{BE} = V_{CB} + 0.7\text{V}$，就可求出 V_{CE}。动态分析则可利用第 4 章的小信号模型分析法，分别计算得到 BJT 差分放大电路的电压增益、输入电阻、输出电阻等。

本节复习思考题

6.3.1　FET 差分放大电路的源极负载等效电阻越大，抑制共模信号的能力越强。差分放大电路图 6.3.2（b）所示的小信号模型等效电路存在源极负载等效电阻，而图 6.3.2（a）所示差分放大电路的小信号模型等效电路不存在源极负载等效电阻，但它们抑制共模信号的效果一样，请说明理由。

6.3.2　差分放大电路越对称，抑制共模信号的能力越强。相比于 BJT 差分放大电路，MOS 管差分放大电路抑制共模信号的能力更强，请说明原因。

6.3.3　双端输出差分放大电路抑制共模信号的能力比单端输出差分放大电路更强，但通常会采用单端输出差分放大电路，请说明理由。

6.4　运算放大器举例

6.4.1　MOS 管运算放大器

从对 MOS 管基本电路单元的分析可以看出，CMOS 电路结构具有独特的优点，比其他的 MOS 管电路更适合于集成电路。利用 CMOS 电路的互补结构特点，可以方便地直接把 BJT 模拟集成电路转变成 CMOS 模拟集成电路。

　　BJT 运算放大器、MOS 管运算放大器的输入级都采用差分放大电路形式，可提高电路抑制共模信号的能力，输出级采用互补对称推挽式放大电路形式，可提高输出电压的动态范围，在不需要输出阻抗低的应用场合中，输出级可直接采用共源组态的互补对称推挽式放大电路，如图 6.4.1 所示。

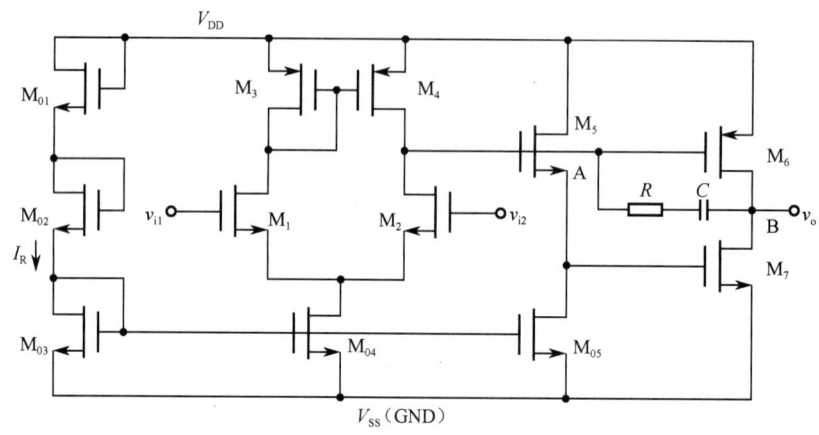

图 6.4.1　两级 CMOS 运算放大器

　　图 6.4.1 是一个具有两级放大的 CMOS 运算放大器，这个运算放大器由 5 个基本功能模块组成：偏置电路、差分放大电路、源极跟随器、推挽输出级和频率补偿网络。

　　电流偏置电路是一个两路 NMOS 管电流镜，由 NMOS 管 M_{01}、 M_{02}、 M_{03} 和 M_{04}、 M_{05} 组成。其中，二极管接法的 M_{01}、 M_{02}、 M_{03} 组成了参考支路，一个输出支路 M_{04} 作为差分放大电路的源极恒流源负载，另一个输出支路 M_{05} 作为 M_5 构成的源极跟随器源极恒流源负载。

　　差分放大电路由 M_1、 M_2、 M_3、 M_4 和 M_{04} 组成。NMOS 管 M_1、 M_2 是差分对管，它们的栅极分别作为差分放大电路的两个输入端， M_{04} 是差分对管的源极恒流源负载，PMOS 管 M_3、 M_4 构成的电流源作为差分放大级的漏极有源负载，实现双端转单端输出。

　　NMOS 管 M_5 和 M_{05} 构成源极跟随器，实现电平位移，并为 M_6、 M_7 提供静态偏置。放大电路的直流偏置电路确定以后，各点的直流电压、电流保持不变，因此把某点的直流电压也称为电平。差分输入级用 NMOS 差分对管作为放大管，其漏极输出端的直流电位高于栅极输入端，采用 NMOS 管的源极跟随器，将被差分输入级工作管所抬高的直流电平下移。而且，利用电流镜的工作特点，可以很方便地设计 M_5 的工作电流，从而获得所需的直流电平移动量，即确定 M_5 的栅-源电压 V_{GS5}。

　　MOS 管 M_6、 M_7 构成 CMOS 互补对称推挽式放大电路，作为运算放大器的输出级， M_5 的栅-源电压 V_{GS5} 确定了 M_6、 M_7 栅极间直流电压的差值，起到克服交越失真的作用。

　　MOS 管 M_6、 M_7 构成的 CMOS 互补推挽式放大电路，它们同时接收来自差分放大电路的输出信号。假设输入信号为正弦波信号，当差分放大电路的输出电压向正半周变化时， M_7 的电流增大， M_6 的电流减小，电路负载电流由 M_7 提供，输出电流方向是流入运算放大器的方向，输出电压 v_o 向负半周变化；反之，当差分放大器输出电压向负半周变化时， M_7 的电流减小， M_6 的电流增大，电路负载电流由 M_6 提供，输出电流方向为流出运算放大器的方向，

输出电压 v_o 向正半周变化。由此也可知，M_1 的栅极构成运算放大器的反相端，而 M_2 的栅极构成运算放大器的同相端。

电阻 R 和电容 C 组成频率补偿网络。它们跨接在输出级的输入端与输出端之间，利用密勒效应提高它们的等效阻抗，满足频率补偿的要求，改善高频响应。

6.4.2　简单的 BJT 运算放大器

BJT 运算放大器的种类很多，通用型运算放大器广泛应用于各种电子电路，需要带负载能力强的输出级，因此，输出级通常采用电压跟随器，因为电压跟随器的输出电阻比较低。通用型运算放大器还需要电压增益高的中间级、抑制共模信号能力强的输入级，如图 6.4.2 所示。为了对称，V_{CC} 的大小和 V_{EE} 的相等，但 V_{CC} 是正电源，V_{EE} 是负电源。由于制造工艺原因，T_1、T_2 的集电极等效电阻不相等，即 $R_1 \neq R_2$，但近似计算时，可认为 $R_1 = R_2$。

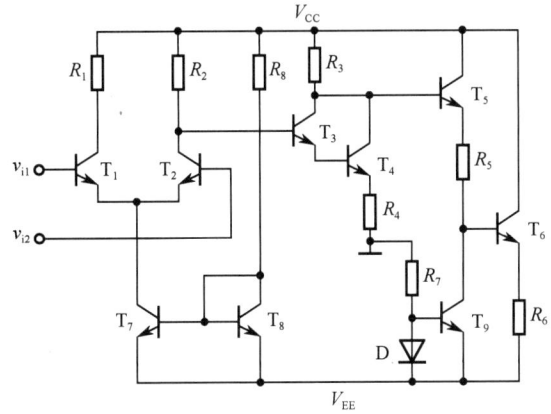

图 6.4.2　简单的 BJT 运算放大器电路原理图

根据"信号传输路径""基极不能作为传输信号的输出端""集电极不能作为传输信号的输入端""接地端为电势参考零点"等概念（对交流电路而言，直流电源 V_{CC}、V_{EE} "接地"），信号传输路径为信号源 → T_1 或 T_2 基极 → T_2 集电极 → T_3 基极 → T_3、T_4 集电极 → T_5 基极 → T_5 发射极 → T_6 基极 → T_6 发射极，因此，T_6 发射极也是电路的输出端。

输入级：差分对管 T_1、T_2 构成差分放大电路，T_7、T_8、R_8 形成的电流镜作为差分对管 T_1、T_2 的发射极有源负载，R_1、R_2 作为差分对管 T_1、T_2 的集电极负载。

中间级：由 T_3、T_4、R_3、R_4 构成共射放大电路，T_3、T_4 组成复合管，也称为达林顿管，作为共射放大组态的工作管。在分析计算时，达林顿管可用一个等效 BJT 代替。对于图 6.4.2 所示的达林顿管，其等效 BJT 基极 B 就是 T_3 的基极 B_3，发射极 E 就是 T_4 的发射极 E_4，集电极 C 就是它们连在一起的集电极 C_3、C_4，如图 6.4.3 所示。如果 T_3、T_4 的电流放大系数分别为 β_1、β_2，则达林顿管的总电流放大系数 β 是两管的电流放大系数的乘积，即 $\beta = \beta_1 \times \beta_2$，大大提高了电流放大系数，也提高了共射放大电路的电压增益。

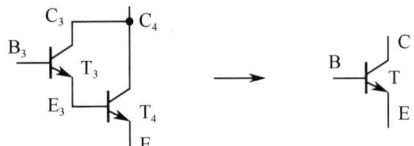

图 6.4.3　达林顿功率管与等效的 BJT

输出级：由 T_5、R_5、T_6、R_6 构成两级电压跟随器，T_9、R_7、D 构成一个不受温度影响的恒流源，为输出级提供恒定的直流偏置电流。输出级的电压增益小于 1，但输出电阻低，能够提高整个运算放大器电路的带负载能力，且通过两级射极跟随电路进一步降低直流电位，以达到输入信号电压 $v_{id} = v_{i1} - v_{i2}$ 为零时，输出电压 $v_o = 0$。

例 6.4.1 由 BJT 构成的运算放大器电路如图 6.4.2 所示，设所有 BJT 的电流放大系数 β 相同。

（1）分析放大电路的静态工作点；

（2）计算放大电路的总电压增益 A_v。

解：（1）电路模块分解

根据模块化的设计思想和设计方法，首先对该电路进行模块分解。

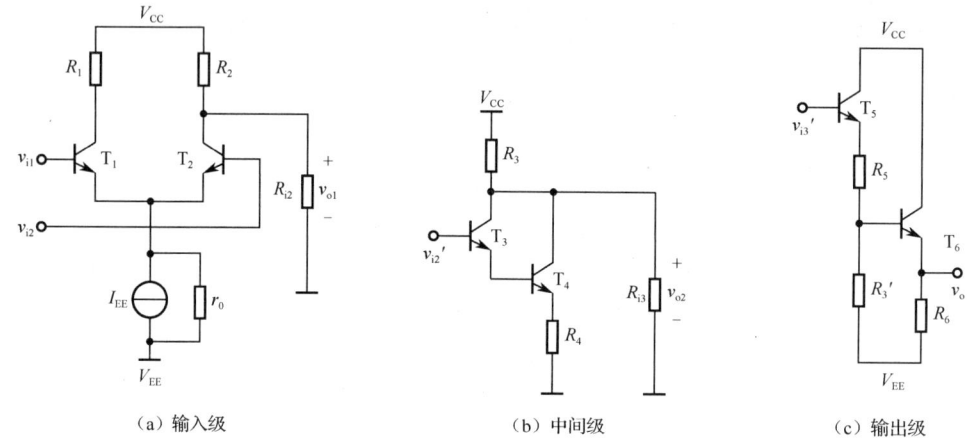

(a) 输入级　　　　　　　　　(b) 中间级　　　　　　　　　(c) 输出级

图 6.4.4　图 6.4.2 所示电路的三个放大电路模块

根据输入交流信号传输路径，该运算放大器电路由三个放大电路模块构成。

输入级：输入端为 T_1、T_2 基极输出端为 T_2 的集电极；后级电路视为负载，这个等效负载其实是中间级放大电路的输入电阻 R_{i2}，如图 6.4.4（a）所示，I_{EE}、r_0 是电流镜 T_7、T_8、R_8 的等效电路。

中间级：输入端为 T_3 的基极，输出端为 T_3、T_4 的集电极；前级电路视为信号源，前级输出电压 v_{o1} 就是中间级输入电压 v'_{i2}；后级电路视为负载，这个等效负载其实是输出级放大电路的输入电阻 R_{i3}，如图 6.4.4（b）所示。

输出级：输入端为 T_5 的基极，输出端 T_6 的射极；前级电路视为信号源，前级输出电压 v_{o2} 就是输出级输入电压 v'_{i3}；R'_3 代表恒流源 T_9、R_7、D 的等效电阻，R'_3 的值很大，如图 6.4.4（c）所示。

（2）分析计算静态工作点

当 $v_{i1} = v_{i2} = 0$ 时，$v_o = 0$。

输入级：

$$I_{C7} = I_{C8} = I_{R_8} = \frac{V_{CC} - V_{EE} - V_{BE8}}{R_8} \approx \frac{V_{CC} - V_{EE}}{R_8}$$

$$I_{C1} = I_{C2} \approx \frac{1}{2} I_{C7}$$

$$V_{CB1} = V_{CC} - I_{C1} R_1$$

$$V_{CE1} = V_{CE2} = V_{CB1} + V_{BE1} \approx V_{CB1} + 0.7 \text{V}$$

中间级：

$$I_{R_3} \approx I_{R_4} \approx \frac{V_{CC} - I_{C2}R_2 - V_{BE3} - V_{BE4}}{R_4}$$

$$V_{CE4} = V_{CC} - I_{R_3}R_3 - (V_{CC} - I_{C2}R_2 - V_{BE3} - V_{BE4})$$

输出级：

$$I_{E5} = \frac{V_{CC} - I_{R_3}R_3 - V_{BE5} - V_{BE6}}{R_5}$$

$$I_{E6} = \frac{-V_{EE}}{R_6}$$

$$V_{CE6} = V_{CC}$$

（3）计算放大电路的总电压增益 A_v

输入级：

$$A_{v1} = \frac{v_{o1}}{v_{id}} = \frac{\beta R_2}{2r_{be1}} \cdot \frac{R_{i2}}{R_{i2} + R_{o1}}$$

$$R_{o1} = R_2$$

$$R_{i2} = r_{be3} + (1+\beta)[r_{be4} + (1+\beta)R_4]$$

计算结果为 $R_{i2} \gg R_{o1}$。

中间级：

$$A_{v2} = \frac{v_{o2}}{v_{i2'}} = \frac{v_{o2}}{v_{o1}} \approx -\frac{\beta^2 R_3}{R_{i2}} \cdot \frac{R_{i3}}{R_{i3} + R_{o2}}$$

$$R_{o2} = R_3$$

$$R_{i3} = r_{be5} + (1+\beta)[R_5 + r_{be6} + (1+\beta)R_6]$$

计算结果为 $R_{i3} \gg R_{o2}$。

输出级：

$$A_{v3} \approx 1$$

放大电路的总电压增益：

$$A_v = A_{v1} \cdot A_{v2} \cdot A_{v3}$$

注，在例 6.4.1 的分析过程中，已经视运算放大器结构完全对称，即 T_1、T_2 及其放大电路完全对称。

6.4.3 典型的 BJT 集成运算放大器

集成运算放大器芯片类型很多，下面以一种典型的 BJT 集成运算放大器为例，说明通用型集成运算放大器的主要组成模块及工作原理。

图 6.4.5 所示为集成运算放大器 LM741 的电路原理图，来自 LM741 的数字说明书，它由 BJT 构成，可采用双电源供电，V^+ 表示正电源，V^- 表示负电源。各个组成模块及工作原理如下。

（1）三级放大电路

该集成运算放大器的电路输入端有两个，分别用"NON-INVERTING INPUT"和"INVERTING INPUT"表示，代表同相端和反相端，"OUTPUT"表示电路输出端。信号传输路径为信号源

→Q1、Q2 基极→Q4 集电极→Q16 基极→Q16、Q17 集电极→Q14、Q20 基极→Q14、Q20 发射极→信号输出端。因此，输入级差分放大电路的差分对管由 Q1、Q2、Q3、Q4 组成，且 Q1 和 Q3、Q2 和 Q4 分别形成共集-共基复合结构，以改善高频响应；中间级放大管由复合结构的达林顿管 Q16、Q17 组成，构成共射放大电路组态；输出级放大管由 Q14、Q20 组成，构成互补对称推挽式放大电路。

（2）直流电流偏置电路

Q9、Q10、Q11、Q12、R4、R5 形成基准电路，作为多路电流镜的参考电流，一路通过 Q8 为 Q1、Q2 提供集电极偏置电流，一路通过 Q10 为 Q3、Q4 提供基极偏置电流，一路通过 Q13 为中间级 Q16、Q17 提供集电极电流，为输出级 Q14、Q20 提供基极电流。

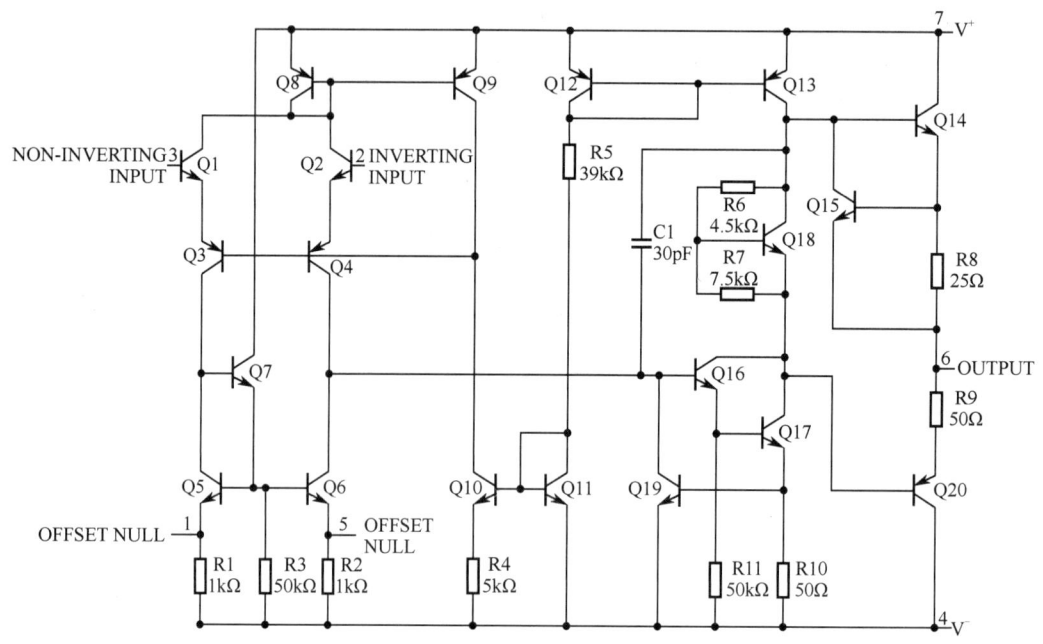

图 6.4.5　集成运算放大器 LM741 的电路原理图

（3）直流电压偏置电路

电阻 R6、R7 及和它们连在一起的 Q18 构成直流电压偏置电路，它们连接于输出级互补对称推挽管 Q14、Q20 的两个基极，为 Q14、Q20 提供适当的直流电压，克服交越失真。

（4）改善高频响应

一般来说，接在中间级 BJT 放大管集电极和基极间的电容（或电容串联电阻），都是为了克服密勒效应以改善高频响应，详细内容见第 9 章，这也是运算放大器和比较器的最大区别。比较器是把随时间变化的模拟信号转换成二进制信号输出，即输出只有高电平或低电平两种情况。因此，对于比较器，为了使电路响应速度快，没有这样的电容存在。

（5）电平移动

运算放大器采用多级放大电路，这就需要考虑电平移动。在该集成运算放大电路中，信号从 NPN 型 BJT Q1、Q2 的基极输入，再经过 PNP 型 BJT Q4 的集电极输出，电平下移，实现电平移动。

（6）输出过流保护

如果集成电路存在输出电流可能过大的情况，就需要考虑这个功能模块。Q15 和 R8 构成输出过流保护电路。在正常情况下，起过流保护作用的晶体管处于截止状态，只有当输出电流很大，超过放大管的承受能力时，起过流保护作用的晶体管才进入导通状态，因为起过流保护作用的晶体管有分流作用，使得流过放大管的电流降低，从而保护放大管避免过流、过热损坏。

（7）调"零"模块

尽管设计放大电路时会充分考虑当电路输入为零时使其输出也为零，但集成电路的实际工艺与电路设计存在差异。例如，制作出的差分对管并不能完全对称等原因，使得放大电路的输入为零但输出并不为零。调"零"模块就是为了实现电路输入为零时，其输出也为零。Q5、Q6 和 Q7 组成 Q3、Q4 的集电极有源负载，Q5、Q6 又是调"零"模块的重要元件，Q5、Q6 和在 1、5 两引脚外接的可调电阻构成调"零"模块电路。

本节复习思考题

6.4.1　运算放大器的输入级采用差分放大电路有什么意义？通用型运算放大器的中间级、输出级各有什么要求？通常采用什么电路形式？

6.4.2　图 6.4.1 所示的两级 CMOS 运算放大器，参考支路采用三个串联的 MOS 管 M_{01}、M_{02}、M_{03}，可以用两个 MOS 管串联而成吗？

6.4.3　图 6.4.1 所示的两级 CMOS 运算放大器，改善高频响应的电阻 R、电容 C 接在放大管的栅极与漏极之间，请说明理由。

6.4.4　利用 BJT 的小信号模型等效电路，直接画出图 6.4.2 所示放大电路的小信号模型等效电路，求出其电压增益，计算结果会与例 6.4.1 的结果近似相同吗？请说明理由。

6.4.5　LM741 的 Q1 和 Q3、Q2 和 Q4 分别形成共集-共基复合结构，这会起到什么作用？

6.4.6　利用模块化、层次化的设计思想和方法，把 LM741 的各个放大电路模块分解出来，并说明输出级采用的放大电路形式有什么作用？

6.5　集成运算放大器的选用

运算放大器具有增益高、通频带宽等优势，在电子电路中得到广泛应用。集成运算放大器是把运算放大器整个电路制作在一片芯片上，采用合适的封装，引出输入端、输出端、直流电源端、"接地"端等多个引脚。用户只要应用少量的电阻、电容等元器件就可以构成多种需要的模拟电路，因此，市面上有各种类型的集成运算放大器。

集成运算放大器的类型很多，因此封装类型也很多，在选用集成运算放大器时，应该根据电路设计的需要，综合考虑集成运算放大器的器件类型、性能参数、封装特点等来选用。

6.5.1　集成运算放大器的技术指标

集成运算放大器的技术指标是描述集成运算放大器性能的参数。集成运算放大器的技术指标很多，但增益、带宽等技术指标是首先需要考虑的。

1. 增益和带宽

集成运算放大器的带宽一般定义为电路开环增益为 1 时对应的带宽，即单位增益带宽。带宽也被定义为闭环工作情况下电路增益为 1 时对应的通频带。实际应用时，集成运算放大器的带宽应至少是需要的最高工作频率的 10 倍。

由于各个放大电路单元之间采用直接耦合方式，因此，集成运算放大器的下限频率 f_L 为 0Hz，如图 6.5.1 所示。

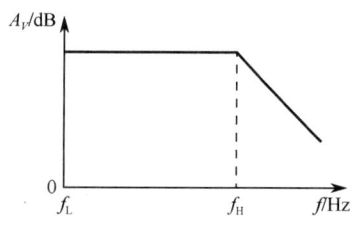

图 6.5.1　集成运算放大器的通频带

2. 输入失调电压

理想集成运算放大器的输入电压为零时，输出电压也应为零，但实际的集成运算放大器在输入电压为零时，却存在一定的输出电压，这是由实际制作的电路很难达到完全对称造成的。输入失调电压的测试方法如下。当电路的输入电压为零时，为了使集成运算放大器的输出电压为零，在输入端加的补偿电压就是输入失调电压。改变集成运算放大器的电路结构、工艺水平等，就能改变集成运算放大器的输入失调电压的大小。在实际应用时，根据需要选用合适输入失调电压的集成运算放大器，使其输入失调电压相对而言可忽略不计。

6.5.2　集成运算放大器的类型

1. 根据器件类型分类

根据器件类型不同，集成运算放大器分为 BJT 运算放大器、CMOS 运算放大器、BIFET（双极型场效应晶体管）运算放大器。BJT 运算放大器的主要器件是 BJT，如 LM741、LM324 等集成运算放大器。BJT 的输入阻抗在 kΩ 数量级，因此，BJT 运算放大器的输入阻抗也只能达 kΩ 数量级。CMOS 运算放大器的 PMOS 管和 NMOS 管通常是成对出现的，需要的供电电流非常小，输入阻抗非常高，需要的偏置电流很小，所以适用于低电压供电的应用场合。BIFET 运算放大器充分发挥 FET 输入阻抗高，BJT 容易实现大电流的优势，使得 BIFET 运算放大器的输入阻抗更高，输出电流驱动能力更强。

2. 根据性能分类

集成运算放大器从经济通用型到高性能型有多种类型可供选用，如通用型运算放大器、高阻型运算放大器、低温漂型运算放大器、高速型运算放大器、低功耗型运算放大器和高压大功率型运算放大器，高性能运算放大器的造价要高些。同一类型的集成运算放大器可能会有不同的生产厂商，生产厂商会给出详细的数据和有关的应用信息，设计人员可以通过互联网查找到生产厂商提供的数字说明书，里面包括产品数据、技术资料、使用要点等，这些资料信息对合理使用集成运算放大器很有帮助。

一片集成运算放大器芯片上可能集成多个相同的运算放大器，如双运算放大器芯片就集成了两个同样的运算放大器，四运算放大器芯片集成了四个同样的运算放大器，这样可以节省空间和造价，而且，由于运算放大器制作在同一个基片上，它们的工作温度匹配性会很好。

6.5.3　电源供电考虑

大多数集成运算放大器采用双电源供电，集成运算放大器的技术资料中都会有供电电源的电压范围说明，实际使用时不应超出集成运算放大器的电源供电电压范围，而且放大电路的输出电压比实际的供电电源电压低。在实际应用时，还会遇到集成运算放大器用单电源供电的情况，但由于电子电路的输入信号是围绕"地"电位变化的交流信号，单电源供电会使信号负半周失真，此时可以增加适当的附加电路，达到双电源供电的效果。

为了防止直流电源引起的干扰，确保集成运算放大器电路稳定工作，正、负电源供电端必须连接合理的高频旁路。可以用瓷片电容或钽电容作为高频旁路，也可以同时使用瓷片电容和钽电容作为高频旁路。一般在集成运算放大器的数字说明书中会给出去耦的有关推荐方案。集成运算放大器用稳压电源供电最好，但大多数的集成运算放大器都有一个典型的直流电源供电灵敏度 30mV/V，即 1V 的直流电源供电纹波电压会在集成运算放大器的输入端产生 30mV 的变化。

本节复习思考题

6.5.1 BJT 运算放大器和 FET 运算放大器都可以实现放大功能，而且它们的各个电路模块都具有相同作用，列举它们有哪些不同之处。

6.5.2 有两个直接耦合的放大电路，它们的输出漂移电压都为 10mV，电压增益分别为 10^2 和 10^4。若要放大 0.1mV 的信号，这两个放大电路都能用吗？

本章提要

1. 运算放大器是模拟电路中用途最广泛、最重要的器件之一，除了集成于各种模拟电路中的运算放大器，还有单片运算放大器芯片，称为集成运算放大器。运算放大器通常具有高增益、高输入阻抗、低输出阻抗等特点，采用多级放大电路级联而成。

2. 放大电路周围存在干扰、噪声等无用的共模信号，为了对有用的差模信号进行放大，抑制共模信号，运算放大器的输入级通常采用差分放大电路构成，共模抑制比是衡量差分放大电路的一个重要性能指标。差分放大电路接在放大电路的输入级，可采用小信号模型分析法分析计算差分放大电路的性能指标。

3. 电阻会消耗功率，且在半导体集成电路制造工艺中，制作晶体管的成本低于电阻。在半导体集成电路中，常采用晶体管构成的电压偏置电路、电流偏置电路代替电阻，为放大管提供直流偏置电压、电流，还能够降低电路的功率消耗。

4. MOS 管集成电路工艺更容易制作对称性高的 MOS 管。虽然 MOS 管和 BJT 的结构、工作原理、主要性能存在不同之处，但它们都具有放大功能。利用 BJT 放大电路的特点，可以把 BJT 运算放大器的设计方法迁移到 MOS 管运算放大器中。

5. 应用模块化、层次化设计思想和方法，可先把运算放大器分解成各个基本电路单元，然后根据每个基本电路单元的特点，采用相应的分析方法，近似计算出各级放大电路的电压增益，总电压增益等于各级放大电路电压增益的乘积。

6. 有各种不同类型的运算放大器，其性能指标也不同，在工程实践中，应该根据实际需要综合考虑性能、价格等因素，选用合适的运算放大器。集成运算放大器的数字说明书中通常会有经典应用电路，用户可借鉴其设计电路。

习　题

6.1 差分放大电路的差模信号电压增益 $A_{VD}=100$，共模信号电压增益 $A_{VC}=0.01$。计算下列两种不同的情况下，差分放大电路输入端、输出端的共模信号和差模信号。

（1）$v_{i1}=50\mu V$，$v_{i2}=-50\mu V$；

（2）$v_{i1}=1050\mu V$，$v_{i2}=950\mu V$。

6.2 双端输入的线性放大电路输入端包含的差模信号、共模信号如图 1 所示，其差模信号电压增益 $A_{VD}=100$，共模信号电压增益 $A_{VC}=0.01$，计算其输出电压 v_o 包含的差模信号 v_{od} 和共模信号 v_{oc}。

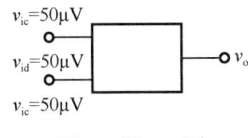

图 1　题 6.2 图

6.3 PMOS 管构成的电压偏置电路如图 2 所示。两个 PMOS 管的

工艺和几何尺寸 L、W 完全相同，计算输出电压 V_1。

6.4　电流镜如图 3 所示，PMOS 管 M_2 与 M_1 的宽长比之比 $(W_2/L_2)/(W_1/L_1)=2$。如果流过 M_1 的电流为 1mA，则流过 M_2 的电流为多少？

6.5　PNP 型 BJT 电流镜电路如图 4 所示，T_1、T_2 的参数完全相同，试推导其输出电流 I_O 的表达式为

$$I_O = \frac{V_{CC} - 0.7V}{R_{REF}}$$

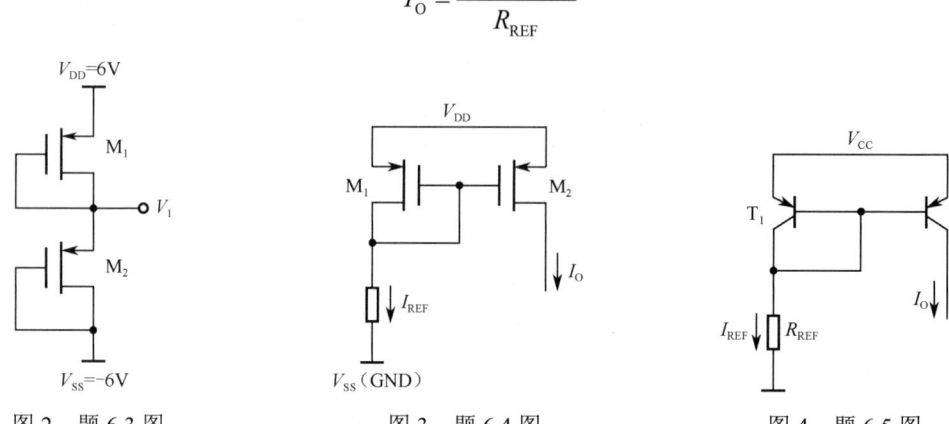

图 2　题 6.3 图　　　　　图 3　题 6.4 图　　　　　图 4　题 6.5 图

6.6　MOS 管共源放大电路如图 5 所示，假设 M_1、M_2 的参数完全相同。

（1）M_1、M_2、R_{REF} 组成什么电路？在电路中起什么作用？

（2）当输入信号 v_i 变化时，输出信号 v_o 也在变化，M_2 的漏-源电压 v_{DS} 会变化吗？M_2 的栅-源电压 v_{GS} 呢？

6.7　NMOS 管差分放大电路如图 6 所示。已知差分对管 M_1、M_2 的跨导 $g_{m1}=g_{m2}=1mS$，输出电阻 r_{d1}、r_{d2} 足够大，$R_d=10k\Omega$。

（1）当 $v_{i1}=1500\mu V$，$v_{i2}=-500\mu V$ 时，求输出端的差模信号 v_{od} 和共模信号 v_{oc}；

（2）求差模信号输入电阻 R_{id}、差模信号输出电阻 R_{od}；

（3）求共模信号输入电阻 R_{ic}、共模信号输出电阻 R_{oc}。

6.8　PMOS 管构成的差分放大电路如图 7 所示。已知差分对管 M_1、M_2 的跨导 $g_{m1}=g_{m2}=g_m$，输出电阻 r_{d1}、r_{d2} 足够大，差分对管源极负载 R_s 足够大。R_{d1}、R_{d2} 是差分对管 M_1、M_2 漏极有源负载的等效电阻，存在器件失配，使得 $R_{d1}\neq R_{d2}$。计算双端输入、双端输出时的差模信号电压增益 A_{VD}、共模信号电压增益 A_{VC}。

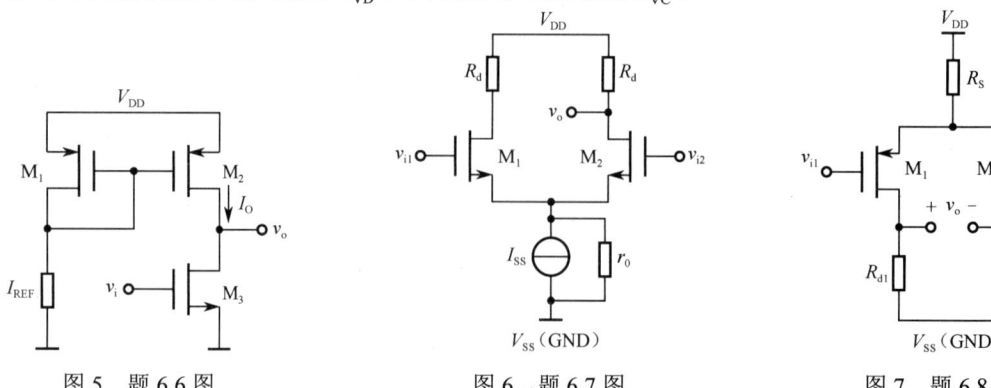

图 5　题 6.6 图　　　　　图 6　题 6.7 图　　　　　图 7　题 6.8 图

6.9 源极负载采用电阻 R_s 的 MOS 管共漏放大电路如图 8 所示。R_s 的阻值越大,跟随效果越好。现需要用 MOS 管电流镜代替电阻 R_s。

(1) NMOS 管电流镜和 PMOS 管电流镜哪种更合适?并说明理由;

(2) 画出代替后的电路图。

6.10 PMOS 管差分放大电路如图 9 所示。R_s 的阻值越大,抑制共模信号的能力越强。现需要用 MOS 管电流镜代替电阻 R_s。

(1) NMOS 管电流镜和 PMOS 管电流镜哪种更合适?并说明理由;

(2) 画出代替后的电路图。

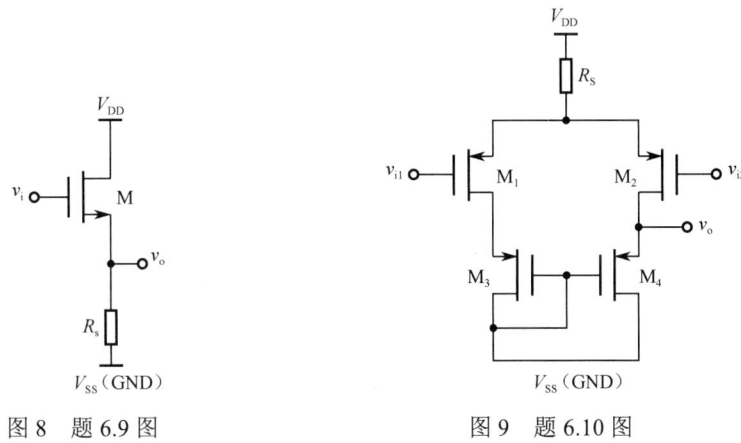

图 8 题 6.9 图   图 9 题 6.10 图

6.11 电路如图 10 所示,MOS 管集成电路通常用 MOS 管作为负载管,但为了方便描述,差分对管 M_1、M_2 的漏极、源极有源负载分别用等效电阻 R_{d1}、R_{ss} 代替,PMOS 管 M_3 的漏极有源负载用 R_{d2} 代替。M_1、M_2 的跨导用 g_{m1} 表示,M_3 的跨导用 g_{m2} 表示。设所有 MOS 管的输出电阻足够大。

(1) 采用小信号模型分析法推导出总的电压增益 $A_{VD} = A_{VD1} \cdot A_{VD2}$ 的表达式;

(2) 说明前级用 NMOS 管作放大管,而后级用 PMOS 管作放大管的好处。

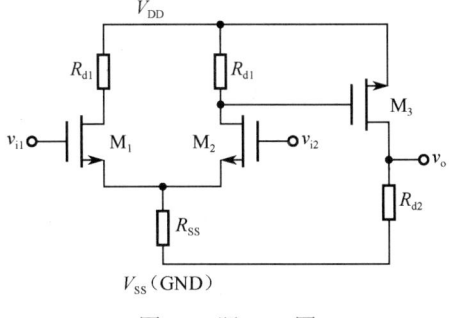

图 10 题 6.11 图

6.12 MOS 管运算放大器电路如图 11 所示。

(1) 指出电路的各个组成模块及其功能;

(2) 判断该运算放大器的同相端和反相端。

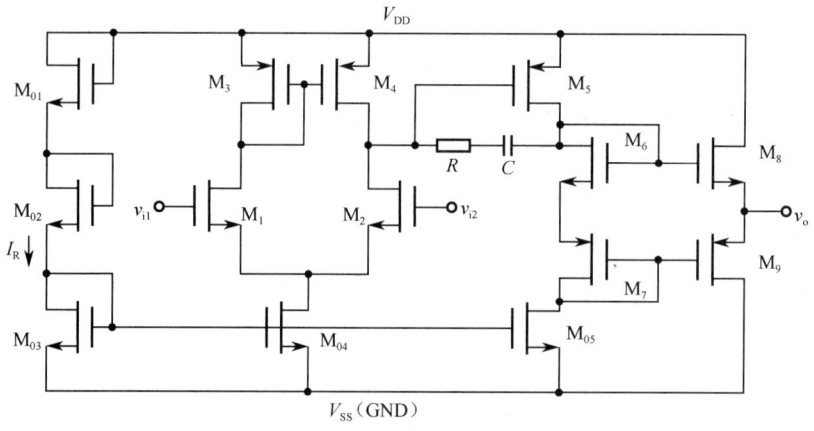

图 11　题 6.12 图

6.13　电路如图 12 所示，设所有 BJT 的 $\beta = 50$ ，$I_{EE} = 1\text{mA}$ 。

（1）指出电路的各个组成模块及其功能；

（2）当 $v_i = 0$ 时，$v_o = 0$ ，求 I_{C1} 、I_{C2} 、I_{C3} 、I_{C4} 的值；

（3）利用小信号模型分析法求总电压增益，并判断输出电压与输入电压的相位关系。

提示：在分析计算过程中，忽略 RC 高频补偿电路的影响。

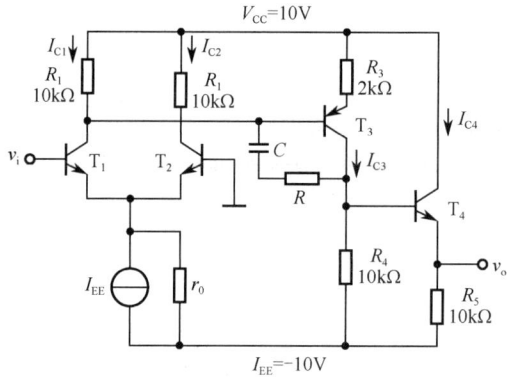

图 12　题 6.13 图

6.14　现要设计一个输入阻抗高、输出电流大、电压增益高的运算放大器。回答下列问题并画出电路结构框图。

（1）FET 差分放大电路和 BJT 差分放大电路，输入级最好选用其中的哪一种？

（2）FET 互补推挽式放大电路和 BJT 互补推挽式放大电路，输出级最好选用其中的哪一种？

（3）FET 构成的共源放大电路、共漏放大电路、共栅放大电路与由 BJT 构成的共射放大电路、共集放大电路、共基放大电路中，中间级最好选用其中的哪一种？

第 7 章 反 馈

放大电路的性能容易受到有源器件参数等内在波动的影响，如制造误差、电源电压波动、温度变化及器件老化等。另外，放大管的伏安特性并非是线性的。尽管可以用小信号模型来分析电路的性能，但该模型也仅仅是一种近似分析方法。应用反馈则可以改善这些不利因素，使电路稳定可靠地工作，这也是应用运算放大器设计成带反馈的放大电路容易成功的真正原因。

前面的章节中，在小信号条件下，常采用小信号模型对放大电路进行分析，计算电路的性能指标；在大信号条件下，可采用图解法分析电路的相关性能指标。放大电路引入负反馈以后，很容易满足深度负反馈条件，在深度负反馈条件下，将引入另外一种常用的分析方法。本章的主要内容如下：

（1）反馈的基本概念；
（2）反馈极性、反馈组态及其判断方法；
（3）负反馈放大电路的分析方法；
（4）负反馈对放大电路性能的改善；
（5）正弦波振荡电路；
（6）非正弦波信号产生电路。

7.1 反馈的基本概念与分类

7.1.1 反馈的基本概念

实际的生产生活中随处可见反馈例子。在电子系统中，经常遇到反馈的例子。例如，在一个温度自动控制系统中，通过引入反馈形成闭环结构使整个系统稳定可靠地运行，如图 7.1.1 所示，这里带圈的"+"号表示比较环节，即温度传感器采集的数据与存储的设定值相比较，以判断实际采集的温度高了还是低了。

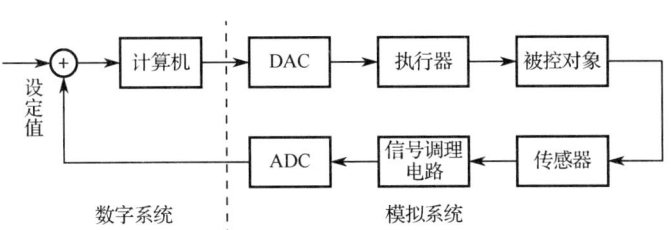

图 7.1.1　在温度自动控制系统中的反馈例子

与反馈概念的其它应用一样，放大电路引入反馈就是为了改进放大电路的性能。放大电路的反馈就是把放大电路输出回路电量（电压或电流）的一部分或全部通过反馈网络以一定的方式（串联或并联）馈送到输入回路，对净输入量产生正确影响的过程或手段。反馈的基本概念说明，反馈具有不同的反馈极性和反馈组态。

引入反馈的放大电路主要分成三个功能模块，即基本放大电路、反馈网络和比较环节，如图 7.1.2 所示，这里用常圈的"+"号表示的比较环节，比较的是反馈信号 $\dot{X}_{\mathrm{f}}$ 与输入信号 $\dot{X}_{\mathrm{i}}$ 的相位关系，即反馈信号 $\dot{X}_{\mathrm{f}}$ 与输入信号 $\dot{X}_{\mathrm{i}}$ 是相加还是相减，从而区分是正反馈还是负反馈。引入反馈以后，反馈网络从放大电路输出信号 $\dot{X}_{\mathrm{o}}$ 取出反馈信号 $\dot{X}_{\mathrm{f}}$，馈送到输入端，使基本放大电路的净输入信号 $\dot{X}_{\mathrm{id}}$ 发生变化。与输入信号 $\dot{X}_{\mathrm{i}}$ 相比，如果净输入信号 $\dot{X}_{\mathrm{id}}$ 增加，就是正反馈，如果净输入信号 $\dot{X}_{\mathrm{id}}$ 减少，就是负反馈。注意，$\dot{X}$ 既可以表示电压也可以表示电流。

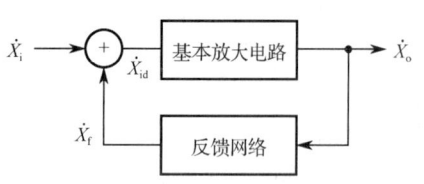

图 7.1.2　具有反馈的电路模块结构图

反馈信号是反向传输的，放大电路不存在反馈称为开环，放大电路存在反馈称为闭环。如图 7.1.2 所示，如果只是为了单纯地实现放大功能，完全不需要反馈网络，输入信号 $\dot{X}_{\mathrm{i}}$ 经过基本放大电路放大后直接输出信号 $\dot{X}_{\mathrm{o}}$，此时的放大电路是一个开环结构。而反馈网络具有信号的反向传输功能，从输出信号 $\dot{X}_{\mathrm{o}}$ 取出反馈信号 $\dot{X}_{\mathrm{f}}$ 馈送到输入端，使放大电路变成一个闭环结构。这也是判断放大电路是否存在反馈的方法。需要注意的是，不能把信号的正向传输、反向传输方向与电流方向相混淆。

为了更好引入判断反馈网络及其类型的方法，本书特此把电路输入端、输出端与信号输入端、输出端区别开来，并在这里重述如下，与信号源相连的电路输入端称为信号输入端，与电路负载相连的电路输出端称为信号输出端。例如，运算放大器有两个电路输入端，同相端和反相端，在单端输入时，一个电路输入端与信号源连接，而另一个电路输入端"接地"，那个与信号源连接的电路输入端就是信号输入端。

7.1.2　负反馈放大电路的增益表达式

用 $\dot{F}$ 表示反馈系数，$\dot{A}$ 表示基本放大电路的增益，$\dot{A}_{\mathrm{F}}$ 表示引入反馈后的增益，根据图 7.1.2，则有

$$\dot{X}_{\mathrm{id}} = \dot{X}_{\mathrm{i}} - \dot{X}_{\mathrm{f}} \tag{7.1.1}$$

$$\dot{F} = \frac{\dot{X}_{\mathrm{f}}}{\dot{X}_{\mathrm{o}}} \tag{7.1.2}$$

$$\dot{A} = \frac{\dot{X}_{\mathrm{o}}}{\dot{X}_{\mathrm{id}}} \tag{7.1.3}$$

$$\dot{A}_{\mathrm{F}} = \frac{\dot{X}_{\mathrm{o}}}{\dot{X}_{\mathrm{i}}} \tag{7.1.4}$$

因此，具有反馈放大电路的增益 $\dot{A}_{\mathrm{F}}$ 可表示为

$$\dot{A}_{\mathrm{F}} = \frac{\dot{A}}{1 + \dot{A}\dot{F}} \tag{7.1.5}$$

放大电路引入反馈以后，其增益改变了，且与式（7.1.5）中的分母 $1 + \dot{A}\dot{F}$ 有关，其幅值 $\left|1 + \dot{A}\dot{F}\right|$ 决定反馈的极性。

（1）负反馈：$\left|1 + \dot{A}\dot{F}\right| > 1$，$\left|\dot{A}_{\mathrm{F}}\right| < \left|\dot{A}\right|$，引入负反馈以后，放大电路的增益变小了，且 $\left|1 + \dot{A}\dot{F}\right|$ 越大，反馈越深。

（2）正反馈：$\left|1 + \dot{A}\dot{F}\right| < 1$，$\left|\dot{A}_{\mathrm{F}}\right| > \left|\dot{A}\right|$，引入负反馈以后，放大电路的增益变大了。

（3）自激：$\left|1 + \dot{A}\dot{F}\right| = 0$，$\left|\dot{A}_{\mathrm{F}}\right| \to \infty$，表示放大电路没有输入信号时，也存在输出信号。

尽管正反馈能够使增益变大，但很容易使放大电路工作不稳定，因此，通常引入负反馈来改善和优化放大电路的工作性能。但负反馈放大电路存在的一个难题就是输入信号与输出信号的相位关系会随着频率的变化而变化，使负反馈放大电路产生附加相移，而附加相移引起的自激会使放大电路的工作稳定性变差，这也是反馈网络通常会采用电阻型元件的原因，这样会使产生的附加相移主要来自基本放大电路，以降低问题的复杂性。其实，这种附加相移引起自激的本质是负反馈变成了正反馈，放大电路在没有输入信号的情况下，输出高频的振荡信号，如话筒突然发出的尖叫声，所以必须采取措施消除这种自激振荡的产生条件。而在信号产生电路中，会故意利用这种自激振荡，使电路在不需要外加输入信号条件下就可以产生输出信号。

负反馈放大电路的 $\left|1+\dot{A}\dot{F}\right|$ 越大，负反馈放大电路的增益就越小，反馈越深，因此，$\left|1+\dot{A}\dot{F}\right|$ 是一个衡量负反馈程度的重要指标，称为**反馈深度**。放大电路引入负反馈主要起以下作用：①稳定放大电路的增益；②减小非线性失真；③通频带变宽；④改变输入阻抗和输出阻抗。负反馈对放大电路性能的改善与反馈深度 $\left|1+\dot{A}\dot{F}\right|$ 有关。

除了反馈深度 $\left|1+\dot{A}\dot{F}\right|$，另一个经常用到的量是 $\dot{A}\dot{F}$，常用 $\dot{T}$ 表示，称为**环路增益**，它和反馈深度都是分析和描述反馈放大电路性能的重要指标。

7.1.3　反馈类型及其判断方法

1. 反馈极性——"瞬时电压极性法"

利用"瞬时电压极性法"判断反馈极性时，设输入信号为正弦波信号。首先，假设正弦波信号电压对地的极性，如果正弦波信号处于正半周，用"+"表示，如果正弦波信号处于负半周，用"−"表示；其次，按"信号传输路径"依次判断该正弦波信号传输经过相关节点处的瞬时电压极性，直至判断出反馈信号的瞬时电压极性；最后根据反馈信号和输入信号的瞬时电压极性关系判断反馈极性。

2. 反馈组态——"形成节点与否"

反馈组态表明反馈网络与信号输入、输出的联系，这种联系也表明它们到底是串联方式还是并联方式，是电压形式还是电流形式。反馈网络与信号输出的联系，表明反馈网络采样的是输出电压还是输出电流；反馈网络与信号输入的联系，表明馈送方式是串联还是并联。因此，反馈组态分为四种，分别是电压串联、电压并联、电流串联和电流并联。

反馈网络与信号输入、输出的联系方式可采用"形成节点与否"的方法判断。判断反馈网络与信号输出的联系时，如果反馈网络接在信号输出端，则表示反馈网络与信号输出形成"节点"，相当于并联，属于电压反馈；否则表示未形成"节点"，相当于串联，属于电流反馈。判断反馈网络与信号输入的联系时，如果反馈网络接在信号输入端，则表示形成"节点"，属于并联反馈；否则表示未形成"节点"，属于串联反馈。

例如，BJT 基本放大电路中 BJT 的基极、发射极都可作为电路输入端，而 BJT 的集电极、发射极都可作为电路输出端。判断反馈网络与信号输出的联系时，如果电路负载 R_L 接在集电极或发射极的其中一个，而反馈网络也接在该电极，形成"节点"，则属于电压反馈，如图 7.1.3（a）所示；如果电路负载 R_L 接在集电极或发射极的其中一个，而反馈网络接在另一个电极，未形成"节点"，则属于电流反馈，如图 7.1.3（b）所示。判断反馈网络与信号输入的联系时，如果信号源接在基极或发射极的其中一个，反馈网络也接在该电极时，形成"节点"，则属于并联反馈，如图 7.1.3（c）所示；如果信号源接在基极或发射极的其中一个，而反馈网络接在另一个电极，未形成"节点"，则属于串联反馈，如图 7.1.3（d）所示。

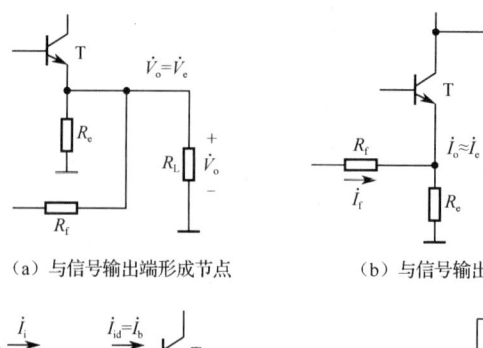

（a）与信号输出端形成节点　　　　　　　（b）与信号输出端未形成节点

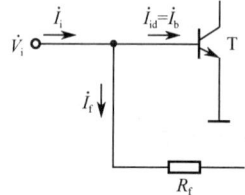

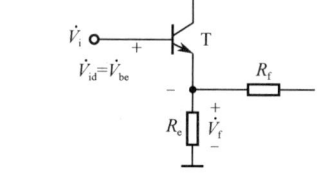

（c）与信号输入端形成节点　　　　　　　（d）与信号输入端未形成节点

图 7.1.3　BJT 放大电路的反馈网络与信号输入、输出的联系

　　对于 FET 放大电路，只要把栅极与基极对应，源极与发射极对应，漏极与集电极对应，即可应用上述 BJT 放大电路判断反馈组态的方法。

　　对于基于运算放大器的电路，判断反馈网络与信号输出的联系方法如下，如果反馈网络与电路负载 R_L 并联在电路输出端，形成"节点"，则属于电压反馈，如图 7.1.4（a）所示；如果反馈网络与电路负载 R_L 串联时，未形成"节点"，则属于电流反馈，如图 7.1.4（b）所示。判断反馈网络与信号输入的联系方法如下，如果信号源接在同相端或反相端的其中一个输入端，反馈网络也接在该输入端，形成"节点"，则属于并联反馈，如图 7.1.4（c）所示；如果信号源接在同相端或反相端的其中一个输入端，而反馈网络接在另一个输入端，未形成"节点"，则属于串联反馈，如图 7.1.4（d）所示。

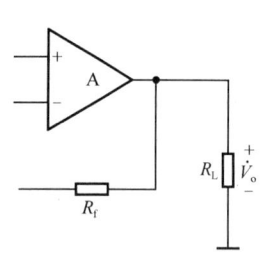

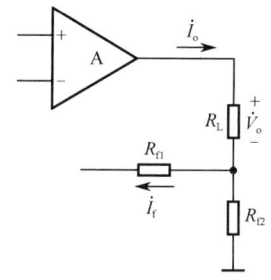

（a）与信号输出端形成节点　　　　　　　（b）与信号输出端未形成节点

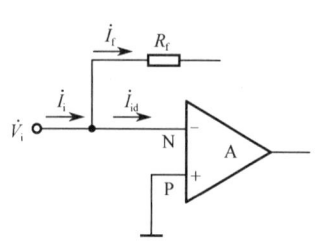

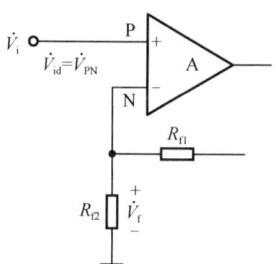

（c）与信号输入端形成节点　　　　　　　（d）与信号输入端未形成节点

图 7.1.4　运算放大器电路的反馈网络与信号输入、输出的联系

从本质上来看，电压反馈就是为了能够让反馈网络与电路负载并联，采样输出电压信号，并把输出电压的变化馈送到输入端，从而对输出电压信号做相应的调整，达到预期目标；而电流反馈就是为了能够让反馈网络与电路负载串联，采样输出电流信号，并把输出电流的变化馈送到输入端，对输出电流信号做相应的调整，达到预期目标。

除了反馈极性、反馈组态，反馈还分为直流反馈、交流反馈及交直流反馈，局部反馈和全局反馈。直流反馈就是反馈网络对直流成分具有反馈作用，交流反馈就是反馈网络对交流成分具有反馈作用，交直流反馈就是反馈网络对直流成分、交流成分都具有反馈作用。通常，引入直流反馈是为了稳定放大电路的静态工作点，引入交流反馈是为了改善放大电路的性能指标。多级放大电路引入局部反馈可以改善其所在放大电路的工作性能，而引入全局反馈是为了改善整个放大电路的工作性能。

本节复习思考题

7.1.1 利用生活中的例子，说明正反馈和负反馈对一个信息传播系统的影响和作用。

7.1.2 根据串联电路中电流相同、并联电路中电压相同的特点，说明反馈网络为了"感受"输出电压、输出电流的变化，反馈网络与放大电路负载的不同联系方式。

7.1.3 根据串联电路的分压原理、并联电路的分流原理，说明为了引起基本放大电路的净输入电压和净输入电流的变化，反馈网络与基本放大电路输入端的不同联系方式。

7.2 电压串联负反馈

7.2.1 运算放大器的电压串联负反馈

基于运算放大器的电压串联负反馈放大电路如图 7.2.1 所示，这种运算放大器电路结构被广泛应用。放大电路引入了电压串联负反馈，因此，分析时信号源采用电压源更为直观。

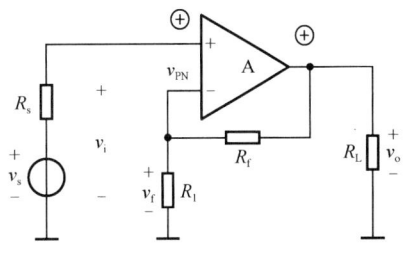

图 7.2.1 基于运算放大器的电压串联负反馈放大电路

1. 反馈网络及其反馈极性

信号源接在运算放大器的同相端，经过运算放大器放大，输出到电路负载 R_L，而电路模块 R_f、R_1 既与运算放大器的输出端连接，又与运算放大器的反相端连接，因此，R_f、R_1 形成反馈网络。

利用"瞬时电压极性法"分析，假设信号源电压 v_s 处于正半周，则输入电压 v_i 为正，经运算放大器同相端传输到输出端，输出电压 v_o 为正。电阻 R_f 不会改变电压极性，因此，经电阻 R_f 馈送到运算放大器反相端的电压 v_f 为正，即 $0 < v_f < v_o$。这使得运算放大器的净输入电压 $v_{id} = v_{PN} = v_i - v_f < v_i$，即净输入电压小于没有引入反馈时的净输入电压，因此 R_f、R_1 形成负反馈。假设信号源电压 v_s 处于负半周，判断结果与此完全相同。

2. 反馈组态

信号源接入运算放大器的同相端，R_f、R_1 组成的反馈网络模块一端接在运算放大器的反相端，与信号输入端没有形成"节点"，R_f、R_1 组成的反馈网络模块的另一端接在信号输出端，与信号输出端形成"节点"，因此，R_f、R_1 形成电压串联负反馈。

7.2.2 MOS 管放大电路的电压串联负反馈

现代的集成电路设计，总是会应用 EDA 软件工具。利用 EDA 软件测试多级放大电路的电压增益与带宽时，通常把测试电路连接成闭环结构，如图 7.2.2 所示，它是一个 MOS 管两级放大电路，输入级 M_1、M_2 的源极负载用等效电流源 I_{01} 替代，输出级 M_5 的漏极负载用等效电流源 I_{02} 替代，这两个等效电流源电阻都非常大，所以图中未画出。

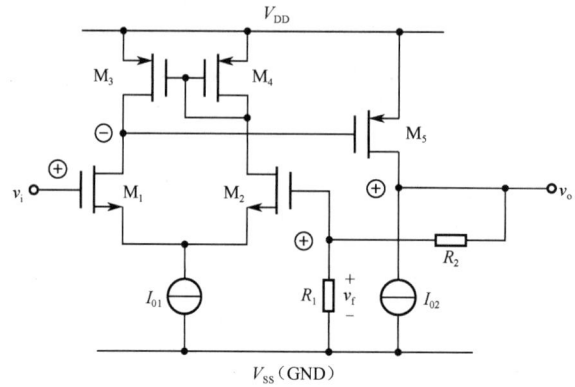

图 7.2.2　MOS 管两级放大电路的电压串联负反馈

1. 反馈网络及其反馈极性

输入信号 v_i 经过以下路径传输到输出端：输入信号 $v_i \to$ M_1 的栅极 $\to$ M_1 的漏极 $\to$ M_5 的栅极 $\to$ M_5 的漏极 $\to$ 输出信号 v_o，电路模块 R_1、R_2 一端与信号输出端连接，另一端与 M_2 栅极连接，因此，R_1、R_2 组成反馈网络。

利用"瞬时电压极性法"，假设输入信号 v_i 为正，经过上述传输路径，即经过两级共源放大电路，M_5 的漏极输出电压 v_o 为正。而电阻 R_2 不会改变电压极性，因此，经电阻 R_2 馈送到 M_2 栅极的电压为正，即电阻 R_1 两端的电压 v_f 为正，使得差分放大电路的净输入电压 $v_{id} = v_i - v_f$。而没有反馈时，M_2 的栅极接地，差分放大电路的净输入电压 $v_{id} = v_i - 0 = v_i$。因此，R_1、R_2 使净输入电压减小，形成负反馈。

2. 反馈组态

输入信号接在 M_1 的栅极，而反馈网络 R_1、R_2 一端接在 M_2 的栅极，与信号输入端没有形成"节点"，另一端接在信号输出端 v_o，与信号输出端形成"节点"，因此，R_1、R_2 形成电压串联负反馈。

7.2.3 电压串联负反馈的特点

1. 电压增益表达式

电压串联负反馈其实是从输出电压信号 $\dot{V}_o$ 取出反馈信号，以电压信号 $\dot{V}_f$ 的方式馈送到输入端，因此，电压增益表达式为

$$\dot{A}_{VF} = \frac{\dot{V}_o}{\dot{V}_i} = \frac{\dot{A}_V}{1 + \dot{A}_V \dot{F}_V} \qquad (7.2.1)$$

$$\dot{A}_V = \frac{\dot{V}_o}{\dot{V}_{id}} \qquad (7.2.2)$$

$$\dot{F}_V = \frac{\dot{V}_f}{\dot{V}_o} \qquad (7.2.3)$$

式中，$\dot{A}_V$ 表示没有反馈时放大电路的电压增益；$\dot{A}_{VF}$ 表示引入反馈时放大电路的电压增益。$\dot{A}_V \dot{F}_V$ 没有量纲，$\dot{A}_V$、$\dot{F}_V$ 也没有量纲。

2．稳定输出电压

引入电压串联负反馈使得放大电路的电压增益降低，但是，电压串联负反馈能够稳定输出电压。如图 7.2.1、图 7.2.2 所示，依然假设输入电压 v_i 为正，当由于某种外部因素，如更换负载，使得输出电压 v_o 增大时，反馈网络与电路负载 R_L 并联，反馈电压 v_f 随之增大，基本放大电路的净输入电压 $v_{id} = v_i - v_f$ 减小，使得输出电压 v_o 随之减小，抵消更换负载等外部因素引起的增大变化，输出电压 v_o 保持不变。反之，如果外部因素引起输出电压 v_o 减小，则反馈网络使输出电压 v_o 增大，它们的变化相互抵消，使输出电压 v_o 保持不变。

3．输入阻抗增大

反馈网络与信号输入端没有形成"节点"，相当于反馈网络在输入端与基本放大电路串联，因此，输入阻抗增大，而且，反馈越深，输入阻抗越大。用 R_i 表示没有负反馈时的输入阻抗，R_{if} 表示引入串联负反馈时的输入阻抗，则有 $R_{if} \gg R_i$，采用近似表示，$R_{if} = R_i(1 + \dot{A}\dot{F})$，反馈很深时，可简单认为 R_{if} 趋向于 ∞。

4．输出阻抗减小

反馈网络与信号输出端形成"节点"，相当于反馈网络在输出端与基本放大电路并联，因此，输出阻抗减小，而且，反馈越深，输出阻抗越小。用 R_o 表示没有负反馈时的输出阻抗，R_{of} 表示引入电压负反馈时的输入阻抗，则有 $R_{of} \ll R_o$，采用近似表示，$R_{of} = R_o/(1 + \dot{A}\dot{F})$，反馈很深时，可简单认为 R_{of} 趋近于 0。

本节复习思考题

7.2.1　放大电路引入串联负反馈时，信号源采用电压源，而放大电路引入并联负反馈时，信号源采用电流源。电压源、电流源可以互相转换，但两种不同的反馈组态采用不同的信号源，这对分析问题有什么帮助？

7.2.2　图 7.2.1 所示的放大电路的净输入电压是来自哪里的？图 7.2.2 的呢？

7.2.3　利用反馈的概念解释，电压串联负反馈如何采样输出电压，馈送到基本放大电路的输入端，使净输入电压发生变化，从而引起输出电压发生变化，以抵消外部因素引起的输出电压变化。

7.3　电压并联负反馈

7.3.1　运算放大器的电压并联负反馈

基于运算放大器的电压并联负反馈放大电路如图 7.2.3 所示，它也被称为电流-电压变换电路，广泛应用于放大电路和传感器的连接处。放大电路引入了电压并联负反馈，因此，分析时信号源采用电流源更为直观。

1．反馈网络及其反馈极性

信号源接在运算放大器的反相端，经过运算放大器放大，输出到电路负载 R_L，而电阻 R_f 一端与信号输出端连

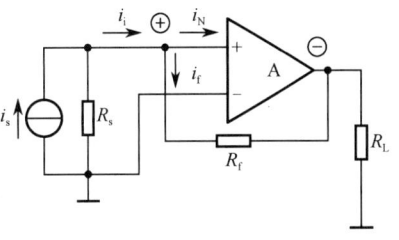

图 7.3.1　基于运算放大器的电压并联
　　　　　负反馈放大电路

接，另一端与信号输入端连接，因此，R_f 形成反馈网络。

利用"瞬时电压极性法"分析，假设信号源电流 i_s 竖直向上，则放大电路输入电流 i_i 水平向右，输入电压 v_i 为正，经运算放大器反相端传输到输出端，输出电压 v_o 为负。因此，电阻 R_f 两端的电压左边为正，右边为负，流过的电流 i_f 方向为水平向右，这使得运算放大器的净输入电流 $i_N = i_i - i_f$，而没有引入反馈时，运算放大器净输入电流 $i_N = i_i$，因此，R_f 使净输入电流减小，形成负反馈。

2. 反馈组态

信号源接入运算放大器的反相端，R_f 一端接在信号输入端，与信号输入端形成"节点"，另一端接在信号输出端，与信号输出端形成"节点"，因此，R_f 形成电压并联负反馈。

7.3.2　BJT 放大电路的电压并联负反馈

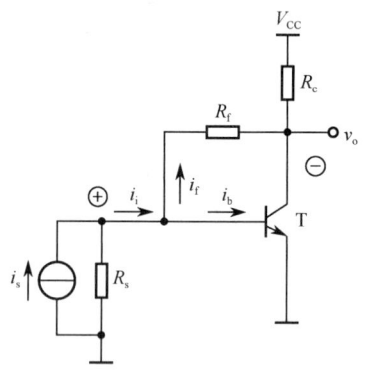

图 7.3.2　BJT 放大电路的电压并联负反馈

BJT 放大电路的电压并联负反馈如图 7.3.2 所示。

1. 反馈网络及其反馈极性

信号源接在 BJT 的基极，经过 BJT 放大，从集电极输出到电路负载 R_L，而 R_f 一端接在 BJT 的基极，另一端接在 BJT 的集电极，因此，R_f 形成反馈网络。

利用"瞬时电压极性法"分析，假设信号源电流 i_s 的方向为竖直向上，则流入放大电路的电流 i_i 的方向为水平向右，基极电压 v_i 为正，经 BJT 共射放大电路后，集电极输出电压 v_o 为负，因此，电阻 R_f 两端的电压左边为正，右边为负，流过的电流 i_f 方向为水平向右，使得 BJT 的净输入电流 $i_b = i_i - i_f$，而没有引入反馈时，BJT 净输入电流 $i_b = i_i$，因此，使净输入电流减小，R_f 形成负反馈。

2. 反馈组态

R_f 一端接在信号输入端，与信号输入端形成"节点"，另一端接在信号输出端，与信号输出端形成"节点"，因此，R_f 形成电压并联负反馈。

7.3.3　电压并联负反馈的特点

1. 互阻增益表达式

电压并联负反馈其实是从输出电压信号 $\dot{V}_o$ 取出反馈信号，以电流信号 $\dot{I}_f$ 的方式馈送到输入端，因此，互阻增益 $\dot{A}_{RF}$ 表达式为

$$\dot{A}_{RF} = \frac{\dot{A}_R}{1 + \dot{A}_R \dot{F}_G} \tag{7.3.1}$$

$$\dot{A}_R = \frac{\dot{V}_o}{\dot{I}_i} \tag{7.3.2}$$

$$\dot{F}_G = \frac{\dot{I}_f}{\dot{V}_o} \tag{7.3.3}$$

式中，$\dot{A}_R$ 表示没有反馈时放大电路的互阻增益；$\dot{A}_{RF}$ 表示引入反馈时放大电路的互阻增益。$\dot{A}_R \dot{F}_G$ 没有量纲，但是，$\dot{A}_R$ 具有电阻的量纲，$\dot{F}_G$ 具有电导的量纲。

2．稳定输出电压

引入电压并联负反馈使得放大电路的互阻增益降低，但是，电压并联负反馈能够稳定输出电压。如图 7.3.1、图 7.3.2 所示，当由于某种外部因素，如更换负载，使得输出电压 $|v_o|$ 增大时，则电阻 R_f 右端电压比左端电压更低，流过 R_f 的电流随之增大，基本放大电路的净输入电流 $i_{id} = i_i - i_f$ 减小，使得输出电压 $|v_o|$ 减小，抵消更换负载等外部因素引起的变化，输出电压 $|v_o|$ 保持不变。反之，如果外部因素引起输出电压 $|v_o|$ 减小，则反馈网络使输出电压 $|v_o|$ 增大，它们的变化相互抵消，使输出电压 $|v_o|$ 保持不变。

3．输入阻抗减小

反馈网络与信号输入端形成"节点"，相当于反馈网络在输入端与基本放大电路并联，因此，输入阻抗减小，而且，反馈越深，输入阻抗越小。用 R_i 表示没有负反馈时的输入阻抗，R_{if} 表示引入并联负反馈时的输入阻抗，则有 $R_{if} \ll R_i$，采用近似表示，$R_{if} = R_i/(1 + \dot{A}\dot{F})$，反馈很深时，可简单认为 R_{if} 趋近于 0。

4．输出阻抗减小

反馈网络与信号输出端形成"节点"，相当于反馈网络在输出端与基本放大电路并联，因此，输出阻抗减小，而且，反馈越深，输出阻抗越小。用 R_o 表示没有负反馈时的输出阻抗，R_{of} 表示引入电压负反馈时的输入阻抗，则有 $R_{of} \ll R_o$，采用近似表示，$R_{of} = R_o/(1 + \dot{A}\dot{F})$，反馈很深时，可简单认为 R_{of} 趋近于 0。

本节复习思考题

7.3.1　利用反馈的概念解释，电压并联负反馈如何采样输出电压，馈送到基本放大电路的输入端，使净输入电流发生变化，从而引起输出电压发生变化，以抵消外部因素引起的输出电压变化。

7.3.2　我们习惯于电压增益、电流增益的概念，请根据实际应用时需要考虑输入电流、输出电压的例子，解释互阻增益的意义和作用。

7.3.3　图 7.3.2 中的电阻 R_f 除了有反馈作用，有提供 BJT 基极直流偏置电流 I_B 的作用吗？总结提供基极直流偏置电流的电路结构方式。

7.4　电流串联负反馈

7.4.1　运算放大器的电流串联负反馈

利用运算放大器构成简单的电压-电流变换电路如图 7.4.1 所示，其实就是引入电流串联负反馈。

1．反馈网络及其反馈极性

信号源接在运算放大器的同相端，经过运算放大器放大，输出到电路负载 R_L。R_f 既与电路负载 R_L 的另一端连接，又与运算放大器的反相端连接，因此，R_f 形成反馈网络。

利用"瞬时电压极性法"，假设信号源电压 v_s 处于正半周，则输入电压 v_i 为正，经运算放大器同相端传输到输出端，输出电压 v_o 为正，输出电流的方向为竖直向下，因此，经 R_f 馈送到

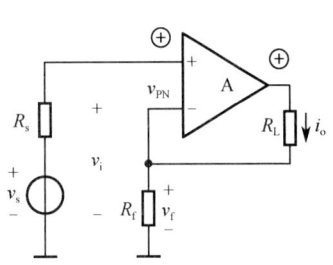

图 7.4.1　基于运算放大器的电流串联负反馈放大电路

反相端的电压 v_f 为正，使得运算放大器的净输入电压 $v_{id} = v_{PN} = v_i - v_f$，而没有反馈时，运算放大器反相端接地，净输入电压 $v_{PN} = v_i - 0 = v_i$，因此，R_f 使净输入电压减小，形成负反馈。

2．反馈组态

按与输入信号的联系来看，信号源接在运算放大器的同相端，R_f 接在运算放大器的反相端，与信号输入端没有形成"节点"；按与输出信号的联系来看，R_f 接在电路负载 R_L 的另一端，与信号输出端未形成"节点"，因此，R_f 形成电流串联负反馈。

7.4.2　BJT 放大电路的电流串联负反馈

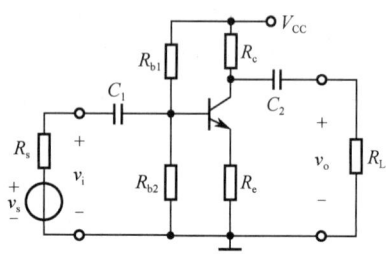

图 7.4.2　BJT 发射极偏置共射放大电路的电流串联负反馈

BJT 发射极偏置共射放大电路如图 4.4.9（b）所示，现重画于图 7.4.2。R_e 形成电流串联负反馈，R_e 既引入直流反馈，又引入交流反馈。放大电路接入 R_e 主要是为了稳定 BJT 集电极静态电流时，通常会在 R_e 两端接入旁路电容。这样，对交流信号而言，R_e 被旁路电容短路，此时，R_e 只存在直流反馈。下面针对没有旁路电容的情况。

1．反馈网络及其反馈极性

信号源信号经过 BJT 的基极传输到集电极，输出到电路负载 R_L。R_e 接在发射极，发射极既可作为电路输入端，又可作为电路输出端，因此，R_e 组成反馈网络。

利用"瞬时电压极性法"分析，假设信号源电压 v_s 处于正半周，则输入电压 v_i 为正，经共射放大电路反相，集电极输出电压 v_o 为负，因此，集电极电流 i_c 的方向为竖直向下，电阻 R_e 两端的电压 v_e 为正，使得 BJT 的净输入电压 $v_{id} = v_{be} = v_i - v_e$，而没有引入反馈时，BJT 的发射极接地，其净输入电压 $v_{be} = v_i - 0 = v_i$，因此，R_e 使净输入电压减小，形成负反馈。

2．反馈组态

信号源接入 BJT 基极，电路负载接在 BJT 集电极，R_e 接在 BJT 发射极，即与信号输入端、信号输出端都未形成"节点"，因此，R_e 形成电流串联负反馈。

7.4.3　电流串联负反馈的特点

1．互导增益表达式

电流串联负反馈其实是从输出电流信号 $\dot{I}_o$ 取出反馈信号，以电压信号 $\dot{V}_f$ 的方式馈送到输入端，此时，互导增益表达式为

$$\dot{A}_{GF} = \frac{\dot{A}_G}{1 + \dot{A}_G \dot{F}_R} \tag{7.4.1}$$

$$\dot{A}_G = \frac{\dot{I}_o}{\dot{V}_i} \tag{7.4.2}$$

$$\dot{F}_R = \frac{\dot{V}_f}{\dot{I}_o} \tag{7.4.3}$$

式中，$\dot{A}_G$ 表示没有反馈时放大电路的互导增益；$\dot{A}_{GF}$ 表示引入反馈时放大电路的互导增益。$\dot{A}_G \dot{F}_R$ 没有量纲，但是，$\dot{A}_G$ 具有电导量纲，$\dot{F}_R$ 具有电阻量纲。

2．稳定输出电流

引入电流串联负反馈使得放大电路的互导增益降低，但是，电流串联负反馈能够稳定输出电流。如图 7.4.1、图 7.4.2 所示，当由于某种外部因素，如更换负载，使得输出电流 i_o 增大时，反馈网络与电路负载 R_L 串联，反馈电压 v_f 随之增大，基本放大电路的净输入电压 $v_{id} = v_i - v_f$ 减小，使得输出电流 i_o 减小，抵消更换负载等外部因素引起的变化，输出电流 i_o 保持不变。反之，如果外部因素引起输出电流 i_o 减小，则反馈网络使输出电流 i_o 增大，它们的变化相互抵消，使输出电流 i_o 保持不变。

3．输入阻抗增大

反馈网络与信号输入端没有形成"节点"，相当于反馈网络在输入端与基本放大电路串联，因此，输入阻抗增大，而且，反馈越深，输入阻抗越大。用 R_i 表示没有负反馈时的输入阻抗，R_{if} 表示引入串联负反馈时的输入阻抗，则有 $R_{if} \gg R_i$，采用近似表示，$R_{if} = R_i(1 + \dot{A}\dot{F})$，反馈很深时，可简单认为 R_{if} 趋近于 ∞。

4．输出阻抗增大

反馈网络与信号输出端未形成"节点"，相当于反馈网络在输出端与基本放大电路串联，因此，输出阻抗增大，而且，反馈越深，输出阻抗越大。用 R_o 表示没有负反馈时的输出阻抗，R_{of} 表示引入电压负反馈时的输入阻抗，则有 $R_{of} \gg R_o$，采用近似表示，$R_{of} = R_o(1 + \dot{A}\dot{F})$，反馈很深时，可简单认为 R_{of} 趋近于 ∞。

本节复习思考题

7.4.1 利用反馈的概念解释，电流串联负反馈如何采样输出电流，馈送到基本放大电路的输入端，使净输入电压发生变化，从而引起输出电流发生变化，以抵消外部因素引起的输出电流变化。

7.4.2 为什么图 7.4.1 所示的电路也称为电压-电流变换电路？在该电路中，负载 R_L 没有接地，如果需要负载 R_L 接地，该如何改进电路？

7.4.3 我们习惯于电压增益、电流增益的概念，请根据实际应用中输入条件、输出要求不同的例子，解释互导增益的意义和作用。

7.5 电流并联负反馈

7.5.1 运算放大器的电流并联负反馈

基于运算放大器，引入电流并联负反馈，构成放大电路，如图 7.5.1 所示。

1．反馈网络及其反馈极性

信号源接在运算放大器的反相端，经过运算放大器放大，输出到电路负载 R_L。R_f、R_l 模块一端与电路负载 R_L 连接，另一端与反相端连接，因此，R_f、R_l 形成反馈网络。

利用"瞬时电压极性法"，假设信号源电流 i_s 的方向为竖直向上，则输入电压 v_i 为正，经运算放大器反相端传输到输出端，输出电压 v_o 为负。电阻负载 R_L 不会改变电压极性，

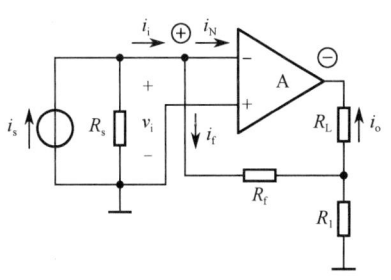

图 7.5.1 基于运算放大器的电流并联负反馈放大电路

因此，电阻 R_f 右端电压为负，左端电压为正，流过的电流 i_f 方向为水平向右，使得运算放大器净输入电流 $i_N = i_i - i_f$，而没有反馈时，其净输入电流 $i_N = i_i$，因此，R_f、R_1 使净输入电流减小，形成负反馈。

2. 反馈组态

信号源接入运算放大器的反相端，R_f、R_1 模块与信号输入端形成"节点"，而 R_f、R_1 模块另一端接在电路负载 R_L 的另一端，与信号输出端未形成"节点"，因此，R_f、R_1 形成电流并联负反馈。

7.5.2　BJT 两级放大电路的电流并联负反馈

BJT 两级放大电路的电流并联负反馈如图 7.5.2 所示，R_{e1} 只引入局部反馈，且属于电流串联负反馈，改善 T_1 这一级放大电路的工作性能。R_f、R_{e2} 引入全局反馈，且属于电流并联负反馈，改善整个放大电路的工作性能。下面分析 R_f、R_{e2} 形成反馈的情况。

1. 反馈网络及其反馈极性

信号源经过以下路径传输到电路负载 R_L：信号源→T_1 的基极→T_1 的集电极→T_2 的基极→T_2 的集电极→电路负载 R_L，R_f、R_{e2} 模块一端接在 T_2 的发射极，另一端接在 T_1 的基极，因此，R_f、R_{e2} 形成反馈网络。

利用"瞬时电压极性法"分析，假设信号源电压 v_s 为正，则输入电压 v_i 为正，经放大电路传输到 T_2 的发射极，需要经过共射、共集放大组态，因此，T_2 的发射极电压为负，R_f 左端电压为正，右端电压为负，流过的电流 i_f 方向为水平向右，使得 T_1 基极的净输入电流 $i_{b1} = i_i - i_f$，而没有引入反馈时，其净输入电流 $i_b = i_i$，因此，R_f、R_{e2} 使净输入电流减小，形成负反馈。

2. 反馈组态

R_f、R_{e2} 模块与信号输入端形成"节点"，而与信号输出端未形成"节点"，因此，R_f、R_{e2} 形成电流并联负反馈。

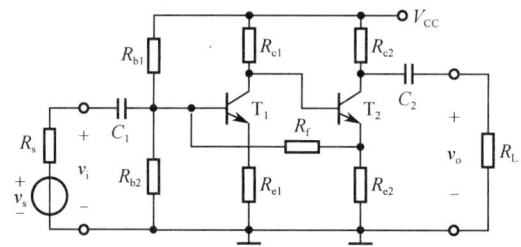

图 7.5.2　BJT 两级放大电路的电流并联负反馈

7.5.3　电流并联负反馈的特点

1. 电流增益表达式

电流并联负反馈其实是从输出电流信号 $\dot{I}_o$ 取出反馈信号，以电流信号 $\dot{I}_f$ 的方式馈送到输入端，因此，电流增益表达式为

$$\dot{A}_{IF} = \frac{\dot{A}_I}{1 + \dot{A}_I \dot{F}_I} \tag{7.5.1}$$

$$\dot{A}_I = \frac{\dot{I}_o}{\dot{I}_i} \tag{7.5.2}$$

$$\dot{F}_I = \frac{\dot{I}_f}{\dot{I}_o} \qquad (7.5.3)$$

式中，$\dot{A}_I$ 表示没有反馈时放大电路的电流增益；$\dot{A}_{IF}$ 表示引入反馈时放大电路的电流增益。$\dot{A}_I\dot{F}_I$ 没有量纲，$\dot{A}_I$、$\dot{F}_I$ 都没有量纲。

2．稳定输出电流

引入电流并联负反馈使得放大电路的电流增益降低，但是，电流并联负反馈能够稳定输出电流。如图 7.5.1、图 7.5.2 所示，当由于某种外部因素，如更换负载，使得输出电流 i_o 增大时，反馈网络与电路负载 R_L 串联，反馈电流 i_f 随之增大，基本放大电路的净输入电流 $i_{id} = v_i - v_f$ 减小，使得输出电流 i_o 减小，抵消更换负载等外部因素引起的电流增大，使输出电流 i_o 保持不变。反之，如果外部因素引起输出电流 i_o 减小，则反馈网络使输出电流 i_o 增大，它们的变化相互抵消，使输出电流 i_o 保持不变。

3．输入阻抗减小

反馈网络与信号输入端形成"节点"，相当于反馈网络在输入端与基本放大电路并联，因此，输入阻抗减小，而且，反馈越深，输入阻抗越小。用 R_i 表示没有负反馈时的输入阻抗，R_{if} 表示引入并联负反馈时的输入阻抗，则有 $R_{if} \ll R_i$，采用近似表示，$R_{if} = R_i/(1 + \dot{A}\dot{F})$，反馈很深时，可简单认为 R_{if} 趋近于 0。

4．输出阻抗增大

反馈网络与信号输出端未形成"节点"，相当于反馈网络在输出端与基本放大电路串联，因此，输出阻抗增大，而且，反馈越深，输出阻抗越大。用 R_o 表示没有负反馈时的输出阻抗，R_{of} 表示引入电流负反馈时的输出阻抗，则有 $R_{of} \gg R_o$，采用近似表示，$R_{of} = R_o(1 + \dot{A}\dot{F})$，反馈很深时，可简单认为 R_{of} 趋近于 ∞。

本节复习思考题

7.5.1 利用反馈的概念解释，电流并联负反馈如何采样输出电流，馈送到基本放大电路的输入端，使净输入电流发生变化，从而引起输出电流发生变化，以抵消外部因素引起的输出电流变化。

7.5.2 在图 7.5.1 所示电路中，如果输入电压 v_i 为正，那么电阻 R_l 上端的电压比"地"高还是比"地"低，电阻 R_f 和 R_l 是并联还是串联？

7.5.3 在图 7.5.2 所示电路中，如果输入电压 v_i 为正，那么电阻 R_{e2} 上端的电压比"地"高还是比"地"低，电阻 R_f 和 R_{e2} 是并联还是串联？

7.5.4 在图 7.5.2 所示电路中，对于引入局部反馈的电阻 R_{e1}，其基本放大电路由哪些部分构成？而对于引入全局反馈的 R_f、R_{e2}，其基本放大电路又由哪些部分构成？

7.6 负反馈放大电路的分析方法

7.6.1 深度负反馈条件下增益的近似分析方法

1．增益的近似计算公式

第 4 章介绍了小信号模型分析方法，对于负反馈放大电路，在深度负反馈的条件下，除了小信号模型分析方法，还有增益的近似分析方法。

当放大电路中引入的负反馈很深时，即深度负反馈条件下，$\left|1+\dot{A}\dot{F}\right|$ 的值很大（其实达到几十就足够大），$1+\dot{A}\dot{F} \approx \dot{A}\dot{F}$，因此有

$$\dot{A}_F = \frac{\dot{A}}{1+\dot{A}\dot{F}} \approx \frac{\dot{A}}{\dot{A}\dot{F}} = \frac{1}{\dot{F}} \tag{7.6.1}$$

式（7.6.1）提供了计算负反馈放大电路增益的近似方法。这也说明，引入负反馈后，放大电路的增益只与反馈网络元件的参数有关。如果知道反馈网络元件的参数，就可以求出反馈系数 $\dot{F}$，然后根据式（7.6.1）就可以确定增益 $\dot{A}_F$ 的值。式（7.6.1）也说明，设计负反馈放大电路时，可以选用相似类型的基本放大电路，只要能够满足深度负反馈条件，即可利用反馈网络获得相同的增益。

例 7.6.1　放大电路如图 7.6.1 所示，试近似计算其电压增益，并对其输入电阻、输出电阻做定性分析。

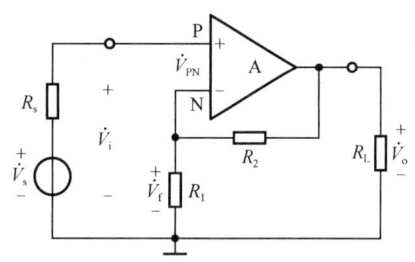

图 7.6.1　例 7.6.1 的电路图

解：图 7.6.1 所示的放大电路为电压串联负反馈放大电路，其反馈系数为

$$\dot{F}_V = \frac{\dot{V}_f}{\dot{V}_o} = \frac{R_1}{R_1+R_2}$$

所以有

$$\dot{A}_V = \frac{1}{\dot{F}_V} = \frac{R_1+R_2}{R_1} = 1 + \frac{R_2}{R_1}$$

2. 负反馈提高增益的恒定性

根据前面的内容可知，没有反馈时，放大电路的特性容易受到放大器件参数波动的影响，如制造误差、电源电压波动、环境温度变化、器件老化及更换等，这些都会引起放大器件参数波动，从而导致放大电路的增益改变。此外，负载变化也将导致放大电路的增益改变。但引入负反馈以后，当输入电压 $\dot{V}_i$ 或输入电流 $\dot{I}_i$ 一定时，电压负反馈能使输出电压基本保持恒定，电流负反馈能使输出电流基本保持恒定，即负反馈能够保持增益恒定。

由式（7.6.1）可看出，当反馈很深时，即 $\left|1+\dot{A}\dot{F}\right| \gg 1$ 时，放大电路的增益只与反馈系数 $\dot{F}$ 有关。这就是说，引入深度负反馈以后，放大电路增益只取决于反馈网络，而几乎与基本放大电路无关。反馈网络一般是由一些性能比较稳定的无源线性元件（如电阻 R、电容 C 等）构成的，因此，引入负反馈后放大电路增益是比较恒定的。

3. 负反馈改善非线性失真

放大电路的电压传输特性描述放大电路的输出电压 v_O 与输入电压 v_I 的关系，用函数表示为 $v_O = f(v_I)$。尽管可采用线性化的小信号模型分析放大电路的性能，但这样的模型只是一种近似表示方法。BJT 或 FET 的伏安特性曲线是非线性的，因此，如果没有引入负反馈，基本放大电路处于开环工作状态，电压传输特性其实是非线性的，输出电压 v_O 与输入电压 v_I 并没有真正地呈线性关系，如图 7.6.2（a）所示。但是，引入负反馈以后，在深度负反馈条件下，放大电路的增益可近似表示为 $\dot{A}_F = 1/\dot{F}$，几乎与基本放大电路的增益无关，因此，尽管增益 $\dot{A}_F$ 变小了，但此时的电压传输特性曲线几乎是一条直线段，如图 7.6.2（b）所示。在图 7.6.2 中，放大电路工作于 MN 之间，这个范围也称为线性放大区，超出 MN 之间的范围，放大电路失去正常的线性放大能力，进入非线性工作区。

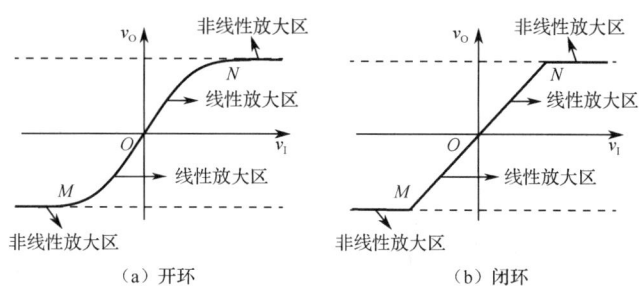

（a）开环　　　　　　　　　　　（b）闭环

图 7.6.2　放大电路的电压传输特性曲线比较

7.6.2　虚短、虚断的概念

在实际应用时，放大电路很容易满足深度负反馈条件，尤其是多级放大电路，更容易满足深度负反馈条件，例如，放大电路增益为 10^3，只要反馈系数 F 为十分之一，则有 $1+\dot{A}\dot{F}=1+100\doteq100$，即 $1+\dot{A}\dot{F}\doteq AF$。因此有

$$\dot{X}_\text{i}\approx\dot{X}_\text{f} \tag{7.6.2}$$

$$\dot{X}_\text{id}=\dot{X}_\text{i}-\dot{X}_\text{f}\approx0 \tag{7.6.3}$$

1．虚短

当 $\dot{X}$ 表示电压信号时，则有 $\dot{X}_\text{id}=\dot{V}_\text{id}\approx0$，称为虚短。虚短并不是真正发生短路，只是净输入电压 $\dot{V}_\text{id}$ 太小，计算时可视为 0。尽管净输入电压 $\dot{V}_\text{id}$ 很小，在计算时可忽略不计，但由于满足深度负反馈条件时，基本放大电路的增益 $\dot{A}$ 很高，因此这个很小的净输入电压 $\dot{V}_\text{id}$ 会得到足够的放大。

2．虚断

当 $\dot{X}$ 表示电流信号时，则有 $\dot{X}_\text{id}=\dot{I}_\text{id}\approx0$，称为虚断。虚断并不是真正发生断路，只是这个净输入电流 $\dot{I}_\text{id}$ 太小，计算时可忽略不计。例如，发生虚断处的电流在 μA 数量级，而其他处的电流在 mA 数量级，因此，计算时，与 mA 数量级电流相比，μA 数量级的电流完全可以忽略不计，就好像断路。

应用虚短、虚断概念时，找到虚短、虚断发生的位置是关键。根据反馈的概念，虚短、虚断发生的位置在基本放大电路的净输入端，这里的"净"表示没有反馈时的输入端。

例 7.6.2　放大电路如图 7.6.1 所示，应用虚短、虚断概念近似计算它的电压增益。

解：这是一个电压串联负反馈放大电路，运算放大器 A 是基本放大电路，因此虚短、虚断发生的位置在运算放大器的同相端、反相端。根据虚短、虚断的概念可知

$$\dot{V}_\text{PN}\approx0，\quad\dot{I}_\text{P}\approx0，\quad\dot{I}_\text{N}\approx0，$$

所以有

$$\dot{V}_\text{P}\approx\dot{V}_\text{N}$$

因为

$$\dot{V}_\text{i}=\dot{V}_\text{P}\approx\dot{V}_\text{N}=\dot{V}_\text{f}=\frac{R_1}{R_1+R_2}\dot{V}_\text{o}$$

所以有

$$\dot{V}_\text{o}=\left(1+\frac{R_2}{R_1}\right)\dot{V}_\text{i}$$

$$\dot{A}_V = \frac{\dot{V}_o}{\dot{V}_i} = 1 + \frac{R_2}{R_1}$$

上式表明，这是一个**同相比例放大电路**，输出电压与输入电压成比例，且相位相同。由于同相比例放大电路引入电压串联负反馈，输入阻抗很高，输出阻抗很低，因此在模拟电路中得到了广泛应用。

在图 7.6.1 中，如果 R_1 的阻值为无穷大，R_2 的阻值为 0，就成为**电压跟随器**，如图 7.6.3（a）所示，$v_o = v_i$，其电压增益 $A_V = 1$。这样的电路跟随效果非常理想，且其输入阻抗无穷大，输出阻抗为 0，因此，常用作缓冲器、阻抗变换器、多级放大电路输出级。如果图 7.6.1 中 R_1 的阻值为无穷大，R_2 的阻值为一个有限值，就得到如图 7.6.3（b）所示的电压跟随器，其电压增益仍为 1，即 $A_V = 1$，但 R_2 能够限制放大电路输出极端值时反馈到输入端的电流。

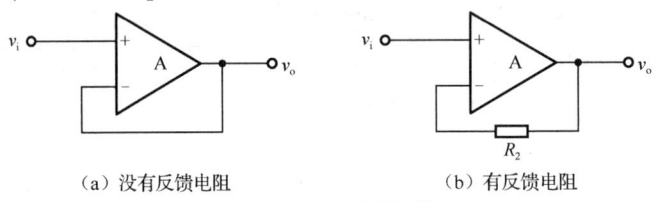

（a）没有反馈电阻　　　　　　　　（b）有反馈电阻

图 7.6.3　电压跟随器

例 7.6.3　放大电路如图 7.6.4 所示，应用虚短、虚断的概念近似计算它的电压增益。

解： 这是一个电压并联负反馈放大电路，运算放大器 A 是基本放大电路，因此虚短、虚断发生的位置在运算放大器的同相端、反相端。根据虚短、虚断的概念可知

$$\dot{V}_{PN} \approx 0 , \quad \dot{I}_P \approx 0 , \quad \dot{I}_N \approx 0$$

所以有

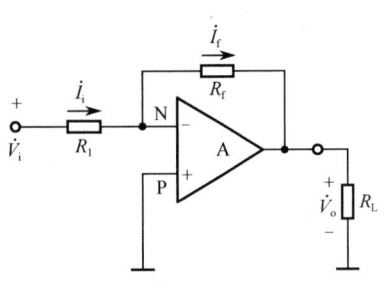

图 7.6.4　例 7.6.3 的电路图

$$\dot{V}_N = \dot{V}_P = 0$$

$$\dot{I}_i = \dot{I}_f$$

$$\frac{\dot{V}_i}{R_1} = \frac{-\dot{V}_o}{R_f}$$

$$\dot{A}_V = \frac{\dot{V}_o}{\dot{V}_i} = -\frac{R_f}{R_1}$$

上式表明，这是一个**反相比例放大电路**，输出电压与输入电压成比例，但相位相反。由于 $\dot{V}_N \approx \dot{V}_P = 0$，故该运算放大器放大电路的反相端 N 点虚地，计算时，可用作电压参考点。

例 7.6.4　多级放大电路如图 7.6.5 所示，判断其反馈极性、反馈组态，并分析其增益。

解： R_f 组成电压并联负反馈，这样的负反馈放大电路只能求出互阻增益 $\dot{A}_{RF}$。

虚短、虚断发生的位置在 T_1 的基极与发射极。根据虚短、虚断的概念可知

$$\dot{V}_{be} \approx 0 , \quad \dot{I}_b \approx 0$$

所以有

$$\dot{V}_b = \dot{V}_e = 0$$

$$\dot{V}_o = -\dot{I}_f R_f$$

$$\dot{I}_i = \dot{I}_f$$

$$\dot{A}_{RF} = \frac{\dot{V}_o}{\dot{I}_i} = -R_f$$

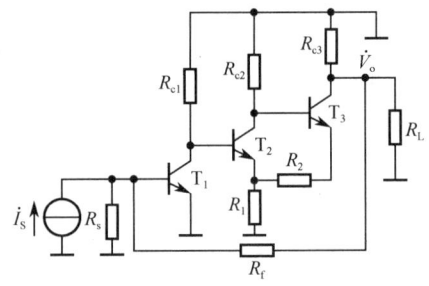

图 7.6.5　例 7.6.4 的电路图（交流通路）

例 7.6.5　图 7.4.2 所示的 BJT 发射极偏置放大电路的交流通路如图 7.6.6 所示，试应用虚短、虚断的概念计算其电压增益。

解：这是一个电流串联负反馈放大电路，虚短、虚断发生的位置在 BJT 的基极、发射极。根据虚短、虚断的概念可知

$$\dot{V}_{be} \approx 0$$

所以有

$$\dot{V}_i = \dot{V}_b \approx \dot{V}_e \approx \dot{I}_c R_e$$

因为

$$\dot{V}_o = -\dot{I}_c R'_L$$

所以有

$$\dot{A}_V = \frac{\dot{V}_o}{\dot{V}_i} \approx -\frac{R'_L}{R_e} \quad (R'_L = R_L /\!/ R_c)$$

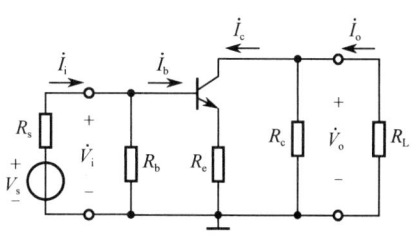

图 7.6.6　BJT 发射极偏置放大电路的交流通路

第 4 章采用小信号模型分析方法，计算出该电路的电压增益 $\dot{A}_V = -\beta R'_L / [r_{be} + (1+\beta)R_e]$，当 β 比较大时，式中分母项的 r_{be} 可以忽略不计，近似写成 $\dot{A}_V \approx -\beta R'_L / \beta R_e = -R'_L / R_e$，这和上面应用虚短、虚断概念的计算结果完全相同。

例 7.6.6　电流-电压转换电路如图 7.6.7 所示，其常被用作光电二极管放大电路。证明：若照射到光电二极管的光被转换成一个小电流 I_{in}，则经过该放大电路后，其输出 $V_o = -I_{in}R$。

证明：根据虚短、虚断的概念可知

$$I_N = 0, \quad I_P = 0$$
$$V_N = V_P = 0$$

所以有

$$V_o = -I_{in}R$$

证毕。

一般而言，电流 I_{in} 为 1μA 左右，因此反馈电阻 R 的阻值在 MΩ 数量级，这样的大电阻会导致高电路噪声，常用图 7.6.8 所示电路来降低反馈电阻的阻值。

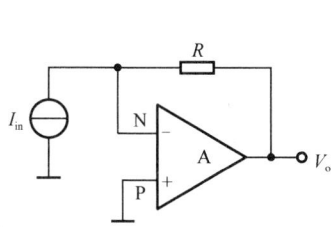

图 7.6.7　电流-电压转换电路

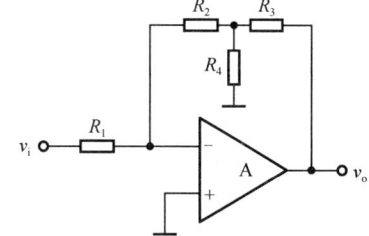

图 7.6.8　高灵敏度的电流-电压转换电路

7.6.3　负反馈放大电路的通频带

1. 负反馈放大电路扩展通频带

频率特性是放大电路的重要特性之一，而通频带是它的重要技术指标。在某些应用场景，往往要求较宽的通频带，引入负反馈是扩展通频带的有效措施之一。

假设没有负反馈时，基本放大电路的上限角频率为 ω_H，下限角频率为 ω_L，中频电压增

益为 A_M。放大电路引入负反馈，设反馈网络的反馈系数 F 是一个与角频率无关的实数，则引入负反馈的放大电路中频电压增益变为 $A_\mathrm{MF} = A_\mathrm{M}/(1+A_\mathrm{M}F)$，上限角频率 ω_HF 变为

$$\omega_\mathrm{HF} = \omega_\mathrm{H}(1+A_\mathrm{M}F) \tag{7.6.4}$$

式（7.6.4）说明，引入负反馈以后，放大电路的上限角频率变高了，而且变高的程度与反馈深度有关。与此同时，因为引入负反馈，放大电路下限角频率 ω_LF 却变低了，变为

$$\omega_\mathrm{LF} = \frac{\omega_\mathrm{L}}{(1+A_\mathrm{M}F)} \tag{7.6.5}$$

2．增益带宽积及其应用

放大电路的增益带宽积是放大电路电压增益与带宽的乘积，它是一个用来简单衡量放大电路性能的参数。通常情况下，放大电路的增益带宽积是一个常数。假设开环时，放大电路的电压增益为 A_V，带宽为 BW，引入负反馈以后，放大电路的电压增益变为 $A_{V\mathrm{F}}$，带宽变为 $\mathrm{BW_F}$，则有

$$A_V \cdot \mathrm{BW} = A_{V\mathrm{F}} \cdot \mathrm{BW_F}$$

运算放大器被广泛应用于模拟电路，同相比例放大电路、反相比例放大电路是两种常用的电路结构。运算放大器的增益带宽积通常用单位增益带宽积表示，即电压增益为 1 时的带宽值。利用运算放大器的增益带宽积是个常数这个特点，可以很方便地设计放大电路并获得需要的带宽。

例 7.6.7 某运算放大器的单位增益带宽积为 1.5MHz，利用该运算放大器设计一个带宽为 50kHz 的同相比例放大电路。

解：设计同相比例放大电路，如图 7.6.1 所示，其电压增益为

$$A_V = 1 + \frac{R_\mathrm{f}}{R_1}$$

$$A_V \cdot \mathrm{BW} = 1.5\mathrm{MHz}$$

$$\mathrm{BW} = 50\mathrm{kHz}$$

所以有

$$A_V = \frac{1.5\mathrm{MHz}}{50\mathrm{kHz}} = 30$$

令

$$R_1 = 1\mathrm{k\Omega}$$

则有

$$R_\mathrm{f} = 29\mathrm{k\Omega}$$

本节复习思考题

7.6.1　根据式（7.6.1），引入负反馈以后，放大电路的增益只与反馈网络元件参数有关，那么，基本放大电路就没有作用吗？

7.6.2　$\left|1+\dot{A}\dot{F}\right|$ 的值很大时，$1+\dot{A}\dot{F} \approx \dot{A}\dot{F}$。利用生活中的例子说明，在工程实践中，其实 $\left|1+\dot{A}\dot{F}\right|=100$ 就已经足够大了，此时可视为 $1+\dot{A}\dot{F} \approx \dot{A}\dot{F}$。

7.6.3　如果基于运算放大器设计的同相比例放大电路中的运算放大器损坏，则完全可以换成其他厂家生产的运算放大器，只要它们的性能相似即可，请说明原因。

7.6.4　虚短、虚断发生的位置是应用虚短、虚断概念近似计算增益的关键，那么虚短、虚断发生在基本放大电路的输入端，这种说法对吗？

7.7　正弦波振荡电路

正弦波信号是模拟电路常用的测试信号，一些电子电路也需要正弦波信号才能正常工作，如调制电路与解调电路需要的载波信号。与负反馈放大电路在低频或高频条件下产生的自激振荡不同，振荡电路故意在放大电路中引入正反馈，使得在没有输入信号的情况下，只要接通供电的直流电源，就能输出振荡信号。

7.7.1　正弦波振荡电路的特点

1．电路组成

正弦波振荡电路产生正弦波信号，它是各类波形发生器和信号源的核心电路，由放大电路和与频率有关的反馈网络组成，如图 7.7.1 所示。

正弦波振荡电路的反馈网络与频率有关，具有选频特性。放大电路周围存在各种频率的正弦波信号，如直流电源的纹波。当接通供电的直流电源时，反馈网络只对窜入的某个频率 f_0 的正弦波信号形成正反馈，这个微弱的正弦波信号经闭环放大电路不断放大，输出一个幅值很大的振荡信号。注，对于一般的放大电路、通过电路设计已经能够抑制或大大衰减这种窜入的正弦波信号，如差分放大电路。

反馈网络具有选频特性，需要采用电抗性器件。根据反馈网络所用器件的电抗特性不同，正弦波振荡电路分为 RC、LC 和石英晶体三类。通常，RC 正弦波振荡电路产生的正弦波信号频率低于 1MHz，LC 正弦波振荡电路产生的正弦波信号频率高于 1MHz，而石英晶体振荡电路能够产生频率非常稳定的振荡信号。

2．振荡条件

除了放大电路、正反馈、选频环节这三个功能模块，正弦波振荡电路还需要稳幅环节，以使正弦波振荡电路输出稳定的振荡信号。否则，由于正弦波振荡电路对正弦波信号 f_0 形成正反馈，经过放大电路的不断放大，输出振荡信号的幅值会越来越大，导致放大器件工作于非线性区，无法输出需要的正弦波信号。

当正弦波振荡电路稳定振荡时，正反馈网络的反馈信号 $\dot{X}_{\mathrm{f}}$ 与放大电路的输入信号 $\dot{X}_{\mathrm{a}}$ 幅值、相位一致，如图 7.7.2 所示。

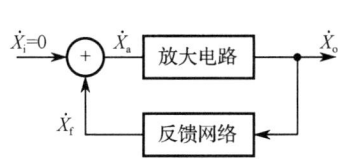

图 7.7.1　正弦波振荡电路的组成

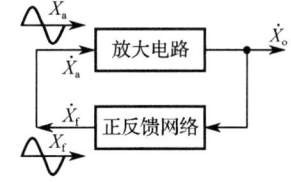

图 7.7.2　产生稳定振荡的平衡条件

根据图 7.7.2 可得

$$\dot{X}_{\mathrm{a}} = \dot{X}_{\mathrm{f}}$$

$$\frac{\dot{X}_{\mathrm{f}}}{\dot{X}_{\mathrm{a}}} = \frac{\dot{X}_{\mathrm{o}}}{\dot{X}_{\mathrm{a}}} \cdot \frac{\dot{X}_{\mathrm{f}}}{\dot{X}_{\mathrm{o}}} = 1$$

可写成

$$\dot{A}\dot{F} = 1 \qquad\qquad (7.7.1)$$

式（7.7.1）为正弦波振荡电路产生稳定输出信号时的平衡条件，其中包括幅值平衡条件和相位平衡条件。

幅值平衡条件为

$$\left|\dot{A}\dot{F}\right| = 1 \qquad\qquad (7.7.2)$$

相位平衡条件为

$$\varphi_{\text{AF}} = \varphi_{\text{A}} + \varphi_{\text{F}} = 2n\pi ， \quad n = 0,1,2,\cdots \qquad\qquad (7.7.3)$$

利用相位平衡条件可判断电路是否能够起振，并分析计算出振荡频率 f_0。

正弦波振荡电路建立稳定的振荡需要经历一个过程，就像荡秋千一样开始时可以用比较大的力让秋千荡起来，稳定以后，只需要一个较小的合拍力就可以，及时补充因为摩擦阻力做功损耗的能量。类似地，为了让正弦波振荡电路很快建立起稳定的振荡，当开始振荡时，应该让 $\left|\dot{A}\dot{F}\right| > 1$，而当稳定振荡时，$\left|\dot{A}\dot{F}\right| = 1$。

7.7.2　RC 桥式正弦波振荡电路

一种常用的 RC 正弦波振荡电路是 RC 桥式正弦波振荡电路，也称为 RC 文氏正弦波振荡电路，由串、并联 RC 选频网络和同相电压放大电路构成，如图 7.7.3（a）所示。RC 选频网络中 RC 串联支路和 RC 并联支路的电阻、电容取值相同，其反馈系数用 $\dot{F}_V$ 表示，谐振时，RC 选频网络形成正反馈；同相电压放大电路由运算放大器 A 和负反馈网络 R_f、R_1 构成，R_f、R_1 形成电压串联负反馈，具有稳定输出电压的作用，作为稳幅环节，其电压增益用 $\dot{A}_V$ 表示。RC 选频网络与 R_f、R_1 负反馈网络形成一个电桥，如图 7.7.3（b）所示，RC 桥式正弦波振荡电路因此得名。

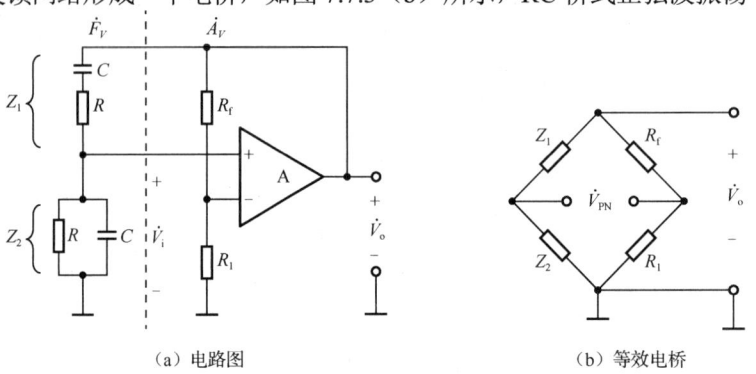

（a）电路图　　　　　　　　　　　（b）等效电桥

图 7.7.3　RC 桥式正弦波振荡电路

1．RC 选频网络的选频特性

用 Z_1、Z_2 分别代表 RC 串联支路、RC 并联支路的电抗，则有

$$Z_1 = R + (1/\text{j}\omega C)$$

$$Z_2 = R//(1/\text{j}\omega C) = R/(1 + \text{j}\omega RC)$$

$$\dot{F}_V = \frac{\dot{V}_{\text{f}}}{\dot{V}_{\text{o}}} = \frac{Z_2}{Z_1 + Z_2} = \frac{R/(1 + \text{j}\omega RC)}{R + (1/\text{j}\omega C) + R/(1 + \text{j}\omega RC)}$$

所以有

$$\dot{F}_V = \frac{1}{3 + \text{j}\left(\omega RC - \dfrac{1}{\omega RC}\right)}$$

令 $\omega_0 = 1/RC$，上式可写为

$$\dot{F}_V = \cfrac{1}{3 + j\left(\cfrac{\omega}{\omega_0} - \cfrac{\omega_0}{\omega}\right)} \qquad (7.7.4)$$

放大电路模块的电压增益 $\dot{A}_V = 1 + \cfrac{R_f}{R_1}$，$\varphi_a = 0$，因此，根据振荡平衡条件,谐振时，$\varphi_f = 0$，$\dot{F}_V$ 应该是个纯实数，即

$$\frac{\omega}{\omega_0} - \frac{\omega_0}{\omega} = 0$$

因此，谐振角频率为

$$\omega = \omega_0 = 1/RC$$

谐振频率 f_0 为

$$f_0 = \frac{1}{2\pi RC}$$

谐振时，反馈系数达到最大值，可表示为

$$\dot{F}_{V\max} = \frac{1}{3}$$

式（7.7.4）表示，RC 选频网络的反馈系数 $\dot{F}_V$ 随着输入信号角频率 ω 的变化而变化，如图 7.7.4 所示，且当 $\omega = \omega_0 = 1/RC$ 时，$\dot{F}_V$ 的幅值达到最大，即 $\dot{F}_{V\max} = 1/3$，而相位 $\varphi_f = 0$。

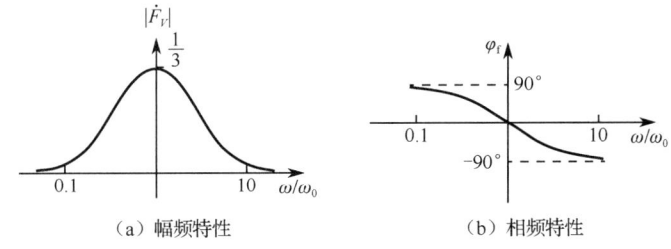

（a）幅频特性　　　　　　　　（b）相频特性

图 7.7.4　RC 选频网络的频率特性

2．振荡的建立与稳定

$\left|\dot{A}_V\dot{F}_V\right| = 1$ 只表示正弦波振荡电路达到稳定振荡时的平衡条件，为了容易起振，即很快建立起稳定振荡，振荡开始时，应该让 $\left|\dot{A}_V\dot{F}_V\right| > 1$。由 $F_V = 1/3$ 得，振荡开始时应该有

$$A_V = 1 + \frac{R_f}{R_1} > 3 \qquad (7.7.5)$$

让正弦波振荡电路能够很快建立起稳定振荡常用的方法是在负反馈网络中接入热敏电阻。如果负反馈网络的电阻 R_1 采用热敏电阻，则应该用正温度系数热敏电阻，如图 7.7.5 所示。振荡开始时，$R_f/R_1 > 2$，使 $A_f > 3$，电路很快建立起振荡。但随着输出电压 V_o 升高，R_1 上所加的电压升高，温度升高，R_1 的阻值随之变大，负反馈增强，当 $R_f/R_1 = 2$，$A_V = 3$ 时，输出稳定的振荡信号。

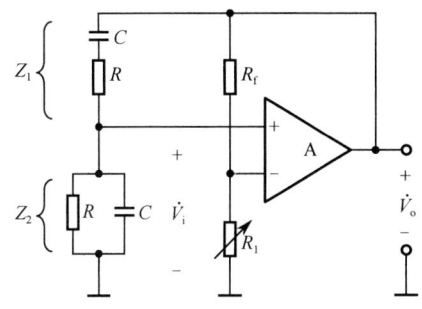

图 7.7.5　带自动稳幅功能的 RC 桥式正弦波振荡电路

7.7.3　RC 移相式正弦波振荡电路

　　另一种常用的 RC 正弦波振荡电路是 RC 移相式正弦波振荡电路，如图 7.7.6 所示，由反相电压放大电路和三节 RC 移相器构成。三节 RC 移相器在某一频率 f_0 时，共移相 $180°$，形

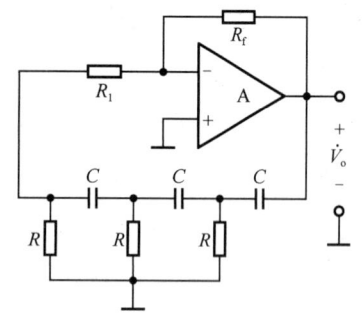

成正反馈，电路产生振荡。反相电压放大电路引入电压并联负反馈，具有稳定输出电压作用。

　　如图 7.7.7（a）所示，反相电压放大电路的电压增益 $\dot{A}_V$ 为

$$\dot{A}_V = \frac{\dot{V}_o}{\dot{V}_a} = -\frac{R_f}{R_1}$$

　　三节 RC 移相器的反馈系数用 $\dot{F}_V$ 表示，每节 RC 移相器的电阻 R、电容 C 的取值相同，如图 7.7.7（b）所示，假设 $R_1 \gg R$，则有

图 7.7.6　RC 移相式正弦波振荡电路

$$\dot{F}_V = \frac{\dot{V}_a}{\dot{V}_o} = \cfrac{1}{1 - 5\left(\cfrac{1}{\omega RC}\right)^2 - j\left[\cfrac{6}{\omega RC} - \left(\cfrac{1}{\omega RC}\right)^3\right]} \tag{7.7.6}$$

谐振时，$\varphi_f = 0$，因此有

$$\frac{6}{\omega RC} - \left(\frac{1}{\omega RC}\right)^3 = 0$$

求出谐振角频率 ω_0 为

$$\omega_0 = \frac{1}{\sqrt{6}RC}$$

谐振时，反馈系数 $\dot{F}_V$ 为

$$\dot{F}_V = \frac{\dot{V}_a}{\dot{V}_o} = \cfrac{1}{1 - 5\left(\cfrac{1}{\omega_0 RC}\right)^2} = -\frac{1}{29}$$

　　根据正弦波振荡电路振荡平衡条件，谐振时，反相电压放大电路的电压增益 $\dot{A}_V$ 的值至少取 29。

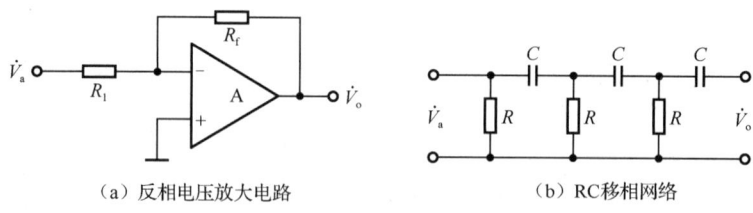

（a）反相电压放大电路　　　　　　　　（b）RC 移相网络

图 7.7.7　RC 移相式正弦波振荡电路的组成

7.7.4　LC 正弦波振荡电路

　　与 RC 正弦波振荡电路一样，LC 正弦波振荡电路也具有放大、正反馈、选频和稳幅四个功能模块，正反馈和选频环节由一个与频率有关的反馈网络构成，产生谐振时，这个反馈网

络产生正反馈。与 RC 正弦波振荡电路不同的是，LC 正弦波振荡电路的选频网络采用电感 L、电容 C 构成，且根据电感 L、电容 C 的连接方式不同，分为并联式 LC 正弦波振荡电路和串联式 LC 正弦波振荡电路两种。谐振时，电感的电抗特性和电容的电抗特性相互抵消，谐振回路呈现纯电阻性。下面只分析并联式 LC 正弦波振荡电路。

1. 并联式 LC 谐振回路的选频特性

假如是理想的 LC 谐振回路，即不会产生能量损耗，谐振时，能量在电容 C 和电感 L 之间相互交换，在 LC 谐振回路中产生循环往复的电流，并在谐振回路两端产生电压，但不需要外部能量补充，因此并联式 LC 谐振回路两端的电流为 0，谐振阻抗 $|\dot{Z}|$ 趋近于 ∞。但在实际应用时，却存在能量损耗，且电容的能量损耗较小，整个谐振回路的能量损耗以电感为主，用等效电阻 R 表示（相比于电感 L 的感抗、电容 C 的容抗，这个阻值非常小），如图 7.7.8 所示。图 7.7.8 中的 $\dot{I}_\mathrm{S}$ 表示外部流入并联式 LC 谐振回路的总电流，当然，这个电流非常小，用以及时补充谐振回路的损耗能量。

根据电路结构，并联式 LC 谐振回路的阻抗 $\dot{Z}$ 为

$$\dot{Z} = \frac{\dfrac{1}{\mathrm{j}\omega C}\cdot(R+\mathrm{j}\omega L)}{\dfrac{1}{\mathrm{j}\omega C}+(R+\mathrm{j}\omega L)} \approx \frac{\dfrac{1}{\mathrm{j}\omega C}\cdot \mathrm{j}\omega L}{\dfrac{1}{\mathrm{j}\omega C}+R+\mathrm{j}\omega L}$$

所以有

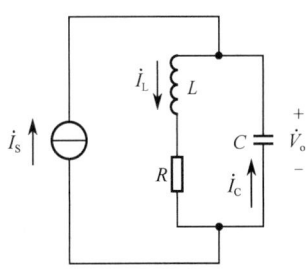

图 7.7.8　并联式 LC 谐振回路

$$\dot{Z} \approx \frac{\dfrac{L}{C}}{R+\mathrm{j}\left(\omega L - \dfrac{1}{\omega C}\right)} \qquad (7.7.7)$$

产生谐振时，式（7.7.7）的复数分母虚部为零，即

$$\omega_0 L - \frac{1}{\omega_0 C} = 0$$

谐振频率 f_0 为

$$f_0 = \frac{1}{2\pi\sqrt{LC}}$$

谐振回路的电抗特性变成电阻性，用 Z_0 表示。由于等效电阻 R 的阻值很小，因此 Z_0 是个非常大的值

$$Z_0 \approx \frac{\dfrac{L}{C}}{R} = \frac{L}{RC}$$

2. 并联式 LC 谐振回路的品质因数

并联式 LC 谐振回路的品质因数 Q 用谐振时的总电流 I_S 对电感支路电流 I_L 或电容支路电流 I_C 之比表示

$$Q = I_\mathrm{L}/I_\mathrm{S} = I_\mathrm{C}/I_\mathrm{S} = \omega_0 L/R = 1/\omega_0 RC$$

Q 值越高，表示 LC 谐振回路的能量损失越小，选频特性越好，如图 7.7.9 所示。

通常 $Q \gg 1$，所以 $I_\mathrm{C} \approx I_\mathrm{L} \gg I_\mathrm{S}$。

3. LC 振荡器

具体应用时，形成 LC 振荡器的类型很多，常用结构形式如图 7.7.10 所示，A_v 是一个与

频率无关的电压放大电路。产生振荡的条件：① X_1、X_2 是相同符号的电抗性元件，二者同是电感或同是电容；② X_3 是和 X_1、X_2 电抗符号相反的元件，即若 X_1、X_2 是电容，则 X_3 是电感；若 X_1、X_2 是电感，则 X_3 是电容；③ $A_v = \dot{V}_o / \dot{V}_i = X_2 / X_1$。

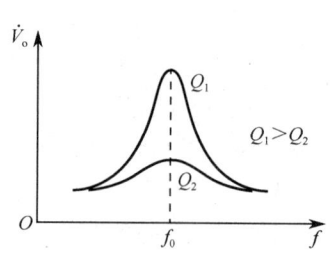　　　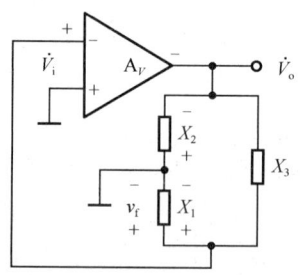

图 7.7.9　LC 谐振回路的谐振曲线　　　图 7.7.10　LC 振荡器的常用结构形式

根据图 7.7.10 的结构特点，可形成电感三点式和电容三点式 LC 振荡器，如图 7.7.11 所示。这两种振荡器的名称来自与频率有关的反馈网络，具有稳幅作用的电压放大电路由运算放大器 A 和 R_f、R_1 构成，形成电压并联负反馈。

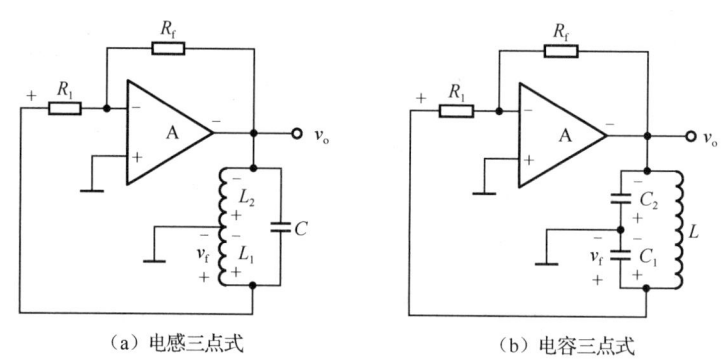

（a）电感三点式　　　　　　　　（b）电容三点式

图 7.7.11　三点式 LC 振荡器

在图 7.7.11（a）中，与频率有关的反馈网络由电感 L_1、L_2 和电容 C 构成，总电感量 $L = L_1 + L_2$。在图 7.7.11（b）中，与频率有关的反馈网络由电感 L 和电容 C_1、C_2 构成，总电容量 $C = C_1 \cdot C_2 / (C_1 + C_2)$。谐振时，电感三点式和电容三点式 LC 振荡器的振荡频率 f_0 都为

$$f_0 = \frac{1}{2\pi\sqrt{LC}}$$

7.7.5　石英晶体振荡器

由于温度影响、LC 元件内部损耗，LC 振荡器的振荡频率通常是不稳定的。要获得频率稳定的高频信号，需要小巧的、自身稳定的、低损耗的等效电抗元件，这可以利用压电效应来实现。石英晶体具有压电效应，当其发生机械变形时，石英晶体产生一个小的电压，反过来，如果在石英晶体两端施加电场时，将发生机械变形，这就是 RLC 串联电路的机械模拟，这里的 R 是石英晶体振动时的损耗等效电阻。石英晶体经过精密加工后，夹在两个金属片中构成石英晶体振荡器，然后密封在金属外壳中。

石英晶体的电路符号如图 7.7.12（a）所示，石英晶体的电路模型是 RLC 串联电路，包括石英晶体两侧的两个金属片在内，石英晶体用一个与 RLC 串联电路并联的电容 C_0 来模拟，

如图 7.7.12（b）所示。

石英晶体两端的电抗 $\dot{X}$ 随频率的变化而变化，呈现出不同的容性、感性，如图 7.7.12（c）所示。根据等效电路结构可知，石英晶体存在两个谐振频率。通常，由于石英晶体相对来说无损耗，而且 $C_0 \gg C$，故等效电阻 R 可以忽略。

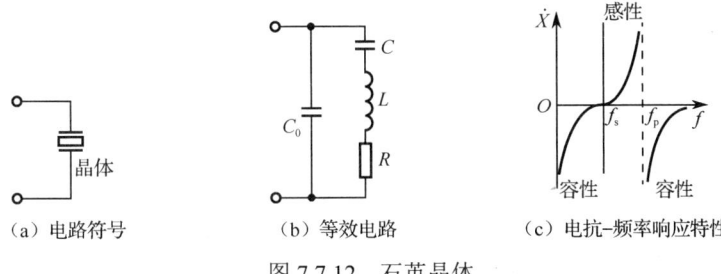

| （a）电路符号 | （b）等效电路 | （c）电抗-频率响应特性 |

图 7.7.12　石英晶体

1．RLC 串联电路发生谐振

RLC 串联电路发生谐振时，两端等效为一个纯电阻，其阻值为 R，谐振频率 f_s 为

$$f_s = \frac{1}{2\pi\sqrt{LC}}$$

2．RLC 串联电路与电容 C_0 构成的并联电路发生谐振

RLC 串联电路的电抗呈感性，当其与电容 C_0 构成的并联电路发生谐振时，其谐振频率高于 f_s，其振荡频率 f_p 为

$$f_p = \frac{1}{2\pi\sqrt{L\left(\dfrac{C \cdot C_0}{C + C_0}\right)}}$$

石英晶体振荡电路的形式多种多样，但基本电路只有两种，串联石英晶体振荡器和并联石英晶体振荡器。串联石英晶体振荡器利用石英晶体的 RLC 串联电路发生谐振，并联石英晶体振荡器利用石英晶体的 RLC 串联电路与电容 C_0 构成并联电路发生谐振。图 7.7.13 所示为并联石英晶体振荡器，石英晶体在电路中起电感作用，属于电容三点式 LC 振荡器。

由于石英晶体的 Q 值很高，可达几千以上，因此，石英晶体振荡电路可以获得很高的振荡频率稳定性。

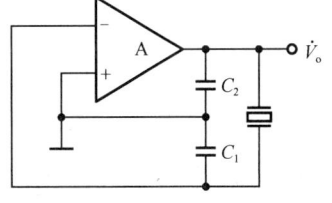

图 7.7.13　并联石英晶体振荡器

本节复习思考题

7.7.1　利用并联电路电压相同、串联电路电流相同的特点，简单说明并联式 LC 谐振回路的谐振阻抗大，串联式 LC 谐振回路的谐振阻抗小的原因。

7.7.2　若音频范围需要使用振荡器调节，在 RC 正弦波振荡器、LC 振荡器中选用哪种合适？如果是射频范围呢？

7.7.3　产生振荡时，振荡电路输出信号与输入信号是同相位的还是反相位的？

7.7.4　振荡电路的重要性能指标是什么？

7.7.5　石英晶体振荡器与 LC 振荡器相比，有哪些优点？

7.8　非正弦波信号产生电路

方波信号、三角波信号等都是非正弦波信号，方波信号可以转换成三角波信号。得到方波信号有两种方法，一种方法是波形变换，如用单门限电压比较器、迟滞比较器等信号整形变换电路把正弦波信号变换成方波信号；另一种方法是利用振荡电路，由于方波信号中含有多个正弦波成分，因此也把这样的电路称为多谐振荡电路或多谐振荡器。

7.8.1　比较器

运算放大器的增益很高，当运算放大器工作于开环状态时，很容易产生非线性失真，输出类似方波信号一样的固定电平信号。在一些应用场景中，需要把输入信号变成在高、低电平之间跳变的信号，如把正弦波信号变换成方波信号，在这样的应用场景中，要求电路响应跳变的速度非常快。但是，为了改善高频响应，在运算放大器的中间级往往引入 RC 电路，这会影响运算放大器的响应速度。有一类专门的电路，它很像运算放大器的电路结构，且具有高增益、高输入阻抗等特点，但没有运算放大器改善高频响应的 RC 电路，响应速度非常快，这类电路称为比较器，其在需要输出高、低电平跳变信号的场合中得到了广泛使用。它的电路符号和运算放大器很相似，唯一不同的是用字母"C"代替运算放大器的字母"A"，如图 7.8.1 所示。

在应用时，比较器通常接成开环电路或引入正反馈，使比较器工作于其电压传输特性曲线的非线性区，如图 7.8.2 所示。

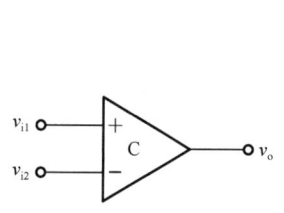

图 7.8.1　比较器的电路符号

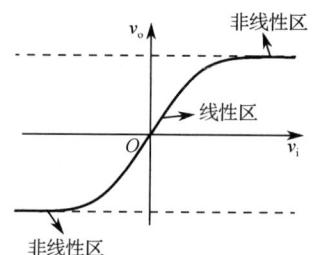

图 7.8.2　比较器工作于非线性区

比较器常见的应用电路有单门限电压比较器和迟滞比较器两种。单门限电压比较器是比较器的开环应用，而迟滞比较器是在电路中引入正反馈。

7.8.2　单门限电压比较器

单门限电压比较器就是直接把需要比较的信号 v_i 输入比较器的同相端或反相端，并与一个参考电压 V_{REF} 相比较，从而得到高电平 V_{OH} 或低电平 V_{OL} 的输出信号，如图 7.8.3 所示。

图 7.8.3（c）中的实折线表示同相输入单门限电压比较器的电压传输特性曲线，虚折线表示反相输入单门限电压比较器的电压传输特性曲线。参考电压 V_{REF} 也称为门限电压，如果参考电压 $V_{REF}=0$，单门限电压比较器也称为过零比较器。

单门限电压比较器电路简单、灵敏度高，但其抗干扰能力差。例如，同相输入单门限电压比较器输入正弦波信号 v_i，在输入信号 v_i 的正半周窜入干扰或噪声信号，使得其输出信号发生多次跳变，如图 7.8.4 所示，这会导致不良后果。例如，将这样的单门限电压比较器用于报警系统时，在正常情况下，传感器采集的检测信号输入单门限电压比较器后，与一个参考电压相比较，输出一个报警电平（设为高电平），控制警报器发出报警声音。若存在干扰信号，则在传感器没有采集到报警信号时，干扰信号很可能让比较器输出高电平，导致警报器误报警。

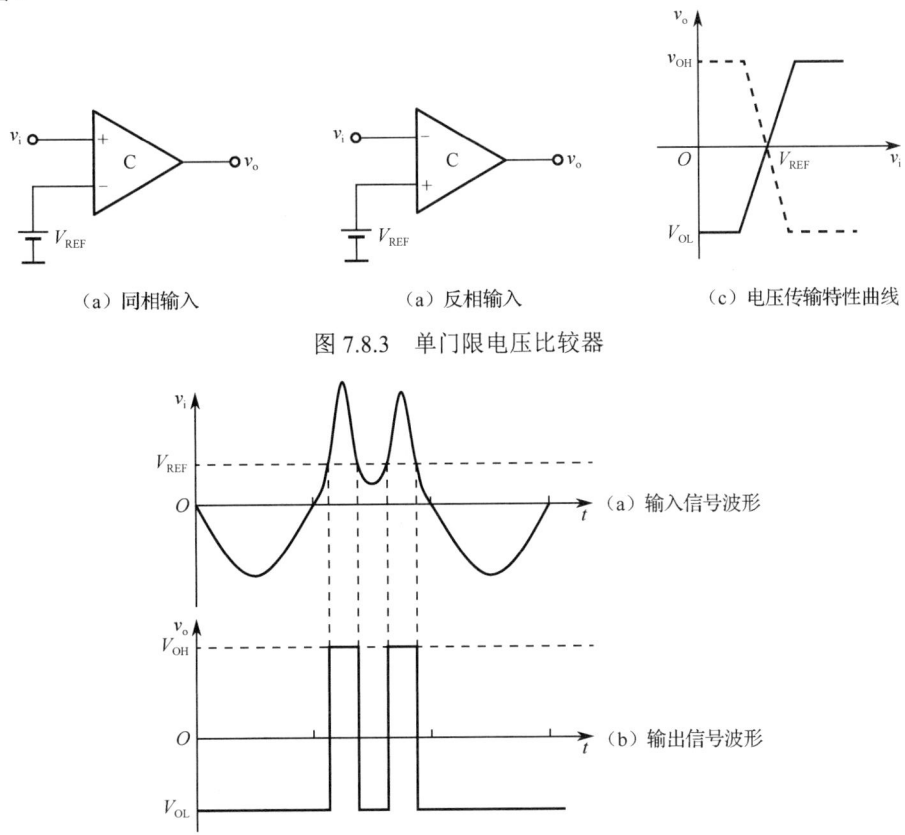

（a）同相输入　　　　　　　　（a）反相输入　　　　　（c）电压传输特性曲线

图 7.8.3　单门限电压比较器

（a）输入信号波形

（b）输出信号波形

图 7.8.4　单门限电压比较器在输入信号进入干扰时的输出信号波形

7.8.3　迟滞比较器

在干扰比较小的环境条件下，可以直接应用单门限电压比较器。如果需要提高电路的抗干扰能力，可以采用迟滞比较器（也称为施密特触发器）。反相输入的迟滞比较器如图 7.8.5 所示，R_2、R_1 构成正反馈，输入信号 v_i 与一个参考电压 V_{REF} 相比较，从而得到高电平 V_{OH} 或低电平 V_{OL} 的输出信号。如果 v_i、V_{REF} 的位置互换，则成为同相输入的迟滞比较器。

迟滞比较器具有两个门限电压 V_{T-}、V_{T+}，如图 7.8.6 所示，因此也被称为双门限电压比较器。当输入信号 v_i 由小变大时，输出电压按向右、向下的箭头方向从高电平 V_{OH} 变成低电平 V_{OL}；当输入信号 v_i 由大变小时，输出电压按向左、向上的箭头方向从低电平 V_{OL} 变成高电平 V_{OH}，即迟滞比较器具有迟滞特性。当输入信号 v_i 由小变大，达到 V_{T-} 时，输出信号依然保持高电平 V_{OH}，直到输入信号 v_i 达到 V_{T+} 时，输出信号才跳变成低电平 V_{OL}；而当输入信号 v_i 由大变小，达到 V_{T+} 时，输出信号依然保持低电平 V_{OL}，直到输入信号 v_i 达到 V_{T-} 时，输出信号才跳变成高电平 V_{OH}。具有迟滞特性的比较器在控制系统、信号鉴别系统、波形变换电路中得到了广泛应用。

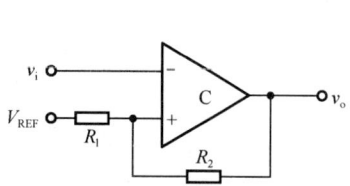

图 7.8.5　反相输入的迟滞比较器

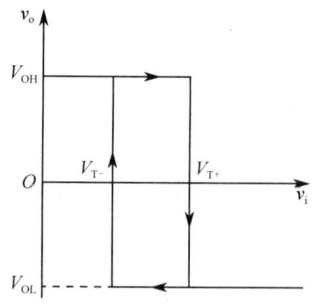

图 7.8.6　反相输入迟滞比较器的传输特性

迟滞比较器的两个门限电压 V_{T-}、V_{T+} 分别称为下门限电压和上门限电压，计算这两个门限电压时，可利用以下条件：①比较器 C 的输入电流很小（μA 数量级），远小于流过电阻 R_2、R_1 的电流（mA 数量级），在计算时可以忽略不计；②比较器的电压增益很高，在输入电压 v_{PN} 很小时，输出电压 v_o 已经足够大，因此，可认为 $v_P = v_N$ 是输出信号在高电平、低电平之间跳变的临界条件。于是，对于图 7.8.5 所示的反相输入迟滞比较器，则有

$$i_P \approx 0，\quad i_N \approx 0；$$
$$v_P = v_N$$
$$\frac{V_{REF} - v_P}{R_1} = \frac{v_P - v_o}{R_2}$$

所以有

$$v_P = \frac{R_2 V_{REF}}{R_1 + R_2} + \frac{R_1 v_o}{R_1 + R_2}$$
$$V_{T+} = \frac{R_2 V_{REF}}{R_1 + R_2} + \frac{R_1 V_{OH}}{R_1 + R_2}$$
$$V_{T-} = \frac{R_2 V_{REF}}{R_1 + R_2} + \frac{R_1 V_{OL}}{R_1 + R_2}$$

门限宽度或回差电压 ΔV_T 为

$$\Delta V_T = V_{T+} - V_{T-} = \frac{R_1 (V_{OH} - V_{OL})}{R_1 + R_2}$$

7.8.4　方波信号产生电路

方波信号产生电路是一种能够直接产生方波或矩形波信号的电路。由于方波或矩形波信号包含许多正弦谐波分量，因此，这种电路也称为多谐振荡电路。图 7.8.7 所示为方波信号产生电路，它由迟滞比较器和 RC 充放电回路构成。如果需要对输出信号进行限幅，可采用稳压二极管实现。

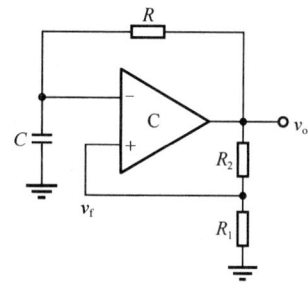

图 7.8.7　方波信号产生电路

运算放大器采用双电源供电，在输出电压 v_o 的两种取值状态中，高电平 V_{OH} 为正值，低电平 V_{OL} 为负值。运算放大器反相端电压 v_N 等于电容 C 两端电压 v_C，同相端电压 v_P 等于反馈电压 v_f。

方波信号产生电路的正反馈系数 F_V 为

$$F_V = \frac{v_f}{v_o} = \frac{R_1}{R_1 + R_2}$$

反馈网络馈送到运算放大器同相端的电压 v_f 为

$$v_f = v_o \frac{R_1}{R_1 + R_2}$$

当输出电压 v_o 为高电平 V_{OH} 时，反馈电压用 v_{fH} 表示；当输出电压 v_o 为低电平 V_{OL} 时，反馈电压用 v_{fL} 表示。

开始接通直流电源时，输出电压可能是高电平，也可能是低电平。假设开始接通直流电源时，输出电压 v_o 处于低电平 V_{OL}，即输出电压 v_o 是个负值，低于"地"，则反馈电压 v_{fL} 也是个负值。由于电容 C 的电压不会突变，因此电容 C 两端的电压为 0，使得输出电压 v_o 通过电阻 R 对电容 C 反向充电，使电容 C 两端的电压 v_C 变为负值，如图 7.8.8（a）所示，i_R 表示反向充电电流。当电容 C 反向充电至其电压 v_C 低于运算放大器同相端反馈电压 v_{fL} 时，输出电压 v_o 跳变成高电平 V_{OH}，反馈到运算放大器同相端的电压 v_{fH} 变成正值。此时，由于输出电压 $v_o = V_{OH} > 0$，高于电容 C 两端的电压 v_C，输出电压 v_o 通过 R 对电容 C 正向充电，随着充电过程进行，电容 C 两端的电压 v_C 逐渐从负值变成正值，如图 7.8.8（b）所示，i_F 表示正向充电电流。当电容 C 充电到两端电压 v_C 高于运算放大器同相端反馈电压 v_{fH} 时，输出电压 v_o 跳变成低电平 V_{OL}，如此继续下去。电容 C 每完成一轮周期性的反向正向充电过程（T_1、T_2），方波信号产生电路就输出一个周期性的方波信号，如图 7.8.8（c）所示。

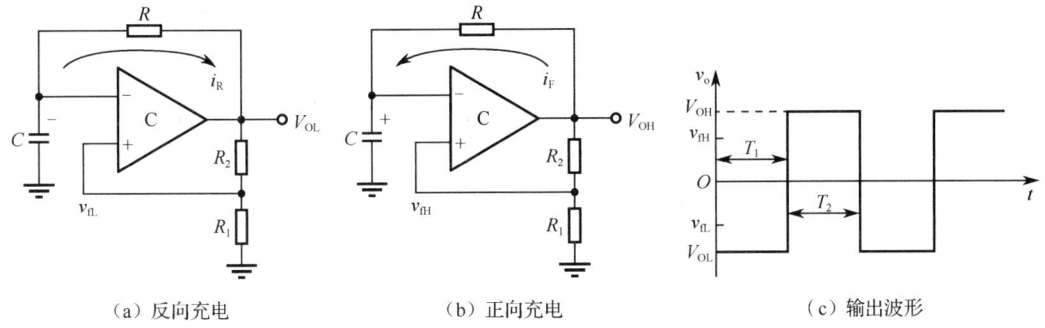

（a）反向充电　　　　　　　　（b）正向充电　　　　　　　　（c）输出波形

图 7.8.8　方波信号产生电路的工作原理图

设该方波信号的周期为 T，$T = T_1 + T_2$，利用电容 C 的充放电方程可推导出周期 T 的表达式。电容 C 反向充电时，相当于一个电压为 V_{OL} 的负电源为其充电，如图 7.8.9（a）所示；电容 C 的正向充电时，相当于一个电压为 V_{OH} 的正电源为其充电，如图 7.8.9（b）所示。

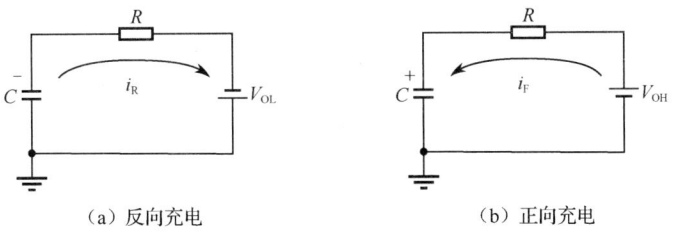

（a）反向充电　　　　　　　　　　（b）正向充电

图 7.8.9　方波信号产生电路的电容充电模型

电容 C 的充放电方程为

$$v(t) = v(\infty) + [v(0) - v(\infty)]e^{-t/\tau} \tag{7.8.1}$$

式中，$\tau = RC$。在反向充电过程中，$v_1(0) = v_{fH}$，$v_1(T_1) = v_{fL}$，$v_1(\infty) = V_{OL}$；在正向充电过程

中，$v_2(0) = v_{\text{fL}}$，$v_2(T_2) = v_{\text{fH}}$，$v_2(\infty) = V_{\text{OH}}$。代入式（7.8.1），并设 $V_{\text{OL}} = -V_{\text{OH}}$，可得

$$T_1 = T_2 = RC\ln\left(1 + 2\frac{R_1}{R_2}\right)$$

所以有

$$T = T_1 + T_2 = 2RC\ln\left(1 + 2\frac{R_1}{R_2}\right)$$

本节复习思考题

7.8.1　比较器具有放大作用吗？它的什么性能和运算放大器有区别？

7.8.2　非正弦波信号产生电路是利用了放大器件的线性放大特性还是非线性放大特性？

7.8.3　为了利用放大器件的非线性特性，放大电路应该引入正反馈还是负反馈？

本章提要

1. 反馈的例子到处可见。放大电路中引入负反馈，从输出电压或输出电流信号取出反馈信号，以串联或并联方式馈送到输入端，使净输入电压或净输入电流发生变化，从而稳定输出信号，电压负反馈稳定输出电压，电流负反馈稳定输出电流。

2. 用瞬时电压极性法判断反馈极性，用反馈网络是否与信号输入端、输出端形成"节点"判断反馈组态，但找到虚短、虚断发生的位置是关键。可利用"信号传输路径"，信号输入端、输出端与电路输入端、输出端的区别找到虚短、虚断发生的位置。

3. 电压串联负反馈具有稳定输出电压、提高输入阻抗、降低输出阻抗的特点，电压并联负反馈具有稳定输出电压、降低输入阻抗、降低输出阻抗的特点，电流串联负反馈具有稳定输出电流、提高输入阻抗、提高输出阻抗的特点，电流并联负反馈具有稳定输出电流、降低输入阻抗、提高输出阻抗的特点。

4. 放大电路中引入负反馈后，不仅能够稳定输出信号，还能够改善放大电路的非线性失真，扩展放大电路的通频带。

5. 放大电路的增益与频率有关，负反馈放大电路在一定的频率条件下，由于产生附加相移，导致负反馈网络变成正反馈网络，产生破坏放大电路正常工作的自激现象。

6. 正弦波振荡电路故意在放大电路中引入正反馈，且让选频网络由电抗性元件构成。对于某个信号频率 f_0，电路产生振荡，选频网络成为正反馈网络，不需要外部输入信号，电路输出振荡信号，增加稳幅环节后，放大电路输出稳定的正弦波信号。

7. 除了正弦波信号，方波信号也是电子电路的常用信号。可利用门限电压比较器、迟滞比较器等将正弦波信号整形变换成方波信号，或者利用方波信号产生电路产生方波信号。

习　　题

7.1　试推导图 1 所示的反馈系统的增益表达式 $\dot{A}_{\text{F}} = \dot{X}_{\text{o}}/\dot{X}_{\text{i}}$。

7.2　电路如图 2 所示，指出电路中构成反馈网络的元件，并判断反馈极性和反馈组态。

7.3　一个不带反馈的放大电路中频电压增益 $A_{V\text{M}} = 1000$，下限频率 $f_{\text{L}} = 1\text{kHz}$，上限频率 $f_{\text{H}} = 100\text{kHz}$，输入阻抗 $R_{\text{i}} = 10\text{k}\Omega$，输出阻抗 $R_{\text{o}} = 100\Omega$。引入负反馈，其反馈系数 $F_V = 0.05$。

计算有负反馈时的中频电压增益 A_{VF}、下限频率 f_{LF}、上限频率 f_{HF}、输入阻抗 R_{if}、输出阻抗 R_{of}。

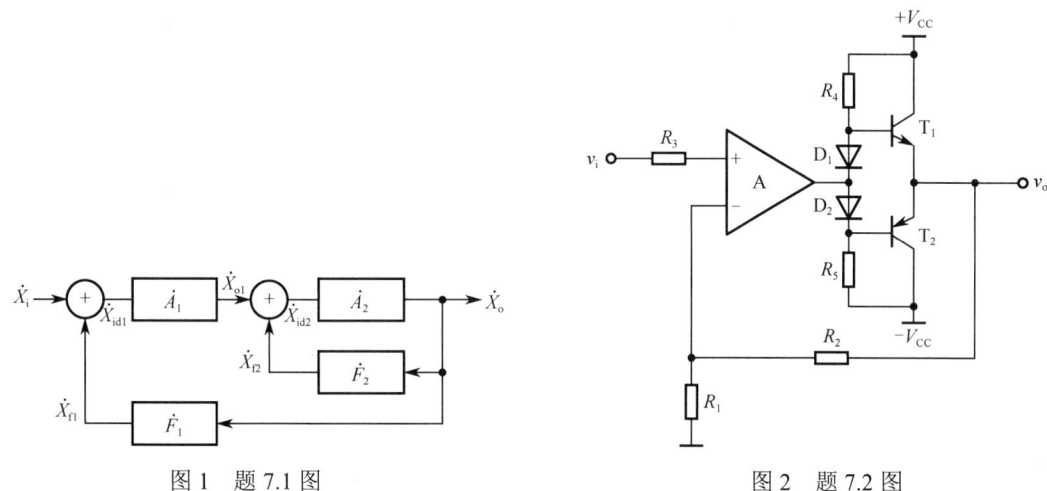

图 1 题 7.1 图   图 2 题 7.2 图

7.4 电路如图 3 所示。

（1）指出运算放大器 A_2 存在局部反馈的反馈极性和反馈组态；

（2）指出运算放大器 A_2 和电阻 R_2 构成的反馈极性和反馈组态。

7.5 一个不带反馈的放大电路中频互阻增益 $A_R = 1000\Omega$，下限频率 $f_L = 1\text{kHz}$，上限频率 $f_H = 100\text{kHz}$，输入阻抗 $R_i = 10\text{k}\Omega$，输出阻抗 $R_o = 100\Omega$。引入负反馈，其反馈系数 $F_G = 0.05\Omega^{-1}$。计算有负反馈时的中频互阻增益 A_{RF}、下限频率 f_{LF}、上限频率 f_{HF}、输入阻抗 R_{if}、输出阻抗 R_{of}。

7.6 假设图 2 所示电路中的基本放大电路保持不变，将其改成电压并联负反馈放大电路，请画出电路图。

7.7 电路如图 4 所示，指出电路中构成反馈网络的元件，并判断反馈极性和反馈组态。

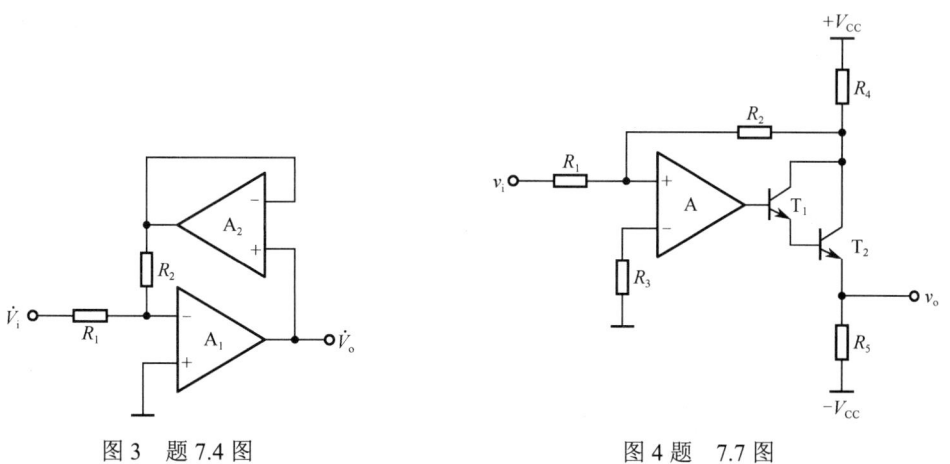

图 3 题 7.4 图   图 4 题 7.7 图

7.8 一个不带反馈的放大电路中频增益 $A_M = 5000$，下限频率 $f_L = 1\text{kHz}$，上限频率 $f_H = 100\text{kHz}$，输入阻抗 $R_i = 10\text{k}\Omega$，输出阻抗 $R_o = 100\Omega$。引入电流并联负反馈，其反馈系数 $F = 0.01$。

（1）确定不带反馈时中频电压增益 A_M 的单位，引入反馈的反馈系数单位，引入反馈后的中频增益单位；

（2）计算有反馈时的中频增益 A_{MF}、下限频率 f_{LF}、上限频率 f_{HF}、输入阻抗 R_{if}、输出阻抗 R_{of}。

7.9　假设图 4 所示电路中的基本放大电路保持不变，将其改成电流串联负反馈放大电路，请画出电路图。

7.10　一个不带反馈的放大电路中频增益 $A_M = 5000$，下限频率 $f_L = 1\text{kHz}$，上限频率 $f_H = 100\text{kHz}$，输入阻抗 $R_i = 10\text{k}\Omega$，输出阻抗 $R_o = 100\Omega$。引入电流串联负反馈，其反馈系数 $F = 0.01$。

（1）确定不带反馈时中频增益 A_M 的单位，引入反馈的反馈系数单位，引入反馈后的中频增益单位；

（2）计算有反馈时的中频增益 A_{MF}、下限频率 f_{LF}、上限频率 f_{HF}、输入阻抗 R_{if}、输出阻抗 R_{of}。

7.11　请回答下列问题。

（1）在四种反馈组态中，哪两种反馈组态比较适合匹配低阻抗负载？

（2）在四种反馈组态中，哪两种反馈组态比较适合匹配高阻抗信号源？

7.12　电路如图 5 所示，分析并计算开关 K 处于下列两种不同情况下的电压增益。

（1）当开关 K 断开时，放大电路的电压增益 $A_V = V_o / V_i$；

（2）当开关 K 闭合时，放大电路的电压增益 $A_V = V_o / V_i$。

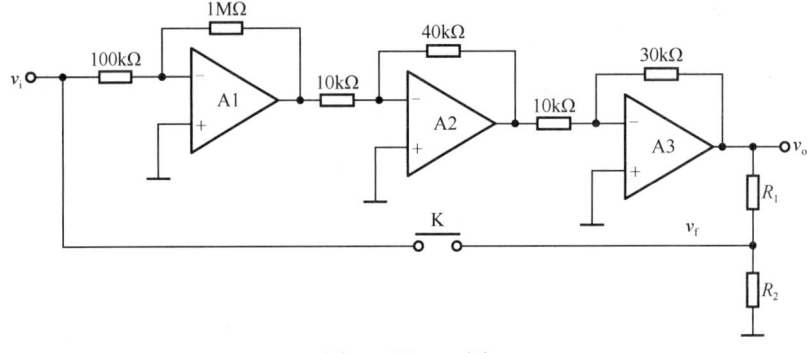

图 5　题 7.12 图

7.13　说明图 6 所示的电路不能实现电压增益 $A_V = 1 + \dfrac{R_2}{R_1}$ 的原因？并画出改正后的电路。

7.14　某个运算放大器的开环频率特性如图 7 所示。利用该运算放大器构成一个负反馈放大电路。

（1）为了获得 100kHz 带宽，闭环电压增益 A_{VF} 只能是多大？

（2）电路需要多大的电压反馈系数 F_V？

7.15　如果输入信号没有直流成分，可利用图 8 所示放大电路实现单电源代替双电源供电的效果，对输入交流信号进行放大。

（1）说明电容 C_1、C_2 的作用；

（2）证明其电压增益 $A_V = 1 + \dfrac{R_2}{R_1}$。

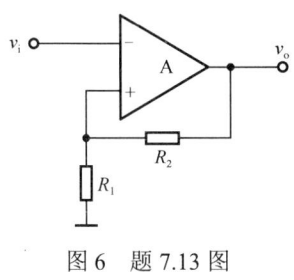

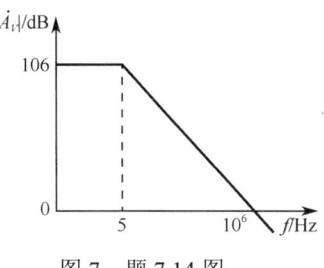

图 6　题 7.13 图　　　　　　　　　　图 7　题 7.14 图

7.16　为了用低值电阻实现高电压增益的比例放大电路，常用 T 形网络代替反馈电阻 R_f，如图 9 所示，试证明

$$A_V = \frac{v_o}{v_i} = -\frac{R_2 + R_3 + R_2 R_3 / R_4}{R_1}$$

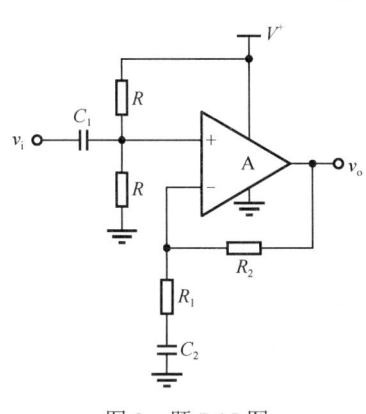

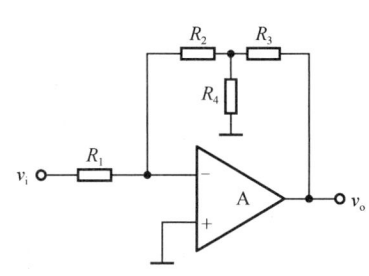

图 8　题 7.15 图　　　　　　　　　　图 9　题 7.16 图

7.17　用两个理想运算放大器和电阻设计一个总电压增益为 0.5 的放大电路。

7.18　电路如图 10 所示。灯泡的电阻用 R_l 表示，是一个具有正温度系数的电阻，灯泡点亮时的阻值为 2 kΩ，$R = 10\text{k}\Omega$，$C = 10\mu\text{F}$。

（1）要使灯泡正常点亮，R_l 的值至少是多少？

（2）计算灯泡正常点亮时的谐振频率 f_0。

7.19　推导图 11 所示的移相器的频率特性函数表达式 $\dot{V}_b / \dot{V}_a$。

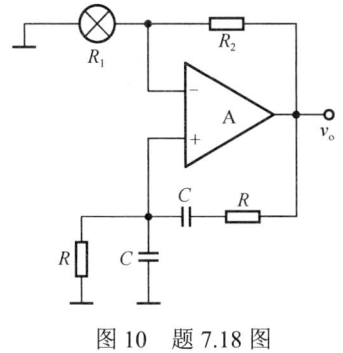

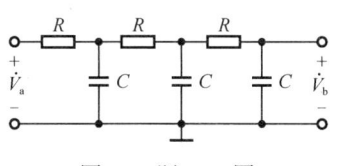

图 10　题 7.18 图　　　　　　　　　　图 11　题 7.19 图

7.20　利用图 11 所示的移相器和运算放大器，设计一个移相式正弦波振荡电路（假设运算放大器是理想运算放大器）。

（1）画出这个移相式正弦波振荡电路的电路图；

（2）计算运算放大器构成的放大电路的电压增益；

（3）确定工作频率。

7.21　由 FET 构成的 LC 振荡电路如图 12 所示，利用相位平衡条件判断其是否能产生振荡，并说明理由。

7.22　石英晶体振荡电路如图 13 所示。

（1）计算谐振频率 f_0；

（2）产生振荡时，电阻 R_1、R_2 与电容 C_1、C_2 是什么关系？

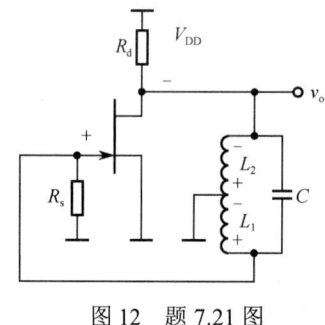
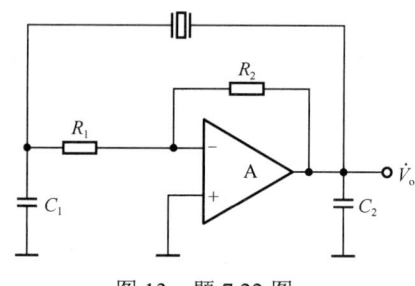

图 12　题 7.21 图   图 13　题 7.22 图

7.23　红外检测电路如图 14 所示。

（1）说明红外检测电路的工作原理，并说明选用比较器而不选用运算放大器的原因；

（2）为了提高红外传感器接收红外线的灵敏度，应该如何调节电路中的电阻？

（3）为了提高红外检测电路的抗干扰能力，比较器应该采用什么电路？画出改进后的电路图。

7.24　图 15 所示的方波信号产生电路采用双电源供电，更容易产生振荡输出方波信号，请说明原因。

7.25　图 15 所示的方波信号产生电路增加了稳压二极管 D_{Z1}、D_{Z2}，设两只稳压二极管的参数完全相同，其稳压值用 V_Z 表示，正向导通电压用 V_F 表示。

（1）说明稳压二极管在电路中的作用；

（2）画出输出信号 v_o 的波形。

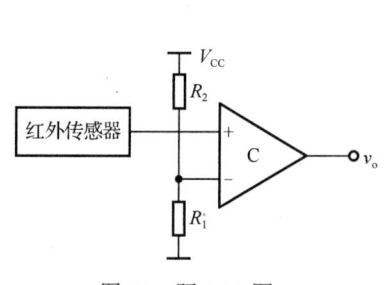
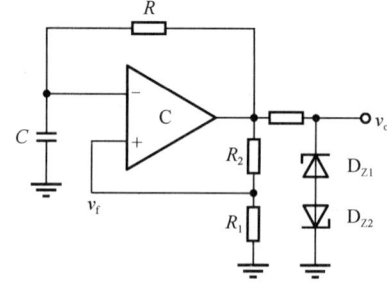

图 14　题 7.23 图   图 15　题 7.25 图

第8章 模拟信号的运算与变换电路

如果应用数字电路对模拟信号进行处理，则必须用到 ADC、DAC，但如果直接应用模拟电路，则完全可以省略 ADC、DAC，因此响应速度快。对模拟信号的滤波处理安排在下一章，本章的主要内容如下：

（1）运算放大器的线性特点；
（2）两种常用的运算放大器基本放大电路；
（3）加法电路、减法电路、积分电路、微分电路等线性运用电路；
（4）精密整流电路和峰值检测电路；
（5）模拟乘法器及其应用；
（6）模拟锁相环及其应用。

8.1 运算放大器的线性特点

运算放大器是构成复杂电路的一个很小的模块，但却是一个必需的模块，通常利用它来构成各种模拟信号的运算与变换电路，如加法电路、减法电路、积分电路、微分电路等。运算放大器存在线性放大区和非线性放大区，如图 8.1.1 所示。尽管在积分电路、微分电路中，输出电压与输入电压不呈线性关系，但运算放大器却像加法电路、减法电路一样工作于线性区，因此积分电路、微分电路也被称为运算放大器线性运用电路。图 8.1.1 中的 v_i 表示运算放大器的输入电压，v_o 表示运算放大器的输出电压。

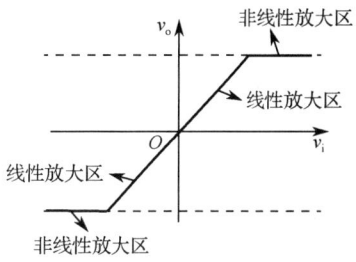

图 8.1.1 运算放大器的
电压传输特性曲线

1. 理想运算放大器

根据第 1 章的内容可知，理想运算放大器具有以下特点：

（1）差模信号电压增益 A_{VD} 为无穷大，实际上 $A_{VD} \geqslant 80\mathrm{dB}$ 即可；

（2）差模信号输入电阻 R_{id} 为无穷大，实际上 R_{id} 比输入端外电路的阻值大 2～3 个数量级即可；

（3）差模信号输出电阻 $R_o = 0$，实际上 R_o 比输出端外电路的阻值小 1～2 个数量级即可；

（4）带宽足够宽（足够满足需要放大信号的频谱要求）；

（5）共模抑制比足够大；

（6）输入失调电压等于零（实际运算放大器的输入失调电压仅为几微伏）。

实际上在做一般原理性分析时，运算放大器都可以视为理想的，只要实际的运用条件不使运算放大器的某个技术指标明显下降即可。理想运算放大器的增益 A_{VD} 为无穷大，意味着运算放大器同相端和反相端输入一个很小（几乎为 0）的差分信号，都会在输出端产生一个不小的输出信号。输入阻抗视为无穷大，则表示没有电流从理想运算放大器的同相端流到反相端。

当理想运算放大器的输入信号为零时，输出信号也为零。输入失调电压的定义就是，为了使运算放大器输出的直流电压为零，在输入端之间需要加的补偿电压，用符号 V_{OS} 表示。

输入失调电压是由实际的运算放大器无法达到器件完全对称引起的，其典型值为 1mV，由于足够小，因此在放大电路中可以忽略。实际应用时，可根据放大信号的要求进行输入失调电压补偿，或者选用输入失调电压更小的运算放大器。输入失调电流是指当运算放大器输出直流电流为零时，两个输入端偏置电流的差值。实际的 BJT 运算放大器存在输入偏置电流，这是因为输入级的 BJT 基极需要供给直流偏置电流 I_B 才能正常工作。

2．虚短和虚断

理想运算放大器具有"虚短"和"虚断"特性，这两个特性对分析运算放大器的线性运用电路十分有用。实际上，引入负反馈的运算放大器线性运用电路，很容易满足深度负反馈条件，更可以应用"虚短""虚断"概念进行近似分析、计算，这能大大简化分析过程。

1）虚短

由于运算放大器的电压增益很高，一般都在 80dB 以上，而运算放大器的输出电压是有限的，一般为几伏到十几伏，因此运算放大器的差模输入电压远远不足 1mV，两个输入端近似等电位，相当于"短路"。运算放大器的开环电压增益越高，两个输入端的电位越接近。

2）虚断

由于运算放大器的差模信号输入电阻很大，一般都在 1MΩ 以上，因此流入运算放大器输入端的电流不足 1μA。故通常可把运算放大器的两个输入端视为开路，且运算放大器的输入电阻越大，两个输入端越接近开路。

本节复习思考题

8.1.1　实际运算放大器与理想运算放大器总是有一定的差距，应用时如何选择合适的运算放大器？

8.1.2　说明运算放大器存在非线性放大区的原因，并解释线性放人电路与线性运用电路的区别。

8.1.3　当运算放大器开环时，如果其输入电流很小，不足 1μA，而其他处的电流在 mA 级，可以运用虚断概念进行近似分析计算吗？

8.2　运算放大器基本电路

8.2.1　基本放大电路

在第 7 章已经分析了基于运算放大器构成的两种基本放大电路，即同相比例放大电路和反相比例放大电路，现重画于图 8.2.1，它们是运算放大器常用的两种放大电路。应用这两种基本放大电路的结构和工作特点，可拓展出加法电路、减法电路、积分电路、微分电路等各种线性运用电路。

同相比例放大电路的电压增益为

$$\dot{A}_V = \frac{\dot{V}_o}{\dot{V}_i} = 1 + \frac{R_f}{R_1}$$

反相比例放大电路的电压增益为

$$\dot{A}_V = \frac{\dot{V}_o}{\dot{V}_i} = -\frac{R_f}{R_1}$$

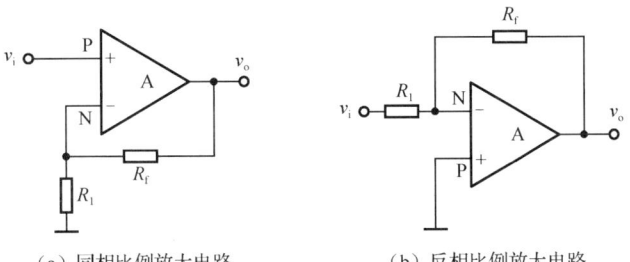

（a）同相比例放大电路　　　　　　　（b）反相比例放大电路

图 8.2.1　基于运算放大器构成的两种基本放大电路

　　同相比例放大电路和反相比例放大电路各有优点，应该根据实际应用需求选择其中一种。同相比例放大电路引入电压串联负反馈，所以输入阻抗很高；反相比例放大电路引入电压并联负反馈，输入阻抗不高，但其具有虚地的特点，因此，没有共模信号。

　　在 BJT 运算放大器的应用电路中，通常在 BJT 运算放大器同相端或反相端接入平衡电阻，即同相端接入的总阻值等于反相端接入的总阻值，这会消除实际的 BJT 运算放大器输入偏置电流不为零引起的输入误差，如图 8.2.2 所示。它与图 8.2.1 所示电路的不同之处在于，增加了电阻 R_2，称其为平衡电阻，其阻值等于 BJT 运算放大器另一个输入端的总阻值，即 $R_2 = R_f // R_1$。这个平衡电阻只为了消除实际 BJT 运算放大器输入偏置电流引起的输入误差，在理论分析时，通常不画出这个平衡电阻。

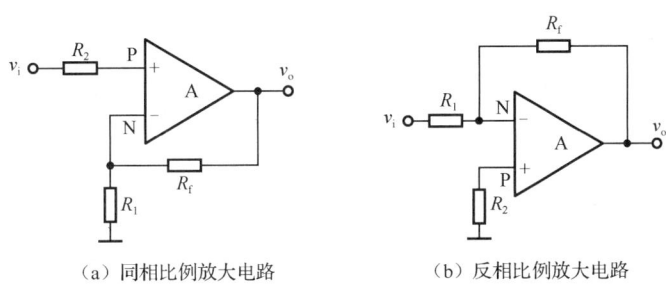

（a）同相比例放大电路　　　　　　　（b）反相比例放大电路

图 8.2.2　运算放大器电路接入平衡电阻

8.2.2　加法电路

　　在反相比例放大电路的基础上，增加一个输入支路，就构成了两个信号 v_{s1}、v_{s2} 的反相输入加法电路，如图 8.2.3 所示。

　　根据虚短、虚断概念，则有

$$i_P \approx 0, \quad i_N \approx 0$$
$$v_N = v_P = 0$$

所以有

$$\frac{v_{s1}}{R_1} + \frac{v_{s2}}{R_2} = \frac{0 - v_o}{R_f}$$

$$v_o = -\frac{R_f}{R_1}v_{s1} - \frac{R_f}{R_2}v_{s2} = -\left(\frac{R_f}{R_1}v_{s1} + \frac{R_f}{R_2}v_{s2}\right) \qquad （8.2.1）$$

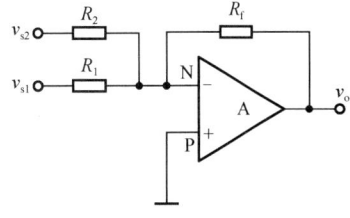

图 8.2.3　反相输入加法电路

若 $R_f = R_1 = R_2$，则有

$$v_o = -(v_{s1} + v_{s2}) \qquad （8.2.2）$$

式（8.2.2）表示输出信号 v_o 与两个输入信号 v_{s1}、v_{s2} 相加的和呈线性关系，因此是一个加法电路。式（8.2.2）中存在一个负号，只要在加法电路的输出端再加上一个反相比例放大电路如图 8.2.4 所示，就可以消去这个负号，即

$$v_{o1} = -(v_{s1} + v_{s2})$$

$$v_o = -v_{o1}$$

所以有

$$v_o = v_{s1} + v_{s2}$$

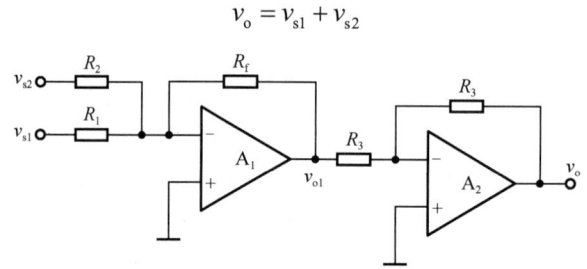

图 8.2.4　反相加法电路输出端增加反相电路

在实际应用时，一些电路只能处理正值的输入信号。例如，有些 ADC 只能接收正值的电压信号，但实际信号既有正值电压，又有负值电压。此时可用加法电路，经过平移变换，把一个具有负值的电压信号变成一个只有正值的电压信号，如图 8.2.5 所示。

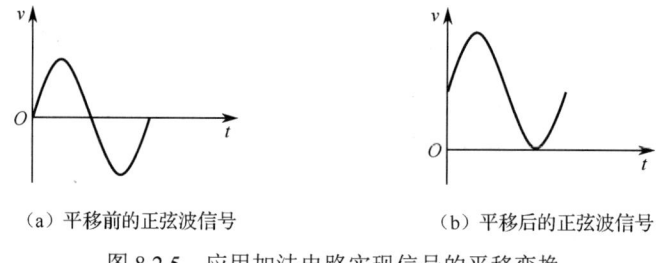

（a）平移前的正弦波信号　　　　　　（b）平移后的正弦波信号

图 8.2.5　应用加法电路实现信号的平移变换

8.2.3　减法电路

1．利用反相再求和的减法电路

把两个需要相减的信号中的一个先输入反相比例放大电路，其输出信号再和另一个信号一起输入加法电路，就可实现这两个输入信号的相减，如图 8.2.6 所示。

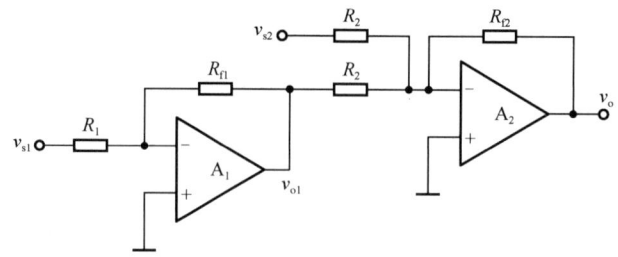

图 8.2.6　利用反相再求和的减法电路

运算放大器 A_1 和电阻 R_1、R_{f1} 构成第一级反相比例放大电路，运算放大器 A_2 和电阻 R_2、R_{f2} 构成第二级反相输入加法电路。

设两个需要相减的信号分别为 v_{s1}、v_{s2}，将其输入图 8.2.6 所示的电路。

第一级：若 $R_{f1} = R_1$，则 $v_{o1} = -v_{s1}$。

第二级：若 $R_{f2} = R_2$，则 $v_o = -(v_{o1} + v_{s2}) = v_{s1} - v_{s2}$，实现了两个信号 v_{s1}、v_{s2} 相减，因此它是一个减法电路。

由于这样的减法电路出现虚地，放大电路没有共模信号，故允许 v_{s1}、v_{s2} 的共模电压范围较大。

2．差分减法电路

先把同相比例放大电路的负反馈网络接地端改成一个信号输入端，然后把两个需要相减的信号分别输入两个输入端，且为了防止输入信号 v_{s2} 产生的电流对运算放大器输入端产生不良影响，在同相端接入电阻 R_1、R_2，构成差分减法电路，如图 8.2.7 所示。

根据虚短、虚断的概念，则有

$$i_P \approx 0, \quad i_N \approx 0$$

$$v_N = v_P$$

所以有

$$\frac{v_{s1} - v_N}{R_1} = \frac{v_N - v_o}{R_2}$$

$$\frac{v_{s2} - v_N}{R_1} = \frac{v_N - 0}{R_2}$$

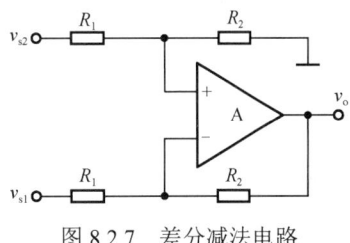

图 8.2.7　差分减法电路

因此有

$$v_o = \frac{R_2}{R_1}(v_{s2} - v_{s1}) \tag{8.2.3}$$

即输出电压 v_o 与两个输入电压之差 $(v_{s2} - v_{s1})$ 成正比，所以图 8.2.7 所示的减法电路实际上是一个差分放大电路。当 $R_2 = R_1$ 时，式（8.2.3）变为

$$v_o = v_{s2} - v_{s1} \tag{8.2.4}$$

这样的电路在模拟电路中经常用到，但对共模信号来说，两个输入端不匹配，因此电路存在共模电压。为了减小共模电压，要么选用共模抑制比较高的运算放大器，要么增加一级电压跟随器。

仪器、仪表往往需要性能更为优越的放大电路，可采用由多个运算放大器构成的差分放大电路，如图 8.2.8 所示。

三个运算放大器 A_1、A_2、A_3 各自构成的负反馈放大电路都能够满足深度负反馈条件。根据虚短、虚断的概念，则有

$$\frac{v_{o1} - v_1}{R_2} = \frac{v_1 - v_2}{R_1}$$

$$\frac{v_2 - v_{o2}}{R_2} = \frac{v_1 - v_2}{R_1}$$

$$\frac{v_{o1} - v_3}{R_3} = \frac{v_3 - v_o}{R_4}$$

$$\frac{v_{o2} - v_3}{R_3} = \frac{v_3}{R_4}$$

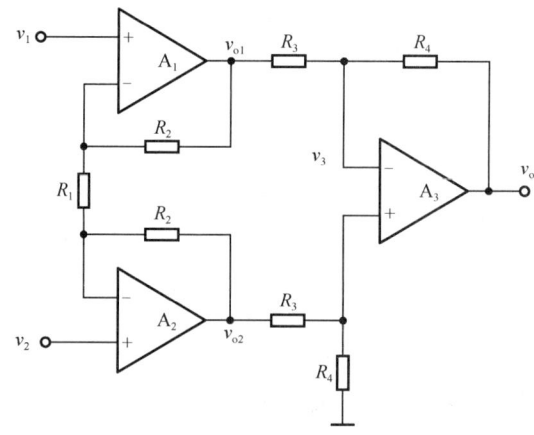

图 8.2.8　仪器、仪表常用的差分放大电路

所以有

$$v_{o1} - v_{o2} = \left(1 + \frac{2R_2}{R_1}\right)(v_1 - v_2) \tag{8.2.5}$$

$$v_o = -\frac{R_4}{R_3}(v_{o1} - v_{o2}) = -\frac{R_4}{R_3}\left(1 + \frac{2R_2}{R_1}\right)(v_1 - v_2) \tag{8.2.6}$$

图 8.2.8 所示的放大电路的输入阻抗很高，而且，如果选用相同特性的运算放大器，使得运算放大器 A_1、A_2 组成的放大电路输出的共模电压和漂移电压都相等，再经过运算放大器 A_3 组成的差分放大电路，可以相互抵消，因此这样的放大电路具有很强的共模信号抑制能力和较小的输出漂移电压，但却有很高的差模信号电压增益。这就是它被选为自动检测系统的仪器、仪表放大电路的原因。这种放大电路经过一代代的优化改进，已用于制造各种性能优良的仪器、仪表放大器芯片。

8.2.4　积分电路

假设电容的电容量 C 保持不变，在 t 时刻电容储存的电荷为 Q，两端电压为 v_C，则流过电容的电流为

$$i_C = \frac{\mathrm{d}Q}{\mathrm{d}t} = C\frac{\mathrm{d}v_C}{\mathrm{d}t}$$

电容两端的电压为

$$v_C = \frac{1}{C}\int i_C \mathrm{d}t$$

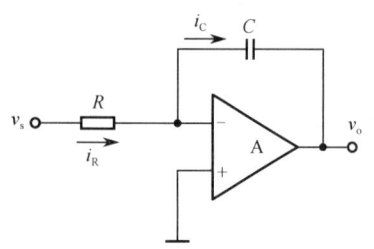

图 8.2.9　反相积分电路

利用电容的电压、电流特性，结合运算放大器的线性运用，可构成积分电路、微分电路。

积分电路中电容两端的电压 v_C 与流过电容的电流 i_C 呈积分关系。基于反相比例放大电路，构成的反相积分电路如图 8.2.9 所示。

运算放大器的反相端虚地，可视为电压参考零点，因此，输出电压 v_o 就等于电容 C 两端的电压 v_C，输入电压 v_s 就等于电阻 R 两端的电压 v_R，且有

$$i_C = i_R = \frac{v_s}{R} \tag{8.2.7}$$

$$v_o = -v_C = -\frac{1}{C}\int i_C \mathrm{d}t \tag{8.2.8}$$

所以有

$$v_o = -\frac{1}{RC}\int v_s \mathrm{d}t \tag{8.2.9}$$

式（8.2.9）表明，输出电压 v_o 与输入电压 v_s 对时间的积分呈线性关系，因此，这是一个积分电路，能够实现积分运算。式中的负号只表示信号是从运算放大器的反相端输入的，只要在积分电路输出端加上一个反相器，就会把负号去掉。

积分电路常用于信号波形变换，如把方波信号（包括矩形波信号）变换成三角波信号或锯齿波信号，利用积分电路的电容充放电使得输出电压波形发生变化。

例 8.2.1　采用如图 8.2.9 所示的积分电路，如果要把占空比为 50%、周期 T 为 10μs、正脉冲电压 v_{s1} 为 +5V、负脉冲电压 v_{s2} 为 −5V 的方波信号变换成同周期、两个顶点分别为 +5V、−5V 的三角波信号，如图 8.2.10 所示，R、C 应如何取值。

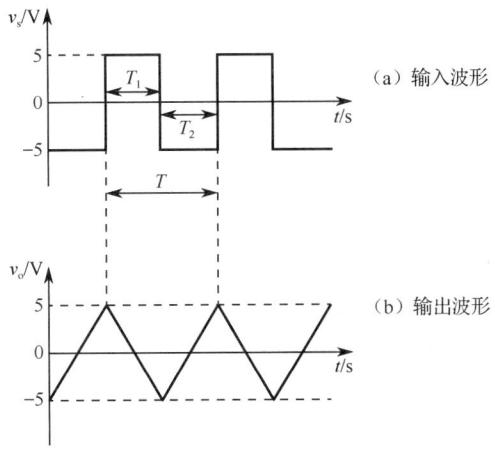

图 8.2.10　积分电路的波形变换

解：在 T_1 或 T_2 期间，方波信号的幅值保持不变，相当于在 T_1 或 T_2 期间，式（8.2.9）的积分变量 v_s 是个常数。在输入方波信号的每一个周期内，电容都经历一个正向充电和一个反向充电过程，使输出电压从正电压向负电压变化和从负电压向正电压变化。把电容每个充电的开始时刻设为 t_0，并设这个时刻电容两端的电压为 $v_C(t_0)$，经历时间 t 的电容两端的电压变为 $v_C(t)$。根据式（8.2.9），则有

$$v_{o1}(T_1) = v_{o1}(t_0) - \frac{1}{RC}V_{s1}T_1 \tag{8.2.10}$$

$$v_{o2}(T_2) = v_{o2}(t_0) - \frac{1}{RC}V_{s2}T_2 \tag{8.2.11}$$

式中，$v_{o1}(T_1)$、$v_{o2}(T_2)$ 分别为 T_1、T_2 结束时刻积分电路的输出电压；$v_{o1}(t_0)$、$v_{o2}(t_0)$ 分别为 T_1、T_2 开始时刻积分电路的输出电压。

$v_{o1}(t_0) = +5\text{V}$，$v_{o1}(T_1) = -5\text{V}$，$v_{o2}(t_0) = -5\text{V}$，$v_{o2}(T_2) = +5\text{V}$，$T_1 = T_2 = T/2$。把上述值代入式（8.2.11），则有

$$+5V = -5V - \frac{1}{RC}(-5V \times 5\mu s)$$

所以

$$RC = 2.5\mu s$$

取 $C = 10nF$，则 $R = 0.25k\Omega$。

此外，积分电路还可用作低通滤波电路，用于在 ADC 中把电压量变为时间量等。

8.2.5 微分电路

如果把图 8.2.9 所示积分电路中的电阻 R、电容 C 位置互换，就变成反相微分电路，如图 8.2.11 所示。

运算放大器反相端虚地，输出电压 v_o 等于电阻 R 两端的电压 v_R，输入电压 v_s 等于电容 C 两端的电压 v_C，且有

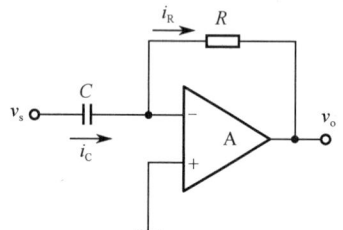

$$i_R = i_C = \frac{dQ}{dt} = C\frac{dv_C}{dt} \tag{8.2.12}$$

所以有

$$v_o = -v_R = -i_R R \tag{8.2.13}$$

$$v_o = -RC\frac{dv_s}{dt} \tag{8.2.14}$$

图 8.2.11 反相微分电路

式（8.2.14）表明，输出电压 v_o 与输入电压 v_s 对时间的变化率呈线性关系，所以这是一个微分电路，能够实现微分运算。与反相积分电路一样，式中的负号只表示信号从运算放大器的反相端输入。

应用微分电路能够实现高通滤波，还能够实现波形变换，如把方波信号变换成尖脉冲信号，如图 8.2.12 所示。微分电路用于脉冲电路、测量仪器中，以获取蕴含在脉冲前沿和后沿中的信息，如提取时基标准信号等。

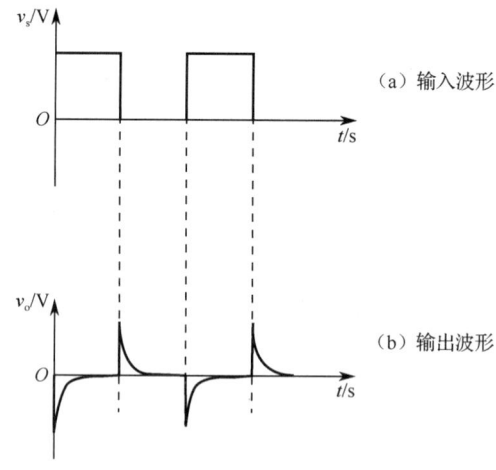

（a）输入波形

（b）输出波形

图 8.2.12 微分电路将方波信号变换为尖脉冲信号

在自动控制系统中，比例-积分-微分运算经常组合成 PID（Proportional-Integral-Differential）调节器。比例调节器、积分调节器、微分调节器各自具有不同作用，比例调节器用于调节系统的偏差信号，系统一旦出现偏差，比例调节器立即发挥调节作用，减小偏差；积分调节器消除系统稳态误差，如果系统有误差，积分调节器立即进行调节，直到没有误差，

积分调节器输出一个常数；微分调节器反映误差的变化趋势，具有预见性，能够预见误差的变化趋势，因此能产生超前的控制作用，在误差还没有形成之前，已被微分调节器消除。

比例-积分-微分运算电路如图 8.2.13 所示，根据虚短、虚断的概念，可推导其传递函数为

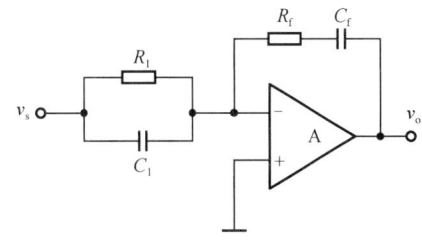

$$A(s)=\frac{V_o(s)}{V_s(s)}=-\left(\frac{R_f}{R_1}+\frac{C_1}{C_f}+sR_fC_1+\frac{1}{sR_1C_f}\right) \qquad (8.2.14)$$

式中，右侧括号内的第一项、第二项表示比例运算；第三项表示微分运算；第四项表示积分运算。

虽然比例-积分-微分运算电路不需要 A/D 转换电路、D/A 转换电路等，且反应很快，但直接利用硬件电路实现比例-积分-微分调节的电路设计很复杂。随着数字术的迅猛发展，PID 调节器的思想更多用软件算法来实现。

图 8.2.13　比例-积分-微分运算电路

本节复习思考题

8.2.1　当运算放大器用于线性运用电路时，其构成的电路输出电压与输入电压一定呈线性关系吗？

8.2.2　说明利用反相比例放大电路构成加法电路、减法电路、积分电路、微分电路等电路时，虚地带来的好处。

8.2.3　可以利用减法电路让一个具有负值的输入电压信号变成正值信号吗？请说明理由。

8.2.4　如何利用方波信号产生电路和积分电路得到三角波信号或锯齿波信号？

8.3　精密整流电路和峰值检测电路

自动检测系统、自动增益控制系统等还常需要精密整流电路与峰值检测电路，这两种电路通常由运算放大器与整流二极管构成。

8.3.1　精密整流电路

二极管具有单向导电性，但二极管存在阈值电压，只有当输入电压大于其阈值电压时，二极管才导通，使得只使用二极管的整流电路的输出电压比实际电压小（0.7V），如图 8.3.1 所示。

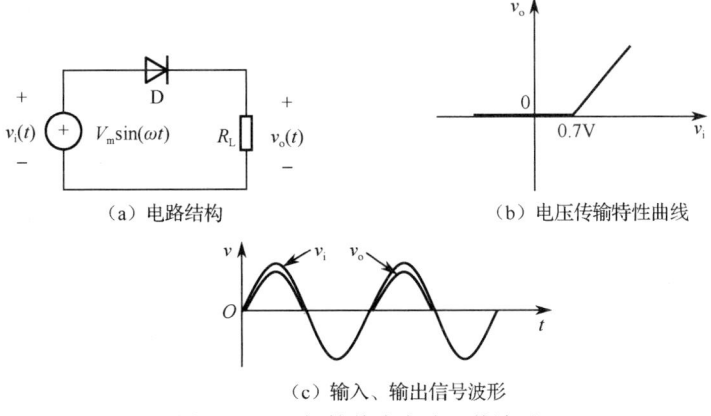

（a）电路结构　　　　　　　　　　　　（b）电压传输特性曲线

（c）输入、输出信号波形

图 8.3.1　二极管整流电路及其波形

根据图 8.3.1 可知，如果输入信号电压小于 0.7V，这样的整流电路是不能实现整流作用

的。精密整流电路利用二极管的单向导电性和运算放大器的放大性能，以消除一般整流电路由于二极管死区电压引起的偏移电压，实现对小信号的精密整流。根据输出信号的波形不同，精密整流电路又分为半波精密整流电路和全波精密整流电路。

图 8.3.2（a）所示的电路就是一个利用二极管和运算放大器构成的半波精密整流电路。运算放大器的开环增益 A_{VO} 很高，输出电压 $v_{o1} = A_{VO} v_{NP}$，很小的输入信号经过运算放大器放大后，都很容易使得输出电压 v_{o1} 的幅值大于 0.7V。

（1）当输入信号 v_s 为正时，$v_s > 0$，经运算放大器反相，其输出信号 $v_{o1} < 0$ 且低于-0.7V，因此，D_1 导通，D_2 截止。D_1 的导通为运算放大器提供了深度负反馈，因此，运算放大器的反相端虚地，$v_o = 0$，如图 8.3.2（b）所示。

（2）当输入信号 v_s 为负时，$v_s < 0$，经运算放大器反相，其输出信号 $v_{o1} > 0$ 且大于 0.7V，因此，D_1 截止，D_2 导通。D_2 的导通让 R_2 为运算放大器提供了深度负反馈，因此，运算放大器的反相端虚地，$v_o = -v_s(R_2/R_1)$，如图 8.3.2（c）所示。

综上所述，图 8.3.2（a）所示半波精密整流电路的电压传输特性：当 $v_s > 0$ 时，$v_o = 0$；当 $v_s < 0$ 时，$v_o = -v_s(R_2/R_1)$，如图 8.3.2（d）所示。半波精密整流电路的输入、输出信号波形如图 8.3.2（e）所示，如果 $R_2/R_1 > 1$，还能够使半波精密整流电路的输出信号放大。

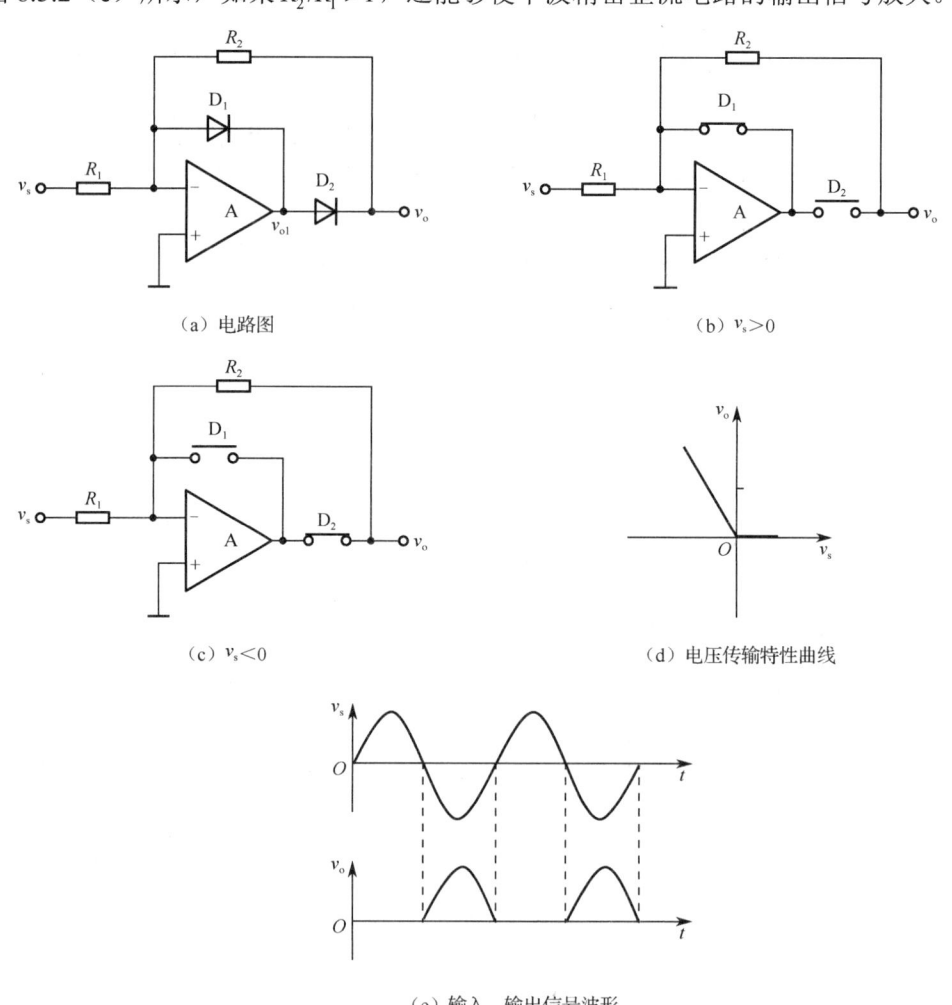

(a) 电路图   (b) $v_s > 0$

(c) $v_s < 0$ (d) 电压传输特性曲线

（e）输入、输出信号波形

图 8.3.2 半波精密整流电路

在半波精密整流电路的基础上，如果增加加法电路，可构成全波精密整流电路。

8.3.2　峰值检测电路

峰值检测电路能够检测出交流信号的峰值，峰值检测电路在自动检测系统、自动控制系统中非常有用。例如，在自动增益控制系统中，用 ADC 采集峰值检测电路的输出电压，就可以知道输入信号的电压峰值，这样就可以利用程控放大电路根据输入信号的大小选择不同的放大增益。

峰值检测电路由运算放大器和二极管构成，如图 8.3.3 所示。电容 C 起保持作用，运算放大器 A_2 构成局部电压跟随器，当二极管 D 导通时，运算放大器 A_1、A_2 一起构成全局电压串联负反馈。但由于二极管的单向导电性、运算放大器 A_2 的隔离作用，电容 C 只有充电回路，没有放电回路。当二极管导通时，电容 C 充电，且充电回路的等效电阻很小，充电过程很快，电容 C 会很快充满，电容 C 两端的电压经过运算放大器 A_2 传输到输出端，$v_o = v_C$，$v_C = v_{o1}$，$v_{o1} = v_s$，$v_o = v_s$。当输入信号电压达到正峰值 V_{sm} 时，电容 C 充电到最大值 V_{Cm}，由于没有放电回路，使得电容两端的电压 v_{Cm} 保持不变，因此，输出为输入信号 v_s 的正峰值电压 V_{sm}。

图 8.3.3 所示峰值检测电路中的电容 C 只有充电回路，没有放电回路。如果需要电容 C 放电，可接入一只 NMOS 管 T，如图 8.3.4 所示。通过控制信号 ϕ_s，定期让电容 C 放电，即当控制信号 ϕ_s 为高电平时，NMOS 管 T 导通，此时，电容 C 通过 NMOS 管 T 放电；而当控制信号 ϕ_s 为低电平时，NMOS 管 T 截止，此时，电容 C 没有放电回路。

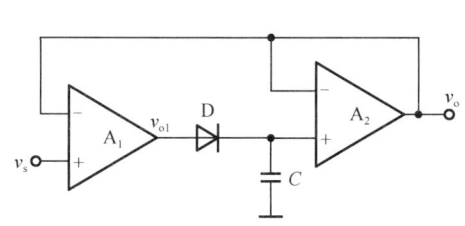

图 8.3.3　峰值检测电路

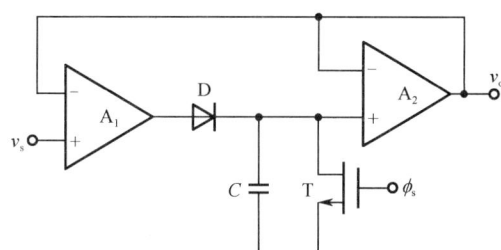

图 8.3.4　具有电容放电回路的峰值检测电路

本节复习思考题

8.3.1　第 2 章介绍的普通整流电路和精密整流电路有什么区别和联系？若要把 220V 的交流市电转换成单向脉动的直流电，需采用普通整流电路还是精密整流电路？

8.3.2　图 8.3.2（a）中的二极管如果反接，电路将会有什么不同？

8.3.3　图 8.3.3 所示的峰值检测电路为什么只能检测输入信号电压的正峰值？

8.4　模拟乘法器

模拟乘法器也是一种常用的模拟电路，可用于通信系统的调制、解调。

8.4.1　模拟乘法器的特点

模拟乘法器是现代信号处理系统的重要组成单元，在通信电子电路中典型的应用包括调制、解调、同步检波、混频、倍频、鉴相等。模拟乘法运算可以用多种方法来实现，有对数-

反对数相乘法、四分之一平方相乘法、三角波平均相乘法、时间分割相乘法和变跨导相乘法等。传统的模拟乘法器集成芯片 AD835 几乎完全由吉尔伯特单元的拓扑结构或与其相近的电路实现，模拟乘法器集成芯片 ADL5391 采用新型的乘法器内核架构。

模拟乘法器是一种有源器件，主要功能是将两个模拟信号进行相乘，产生输出信号，其电路符号如图 8.4.1 所示。

若两个输入信号分别表示为 v_X 和 v_Y，则模拟乘法器的输出信号 v_o 可以表示为

$$v_o = K v_X v_Y \tag{8.4.1}$$

式中，K 为模拟乘法器的增益系数，也称为比例系数或标尺因子，其量纲为 V^{-1}。

在分析电路时，可采用等效电路模型代表模拟乘法器，如图 8.4.2 所示，r_{i1} 和 r_{i2} 分别表示两个输入端的输入电阻，输出电阻为 r_o。

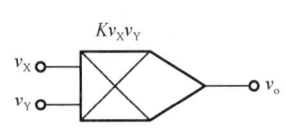
图 8.4.1　模拟乘法器的电路符号

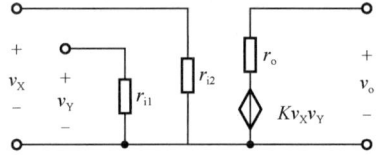
图 8.4.2　模拟乘法器的等效电路模型

对于理想模拟乘法器来说，其具有以下四个典型特点：

① 输出电阻非常小，接近于零；

② 输入电阻非常大，接近于无穷大；

③ 比例系数（放大倍数）保持恒定，不受输入信号频率、幅度变化的影响；

④ 如果输入信号为零，输出信号将严格等于零，即模拟乘法器输出没有失调电压与噪声。

8.4.2　模拟乘法器的应用

利用模拟乘法器与运算放大器的组合，通过外接各种不同的电路，可组成除法、开方及平方等运算电路，还可以组成各种函数发生器、鉴相器和模拟锁相环等电路。

1. 功率测量电路

如果要测量一个电路的功率，将与待测电压、电流呈线性关系的信号分别接入模拟乘法器的两个输入端，如图 8.4.3 所示。利用乘法原理可知，可通过模拟乘法器获得与待测电路的功率成正比的输出信号，这样，便实现了电路功率的测量。

2. 函数发生器

应用模拟乘法器可以很容易地实现平方运算电路，将一个信号同时输入到模拟乘法器的两个输入端，其输出信号与输入信号的平方成正比，即 $v_o = K v_i^2$。

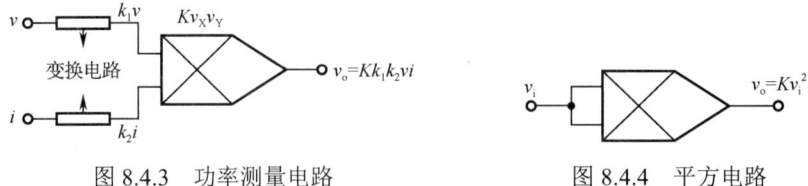

图 8.4.3　功率测量电路　　　　　　　图 8.4.4　平方电路

由于大多数函数在合理的精度下都可以用如下形式的麦克劳林级数的前若干项来构成

$$f(x) = f(0) + f'(0)x + \frac{f''(0)}{2!}x^2 + \frac{f'''(0)}{3!}x^3 + \cdots \qquad (8.4.2)$$

因此，根据式（8.4.2），实际应用需要的任何函数都可以用模拟乘法器和加法器构成的电路来实现。

3. 调制、解调

调制和解调也称为频率变换。利用式（8.4.1），如果 $v_1(t) = V_1\cos(\omega_1 t)$ ， $v_2(t) = V_2\cos(\omega_2 t)$ ，则有

$$v_o(t) = KV_1 V_2 \cos(\omega_1 t)\cos(\omega_2 t) \qquad (8.4.3)$$

根据三角函数变换公式，其相当于

$$v_o(t) = \frac{KV_1 V_2}{2}\{\cos[(\omega_2 + \omega_1)t] + \cos[(\omega_2 - \omega_1)t]\} \qquad (8.4.4)$$

如果 ω_1 代表音频信号， ω_2 代表射频信号，则模拟乘法器把音频信号移到了射频频谱，使它作为射频信号发射，这个过程就称为调制，也可以说，调制就是将调制信号"装载"于载波信号的过程。 ω_1 代表的信号也称为调制信号，有时可用 ω_m 表示， ω_2 代表的信号也称为载波信号，有时可用 ω_c 表示。通过调制过程，把低频段的调制信号变换到了高频段，如图 8.4.5 所示。

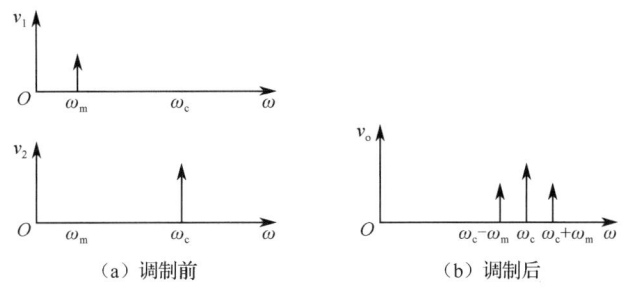

（a）调制前　　　　　　　（b）调制后

图 8.4.5　模拟乘法器实现调制

当然，调制信号不是单一的频率，而是一个频带。例如，音频信号的频带为 20Hz～20kHz，模拟乘法器输出下边频 $(\omega_c - \omega_m)$ 和上边频 $(\omega_c + \omega_m)$ 变成下边带和上边带。

上边带、下边带都包含调制信号 ω_m ，发送时只用其中一个边带即可。若在模拟乘法器的输出端再加一个低通滤波器（LPF，详细内容见第 9 章），如图 8.4.6 所示，滤除上边带 $(\omega_c + \omega_m)$ 信号，则输出只有下边带信号

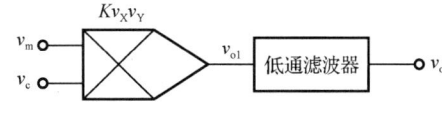

图 8.4.6　带低通滤波器的调制电路模块图

$$v_o(t) = \frac{KV_1 V_2}{2}\cos[(\omega_c - \omega_m)t] \qquad (8.4.5)$$

解调是调制的逆过程，它是从被调制的信号中提取调制信号的过程。应用式（8.4.1），如果 $v_1(t) = V_1\cos[(\omega_c - \omega_m)t]$ ， $v_2(t) = V_2\cos(\omega_c t)$ ，则有

$$v_o(t) = KV_1\cos[(\omega_c - \omega_m)t]V_2\cos(\omega_c t) \qquad (8.4.6)$$

根据三角函数变换公式，其相当于

$$v_o(t) = \frac{KV_1 V_2}{2}\{\cos(\omega_m t) + \cos[(2\omega_c - \omega_m)t]\} \qquad (8.4.7)$$

式（8.4.7）说明，只要把 $v_1(t) = V_1\cos[(\omega_c - \omega_m)t]$ ， $v_2(t) = V_2\cos(\omega_c t)$ 输入模拟乘法器后，其输出再经过低通滤波器，如图 8.4.7（a）所示，就能滤除不需要的角频率信号 $(\omega_c - \omega_m)$ ，

剩下低频段的调制信号 ω_m，如图 8.4.7（b）所示，且有

$$v_o(t) = \frac{KV_1V_2}{2}\cos(\omega_m t) \qquad (8.4.8)$$

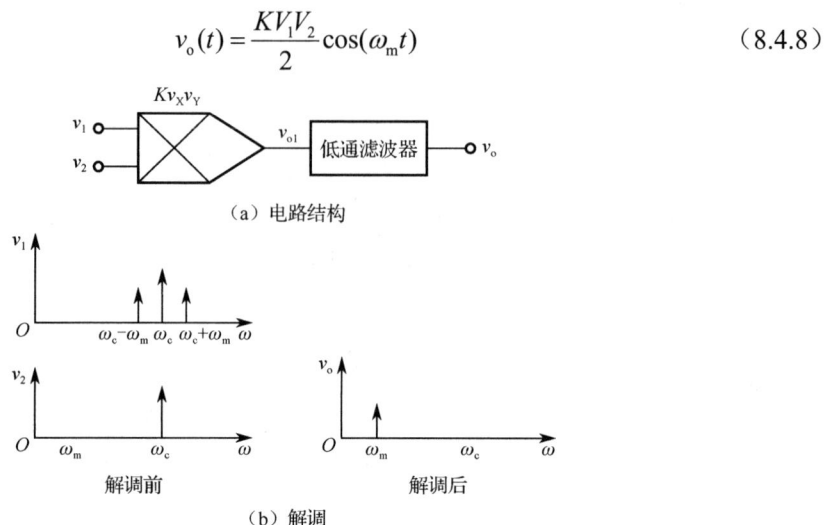

（a）电路结构

解调前   解调后

（b）解调

图 8.4.7　解调电路及解调

4．鉴相器

设 $v_1(\omega t)$、$v_2(\omega t)$ 是两个同频率，但存在相位差 θ 的信号，如果把信号 $v_1(\omega t)$、$v_2(\omega t)$ 输入模拟乘法器，则可得到与相位差 θ 有关的输出信号 $v_o(t)$，如图 8.4.8 所示。

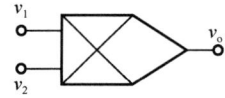

（a）将信号 v_1、v_2 输入模拟乘法器

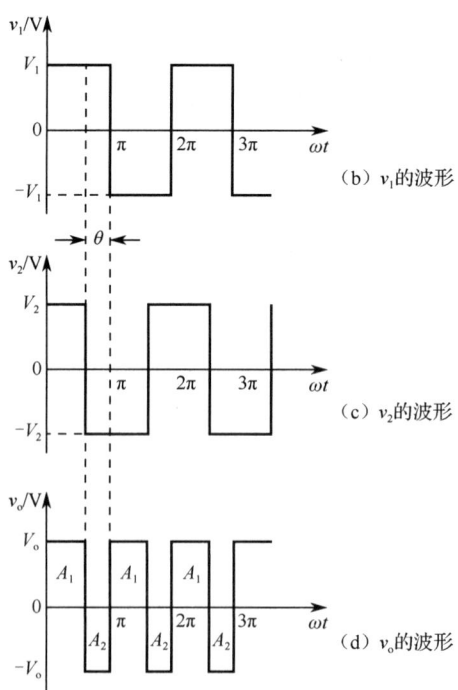

（b）v_1 的波形

（c）v_2 的波形

（d）v_o 的波形

图 8.4.8　鉴相器及其输入、输出信号的波形

根据图 8.4.8（d）可知，输出信号 $v_o(t)$ 含有 2ω 的角频率分量及更高阶的和频、差频分量，但对相位检测有用的是其中的直流分量或平均值，因为这个直流分量或平均值是一个正比于 θ 的量，用 V_{ave} 表示，则有

$$V_{ave} = \frac{1}{2\pi}\int_0^{2\pi} v_o(t)\,\mathrm{d}(\omega t) \tag{8.4.9}$$

用 A_1、A_2 分别表示图 8.4.8（d）中的输出波形 $(\pi-\theta)$、θ 区间横轴以上的面积，即 $A_1 = V_o(\pi-\theta)$、$A_2 = V_o\theta$，则式（8.4.9）积分结果为

$$V_{ave} = \frac{1}{2\pi}(A_1 - A_2 + A_1 - A_2) = \frac{1}{\pi}(A_1 - A_2) \tag{8.4.10}$$

$$V_{ave}(\theta) = \frac{1}{\pi}[V_o(\pi-\theta) - V_o\theta] = V_o\left(1 - \frac{2\theta}{\pi}\right) \tag{8.4.11}$$

式（8.4.11）说明，$V_{ave}(\theta)$ 与 $v_1(\omega t)$、$v_2(\omega t)$ 的相位差 θ 成比例。假设 $v_1(\omega t)$ 是已知的基准信号，通过检测 $v_o(t)$ 中的直流分量，则可得到被测信号 $v_2(\omega t)$ 与基准信号 $v_1(\omega t)$ 的相位差 θ。

本节复习思考题

8.4.1　简述模拟乘法器用于混频器、调制器与解调器时的工作原理。

8.4.2　简述利用鉴相器检测一个被测信号与基准信号存在的相位差的工作原理。

8.4.3　当被测信号的频率发生变化时，鉴相器的输出信号会变化吗？这对鉴相器的应用有什么意义？

8.5　模拟锁相环

模拟锁相环也是常用的模拟电路，可用于通信系统的调制、解调、频率合成等。

1. 模拟锁相环的工作原理

锁相环（Phase Locked Loop，PLL）常用于通信系统。例如，由于发射端会产生频率误差，接收端即使知道载波频率为 900MHz，接收端也不能直接用 900MHz 的载波信号来解调，但利用锁相环就可以产生一个与接收信号同频的载波信号。

模拟锁相环是一个负反馈控制环，它由鉴相器、低通滤波器、放大器、压控振荡器（Voltage Controlled Oscillator，VCO）构成，如图 8.5.1 所示。

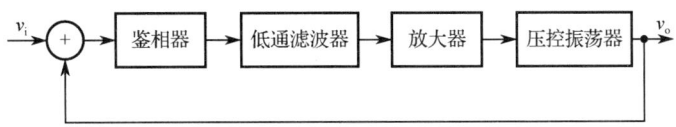

图 8.5.1　模拟锁相环的结构

压控振荡器的全称为电压控制振荡器，它是一种利用电压控制振荡频率的振荡器，其振荡频率会随着输入直流电压的改变而改变。第 2 章介绍了变容二极管的电容量会随着外加偏置电压的变化而变化，因此，可利用变容二极管的这种特性构成压控振荡器。

压控振荡器产生的信号既作为模拟锁相环的输出信号，又作为鉴相器的一个输入信号，与另一个输入信号 v_i 进行相位比较后，再经过低通滤波器、放大器，产生一个直流电压，控制压控振荡器的振荡频率。

实际上，为了使鉴相器的两个输入信号的相位差不发生改变，还要求压控振荡器产生信

号 v_o 的频率与输入信号 v_i 的频率保持同步。这是因为，压控振荡器产生信号 v_o 的频率与输入信号 v_i 的频率不同，也会产生相位差的变化。如果鉴相器两个输入信号的相位差发生变化，则会产生一个与相位差成比例的电压，去控制压控振荡器，直到压控振荡器输出信号 v_o 的频率和相位均与输入信号 v_i 保持确定关系为止。

2. 模拟锁相环的应用

1）FM 信号的解调

FM 即频率调制，简称调频，它把信息编码成频率的变化。由于压控振荡器的振荡频率受其输入直流电压幅度的控制，因此当模拟锁相环锁定输入的 FM 信号时，压控振荡器将跟踪其频率变化，鉴相器输出的偏差电压经过滤波与放大后作为压控振荡器的输入信号，压控振荡器的输出信号也就是 FM 的解调信号。

2）频率合成

模拟锁相环的频率合成可以产生大量的精密间隔的频率，它们都以一个稳定的频率源为基准，这是大多数精密间隔信道的通信系统所采用的方法。虽然每个不同的输出信号频率都可以用一个精密石英晶体振荡器实现，但以一个稳定的石英晶体振荡器为基准，合成需要的输出信号频率会更方便、更节省成本。这样，每个输出信号的频率稳定性取决于作为基准的石英晶体振荡器的频率稳定性。

如图 8.5.2 所示，这是一个模拟锁相环整数型频率合成器，其中包含了一个 $1/N$ 分频器。鉴相器的一个输入信号角频率为 ω_1，它可由系统时钟得到，通常由石英晶体振荡器产生。当模拟锁相环锁定时，鉴相器的第二个输入信号角频率 ω_2 将等于 ω_1。压控振荡器的输出信号角频率用 ω_0 表示，则有

$$\omega_1 = \omega_2 = \frac{\omega_0}{N} \tag{8.5.1}$$

$$\omega_0 = N\omega_1 \tag{8.5.2}$$

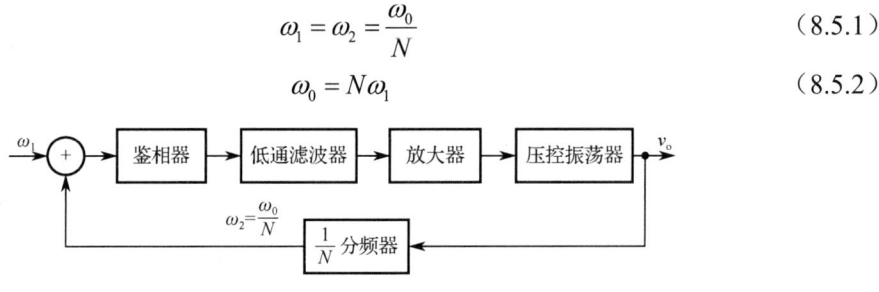

图 8.5.2　模拟锁相环整数型频率合成器的结构

本节复习思考题

8.5.1　模拟锁相环到底锁定了什么？锁定范围又是什么？

8.5.2　为了得到一个分数型频率合成器，应该如何构建模拟锁相环电路？它具有什么意义？

本章提要

1. 利用理想运算放大器的概念能够简化分析问题的过程。实际的运算放大器存在输入失调电压、输入失调电流等，可通过输入失调电压补偿或选用输入失调电压更小的运算放大器改善。利用理想运算放大器概念分析的结果通常都在误差允许范围内。

2. 利用运算放大器构成的加法电路、减法电路、积分电路、微分电路，能够实现模拟信

号的运算与变换。加法电路、减法电路的输出与输入呈线性关系，而积分电路、微分电路的输出与输入呈非线性关系，在这些运算放大器的运用电路中引入负反馈，运算放大器工作于线性区，因此又称为运算放大器的线性运用电路。

3．通常采用虚短、虚断概念分析、计算运算放大器的运用电路，得到运算放大器运用电路输出电压与输入电压之间的函数关系。

4．精密整流电路、峰值检测电路是利用二极管的单向导电性、运算放大器的线性放大及隔离作用实现的，在自动测量系统、自动控制系统中得到了广泛应用。

5．模拟乘法器也是一种重要的模拟电路，利用模拟乘法器还可实现除法、平方、开方等运算，尤其被广泛应用于调制、解调等频率变换电路。

6．输入信号频率变化时，鉴相器的输出也会发生变化。利用鉴相器、压控振荡器等构成模拟锁相环，可实现输入信号频率变化的自动跟踪，常应用于调制、解调或频率合成。

习　　题

8.1　电路如图 1 所示，$R_1 = 10\text{k}\Omega$，$R_f = 100\text{k}\Omega$，直流输出电压为 150mV，则该运算放大器的输入失调电压 V_{OS} 是多少？

8.2　电路如图 2 所示，$R_1 = 10\text{k}\Omega$，$R_f = 100\text{k}\Omega$，为了减小输入偏置电流 I_B 的影响，电阻 R_2 的阻值是多少？

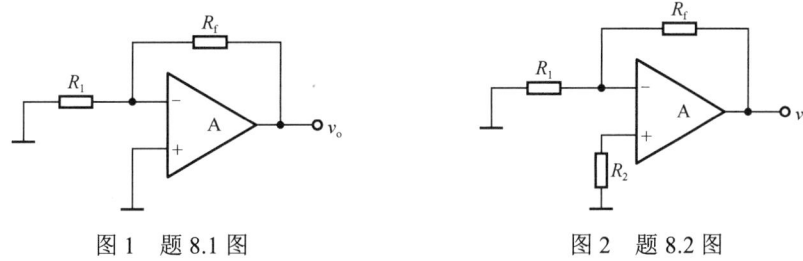

图 1　题 8.1 图　　　　　　　　　　　　图 2　题 8.2 图

8.3　由运算放大器构成的三输入反相求和电路如图 3 所示，试推导输出信号 v_o 与输入信号 v_{s1}、v_{s2}、v_{s3} 的函数关系式。

8.4　由同相比例放大电路构成的加法电路如图 4 所示。

（1）试推导输出信号 v_o 与两个输入信号 v_{s1}、v_{s2} 的函数关系式；

（2）当 $R_1 = R_2 = 2R$，$R_3 = R_4 = R_f = R$ 时，求运算放大器同相端、反相端的输入电阻，并判断其是否平衡。

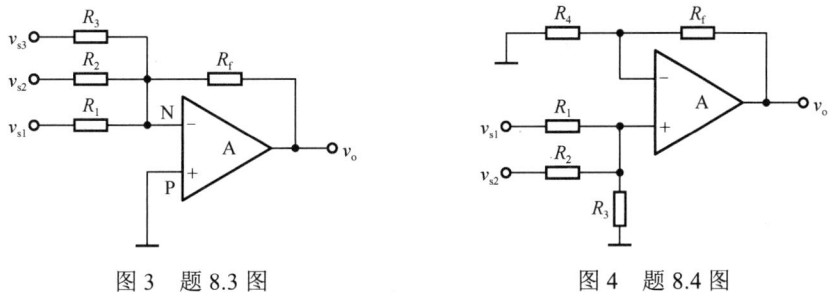

图 3　题 8.3 图　　　　　　　　　　　　图 4　题 8.4 图

8.5　一个桥式测量电路的激励源电压用 E 表示，其输出电压经放大电路放大后输出，如图 5 所示，试推导输出电压的表达式 $v_o = f(\delta)$。

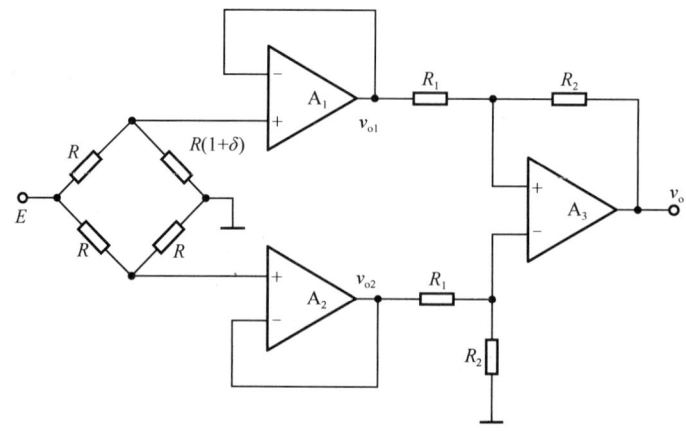

图 5 题 8.5 图

8.6 正弦波信号 $v_i = 2\sin\omega t$，其波形如图 6（a）所示，输入如图 6（b）所示的加法电路，分析输出电压 v_o 的波形。

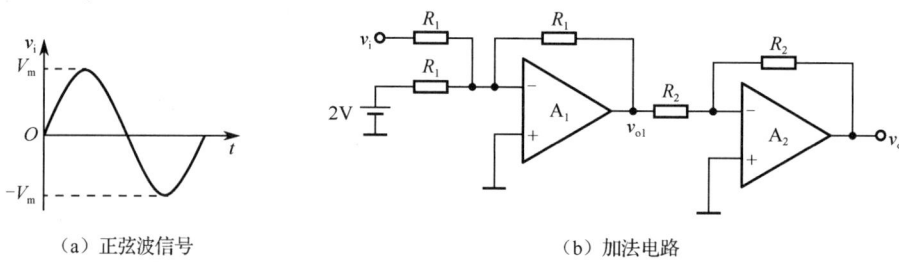

（a）正弦波信号   （b）加法电路

图 6 题 8.6 图

8.7 电路如图 7 所示，这是一个积分电路，假设运算放大器是理想的，试推导输出信号 v_o 与输入信号 v_s 的函数关系式。

8.8 差分积分电路如图 8 所示，假设运算放大器是理想的，电容 C 的初始电压 $v_C(0)$ 为 0，且 $R_1 = R_2 = R$，$C_1 = C_2 = C$。

（1）当输入信号 $v_{s1} = 0$ 时，推导输出信号 v_o 与输入信号 v_{s2} 的函数关系式；

（2）当输入信号 $v_{s2} = 0$ 时，推导输出信号 v_o 与输入信号 v_{s1} 的函数关系式；

（3）同时输入信号 v_{s1}、v_{s2} 时，推导输出信号 v_o 与输入信号 v_{s1}、v_{s2} 的函数关系式。

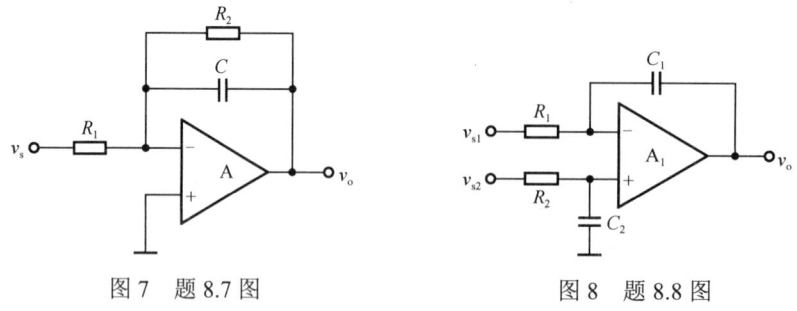

图 7 题 8.7 图   图 8 题 8.8 图

8.9 微分电路如图 9 所示，它具有衰减高频噪声的作用。

（1）推导电路的传递函数 $V_o(s)/V_i(s)$，$s = \mathrm{j}\omega$；

（2）若 $R_1C_1 = R_2C_2$，试问输入信号的频率应当如何限制，才能使电路不失去微分功能

（$V_o(\mathrm{j}\omega) = \mathrm{const} \times \mathrm{j}\omega V_s(\mathrm{j}\omega)$）？

8.10　由运算放大器构成的二重积分电路如图 10 所示，试推导其传递函数，并说明其具有二重积分功能。

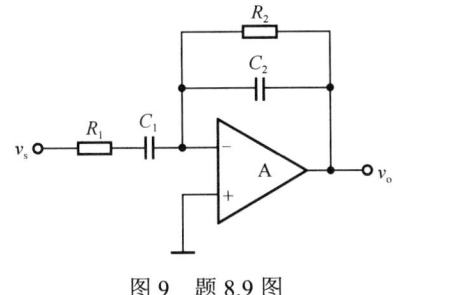 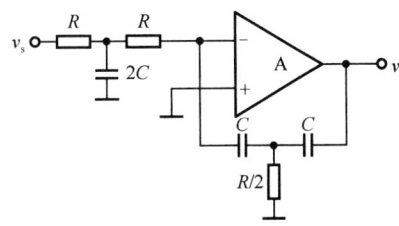

图 9　题 8.9 图　　　　　　　　　　图 10　题 8.10 图

8.11　如图 11 所示，运算放大器的反馈网络中用了一只 NPN 型 BJT，设其集电极电流 $I_C = I_s \mathrm{e}^{v_{BE}/V_T}$，其中，$v_{BE}$ 是 NPN 型 BJT 基极与集电极之间电压，I_s 是 NPN 型 BJT 的发射结反向饱和电流，V_T 是温度的电压当量，$V_T = kT/q$。

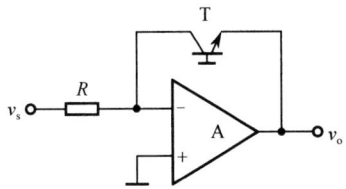

（1）试推导输出信号与输入信号的函数关系式 $v_o = f(v_s)$，并画出其输出信号 v_o 与输入信号 v_s 的函数关系曲线；

（2）如果采用 PNP 型 BJT，应该如何改变图 11 所示的电路结构？画出其输出信号 v_o 与输入信号 v_s 的函数关系曲线。

图 11　题 8.11 图

8.12　全波精密整流电路如图 12 所示，其中，运算放大器 A_1 构成一个半波精密整流电路，运算放大器 A_2 构成一个加法电路。

（1）画出其电压传输特性曲线；
（2）画出 v_{o1}、v_o 的波形；
（3）说明该电路具有取绝对值的功能，即 $v_o = |v_s|$。

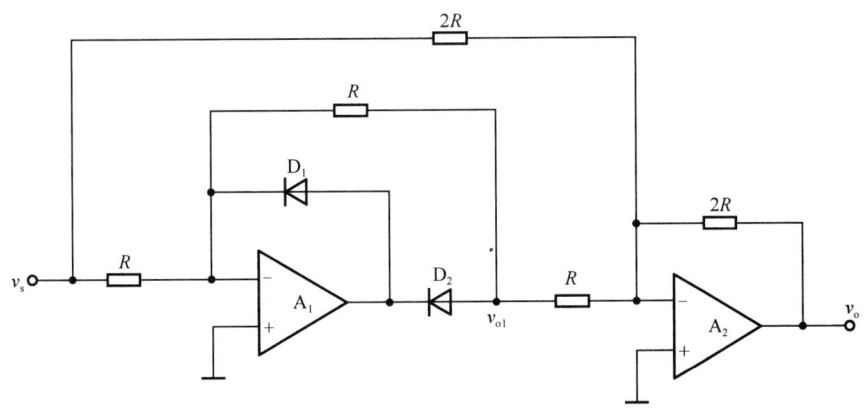

图 12　题 8.12 图

8.13　图 13 所示为一个模拟乘法器和理想运算放大器构成的电路，证明其是一个模拟除法电路，且 $v_o = -v_1/(Kv_2)$。

8.14　图 14 所示为一个模拟乘法器和理想运算放大器构成的电路，证明其是一个输出信号电压与输入信号电压呈平方根关系的电路，即 $v_o = (-v_i/K)^{1/2}$。其对输入信号 v_i 有什么限制？

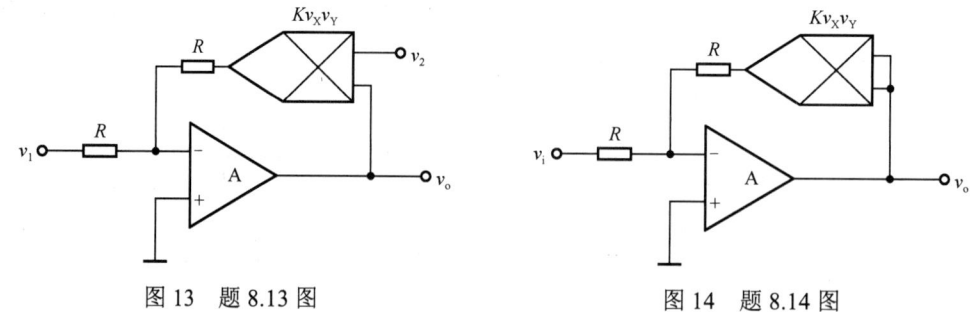

图 13　题 8.13 图　　　　　　　　图 14　题 8.14 图

8.15　请用模拟乘法器及运算放大器等器件设计一个电路，使其输出信号与输入信号之间的关系为 $v_o(t) = a_2 v_i^2(t) + a_1 v_i(t) + a_0$，其中，$a_2$、$a_1$、$a_0$ 为常数。

8.16　应用模拟锁相环，设计一个分数型频率合成器的结构框图，并标出压控振荡器的频率，以及除法器的除数。

（1）时钟频率由一个 1.0MHz 的石英晶体振荡器产生；

（2）整个频率范围为 1.0～2.0MHz；

（3）分辨率为 10kHz。

第9章 放大电路的频率特性与滤波

第 4 章介绍了 BJT、FET 的高频小信号模型，但只分析了 BJT、FET 放大电路在中频区的放大特性。其他有关章节也只简单给出了放大电路的频率特性波特图，并没有详细分析放大电路存在通频带的原因。第 7 章简单介绍了负反馈放大电路会产生自激现象，并没有分析自激现象的产生原因。其实，放大电路存在通频带，负反馈放大电路会产生自激现象，这些都是因为放大电路中存在与频率有关的元器件。

BJT、FET 存在电容效应，电路元器件的布局、布线会引起分布电容（也称寄生电容），对于低频信号，这些电容的影响可以忽略不计，但对于高频信号，它们的影响变得非常明显。此外，如果放大电路接入耦合电容、旁路电容，对于高频信号，它们的电抗小到可以忽略不计，但对于低频信号，它们的影响很明显，不得不考虑。因此，每个设计好的放大电路都具有其频率特性，存在一定的通频带，且因为放大电路的电压增益与频率有关，会使负反馈变成正反馈，引起放大电路自激。本章的主要内容如下：

（1）BJT、FET 的高频特性；

（2）RC 滤波电路模型及其分析方法；

（3）BJT 小信号放大电路的频率特性及其分析方法；

（4）FET 小信号放大电路的频率特性及其分析方法；

（5）RC 有源滤波器；

（6）RC 开关电容滤波电路。

9.1 BJT 和 FET 的高频特性

放大电路具有频率特性，是因为存在与频率有关的器件，尤其是放大器件，因此，在设计放大电路时，不能随意选择放大器件，而是要让放大器件的工作频率适合其所在的放大电路。

9.1.1 BJT 的高频特性

大多数 BJT 的说明书中都会给出该 BJT 在某一典型静态工作点处的 $C_{b'e}$、$C_{b'c}$，但说明书中的频率特性通常以单位增益频率 f_T 的形式给出，f_T 也称为特征频率，用来描述 BJT 对不同频率信号的放大能力。

推导 f_T 所用的 BJT 交流通路如图 9.1.1（a）所示，集电极与发射极交流短路，即交流电压 $\dot{V}_{ce} = 0$，基极电流 $\dot{I}_b = \dot{I}_s$，集电极电流 $\dot{I}_c = \dot{I}_o$。第 4 章已经介绍过 BJT 的高频小信号模型，现重画于图 9.1.1（b），以此将 BJT 的特征频率 f_T 与小信号模型参数相关联。基区体电阻 $r_{bb'}$ 为几十欧至几百欧，流过输出电阻 r_{ce} 的电流很小，为了简化分析，它们都可忽略不计，如图 9.1.1（c）所示。

第 3 章定义了电流放大系数 β，它描述了 BJT 的电流放大能力，在一定的频率条件下认为 β 是个不变的值。由图 9.1.1 可知，BJT 的高频小信号模型存在电容 $C_{b'e}$、$C_{b'c}$，它们的分压、分流作用在输入信号的幅值不变条件下，输出信号却随着信号频率的增大而变小，即 BJT

的放大能力随着信号频率的变化而变化。因此，需要引入电流增益 $\dot{\beta}$，用以描述 BJT 的电流放大能力及其随频率变化的特性。

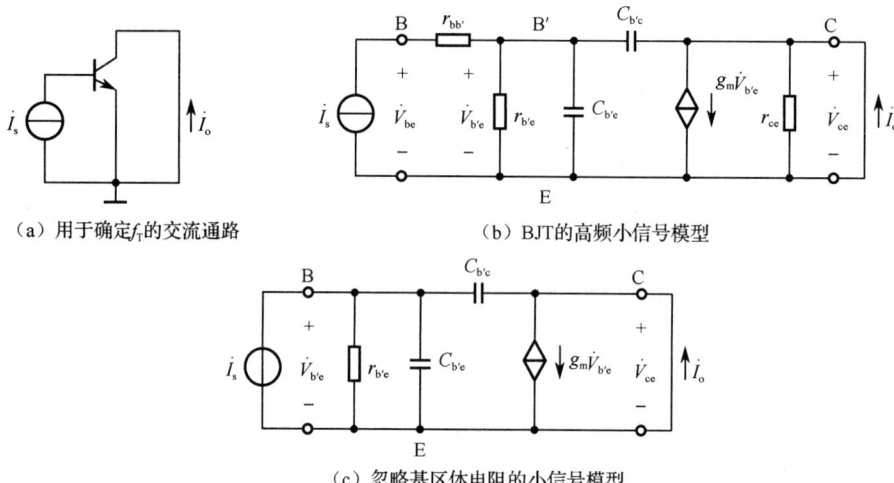

　　（a）用于确定f_T的交流通路　　　　　　　　（b）BJT 的高频小信号模型

（c）忽略基区体电阻的小信号模型

图 9.1.1　分析 BJT 特征频率 f_T 的电路模型

根据 BJT 的工作原理及图 9.1.1（a）可知

$$\dot{\beta} = \frac{\dot{I}_\mathrm{c}}{\dot{I}_\mathrm{b}}\bigg|_{\dot{V}_\mathrm{ce}=0} \tag{9.1.1}$$

根据 β 的定义，频率较低时，BJT 的电流增益 $\beta_0 = I_\mathrm{c}/I_\mathrm{b}$。$\beta(\omega)$ 降低至 1 时的频率为 f_T，这是该 BJT 可以放大信号的最高频率。

根据图 9.1.1（c）可知，集电极的短路电流为

$$\dot{I}_\mathrm{c} = (g_\mathrm{m} - j\omega C_\mathrm{b'c})\dot{V}_\mathrm{b'e} \tag{9.1.2}$$

基极电流 $\dot{I}_\mathrm{b}$ 与 $\dot{V}_\mathrm{b'e}$ 之间的关系为

$$\dot{V}_\mathrm{b'e} = \dot{I}_\mathrm{b}[r_\mathrm{b'e}//(1/j\omega C_\mathrm{b'e})//(1/j\omega C_\mathrm{b'c})] \tag{9.1.3}$$

由式（9.1.2）和式（9.1.3）可得

$$\dot{\beta}(\omega) = \frac{\dot{I}_\mathrm{c}}{\dot{I}_\mathrm{b}} = \frac{g_\mathrm{m} - j\omega C_\mathrm{b'c}}{1/r_\mathrm{b'e} + j\omega(C_\mathrm{b'e} + C_\mathrm{b'c})}$$

在图 9.1.1 所示模型的有效频率范围内，$g_\mathrm{m} \gg \omega C_\mathrm{b'c}$，因此有

$$\dot{\beta}(\omega) \approx \frac{g_\mathrm{m} r_\mathrm{b'e}}{1 + j\omega(C_\mathrm{b'e} + C_\mathrm{b'c})r_\mathrm{b'e}}$$

低频时，忽略电容 $C_\mathrm{b'e}$、$C_\mathrm{b'c}$ 的影响，则有 $\beta_0 = g_\mathrm{m} r_\mathrm{b'e}$，$g_\mathrm{m} = \beta_0/r_\mathrm{b'e}$，于是有

$$\dot{\beta}(\omega) = \frac{\beta_0}{1 + j\omega(C_\mathrm{b'e} + C_\mathrm{b'c})r_\mathrm{b'e}} \tag{9.1.4}$$

由此可得

$$|\dot{\beta}| = \frac{\beta_0}{\sqrt{1 + (f/f_\beta)^2}} \tag{9.1.5}$$

式中

$$f_\beta = \frac{1}{2\pi r_{b'e}(C_{b'e} + C_{b'c})} \tag{9.1.6}$$

f_β 称为 $\dot{\beta}$ **截止频率**，如图 9.1.2 所示，$\omega_\beta = 2\pi f_\beta$。$f_\beta$ 主要决定于 BJT 的结构。低频时，电流增益保持 β_0 不变。当信号频率 $\omega = \omega_\beta$ 时，BJT 的放大能力开始下降；当信号频率 $\omega = \omega_T$ 时，$\dot{\beta} = 1$，BJT 完全失去放大能力。当 $|\dot{\beta}|$ 为 1 时，可得到特征频率 f_T，并且有

$$f_T = \frac{g_m}{2\pi(C_{b'e} + C_{b'c})} \tag{9.1.7}$$

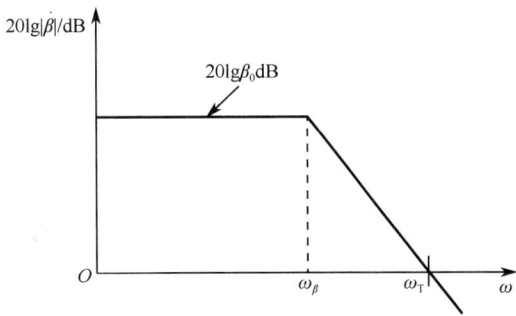

图 9.1.2　电流增益 $|\dot{\beta}|$ 的波特图

9.1.2　FET 的高频特性

与 BJT 一样，FET 也存在特征频率 f_T。利用第 4 章中的 FET 高频小信号模型，如图 9.1.3 （a）所示，将 FET 的特征频率 f_T 与小信号模型参数相关联。当流过 FET 输出电阻 r_{ds} 的电流很小时，可忽略输出电阻 r_{ds} 的影响，如图 9.1.3（b）所示。

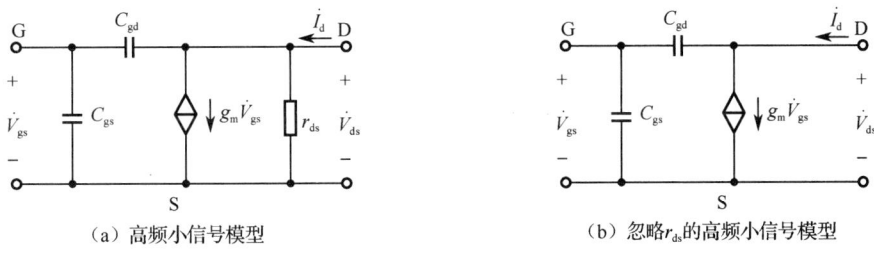

（a）高频小信号模型　　　　　　　　　　　　（b）忽略 r_{ds} 的高频小信号模型

图 9.1.3　分析 FET 特征频率 f_T 的模型

根据图 9.1.3 可知，FET 的高频小信号模型存在电容 C_{gs}、C_{gd}，由于它们的分压、分流作用，在输入信号的幅值不变条件下，输出信号却随着输入信号频率的增大而变小，即 FET 的放大能力随着信号频率的变化而变化。用前述推导 BJT 的特征频率 f_T 的方法，可得 FET 的特征频率 f_T 为

$$f_T = \frac{g_m}{2\pi(C_{gs} + C_{gd})} \tag{9.1.8}$$

本节复习思考题

9.1.1　如果输入信号的频谱在 5MHz 内，利用特征频率为 1MHz 的放大管设计的放大电路会出现什么失真？

9.1.2 如果输入信号的频谱在 kHz 数量级，设计放大电路时，不应该选用工作频率在 GHz 数量级的晶体管作为放大管，请说明理由。

9.1.3 对于图 9.1.1 所示的电路模型，BJT 实际已经存在直流偏置电压、电流，请说明理由。

9.1.4 在高频条件下，BJT 的电容效应很明显。利用 BJT 的高频小信号模型，分析输入信号经过下面两种不同的传输路径时，BJT 产生电抗作用的不同之处。

（1）从 BJT 的基极传输到集电极；

（2）从 BJT 的发射极传输到集电极。

9.1.5 在高频条件下，FET 的电容效应很明显。利用 FET 的高频小信号模型，分析输入信号经过下面两种不同的传输路径时，FET 产生电抗作用的不同之处。

（1）从 FET 的栅极传输到漏极；

（2）从 FET 的源极传输到漏极。

9.2 RC 滤波电路模型

RC 滤波电路模型能够直观、形象地表示放大电路的频率特性，即放大电路对不同频率信号的电抗作用。因此，可应用伏安法原理等思想和方法，在不同的频率条件下，把放大电路等效成不同的 RC 滤波电路模型，这不仅有助于降低分析问题的复杂性，还为设计 RC 滤波电路奠定理论基础。这也是把 RC 有滤波电路安排于本章的原因之一。

9.2.1 RC 低通电路的频率特性

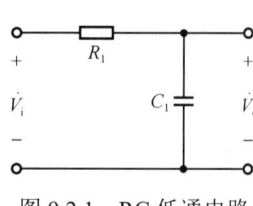

图 9.2.1 RC 低通电路模型

RC 低通电路模型是放大电路高频特性的等效电路，用于描述放大电路在高频条件下，放大管的电容效应、电路的分布电容引起的电压增益随信号频率的变化而变化的关系，如图 9.2.1 所示，C_1 就是这些电抗作用的等效电容。

由图 9.2.1 可以看出，电阻 R_1、电容 C_1 相当于串联，输出信号取自电容 C_1 两端的电压。输入信号 $\dot{V_i}$ 的频率越高，电容 C_1 的容抗越小，输出电压 $\dot{V_o}$ 越小；输入信号 $\dot{V_i}$ 的频率越低，电容 C_1 的容抗越大，输出电压 $\dot{V_o}$ 越大，即使是直流信号也能通过该电路，所以它是一个低通电路。利用复变量 s，可得其传递函数为

$$A_{vH}(s) = \frac{V_o(s)}{V_i(s)} = \frac{1/sC_1}{R_1 + 1/sC_1} = \frac{1}{1+sR_1C_1} \tag{9.2.1}$$

对于实际频率，$s = j\omega = j2\pi f$，并令

$$f_H = \frac{1}{2\pi R_1 C_1} \tag{9.2.2}$$

可得高频区的电压增益为

$$\dot{A}_{vH} = \frac{\dot{V_o}}{\dot{V_i}} = \frac{1}{1+j(f/f_H)} \tag{9.2.3}$$

由式（9.2.3）可得高频区的电压增益幅值 A_{vH} 和相移 φ_H 分别为

$$A_{vH} = \frac{1}{\sqrt{1+(f/f_H)^2}} \tag{9.2.4}$$

$$\varphi_{H} = -\arctan(f/f_{H}) \tag{9.2.5}$$

1. 幅频响应

式（9.2.4）描述高频区的电压增益幅值 A_{VH} 随频率的变化而变化的关系，称为高频幅频响应。当用直观、形象的波特图表示时，可按下列步骤绘出高频区的幅频响应曲线。

（1）当 $f \ll f_{H}$ 时，有

$$A_{VH} = 1/\sqrt{1 + (f/f_{H})^{2}} \approx 1$$

用分贝（dB）表示，则有

$$20\lg A_{VH} = 20\lg 1 = 0\text{dB}$$

这是一条与横轴平行的零分贝线。

（2）当 $f \gg f_{H}$ 时，有

$$A_{VH} = 1/\sqrt{1 + (f/f_{H})^{2}} \approx f_{H}/f$$

用分贝表示，则有

$$20\lg A_{VH} = 20\lg f_{H}/f$$

这是一条斜线，其斜率为-20dB/十倍频程，即每十倍频程，高频区电压增益降低 20dB，它与零分贝线在 $f = f_{H}$ 处相交。

由以上两条直线构成的折线，就是近似的幅频响应曲线，如图 9.2.2（a）所示。f_{H} 对应于两条直线的交点，所以 f_{H} 称为**转折频率**。由式（9.2.4）可知，当 $f = f_{H}$ 时，$A_{VH} = 1/\sqrt{2} \approx 0.707$，即在 $f = f_{H}$ 处，高频区电压增益下降到中频区电压增益的 0.707，所以 f_{H} 又是上限频率。这种用折线表示电路的频率特性曲线，与实际的频率特性曲线存在一定误差，如图 9.2.2（a）中的虚线所示。其作为一种近似的估算方法，在工程上是被允许的。

2. 相频响应

式（9.2.5）描述高频区的相移 φ_{H} 随频率的变化而变化的关系，称为高频区的相频响应。绘制直观、形象的波特图时，可用三条直线近似描述高频区的相频响应。

（1）当 $f \ll f_{H}$ 时，φ_{H} 趋近于0，得到一条 $\varphi_{H} = 0$ 的直线；

（2）当 $f \gg f_{H}$ 时，φ_{H} 趋近于 $-90°$，得到一条 $\varphi_{H} = -90°$ 的直线；

（3）当 $f = f_{H}$ 时，φ_{H} 趋近于 $-45°$。

当 $f/f_{H} = 0.1$ 和 $f/f_{H} = 10$ 时，相应地可近似得到 $\varphi_{H} = 0$ 和 $\varphi_{H} = -90°$，故在 $0.1 f_{H}$ 和 $10 f_{H}$ 之间可用一条斜率为 $-45°/$十倍频程的直线来表示，如图 9.2.2（b）所示。图中亦用虚线画出了实际的相频响应曲线。同样，其作为一种工程近似方法，所存在的一定相位误差也是被允许的。

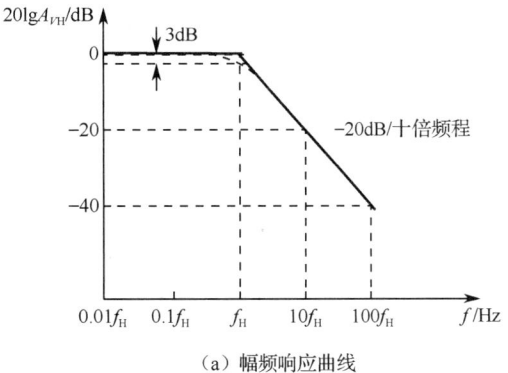

（a）幅频响应曲线

图 9.2.2　RC 低通电路模型的频率特性

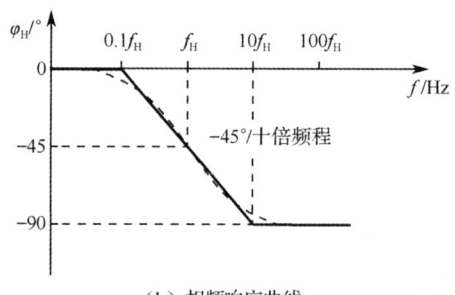

（b）相频响应曲线

图 9.2.2　RC 低通电路模型的频率特性（续）

由以上结果可知，随着频率 f 的增大，高频区电压增益的幅值 A_{VH} 变得越来越小，相移 φ_{H} 却越来越大，且幅频响应和相频响应都与上限频率 f_{H} 有确定的关系。

9.2.2　RC 高通电路的频率特性

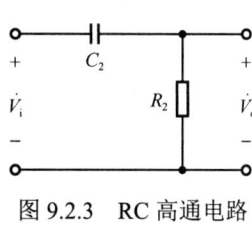

图 9.2.3　RC 高通电路模型

RC 高通电路模型是放大电路低频特性的等效电路，用于描述放大电路在低频条件下，耦合电容、旁路电容引起的电压增益随信号频率的变化而变化的关系，如图 9.2.3 所示，C_{2} 就是这些耦合电容、旁路电容的等效电容。

由图 9.2.3 可以看出，电容 C_{2}、电阻 R_{2} 相当于串联，输入信号 $\dot{V}_{i}$ 的频率越高，电容 C_{2} 的容抗越小，输出电压 $\dot{V}_{o}$ 越大；输入信号 $\dot{V}_{i}$ 的频率越低，电容 C_{2} 的容抗越大，输出电压 $\dot{V}_{o}$ 越小，所以它是一个高通电路。利用复变量 s，可得其传递函数为

$$A_{VL}(s) = \frac{V_{o}(s)}{V_{i}(s)} = \frac{R_{2}}{R_{2} + 1/sC_{2}} = \frac{s}{s + 1/R_{2}C_{2}} \tag{9.2.6}$$

对于实际频率，$s = j\omega$，并令

$$f_{L} = \frac{1}{2\pi R_{2}C_{2}} \tag{9.2.7}$$

可得低频区的电压增益为

$$\dot{A}_{VL} = \frac{\dot{V}_{o}}{\dot{V}_{i}} = \frac{1}{1 - j(f_{L}/f)} \tag{9.2.8}$$

由式（9.2.8）可得低频区电压增益的幅值 A_{VL} 和相移 φ_{L} 分别为

$$A_{VL} = \frac{1}{\sqrt{1 + (f_{L}/f)^{2}}} \tag{9.2.9}$$

$$\varphi_{L} = \arctan(f_{L}/f) \tag{9.2.10}$$

采用与 RC 低通电路模型同样的折线近似方法，可画出 RC 高通电路模型的幅频响应、相频响应曲线，如图 9.2.4 所示。图中，f_{L} 是转折频率，即下限频率，图 9.2.4 中也用虚线表示了实际的频率特性曲线。

由上面结果可知，随着频率 f 的下降，低频区电压增益的幅值 A_{VL} 变得越来越小，而相移 φ_{L} 越来越大，且幅频响应和相频响应都与下限频率 f_{L} 有确定的关系。

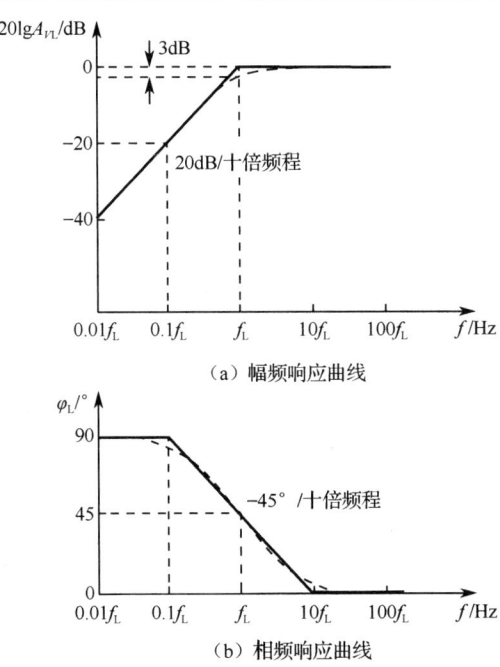

（a）幅频响应曲线

（b）相频响应曲线

图 9.2.4　RC 高通电路模型的频率特性

本节复习思考题

9.2.1　利用电容具有"隔直流、通交流""阻低频、通高频"的特性，解释 RC 低通电路、RC 高通电路的工作原理。

9.2.2　RC 低通电路模型用于描述 BJT 或 FET 放大电路的高频响应，利用 FET 的高频小信号模型、信号传输路径的概念说明其原因。

9.2.3　绘制 RC 低通电路的幅频响应曲线时，只要 $f = 10f_H$，就能满足 $f \gg f_H$，使得 $A_{vH} \approx f_H/f$，$20\lg A_{vH} \approx 20\lg f_H/f$，说明其原因。

9.2.4　绘制 RC 高通电路的幅频响应曲线时，只要 $f = 0.1f_L$，就能满足 $f \ll f_L$，使得 $A_{vL} \approx f_L/f$，$20\lg A_{vL} \approx 20\lg f_L/f$，说明其原因。

9.3　BJT 小信号放大电路的频率特性

9.3.1　共射放大电路的小信号高频响应

带耦合电容、旁路电容的共射放大电路的电路图如图 9.3.1（a）所示，在高频条件下，耦合电容、旁路电容被视为短路，并假设电阻 R_{b1}、R_{b2} 的阻值很大，流过电阻的电流很小，因此在其交流通路中可以不画出，如图 9.3.1（b）所示，图 9.3.1（c）所示为其高频小信号模型等效电路。

1．BJT 密勒电容

对于图 9.3.1（b）中的集电极节点 C，根据基尔霍夫电流定律可得

$$g_m \dot{V}_{b'e} + \frac{\dot{V}_o}{R_c} + (\dot{V}_o - \dot{V}_{b'e})j\omega C_{b'c} = 0 \qquad (9.3.1)$$

式（9.3.1）中最后一项电流与前两项电流相比可以忽略，因此可得

$$\dot{V}_{\mathrm{o}} \approx -g_{\mathrm{m}} R_{\mathrm{c}} \dot{V}_{\mathrm{b'e}} \tag{9.3.2}$$

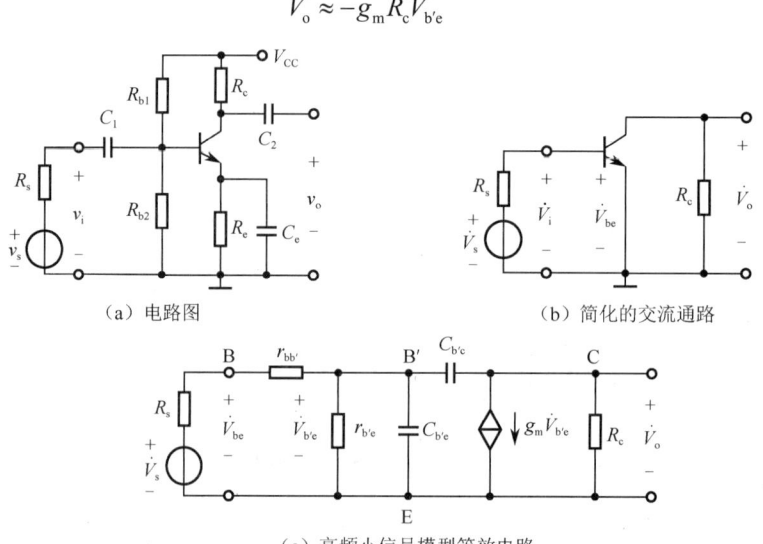

(a) 电路图　　　　　　　　　　　　　　(b) 简化的交流通路

(c) 高频小信号模型等效电路

图 9.3.1　带耦合电容、旁路电容的共射放大电路

通过电容 $C_{\mathrm{b'c}}$ 的电流为

$$\dot{I}_{C_{\mathrm{b'c}}} = (\dot{V}_{\mathrm{b'e}} - \dot{V}_{\mathrm{o}}) \mathrm{j}\omega C_{\mathrm{b'c}} \tag{9.3.3}$$

将式（9.3.2）代入式（9.3.3）得

$$\dot{I}_{C_{\mathrm{b'c}}} = (1 + g_{\mathrm{m}} R_{\mathrm{c}}) \mathrm{j}\omega C_{\mathrm{b'c}} \dot{V}_{\mathrm{b'e}}$$

由此可知，基于伏安法原理，从 B′、E 两点往右的导纳为

$$\frac{\dot{I}_{C_{\mathrm{b'c}}}}{\dot{V}_{\mathrm{b'e}}} = (1 + g_{\mathrm{m}} R_{\mathrm{c}}) \mathrm{j}\omega C_{\mathrm{b'c}} \tag{9.3.4}$$

根据式（9.3.4），相应于 B′、E 两点往右等效为一个电容

$$C_{\mathrm{M}} = (1 + g_{\mathrm{m}} R_{\mathrm{c}}) C_{\mathrm{b'c}} \tag{9.3.5a}$$

或

$$C_{\mathrm{M}} = (1 - A_V') C_{\mathrm{b'c}} \tag{9.3.5b}$$

式中，A_V' 为从基极 B′ 到集电极的中频电压增益，$A_V' = -g_{\mathrm{m}} R_{\mathrm{c}}$；$C_{\mathrm{M}}$ 为**密勒电容**。由于 $|A_V'| \gg 1$，因此 $C_{\mathrm{M}} \gg C_{\mathrm{b'c}}$。密勒电容的物理实质可以这样来解释：小信号 $\dot{V}_{\mathrm{b'e}}$ 产生一个大的输出电压 $\dot{V}_{\mathrm{o}} = A_V' \dot{V}_{\mathrm{b'e}}$，所以跨越电容 $C_{\mathrm{b'c}}$ 两端的电压为 $(1 - A_V') \dot{V}_{\mathrm{b'e}}$，致使通过电容 $C_{\mathrm{b'c}}$ 的电流 $\dot{I}_{C_{\mathrm{b'c}}}$ 亦很大，这叫作**密勒效应**。跨越电容 $C_{\mathrm{b'c}}$，它对输出回路的影响很小，因此可以忽略。

2．高频响应与上限频率

根据密勒效应，可将图 9.3.1（c）简化为图 9.3.2（a），图中 $C = C_{\mathrm{b'e}} + C_{\mathrm{M}}$。进一步简化得图 9.3.2（b），图中 $\dot{V}_s' = \dot{V}_s r_{\mathrm{b'e}} / (R_s + r_{\mathrm{bb'}} + r_{\mathrm{b'e}})$，$R = (R_s + r_{\mathrm{bb'}}) // r_{\mathrm{b'e}}$。

图 9.3.2（b）中只有输入回路含有电容元件，它与图 9.2.1 所示的 RC 低通电路模型相似。由图 9.3.2（b）可得

$$\dot{V}_{\mathrm{b'e}} = \frac{1}{1 + \mathrm{j}\omega RC} \dot{V}_s'$$

$$\dot{V}_{\mathrm{o}} = -g_{\mathrm{m}} \dot{V}_{\mathrm{b'e}} R_{\mathrm{c}}$$

由上面二式可得

$$\dot{A}_{VH} = \frac{\dot{V}_o}{\dot{V}_s} = \frac{A_{VM}}{1 + \mathrm{j}(f/f_H)} \tag{9.3.6a}$$

$$\frac{\dot{A}_{VH}}{A_{VM}} = \frac{1}{1 + \mathrm{j}(f/f_H)} \tag{9.3.6b}$$

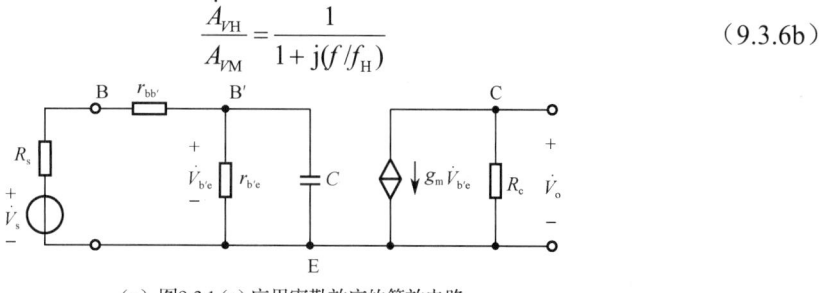

（a）图9.3.1（c）应用密勒效应的等效电路

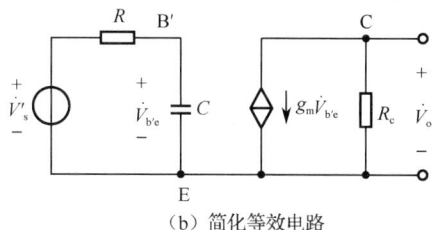

（b）简化等效电路

图 9.3.2 共射放大电路的简化 RC 模型

式（9.3.6a）、式（9.3.6b）就是共射放大电路的高频电压增益表达式，式中 A_{VM}、f_H 分别表示共射放大电路的中频电压增益和上限频率，即

$$A_{VM} = -g_m R_c \frac{r_{b'e}}{R_s + r_{bb'} + r_{b'e}} \tag{9.3.7}$$

$$f_H = \frac{1}{2\pi RC} \tag{9.3.8}$$

在式（9.3.8）中，C 是一个比 $C_{b'c}$ 大得多的等效电容，影响了共射放大电路的高频响应，它使共射放大电路的上限频率 f_H 下降了。

9.3.2 共基放大电路的小信号高频响应

共基放大电路具有低输入阻抗、高输出阻抗、电流增益接近 1 的特点，一般不单独应用共基放大电路。但共基放大组态的高频响应好，常与共射或共集组态形成复合结构，用于改善放大电路的高频响应。在应用共基放大电路时，其交流通路如图 9.3.3（a）所示，其高频小信号模型等效电路如图 9.3.3（b）所示。

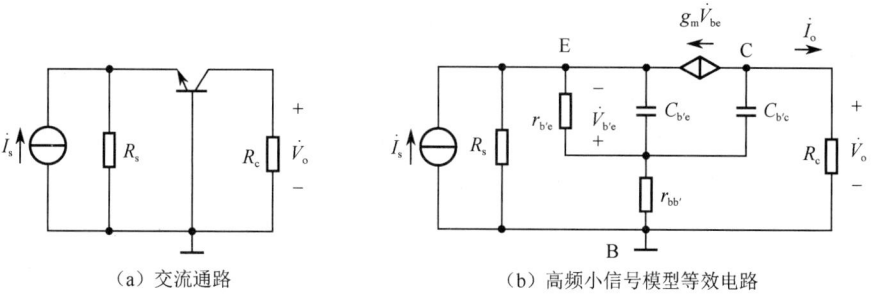

（a）交流通路　　　　　　（b）高频小信号模型等效电路

图 9.3.3 共基放大电路

由于共基放大电路的输入阻抗很低，为了简化分析，可进一步略去 R_s，且 $r_{bb'}$、$C_{b'c}$ 相比其他参数而言较小，也可忽略不计，而这种忽略不计对分析结果几乎没有影响。于是，在节点 E 处，根据基尔霍夫电流定律得

$$\dot{I}_s = -\frac{\dot{V}_{b'e}}{r_{b'e}} - \frac{\dot{V}_{b'e}}{1/j\omega C_{b'e}} - g_m \dot{V}_{b'e} \qquad (9.3.9a)$$

所以有

$$\dot{I}_s = -\dot{V}_{b'e}\left(g_m + \frac{1}{r_{b'e}} + j\omega C_{b'e}\right) \qquad (9.3.9b)$$

又因为

$$\dot{I}_o = -\dot{V}_{b'e} g_m \qquad (9.3.10)$$

所以

$$\frac{\dot{I}_o}{\dot{I}_s} = \frac{g_m}{g_m + \dfrac{1}{r_{b'e}} + j\omega C_{b'e}} \approx \frac{g_m r_{b'e}/(1 + g_m r_{b'e})}{1 + j\omega C_{b'e}/g_m} \qquad (9.3.11)$$

由式（9.3.11）可知，共基放大电路的低频电流增益接近 1，即 $g_m r_{b'e}/(1 + g_m r_{b'e}) \approx 1$，而其电流增益的上限频率 f_H 为

$$f_H = \frac{g_m}{2\pi C_{b'e}} \qquad (9.3.12)$$

由此可知，共基放大电路的电流增益上限频率 f_H 接近 BJT 的特征频率 f_T，因此，共基放大电路具有很宽的通频带。这是因为，共基放大电路的输入、输出之间没有反馈电容，因此不存在密勒效应。

式（9.3.12）中的上限频率 f_H 是利用共基放大电路电流增益分析得到的，利用上述结果可进一步分析出共基放大电路的电压增益表达式。简化的共基放大电路高频小信号等效电路如图 9.3.4 所示。

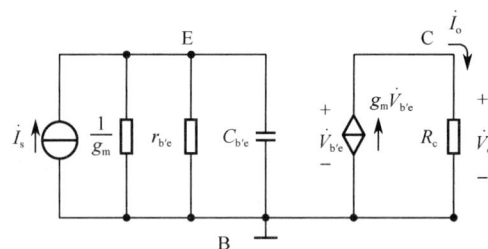

图 9.3.4　简化的共基放大电路高频小信号等效电路

9.3.3　BJT 单管放大电路的小信号低频响应

1. 低频等效电路及其简化

放大电路的低频响应是因为放大电路中存在耦合电容、旁路电容，如图 9.3.1（a）所示，其低频时的交流通路如图 9.3.5 所示，由于 R_b 的阻值很大，其影响可忽略不计，为了简化分析，假设电容 C_e 的容抗比电阻 R_e 小得多，使流过电阻 R_e 电流小到可以忽略不计。

根据图 9.3.5 可知，电容 C_1、C_2 串联在输入信号 $\dot{V}_s$ 传输到电路负载 R_L 的路径上，因此电容 C_1 会分去输入电压 $\dot{V}_i$ 的一部分，使基极电压 $\dot{V}_b$ 降低；而电容 C_2 会分去集电极输出电压 $\dot{V}_c$

的一部分，使放大电路的输出电压 $\dot{V}_{o}$ 降低。电容 C_{e} 串联在 BJT 的发射极，会分去基极电压 $\dot{V}_{b}$ 的一部分，使 BJT 的净输入电压 $\dot{V}_{be}$ 减小。

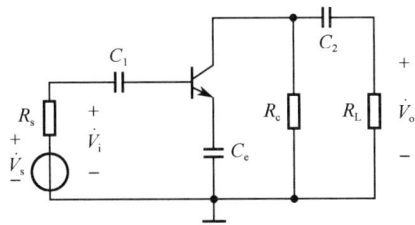

图 9.3.5　图 9.3.1（a）所示电路低频时的交流通路

电容 C_{e} 两端的电压 $\dot{V}_{C_{e}}$ 为

$$\dot{V}_{C_{e}} = (1+\beta)\dot{I}_{b}\frac{1}{\mathrm{j}\omega C_{e}} \tag{9.3.13}$$

用 $\dot{X}_{C_{e}}$ 表示电容 C_{e} 在基极所在通路中的等效电抗，根据式（9.3.13）有

$$\dot{X}_{C_{e}} = \frac{\dot{V}_{C_{e}}}{\dot{I}_{b}} = (1+\beta)\frac{1}{\mathrm{j}\omega C_{e}} \tag{9.3.14}$$

即电容 C_{e} 在基极所在通路中的等效电容 $C_{e}' = C_{e}/(1+\beta)$，如图 9.3.6（a）所示。输入回路的总电容用 C_{i} 表示，则有

$$C_{i} = \frac{C_{1}C_{e}'}{C_{1}+C_{e}'} \tag{9.3.15}$$

电容 C_{e} 基本不存在输出回路的等效作用，输出回路中的电容只有 C_{2}，如图 9.3.6（b）所示。

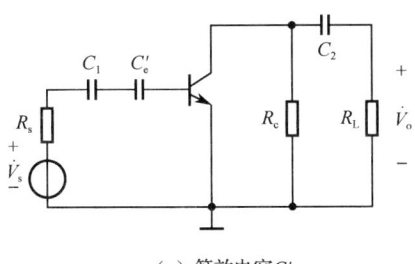

（a）等效电容 C_{e}'　　　　　　　　　　　（b）简化的低频小信号模型等效电路

图 9.3.6　图 9.3.5 所示电路的低频小信号等效电路

2. 低频响应及下限频率 f_{L}

经过等效以后，图 9.3.6 所示电路的输入回路、输出回路都相当于 RC 高通电路模型。利用 RC 高通电路模型的分析结果可得

$$\dot{V}_{o} = -\frac{\beta\dot{I}_{b}R_{c}R_{L}}{R_{c}+R_{L}+(1/\mathrm{j}\omega C_{2})} = -\frac{\beta\dot{I}_{b}R_{c}R_{L}/(R_{c}+R_{L})}{1-[\mathrm{j}/\omega C_{2}(R_{c}+R_{L})]} \tag{9.3.16}$$

$$\dot{V}_{s} = \dot{I}_{b}\left(R_{s}+r_{be}+\frac{1}{\mathrm{j}\omega C_{i}}\right) = \dot{I}_{b}\frac{1+\mathrm{j}\omega C_{i}(R_{s}+r_{be})}{\mathrm{j}\omega C_{i}} \tag{9.3.17}$$

所以有

$$\dot{A}_{VL} = \frac{\dot{V}_o}{\dot{V}_s} = -\frac{\beta R'_L}{(R_s + r_{be})} \cdot \frac{1}{1 - j/\omega C_i(R_s + r_{be})} \cdot \frac{1}{1 - j/\omega C_2(R_c + R_L)} \tag{9.3.18}$$

当信号角频率 ω 很高时，式（9.3.18）变成中频电压增益

$$A_{VM} = -\frac{\beta R'_L}{(R_s + r_{be})} \tag{9.3.19}$$

式（9.3.18）说明放大电路在低频区具有两个转折频率 f_{L1}、f_{L2}

$$f_{L1} = \frac{1}{2\pi C_i(R_s + r_{be})} \tag{9.3.20}$$

$$f_{L2} = \frac{1}{2\pi C_2(R_c + R_L)} \tag{9.3.21}$$

在实际应用时，取两个转折频率 f_{L1}、f_{L2} 中较大的那个作为低频响应的下限频率 f_L。

9.3.4 完整的 BJT 单管放大电路频率特性

第 4 章分析放大电路的电压增益时，完全忽略了放大电路的频率特性，综合考虑放大电路的中频特性、低频响应、高频响应，即：

（1）中频电压增益 A_{VM}；

（2）上限频率 f_H；

（3）下限频率 f_L。

合并就可以得到放大电路完整的电压增益表达式

$$\dot{A}_V = \frac{A_{VM}}{\left(1 + j\dfrac{f}{f_H}\right)\left(1 - j\dfrac{f_L}{f}\right)} \tag{9.3.22}$$

在低频区，$f < f_L$，f/f_H 趋近于 0，式（9.3.22）简化为

$$\dot{A}_V = \frac{A_{VM}}{1 - j\dfrac{f_L}{f}} \tag{9.3.23}$$

在高频区，$f > f_H$，f_L/f 趋近于 0，式（9.3.22）简化为

$$\dot{A}_V = \frac{A_{VM}}{1 + j\dfrac{f}{f_H}} \tag{9.3.24}$$

在中频区，$f_L < f < f_H$，f/f_H 趋近于 0，f_L/f 趋近于 0，式（9.3.22）简化为 $\dot{A}_V = A_{VM}$，如图 9.3.7 所示。

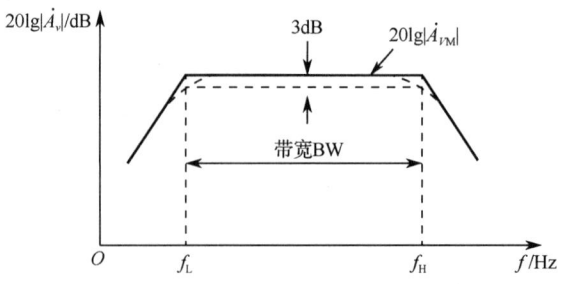

图 9.3.7 完整的 BJT 单管放大电路的幅频响应曲线

本节复习思考题

9.3.1　利用信号传输路径概念、串联电路分压原理、并联电路分流原理说明 RC 高通电路模型用于 BJT 放大电路低频响应的原因。

9.3.2　采用完全相同的 BJT，分别设计成共射放大电路和共基放大电路，但这两种放大组态高频响应不同，请说明 RC 低通电路模型用于 BJT 放大电路高频响应的理由。

9.3.3　画出具有输入、输出耦合电容的 BJT 共射放大电路低频区小信号模型等效电路，利用该小信号模型等效电路解释其低频区存在多个转换频率（多个极点）的原因。

9.3.4　如果放大电路的电压增益表达式为 $\dot{A}_V = A_{VM}/[(1+\mathrm{j}f/f_H)(1-\mathrm{j}f_L/f)]$，则其高频区最大相移是多少度？低频区及中频区的呢？

9.4　FET 小信号放大电路的频率特性

FET 放大电路的高频性能分析方法几乎与 BJT 放大电路完全相同。C_{gd} 的影响类似于 $C_{b'c}$，如图 9.4.1 所示，所用的小信号模型对于 MOS 管和 JFET 都适用。

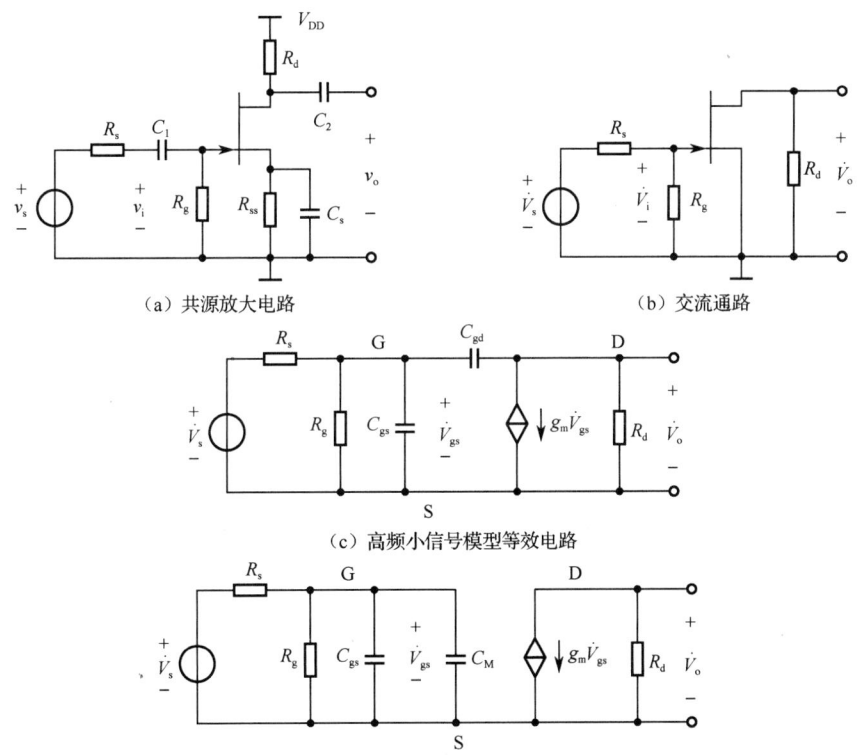

（a）共源放大电路　　　　　　（b）交流通路

（c）高频小信号模型等效电路

（d）包含密勒电容的高频小信号模型等效电路

图 9.4.1　FET 共源放大电路高频小信号模型的导出

在图 9.4.1（d）中，$C_M = (1+g_m R_d)C_{gd}$ 或 $C_M = (1-A_{VM})C_{gd}$，式中，$A_{VM} = -g_m R_d$ 为中频电压增益。由于 $|A_{VM}| \gg 1$，因此 $C_M \gg C_{gd}$。令 $C = C_{gs} + C_M$，根据图 9.4.1（d）可得

$$\dot{V}_{gs} = \frac{\dot{V}_s}{R_s + R_g//(1/\mathrm{j}\omega C)} \cdot [R_g//(1/\mathrm{j}\omega C)] = \frac{\dot{V}_s R_g}{R_s + R_g + \mathrm{j}\omega R_s R_g C}$$

$$\dot{V}_{\mathrm{o}} = -g_{\mathrm{m}}\dot{V}_{\mathrm{gs}}R_{\mathrm{d}}$$

由上面两式可得

$$\dot{A}_{V\mathrm{H}} = \frac{\dot{V}_{\mathrm{o}}}{\dot{V}_{\mathrm{s}}} = \frac{-g_{\mathrm{m}}\dot{V}_{\mathrm{gs}}R_{\mathrm{d}}}{\dfrac{R_{\mathrm{s}} + R_{\mathrm{g}} + \mathrm{j}\omega R_{\mathrm{s}}R_{\mathrm{g}}C}{R_{\mathrm{g}}}\dot{V}_{\mathrm{gs}}} = \frac{-g_{\mathrm{m}}R_{\mathrm{d}}R_{\mathrm{g}}}{R_{\mathrm{s}} + R_{\mathrm{g}} + \mathrm{j}\omega R_{\mathrm{s}}R_{\mathrm{g}}C} \qquad (9.4.1\mathrm{a})$$

$$\frac{\dot{A}_{V\mathrm{H}}}{A_{V\mathrm{M}}} = \frac{1}{1 + \mathrm{j}(f/f_{\mathrm{H}})} \qquad (9.4.1\mathrm{b})$$

式（9.4.1a）、式（9.4.1b）就是 FET 共源放大电路的高频电压增益表达式，式中，$A_{V\mathrm{M}}$、f_{H} 分别表示 FET 共源放大电路的中频电压增益和上限频率

$$A_{V\mathrm{M}} = -g_{\mathrm{m}}R_{\mathrm{d}}\frac{R_{\mathrm{g}}}{R_{\mathrm{s}} + R_{\mathrm{g}}} \qquad (9.4.2)$$

$$f_{\mathrm{H}} = \frac{1}{2\pi RC} \qquad (9.4.3)$$

式中，$R = R_{\mathrm{g}}//R_{\mathrm{s}}$。

本节复习思考题

9.4.1　说明 FET 共源放大电路存在密勒效应的原因，并说明利用共栅放大组态改善放大电路高频响应的原因。

9.4.2　采用相同半导体工艺制作但特征尺寸 L、W 不同的两只 MOS 管，通常来说，特征尺寸 L、W 小的 MOS 管的工作频率高，为什么？

9.4.3　MOS 管的栅极是绝缘的，MOS 管的栅极电容在 pF 数量级，当提到 MOS 管的栅极电流在 nA 以下数量级时，是指交流电流还是直流电流？

9.4.4　场效应管的高频小信号模型中含有栅-源电容 C_{gs} 和栅-漏电容 C_{gd}，哪一个对放大电路的频率特性影响更大？

9.5　多级放大电路的频率特性

多级放大电路的频率特性很复杂,但多级放大电路的通频带还是在其幅频响应下降 3dB 处的频率。多级放大电路的总电压增益 $\dot{A}_V$ 等于各级放大电路电压增益的乘积 $\dot{A}_V = \dot{A}_{V1} \cdot \dot{A}_{V2} \cdots \cdots \dot{A}_{Vn}$，这会提高多级放大电路的电压增益，但是，多级放大电路的带宽要比单级放大电路的带宽窄，它的上限频率低于单级放大电路的上限频率，下限频率高于单级放大电路的下限频率。

例如，有一个两级放大电路，为了简化分析，假设它的每一级放大电路的频率特性完全相同，且每级放大电路的中频电压增益为 $A_{V\mathrm{M}1}$，下限频率为 $f_{\mathrm{L}1}$，上限频率为 $f_{\mathrm{H}1}$。用 $A_{V\mathrm{M}}$、f_{L}、f_{H} 分别表示两级放大电路的中频电压增益、下限频率、上限频率，则两级放大电路的中频电压增益为

$$A_{V\mathrm{M}} = A_{V\mathrm{M}1} \cdot A_{V\mathrm{M}1} = A_{V\mathrm{M}1}^2 \qquad (9.5.1)$$

在放大电路的下限频率 f_{L} 或上限频率 f_{H} 处，电压增益应该比中频电压增益下降 3dB，即电压增益是中频电压增益的 0.707。而在频率 $f = f_{\mathrm{L}1}$ 或 $f = f_{\mathrm{H}1}$ 处，单级放大电路的电压增益

$A'_{V1} = 0.707 A_{VM1}$，两级放大电路的总电压增益 $A'_V = 0.707 A_{VM1} \cdot 0.707 A_{VM1} \approx 0.5 A_{VM1}^2$，即两级放大电路在频率 $f = f_{L1}$ 或 $f = f_{H1}$ 处，电压增益为 $0.5 A_{VM1}^2$，而不是 $0.707 A_{VM1}^2$，因此，两级放大电路的下限频率 $f_L \neq f_{L1}$、上限频率 $f_H \neq f_{H1}$，如图 9.5.1 所示。因此，两级放大电路的上限频率 $f_H < f_{H1}$，而下限频率 $f_L > f_{L1}$，这说明，采用多级放大电路来提高总电压增益是以牺牲通频带为代价的，而且，放大电路的级数越多，f_H 越低，f_L 越高，通频带越窄。

对于由多级放大电路构成的运算放大器，级间采用直接耦合方式，直流成分也能够顺利通过，即其下限频率 $f_L = 0$，如图 9.5.2 所示。

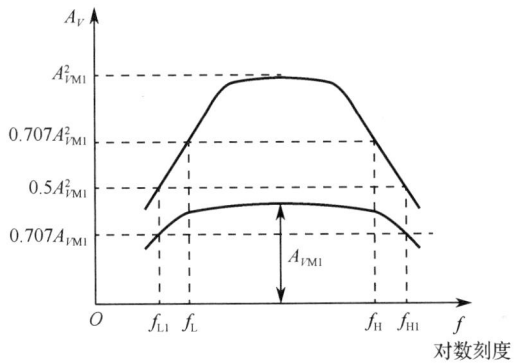

图 9.5.1　单级放大电路和两级放大电路的幅频响应　　图 9.5.2　多级放大电路构成的运算放大器的幅频响应

本节复习思考题

9.5.1　多级放大电路级联时，其总电压增益与各级放大电路电压增益的关系是什么？总相移与各级放大电路相移的关系是什么？

9.5.2　在单级放大电路中，下限频率 f_L、上限频率 f_H 处的电压增益比中频电压增益下降 3dB。多级放大电路中的下限频率 f_L、上限频率 f_H 处的电压增益也比中频电压增益下降 3dB 吗？

9.5.3　写出多级放大电路的频率特性函数，根据频率特性函数说明多级放大电路高频区存在多个转折频率的原因。

9.6　负反馈放大电路的频率特性和频率补偿

9.6.1　负反馈放大电路的频率特性

第 7 章只是简单提到，在负反馈放大电路的高频区或低频区，由于产生附加相移，会导致出现损坏放大电路性能的自激现象，但并没有分析产生的过程和解决的办法。第 7 章推导出了具有反馈的放大电路的电压增益 [式（7.1.5）]，将其写成频率特性函数为

$$\dot{A}_F(j\omega) = \frac{\dot{A}(j\omega)}{1 + \dot{A}(j\omega)\dot{F}(j\omega)} = \frac{\dot{A}(j\omega)}{1 + \dot{T}(j\omega)} \tag{9.6.1}$$

式中，$\dot{T}(j\omega)$ 表示环路增益。如果 $\dot{T}(j\omega) = -1$，则 $\dot{A}_F(j\omega)$ 是不确定的，即当输入信号 $\dot{X}_i = 0$ 时，放大电路也存在输出信号 $\dot{X}_o$。这意味着电路产生自激现象，即在 $\dot{T}(j\omega) = -1$ 对应的频率处，放大电路不需要外部信号源输入信号，电路自身会产生一个振荡输出信号。这种电路特性有

两种情况：一种故意设计成振荡器，如正弦波振荡器；另一种因为放大电路产生的附加相移，在幅值、相位都满足振荡条件下产生不受欢迎的振荡。

例如，一个负反馈放大电路，在中频区的输入信号 $\dot{X}_{id}$ 与 $\dot{X}_i$ 同相，输出信号 $\dot{X}_o$ 与输入信号 $\dot{X}_{id}$ 反相，而反馈信号 $\dot{X}_f$ 与输出信号 $\dot{X}_o$ 同相，使反馈信号 $\dot{X}_f$ 与输入信号 $\dot{X}_i$ 反相，在比较环节处减弱净输入信号 $\dot{X}_{id}$。由于放大电路的电压增益与频率有关，在中频区外的高频区或低频区，产生附加相移，使放大器的输出信号 $\dot{X}_o$ 与输入信号 $\dot{X}_{id}$ 会产生180°的相移，则反馈信号 $\dot{X}_f$ 与输入信号 $\dot{X}_i$ 同相，在比较环节处加强净输入信号 $\dot{X}_{id}$，如图 9.6.1 所示。如果此时在满足了 $\dot{T}(j\omega) = -1$ 的条件下，放大器的电压增益足够高，该过程会自行维持下去，不再需要输入信号 $\dot{X}_i$，输出端也存在输出信号 $\dot{X}_o$。

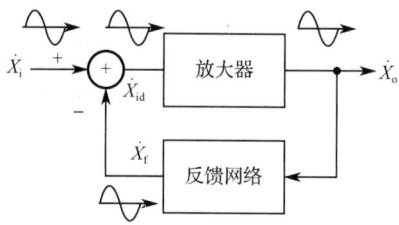

图 9.6.1 负反馈放大电路产生附加相移后的信号相位关系

下面以由三个放大电路级联而成的三级放大电路为例，进行进一步说明。为了简化问题，假设每一级放大电路的频率特性完全相同，其频率特性为

$$\dot{A}_1(j\omega) = \frac{A_1}{1 + j(\omega / \omega_c)} \tag{9.6.2}$$

由这样的三个放大电路级联而成的放大电路的传输函数为

$$\dot{A}(j\omega) = \frac{A_1^3}{[1 + j(\omega / \omega_c)]^3} \tag{9.6.3}$$

假设用这个放大电路组成一个带负反馈的放大电路，且负反馈网络由纯电阻构成，使其不会产生附加相移，即 $\dot{F}(j\omega) = F$，则有

$$\dot{T}(j\omega) = \dot{A}(j\omega)\dot{F}(j\omega) = \dot{A}(j\omega)F = \frac{A_1^3 F}{[1 + j(\omega/\omega_c)]^3} \tag{9.6.4}$$

根据式（9.6.4）可知，环路增益 $\dot{T}(j\omega)$ 的幅频响应曲线按照每十倍频程下降 60dB 的速率变化，相频响应曲线按照每十倍频程增加 $-135°$ 的速率变化，如图 9.6.2 所示。产生自激振荡既要满足相位条件，又要满足振幅条件，即 $\dot{T}(j\omega) = -1$。在幅频响应波特图的 A 点（高频区），这个三级放大电路构成的放大电路很容易产生 $-180°$ 的附加相移，即 $\dot{T}(j\omega)$ 的相移 $\varphi(\omega) = -180°$，满足自激振荡的相位条件，此时还满足自激振荡的振幅条件，即 $|\dot{T}(j\omega)| \geqslant 1$（或 $\geqslant 0dB$），所以很容易产生自激振荡，使放大电路处于不稳定的工作状态。

反过来，为了获得稳定的放大电路，应该使 $\dot{T}(j\omega)$ 满足自激振荡的相位条件，即 $\dot{T}(j\omega)$ 的相移 $\varphi(\omega)$ 达 $-180°$ 时，让自激振荡的振幅条件无法得到满足，即 $|\dot{T}(j\omega)| < 1$（或 $< 0dB$）。为了更简便叙述问题，引入增益裕度和相位裕度概念，分别用符号 GM 和 PM 表示。

破坏自激振荡条件的一个办法是减小放大电路电压增益，即让式（9.6.4）的 $A_1^3 F$ 减小，如图 9.6.3 所示。这样，开始出现自激振荡的相位条件时，即 $\dot{T}(j\omega)$ 的相移 $\varphi(\omega) = -180°$ 时，却有 $|\dot{T}(j\omega)| < 1$（或 $< 0dB$）（见图 9.6.3 中的 A 点），增益裕度 GM 就是放大电路在出现不稳

定工作状态之前，放大电路能够承受的附加环路增益，即 $\varphi(\omega) = -180°$ 处的环路增益与 $|\dot{T}(j\omega)| = 1$ 的距离；当放大电路开始满足自激振荡的振幅条件，即 $|\dot{T}(j\omega)| = 1$（或 $=0$dB）时，$\dot{T}(j\omega)$ 的相移 $\varphi(\omega)$ 却未达到 $-180°$（见图 9.6.3 的 B 点），而相位裕度 PM 就是放大电路在出现不稳定工作状态之前，放大电路能够承受的附加相移，即 $|\dot{T}(j\omega)| = 1$ 处的相移与 $\varphi(\omega) = -180°$ 的距离。

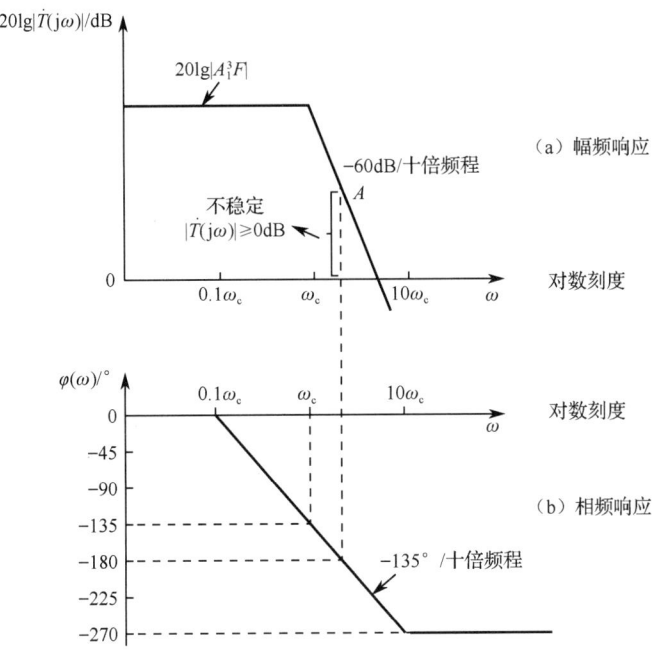

图 9.6.2　满足自激振荡条件的 $\dot{T}(j\omega)$ 频率特性波特图

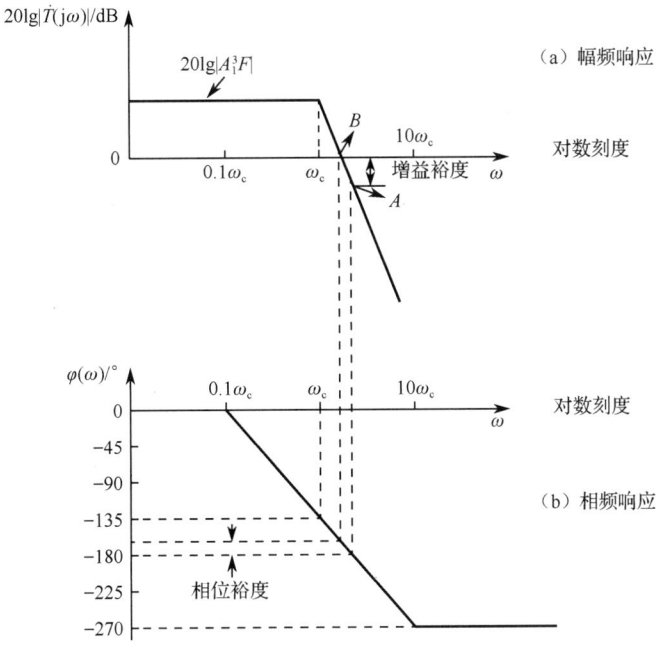

图 9.6.3　不满足自激振荡条件的 $\dot{T}(j\omega)$ 频率特性波特图

9.6.2 负反馈放大电路的频率补偿

破坏自激振荡振幅条件的方法有以下三个。

（1）降低单级放大电路的中频电压增益 A_1，如前所述，但这样的做法通常不可行，因为放大电路的目的就是提高电压增益。

（2）减小反馈系数 F，这个做法虽然可行，但也可能与需要达到的反馈效果相冲突。

（3）增加额外的无源元件来改变自激振荡的相位条件，这种方法也称为补偿。

补偿是一种用得最多的方法，放大电路可采用外部补偿方式，也可采用内部补偿方式，如运算放大器 LM741 的内部补偿，在中间级电压放大电路的 BJT 的基极与集电极之间引入补偿电容。补偿就是引入一个附加的与频率有关的因式作为 $\dot{T}(j\omega)$ 的一部分，使得相移变为 $-180°$ 时，$\left|\dot{T}(j\omega)\right| < 1$。一个常用的方法就是应用单阶 RC 低通滤波器，如图 9.6.4 所示。

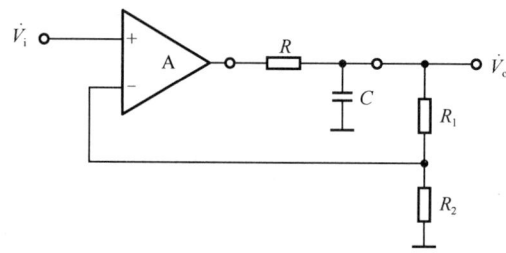

图 9.6.4　外部补偿的电路原理图

单阶 RC 低通滤波器的传递函数为

$$\dot{H}(j\omega) = \frac{1}{1 + j(\omega/\omega_D)} \tag{9.6.5}$$

使得这个三级放大电路的环路增益 $\dot{T}(j\omega)$ 变为

$$\dot{T}(j\omega) = \frac{A_1^3 F}{[1 + j(\omega/\omega_c)]^3 [1 + j(\omega/\omega_D)]} \tag{9.6.6}$$

通过合理设计，使得在角频率 $\omega = \omega_D$ 处，$\dot{T}(j\omega)$ 的相移 $\varphi(\omega)$ 达 $-180°$ 时，$\left|\dot{T}(j\omega)\right| < 1$。这种补偿方法比较灵活方便，但其缺点是会降低放大电路的电压增益，且带宽也会变窄。

上面的分析也说明，放大电路有多个转折频率，引入频率补偿后，角频率 $\omega = \omega_D$ 成为主转折频率，或称为主极点频率。

本节复习思考题

9.6.1　如果反馈信号和输入信号同相位，电路会变得不稳定吗？如果输出信号和输入信号同相位呢？

9.6.2　在具有频率补偿作用的放大电路中，主转折频率的含义是什么？

9.6.3　如何利用波特图来定义增益裕度和相位裕度？

9.6.4　利用附加相移的概念，说明所有电路都具有与频率有关的增益的原因。

9.7　RC 有源滤波器

由于放大电路存在电抗性元器件，任何设计好的放大电路具有一定的带宽，但这带宽却不一定满足实际应用需求，因此通常会为放大电路增加 RC 或 LC 无源滤波电路，从而使其变成有源滤波电路，满足实际应用的频率特性要求。

9.7.1　滤波器的有关概念

1．滤波器的用途

滤波器是一种使有用信号通过，抑制或衰减无用信号的电子装置，它是一种对信号频率具有选择性的电路，其功能是使特定频率范围内的信号通过，阻止其他频率的信号通过。例如，有一个较低频率的信号，其中包含一些较高频率成分的干扰信号，采用低通滤波器对其进行处理，那些不需要的高频成分就被滤除了，剩下需要的低频信号，如图 9.7.1 所示。

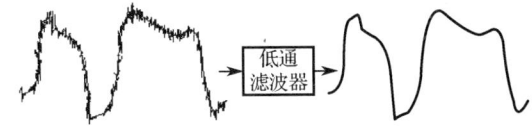

图 9.7.1　低通滤波器滤除低频信号中的高频噪声

2．有源滤波器的分类

利用幅频响应，通常把能够通过的信号频率范围定义为通带，而把受阻或衰减的信号频率范围定义为阻带，通带和阻带的界限频率称为截止频率，如图 9.7.2 所示，A_0 表示通带增益。

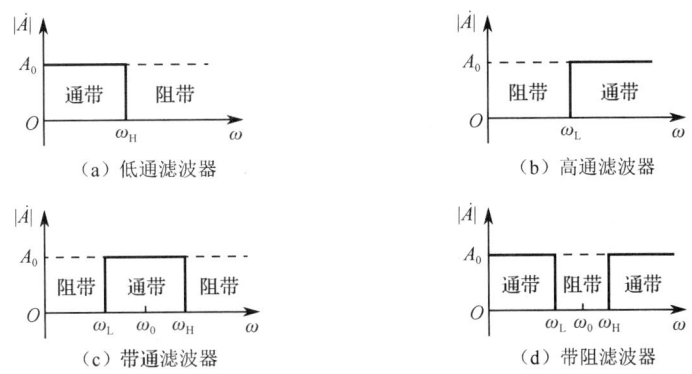

（a）低通滤波器　　　　　　（b）高通滤波器

（c）带通滤波器　　　　　　（d）带阻滤波器

图 9.7.2　四种滤波器的滤波特性波特图

低通滤波器（LPF）：让那些角频率 ω 低于 ω_H 的信号通过，而角频率 ω 高于 ω_H 的信号被抑制或衰减，如图 9.7.2（a）所示，带宽 $BW = \omega_H$。

高通滤波器（HPF）：让那些角频率 ω 高于 ω_L 的信号通过，而角频率 ω 低于 ω_L 的信号被抑制或衰减，如图 9.7.2（b）所示。只有无源元件的高通滤波器的带宽 $BW = \infty$。有源滤波电路还包含放大电路，受放大电路本身上限角频率 ω_H 的限制，实际的有源高通滤波器带宽也是有限的，即带宽 $BW = \omega_H - \omega_L$。

带通滤波器（BPF）：让那些角频率 ω 在 ω_L、ω_H 之间的信号通过，而角频率 ω 在 ω_L、ω_H 之间范围以外的信号被抑制或衰减，如图 9.7.2（c）所示，带宽 $BW = \omega_H - \omega_L$。带通滤波器还会用中心角频率 ω_0 表示其滤波特性，它是通带中心点的角频率。

带阻滤波器（BEF）：让那些角频率 ω 低于 ω_L 和高于 ω_H 的信号通过，而角频率 ω 在 ω_L、ω_H 之间的信号被抑制或衰减，如图 9.7.2（d）所示。带阻滤波器还会用中心角频率 ω_0 表示其滤波特性，它是阻带中心点的角频率。

图 9.7.2 表示的是理想滤波器的滤波特性，通带与阻带之间用一条垂直的直线分开。实际的滤波器通带与阻带之间通常存在一个斜坡，称为过渡带，且所用滤波器的阶次越高，斜坡越陡，如图9.7.3 所示。

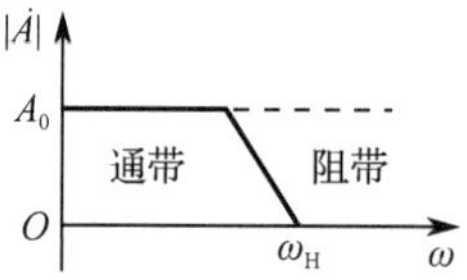

（a）滤波器阶次低 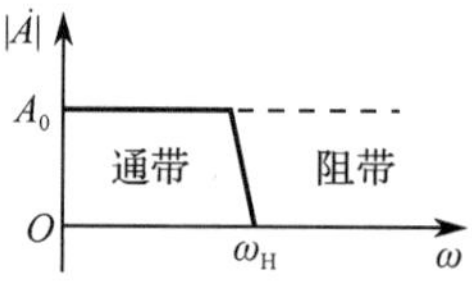   （b）滤波器阶次高

图 9.7.3　实际滤波器的滤波特性波特图

3．滤波器的主要技术指标

通带增益和通带截止频率是滤波器的主要技术指标，下面以低通滤波器为例，说明它们的定义。如图 9.7.4 所示，图中 A_{vp}、f_p 分别为通带增益和通带截止频率，实线表示实际滤波器的幅频响应，虚线表示理想滤波器的幅频响应。

（1）通带增益 A_{vp}

通带增益 A_{vp} 是指滤波器在通带内的电压增益。性能良好的低通滤波器通带内的幅频响应曲线是平坦的，阻带内的电压增益基本为零。

（2）通带截止频率 f_p

通带截止频率 f_p 的定义与放大电路的截止频率相同。过渡带越窄，说明滤波器的选择性越好。

4．有源滤波器的结构

有源滤波器实际上是一种具有特定频率特性的放大器，通常是在放大电路的基础上增加一些由电阻 R、电容 C、电感 L 等无源元件构成的滤波模块，如图 9.7.5 所示。

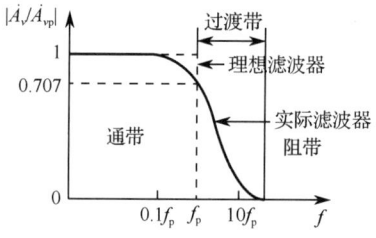

图 9.7.4　滤波器的主要性能指标

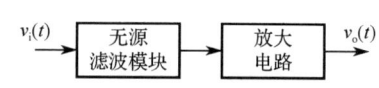

图 9.7.5　有源滤波器的结构

由电阻 R、电容 C 作为滤波元件的滤波器称为 RC 滤波器，由电感 L、电容 C 作为滤波元件的滤波器称为 LC 滤波器。RC 滤波器具有不用电感、体积小、质量轻等优点，但 RC 滤波电路的工作频率不高，低于 1MHz。

放大电路应该起到与输出负载隔离的作用，且能够使有源滤波器具有一定的电压增益。有源滤波器通常会采用运算放大器构成的同相比例放大电路，具有输入阻抗高、输出阻抗低、带负载能力强的优点。如果不需要电压增益，放大模块可直接采用电压跟随器。

在复频域内，用 $A(s)$ 表示滤波电路的电压传递函数，假设滤波电路是一个线性时不变网络，则有

$$A(s) = \frac{V_o(s)}{V_i(s)} \tag{9.7.1}$$

用实际角频率，即 $s = \mathrm{j}\omega$，则有

$$A(\mathrm{j}\omega) = |A(\mathrm{j}\omega)| \mathrm{e}^{\mathrm{j}\varphi(\omega)} \qquad (9.7.2)$$

式中，$|A(\mathrm{j}\omega)|$ 表示传递函数的模；$\varphi(\omega)$ 表示传递函数的相位。

9.7.2 RC 有源低通滤波器

1. 一阶 RC 有源低通滤波器

1）电路结构

简单的一阶 RC 有源低通滤波器采用在一阶 RC 低通电路的输出端接一个由运算放大器构成的同相比例放大电路构成，如图 9.7.6 所示。

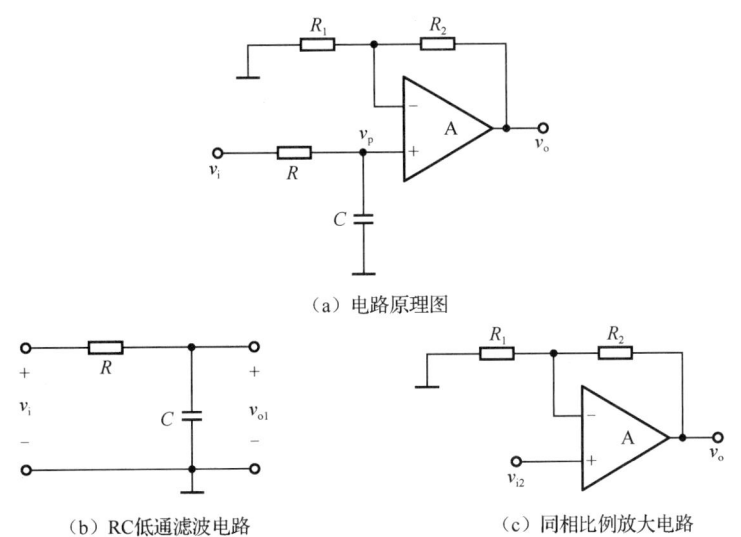

（a）电路原理图

（b）RC低通滤波电路　　　　　　　　　（c）同相比例放大电路

图 9.7.6　带同相比例放大电路的一阶 RC 有源低通滤波器

一阶 RC 有源低通滤波器的特点是电路简单、阻带衰减太慢、选择性较差。

2）传递函数

根据级联电路总电压增益与每级电路电压增益的关系可知，图 9.7.6 所示一阶 RC 有源低通滤波器的电压增益为

$$\dot{A}_V = \frac{\dot{V}_\mathrm{o}}{\dot{V}_\mathrm{i}} = \frac{\dot{V}_\mathrm{o1}}{\dot{V}_\mathrm{i}} \cdot \frac{\dot{V}_\mathrm{o}}{\dot{V}_\mathrm{i2}} = \dot{A}_{V1} \cdot \dot{A}_{V2} \qquad (9.7.3)$$

式中，$\dot{A}_{V1}$、$\dot{A}_{V2}$ 分别为 RC 低通滤波电路和同相比例放大电路的电压增益。

对于理想运算放大器，同相比例放大电路的电压增益 $\dot{A}_{V2}$ 是个实数，直接用 A_{VF} 表示，则有

$$A_{VF} = \frac{V_\mathrm{o}}{V_\mathrm{i2}} = 1 + \frac{R_2}{R_1} \qquad (9.7.4)$$

$$A_{V1}(s) = \frac{V_\mathrm{o1}(s)}{V_\mathrm{i}(s)} = \frac{1}{1 + sRC} \qquad (9.7.5)$$

根据式（9.7.4）、式（9.7.5），可得传递函数为

$$A(s) = \frac{V_\mathrm{o}(s)}{V_\mathrm{i}(s)} = A_{VF} \frac{1}{1 + sRC} = \frac{A_{\mathrm{vp}}}{1 + \dfrac{s}{\omega_\mathrm{n}}} \qquad (9.7.6)$$

式中，$\omega_n = 1/(RC)$，称为特征频率；A_{vp} 表示一阶 RC 有源低通滤波器的通带增益，$A_{vp} = A_{VF}$。

3）幅频响应

式（9.7.6）也可写成频率特性函数，即

$$\dot{A}(\mathrm{j}\omega) = \frac{\dot{V}_o(\mathrm{j}\omega)}{\dot{V}_i(\mathrm{j}\omega)} = \frac{A_{vp}}{1 + \mathrm{j}\left(\dfrac{\omega}{\omega_n}\right)} \qquad (9.7.7)$$

根据式（9.7.7）可知，简单的一阶 RC 有源滤波电路的幅频响应函数为

$$\left|\dot{A}(\mathrm{j}\omega)\right| = \frac{A_{vp}}{\sqrt{1 + \left(\dfrac{\omega}{\omega_n}\right)^2}} \qquad (9.7.8)$$

由式（9.7.8）可知，ω_n 就是 $-3\mathrm{dB}$ 截止角频率 ω_H，如图 9.7.7 所示。

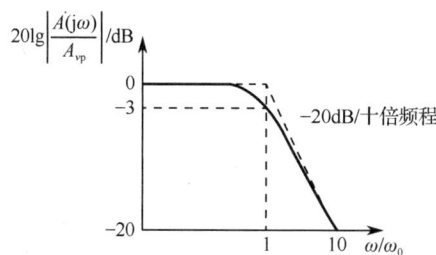

图 9.7.7　一阶 RC 有源低通滤波器的幅频响应波特图

由图 9.7.7 所示的幅频响应波特图来看，一阶 RC 有源低通滤波器的滤波效果还不够好，它的衰减斜率只是 $-20\mathrm{dB}$/十倍频程。如果要求幅频响应曲线以更高衰减斜率变化，如 $-40\mathrm{dB}$/十倍频程、$-60\mathrm{dB}$/十倍频程等，则需用二阶、三阶或更高阶次的 RC 有源低通滤波器。实际上，高于二阶的 RC 有源低通滤波器都可用一阶、二阶 RC 有源低通滤波器组合而成。

2．简单的二阶 RC 有源低通滤波器

为了使输出电压在高频段以更快的速率下降，以改善滤波效果，在一阶 RC 有源低通滤波器的基础上再加一节 RC 低通电路，就成为二阶 RC 有源低通滤波器，如图 9.7.8（a）所示，通常让 $C_1 = C_2 = C$。

1）通带增益

简单的二阶 RC 有源低通滤波器由同相比例放大电路和二阶 RC 低通电路构成，所以其通带增益 A_{vp} 就是同相比例放大电路的电压增益 A_{VF}，即 $A_{vp} = A_{VF} = 1 + R_2/R_1$。

2）传递函数

$$V_o(s) = A_{vp}V_p(s) \qquad (9.7.9)$$

$$V_p(s) = V_1(s)\frac{1}{1 + sRC} \qquad (9.7.10)$$

$$V_1(s) = V_i(s)\frac{\dfrac{1}{sC}//\left(R + \dfrac{1}{sC}\right)}{R + \left[\dfrac{1}{sC}//\left(R + \dfrac{1}{sC}\right)\right]} \qquad (9.7.11)$$

联立求解以上三式，可得简单的二阶 RC 有源低通滤波器传递函数为

$$A_\mathrm{v}(s) = \frac{V_\mathrm{o}(s)}{V_\mathrm{i}(s)} = \frac{A_{vp}}{1+3sRC+(sRC)^2} \tag{9.7.12}$$

3）频率特性

令 $s = \mathrm{j}\omega$，$\omega_0 = 1/RC$，可得

$$\dot{A}(\mathrm{j}\omega) = \frac{\dot{V}_\mathrm{o}(\mathrm{j}\omega)}{\dot{V}_\mathrm{i}(\mathrm{j}\omega)} = \frac{A_{vp}}{1-\left(\dfrac{\omega}{\omega_0}\right)^2 + \mathrm{j}\left(3\dfrac{\omega}{\omega_0}\right)} \tag{9.7.13}$$

当 $\omega = \omega_\mathrm{p}$ 时，式（9.7.13）中分母的模为

$$\left| 1-\left(\frac{\omega}{\omega_0}\right)^2 + \mathrm{j}\left(3\frac{\omega}{\omega_0}\right) \right| = \sqrt{2} \tag{9.7.14}$$

式中，$\omega_0 = 2\pi f_0$，$\omega_\mathrm{p} = 2\pi f_\mathrm{p}$。利用式（9.7.14）解得截止频率 f_p 为

$$f_\mathrm{p} = \sqrt{\frac{\sqrt{53}-7}{2}}\, f_0 \approx 0.37 f_0 \tag{9.7.15}$$

简单的二阶 RC 有源低通滤波器的幅频响应波特图如图 9.7.8（b）所示，与理想二阶 RC 有源低通滤波器的幅频响应波特图相比，在频率超过 f_0 以后，幅频响应以-40dB/十倍频程的速率下降，比一阶 RC 有源低通滤波器下降得快，但在通带截止频率 $f_\mathrm{p} \sim f_0$ 之间，幅频响应下降得还不够快。

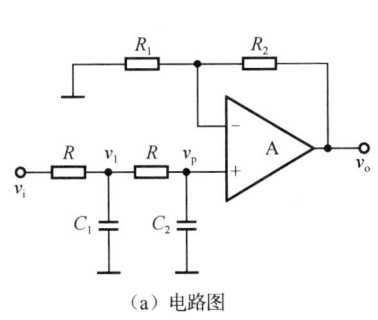
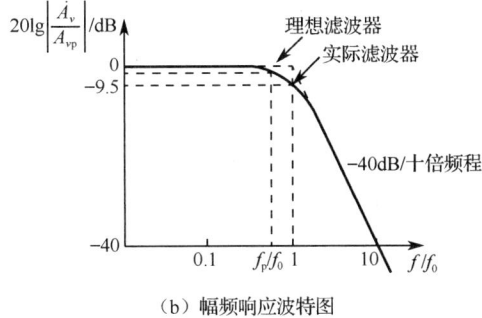

（a）电路图　　　　　　　　　（b）幅频响应波特图

图 9.7.8　简单的二阶 RC 有源低通滤波器

3．二阶 RC 压控型有源低通滤波器

将简单的二阶 RC 有源低通滤波器的电容 C_1 改接到输出端，就变成二阶 RC 压控型有源低通滤波器，如图 9.7.9（a）所示。显然，C_1 的改接不影响通带增益。

1）传递函数

$$V_\mathrm{o}(s) = A_{vp} V_\mathrm{p}(s) \tag{9.7.16}$$

$$V_\mathrm{p}(s) = V_1(s)\frac{1}{1+sRC} \tag{9.7.17}$$

$$\frac{V_\mathrm{i}(s)-V_1(s)}{R} - [V_1(s)-V_\mathrm{o}(s)]sC - \frac{V_1(s)-V_\mathrm{p}(s)}{R} = 0 \tag{9.7.18}$$

式中，A_{vp} 为通带增益，$A_{vp} = A_{VF} = 1 + R_2/R_1$。联立求解以上三式，可得二阶 RC 压控型有源低通滤波器的传递函数为

$$A_v(s) = \frac{V_o(s)}{V_i(s)} = \frac{A_{vp}}{1 + (3 - A_{vp})sRC + (sRC)^2} \tag{9.7.19}$$

式（9.7.19）表明，该滤波器的通带增益应小于3，才能保障电路稳定工作。

2）频率特性

令 $s = j\omega$，$f_0 = 1/(2\pi RC)$，由传递函数可以写出频率特性的表达式为

$$\dot{A}_v(j\omega) = \frac{A_{vp}}{1 - \left(\dfrac{f}{f_0}\right)^2 + j(3 - A_{vp})\dfrac{f}{f_0}} \tag{9.7.20}$$

当 $f = f_0$ 时，上式可以化简为

$$\dot{A}_{v(f=f_0)}(j\omega) = \frac{A_{vp}}{j(3 - A_{vp})} \tag{9.7.21}$$

定义有源滤波器品质因数 Q 为 $f = f_0$ 时的电压增益的模与通带增益之比，则有

$$Q = \frac{1}{3 - A_{vp}} \tag{9.7.22}$$

$$\left|\dot{A}_{v(f=f_0)}\right| = QA_{vp} \tag{9.7.23}$$

以上两式表明，当 $2 < A_{vp} < 3$ 时，$Q > 1$，$f = f_0$ 处的电压增益大于 A_{vp}，幅频响应在 $f = f_0$ 处将抬高，如图9.7.9（b）所示。

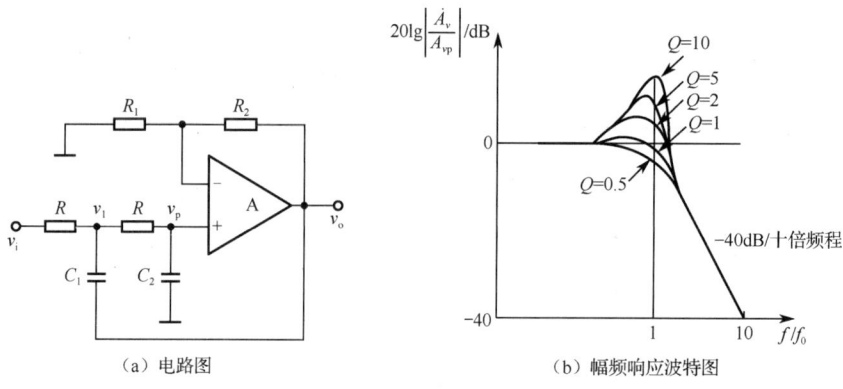

图9.7.9　二阶RC压控型有源低通滤波器

当 $A_{vp} \geqslant 3$ 时，$Q = \infty$，二阶RC压控型有源低通滤波器产生自激振荡。这是由于将电容 C_1 接到输出端，等于在高频段给二阶RC有源低通滤波器增加了一个正反馈，故高频段的电压增益有所抬高，甚至可能引起自激振荡。因此，为了使二阶RC压控型有源低通滤波器稳定工作，要求 $A_{vp} < 3$。

从幅频响应波特图中可以看出，无论是简单的二阶RC有源低通滤波器，还是二阶RC压控型有源低通滤波器，在超过频率 f_0 以后，幅频响应以-40dB/十倍频程的速率下降，比一阶RC有源低通滤波器下降得快。而且，进一步增加滤波电路的阶数，其滤波效果会更接近理想滤波器的幅频响应。

9.7.3　RC有源高通滤波器

根据9.2节内容可知，如果把RC低通电路中R、C的位置互换，就可得到RC高通电路。

同理，把 RC 有源低通滤波器中 R、C 的位置互换，就可得到 RC 有源高通滤波器。将二阶 RC 压控型有源低通滤波器中的二阶 RC 有源低通滤波器替换为二阶 RC 有源高通滤波器，就可得到二阶 RC 压控型有源高通滤波器，如图 9.7.10 所示。

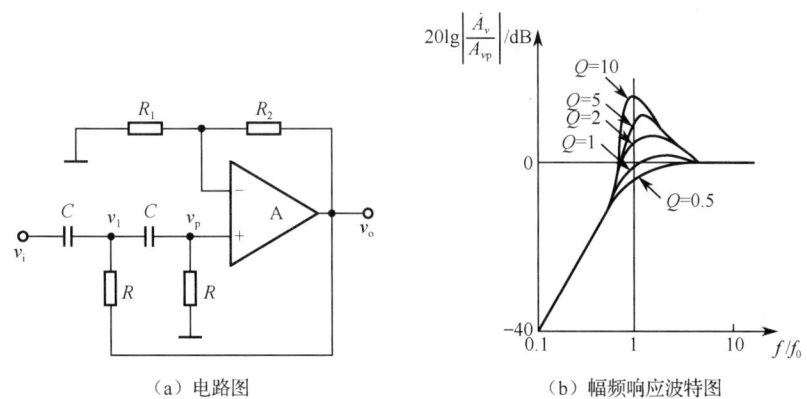

（a）电路图　　　　　　　（b）幅频响应波特图

图 9.7.10　二阶 RC 压控型有源高通滤波器

1. 传递函数

RC 有源高通滤波器的电路结构与 RC 有源低通滤波器有对偶关系，其传递函数和幅频响应也与低通滤波器有对偶关系。例如，在 9.2 节，把 RC 低通电路的传递函数式（9.2.1）中的 sRC 用 $1/(sRC)$ 代替，则可得到 RC 高通电路的传递函数式（9.2.6）。根据这种对偶关系，把二阶 RC 压控型有源低通滤波器的传递函数式（9.7.19）中的 sRC 用 $1/(sRC)$ 代替，就可得到二阶 RC 压控型有源高通滤波器的传递函数式

$$A_v(s) = \frac{V_o(s)}{V_i(s)} = \frac{A_{vp}}{1 + (3 - A_{vp})\dfrac{1}{sRC} + \left(\dfrac{1}{sRC}\right)^2} \qquad (9.7.24)$$

式中，A_{vp} 表示通带增益，它等于同相比例放大电路的电压增益，$A_{vp} = 1 + R_2/R_1$。

2. 频率特性

令 $s = j\omega$，$f_0 = 1/(2\pi RC)$。由传递函数可以写出频率特性的表达式

$$\dot{A}_v(j\omega) = \frac{A_{vp}}{1 - \left(\dfrac{f}{f_0}\right)^2 + j(3 - A_{vp})\dfrac{f}{f_0}} \qquad (9.7.25)$$

品质因数 Q 为

$$Q = \frac{1}{3 - A_{vp}} \qquad (9.7.26)$$

当 $A_{vp} \geqslant 3$ 时，$Q = \infty$，二阶 RC 压控型有源高通滤波器容易产生自激振荡，为了使二阶 RC 压控型有源高通滤波器稳定工作，要求 $A_{vp} < 3$。当信号频率 f 低于 f_0 以后，幅频响应以 $-40\text{dB}/$十倍频程的速率下降，如图 9.7.10（b）所示。

9.7.4　RC 有源带通滤波器

RC 有源带通滤波器可由 RC 有源低通滤波器和 RC 有源高通滤波器组合而成，如图 9.7.11（a）所示，且要将 RC 有源高通滤波器的下限截止角频率设置得小于 RC 有源低通滤波器的

上限截止角频率，如图 9.7.11（b）所示。

RC 有源低通滤波器和 RC 有源高通滤波器可组合成二阶 RC 压控型有源带通滤波器，如图 9.7.12 所示。

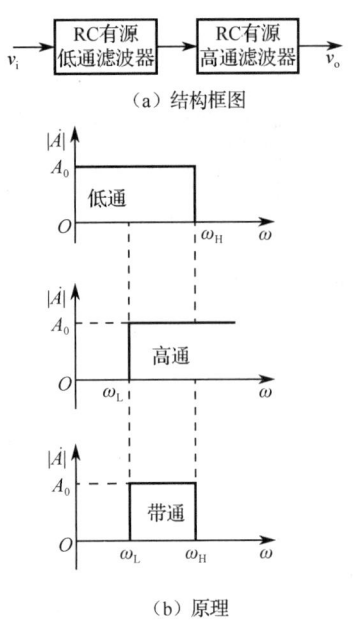

（a）结构框图

（b）原理

图 9.7.11　RC 有源带通滤波器的结构与原理

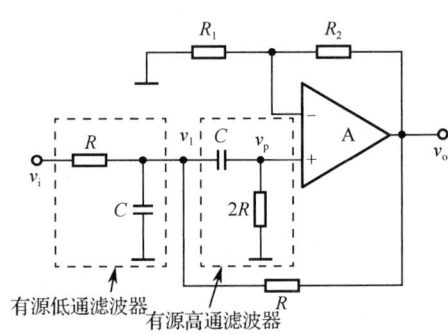

图 9.7.12　二阶 RC 压控型有源带通滤波器

根据基尔霍夫电流定律，可推导出二阶 RC 压控型有源带通滤波器的传递函数为

$$A(s) = \frac{A_{VF}sRC}{1 + (3 - A_{vp})sRC + (sRC)^2} \tag{9.7.27}$$

式中，A_{VF} 等于同相比例放大电路的电压增益，$A_{VF} = 1 + R_2/R_1$。为了使二阶 RC 压控型有源带通滤波器稳定工作，同样要求 $A_{VF} < 3$，令

$$A_0 = \frac{A_{VF}}{3 - A_{VF}} \tag{9.7.28}$$

$$\omega_0 = 1/(RC) \tag{9.7.29}$$

$$Q = \frac{1}{3 - A_{VF}} \tag{9.7.30}$$

则有

$$A(s) = \frac{A_0 \dfrac{s}{Q\omega_0}}{1 + \dfrac{s}{Q\omega_0} + \left(\dfrac{s}{\omega_0}\right)^2} \tag{9.7.31}$$

令 $s = j\omega$，将其代入式（9.7.31），则有

$$\dot{A}(j\omega) = \frac{A_0 \dfrac{1}{Q} \cdot \dfrac{j\omega}{\omega_0}}{1 - \left(\dfrac{\omega}{\omega_0}\right)^2 + j\dfrac{\omega}{Q\omega_0}} = \frac{A_0}{1 + jQ\left(\dfrac{\omega}{\omega_0} - \dfrac{\omega_0}{\omega}\right)} \tag{9.7.32}$$

式（9.7.32）表明，ω_0 是中心角频率。当 $\omega = \omega_0$ 时，该带通滤波器的电压增益最大，且为 $|\dot{A}(j\omega)| = A_0 = A_{VF}/(3 - A_{VF})$，这就是该带通滤波器的通带电压增益。利用式（9.7.32）绘制其幅频响应波特图，如图 9.7.13 所示。由图 9.7.13 可知，Q 值越高，通带越窄，选频特性越好。

利用式（9.7.32）分母的虚部求二阶 RC 压控型有源带通滤波器的两个截止角频率 ω_H 和 ω_L。当式（9.7.32）分母虚部的绝对值等于 1 时，有

$$\left| Q\left(\frac{\omega}{\omega_0} - \frac{\omega_0}{\omega} \right) \right| = 1 \tag{9.7.33}$$

此时，$|\dot{A}(j\omega)| = A_0/\sqrt{2}$。求解式（9.7.33），得到 4 个根，取其中两个正值，即为二阶 RC 压控型有源带通滤波器的两个截止角频率 ω_H 和 ω_L，且有

$$\omega_H = \frac{\frac{\omega_0}{Q}(\sqrt{1 + 4Q^2} + 1)}{2} \tag{9.7.34}$$

$$\omega_L = \frac{\frac{\omega_0}{Q}(\sqrt{1 + 4Q^2} - 1)}{2} \tag{9.7.35}$$

根据式（9.7.34）、式（9.7.35）可知，二阶 RC 压控型有源带通滤波器的带宽 $BW = f_H - f_L = \omega_0/(2\pi Q)$。

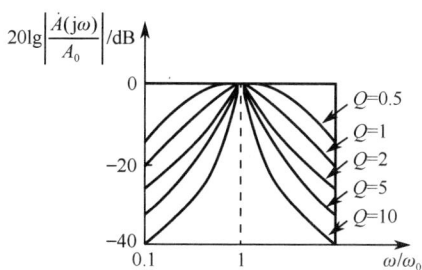

图 9.7.13　二阶 RC 压控型有源带通滤波器的幅频响应波特图

9.7.5　RC 有源带阻滤波器

与带通滤波器刚好相反，带阻滤波器用来抑制或衰减某一频段或某一频率的信号，而让该频段（该频率）以外的信号顺利通过。这种滤波器也称为陷波电路，经常用于电子系统以抗干扰。

实现带阻滤波器的直接思路是让输入信号减去带通滤波器处理过的信号。另一种实现带阻滤波器的思路是将低通滤波器和高通滤波器进行组合，如图 9.7.14（a）所示，且要将高通滤波器的下限截止角频率设置得大于低通滤波器的上限截止角频率，如图 9.7.14（b）所示。

利用图 9.7.14 所示的原理可构成 RC 双 T 有源带阻滤波器，如图 9.7.15 所示。

利用虚短、虚断概念，即 $v_p = v_n$，$i_p \to 0$，$i_n \to 0$，则有

$$(V_i - V_1)sC = (V_1 - V_p)sC + \frac{(V_1 - V_o)}{\frac{R}{2}} \tag{9.7.36}$$

$$\frac{(V_i - V_2)}{R} = V_2 \cdot 2sC + \frac{V_2 - V_p}{R} \tag{9.7.37}$$

$$(V_1 - V_p)sC = \frac{V_p - V_2}{R} \tag{9.7.38}$$

$$V_p = V_n = \frac{V_o}{A_{VF}} \tag{9.7.39}$$

式中，$A_{VF} = 1 + (R_2/R_1)$。根据以上四式可得该 RC 双 T 有源带阻滤波器的传递函数为

$$A(s) = \frac{V_o(s)}{V_i(s)} = \frac{[1 + (sRC)^2]A_{VF}}{1 + 2(2 - A_{VF})sRC + (sRC)^2} \tag{9.7.40}$$

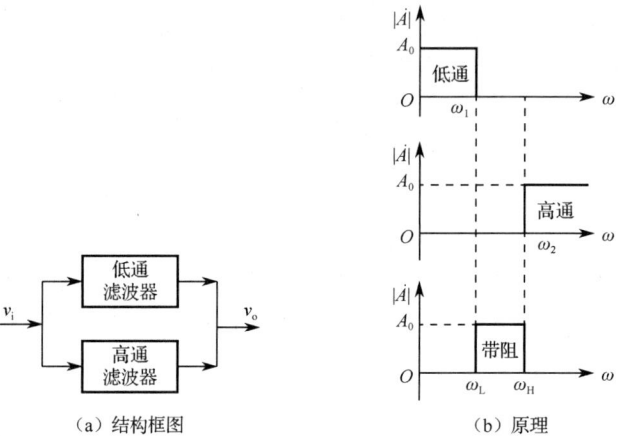

图 9.7.14 带阻滤波器的结构与原理

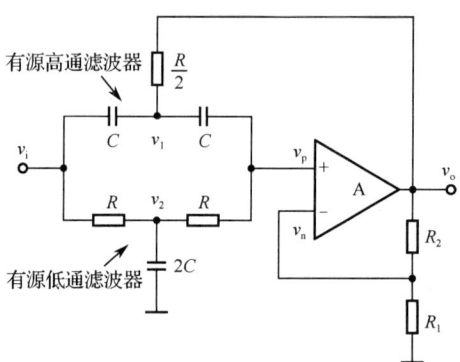

图 9.7.15 RC 双 T 有源带阻滤波器

令 $s = j\omega$，$\omega_0 = 1/(RC)$，则得

$$A(j\omega) = \frac{V_o(j\omega)}{V_i(j\omega)} = \frac{\left[1 - \left(\dfrac{\omega}{\omega_0}\right)^2\right]A_{VF}}{\left[1 - \left(\dfrac{\omega}{\omega_0}\right)^2\right] + \dfrac{1}{Q} \cdot \dfrac{j\omega}{\omega_0}} \tag{9.7.41}$$

式中，$Q = 1/[2(2 - A_{VF})]$。式（9.7.41）说明，在 $\omega = \omega_0$ 处，$|A(j\omega)| = 0$，如图 9.7.16 所示。当 A_{VF} 趋近于 2 时，Q 趋近于无穷大。因此，A_{VF} 越接近 2，$|A(j\omega)|$ 越大，RC 双 T 有源带阻滤

波器的选频特性越好，即阻断的频率范围越窄。

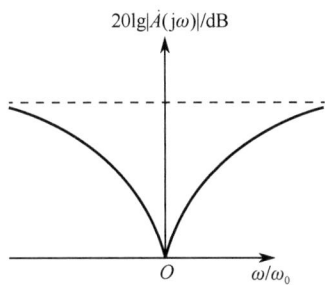

图 9.7.16 RC 双 T 有源带阻滤波器的幅频响应波特图

要想获得好的滤波特性，一般需要较高的阶数。滤波器的设计和计算十分麻烦，实际应用时应该借助于有关的计算机辅助设计软件。

例 9.7.1 如图 9.7.9（a）所示，要求二阶 RC 压控型有源低通滤波器的截止频率 $f_0 = 400\text{Hz}$，Q 为 0.7，试求电路中的电阻的阻值和电容的容量。

解： 根据 f_0 先选取电容的容量，再求电阻的阻值。

（1）电容的容量不应超过 1μF。因为大容量电容的体积大、价格高，所以应尽量避免使用。取 $C = 0.1\mu\text{F}$，$1\text{k}\Omega < R < 1\text{M}\Omega$，则有

$$f_0 = \frac{1}{2\pi RC} = \frac{1}{2\pi R \times 0.1 \times 10^{-6}} = 400\text{Hz}$$

计算出 $R \approx 3981\Omega$，取 $R = 3.9\text{k}\Omega$。

（2）根据 Q 求 R_1 和 R_2。

因为 $f = f_0$ 时，$Q = 1/(3 - A_{vp}) = 0.7$，所以 $A_{vp} \approx 1.57$。

根据 $A_{vp} = 1 + (R_2/R_1) = 1.57$，运算放大器两个输入端外接电阻的对称条件，则有 $R_2 // R_1 = R + R = 2R$，解得

$$R_1 \approx 5.51R，\quad R_2 \approx 3.14R$$

所以

$$R_1 \approx 21.5\text{k}\Omega，\quad R_2 \approx 12.2\text{k}\Omega$$

上述的低通滤波器、高通滤波器、带通滤波器、带阻滤波器，是从电路结构推导出传递函数，然后分析其频率特性的。除了这种设计思路，还可根据实际应用需求，利用巴特沃思滤波器、切比雪夫滤波器、贝塞尔滤波器等不同类型滤波器的性能特点，先构建滤波器的传递函数，然后采用数学计算方法，反推出电路结构及其器件参数。

本节复习思考题

9.7.1 从频率特性来看，一个直接耦合的运算放大器可视为哪一种有源滤波器？

9.7.2 带通滤波器和带阻滤波器都可以由低通滤波器和高通滤波器组成，它们的最大区别是什么？

9.7.3 一个放大电路的下限频率为 100Hz，上限频率为 100kHz，如果要将其变成一个下限频率为 100Hz，上限频率为 10kHz 的放大电路，该如何实现？

9.7.4　从频率特性来看，一个由分立元件构成的阻容耦合放大电路，属于哪一种有源滤波器？

9.8　开关电容滤波器

在 CMOS 工艺中，制作 MOS 管最容易，制作大电阻的难度比制作电容大。开关电容滤波器主要由 MOS 管开关、电容、运算放大器组成，用 MOS 管和电容来代替 RC 滤波器中的电阻。开关电容滤波器和纯数字滤波器相似，无须复杂的数学计算。但和数字滤波器相比，它能够对模拟信号直接进行数据采样和处理，不需要 ADC。开关电容滤波器无须外接电抗性元件，只需通过石英晶体振荡器产生时钟信号，控制 MOS 管模拟开关的通断，就可以实现滤波作用，还可以通过编程设定，因此，开关电容滤波器得到了广泛应用。开关电容滤波器虽然在离散域工作，但仍属于模拟滤波器。

1．工作原理

1）开关电阻

开关电容模拟电阻的电路原理图如图 9.8.1（a）所示，电路中有两个开关 S1 和 S2，用不重叠的两相时钟信号 ϕ_1、ϕ_2 控制开关 S1 和 S2 交替通断，对接地电容 C 交替进行充电和放电，如图 9.8.1（b）所示。

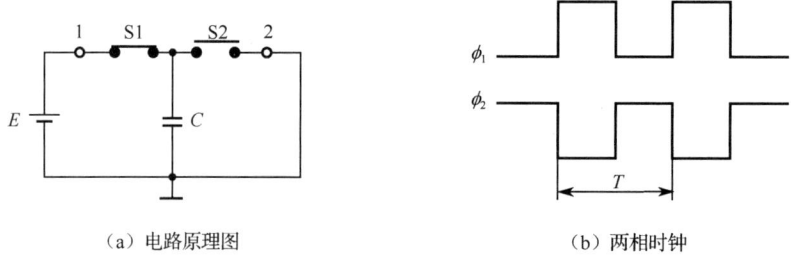

（a）电路原理图　　　　　　　　（b）两相时钟

图 9.8.1　利用开关电容模拟电阻

根据电流的定义，流过电容的电流 $i = \mathrm{d}Q/\mathrm{d}t$。设输入电压为 E，当开关 S1 接通、S2 断开时，电容被充电到电压为 E；当开关 S1 断开、S2 接通时，电容被放电到电压为 0。用 Q 表示电容 C 上存储的电荷，则电容充电到电压为 E 时，有 $Q = CE$，放电到电压为 0 时，有 $Q = 0$。因此，在一个时钟信号周期 T 内，电容的电荷变化量 $\Delta Q = CE$，流过电容的平均电流为

$$i_{av} = \frac{\Delta Q}{T} = \frac{CE}{T} \tag{9.8.1}$$

因此，1、2 两个节点间的等效电阻为

$$R_{eq} = \frac{V}{I} = \frac{E}{i_{av}} = \frac{T}{C} = \frac{1}{fC} \tag{9.8.2}$$

式中，f 表示时钟信号的频率，$f = 1/T$。

由式（9.8.2）可知，电容的工作特性类似于一个电阻，这个电阻的阻值和电容的容量、时钟信号的频率成反比。尽管输入电压 E 变化，但开关频率比输入电压 E 的短期变化率高得多，因此，在一个时钟周期 T 内，E 可看作不变。

2）开关电容积分器

第 8 章已经分析了由运算放大器构成的反相积分电路，现重画于图 9.8.2（a）。用 MOS

管 M_1、M_2 模拟图 9.8.1（a）中的开关 S1、S2，构成开关电容积分器，如图 9.8.2（b）所示。运算放大器的反相端"虚地"，不重叠的两相时钟信号 ϕ_1、ϕ_2 如图 9.8.1（b）所示。图 9.8.2（b）所示电路中的节点 1、2 间的等效电阻相当于图 9.8.2（a）中的电阻 R。

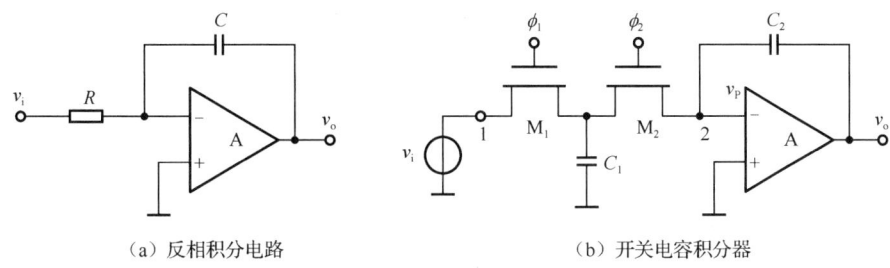

（a）反相积分电路　　　　　　　　　　（b）开关电容积分器

图 9.8.2　反相积分电路及开关电容积分器

2．单片集成开关电容滤波器简介

根据式（9.8.2），改变外部时钟信号的工作频率 f，就可以改变等效电阻 R，从而改变滤波器的时间常数，即改变滤波器的通频带，所以非常方便实现滤波器的不同通频带要求。这样，基于开关电容积分器的工作原理，可设计低通滤波器、高通滤波器、带通滤波器等各种不同的开关电容滤波器。

开关电容滤波器是由 MOS 管开关、MOS 管电容和 MOS 管运算放大器构成的一种大规模集成电路滤波器。随着 MOS 管集成电路技术的发展，很容易在一片芯片上集成开关电容滤波器需要的所有器件，制作出价格合理、性能优越的开关电容滤波器。开关电容滤波器可以直接处理模拟信号，而不必像数字滤波器那样需要 A/D 转换电路、D/A 转换电路，简化了电路设计，提高了系统的可靠性。此外，MOS 管在速度、集成度、相对精度控制和微功耗等方面都有独特的优势，为开关电容滤波器电路的发展提供了很好的条件。

本节复习思考题

9.8.1　开关电容滤波器是利用什么原理实现 RC 滤波电路中的等效电阻 R？

9.8.2　开关电容滤波器中的 MOS 管处于其伏安特性曲线的什么工作区？

9.8.3　说明积分电路可作为低通滤波器的原因。

本章提要

前面章节只是简单地引入了放大电路的带宽、频率特性等概念，并没有详细分析放大电路存在带宽、频率特性的原因。本章把放大电路有关的频率特性集中在一起，从三个主要方面展开介绍：①放大电路存在带宽、频率特性的原因；②放大电路存在频率特性，其电压增益与频率有关，因此，负反馈放大电路在一定的频率条件下，会变成正反馈，引起放大电路自激振荡；③利用具有一定频率特性的放大电路，采用合适的无源滤波器，就可灵活、方便地实现需要的滤波功能，如低通滤波、高通滤波、带通滤波、带阻滤波。

1．在高频条件下，BJT 或 FET 的电容效应变得很明显，这会使设计好的 BJT 或 FET 表现出一定的频率特性，其放大能力随工作频率的变化而变化。

2．RC 低通电路和 RC 高通电路是一种滤波电路，也是一种电路模型，既为分析 BJT、FET 放大电路的频率特性提供了一种简化方法，又为设计 RC 无源滤波器奠定了理论基础。

3．任何电子电路都存在频率特性。在高频条件下，BJT 和 FET 的电容效应、器件布局、布线产生的分布参数变得越来越明显，这会导致放大电路存在高频响应。如果放大电路存在耦合电容、旁路电容等，放大电路还存在低频响应。可利用 RC 滤波电路模型分析放大电路的频率特性。

4．在中频放大电路中引入负反馈，由于放大电路的电压增益与频率有关，因此会使电路在低频或高频条件下产生附加相移，使负反馈变成正反馈。这种相移不仅会导致电路不能稳定工作，还会使电路变成振荡器而不起正常的放大作用。根据放大电路的频率特性，常采用频率补偿方法，使放大电路稳定工作。

5．利用运算放大器的放大作用，根据 RC 滤波电路模型的特点，选用合适的 RC 无源滤波器，就可灵活、方便地构成各种 RC 有源滤波电路，实现需要的滤波功能。

6．利用开关控制电容的充、放电过程，等效 RC 有源滤波电路中的电阻 R，就可以方便地实现开关电容滤波器。改变控制开关通断的时钟信号频率，就可改变开关电容滤波器的通频带。

习　　题

9.1　BJT 高频小信号模型中含有发射结电容 $C_{b'e}$ 和集电结电容 $C_{b'c}$，为什么集电结电容 $C_{b'c}$ 对其放大能力的影响更大？

9.2　FET 高频小信号模型中含有栅源电容 C_{gs} 和栅漏电容 C_{gd}，为什么栅漏电容 C_{gd} 对其放大能力的影响更大？

9.3　推导图 1 所示的 RC 高通电路的传递函数 $A_{VH}(s) = V_o(s)/V_i(s)$，并绘制出幅频响应和相频响应波特图，标出转折频率。

9.4　绘制图 2 所示的 RC 滤波电路的幅频响应和相频响应波特图，标出转折频率，并将结果与图 9.2.4 所示的 RC 高通滤波电路的频率特性进行比较。

9.5　绘制图 3 所示的 RC 低通滤波器的幅频响应和相频响应波特图，标出转折频率。为什么该 RC 低通滤波器比图 9.2.1 所示的 RC 低通电路模型更接近实际情况？

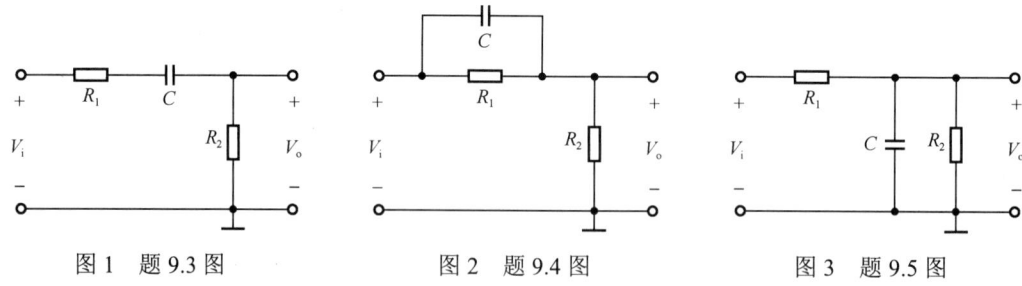

图 1　题 9.3 图　　　　　　图 2　题 9.4 图　　　　　　图 3　题 9.5 图

9.6　绘制以下函数的幅频响应波特图，并标出转折频率。

$$\dot{A}_V(j\omega) = \frac{-50}{\left(1 + j\dfrac{f}{10\text{kHz}}\right)\left(1 - j\dfrac{500\text{Hz}}{f}\right)}$$

9.7　BJT 放大电路如图 4 所示。已知 BJT 的参数为 $\beta = 100$，$C_{b'e} = 5\text{pF}$，$C_{b'c} = 2\text{pF}$，$r_{bb'} = 100\Omega$，$V_{be} = 0.7\text{V}$，且 $R_s = 10\text{k}\Omega$。

（1）求静态工作点和 BJT 小信号模型参数；

（2）画出该放大电路的高频小信号模型等效电路；

（3）求出中频电压增益 A_{VM} 和上限角频率 ω_H；

（4）绘制出放大电路的高频响应 $20\lg|\dot{A}_{VS}(\mathrm{j}\omega)|$ 波特图。

9.8　BJT 共基放大电路如图 5 所示。已知 BJT 的参数 g_m、$C_{b'e}$、$C_{b'c}$，忽略 $r_{bb'}$、r_{ce}，以及电阻 R_s、R_1、R_2、R_c 的阻值，电容 C_B 的容量很大。证明该放大电路的高频响应为

$$\dot{A}_{VS}(\mathrm{j}\omega) = \frac{\dot{V}_o}{\dot{V}_s} \approx \frac{R_c/R_s}{\left(1 + \mathrm{j}\dfrac{\omega C_{b'e}}{g_m}\right)(1 + \mathrm{j}\omega R_c C_{b'c})}$$

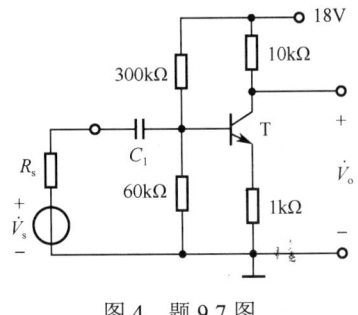
图 4　题 9.7 图

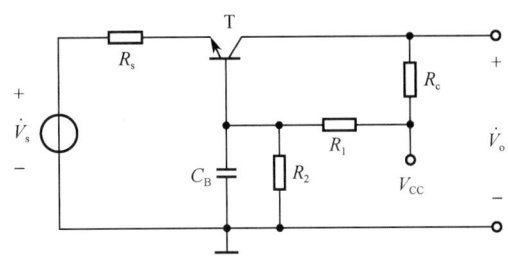
图 5　题 9.8 图

9.9　BJT 共集放大电路如图 6 所示。已知 BJT 的参数 $\beta = 100$，$C_{b'e} = 5\mathrm{pF}$，$C_{b'c} = 2\mathrm{pF}$，且 $R_s = 4.7\mathrm{k}\Omega$，$R_{b1} = R_{b2} = 100\mathrm{k}\Omega$，$R_e = R_L = 1\mathrm{k}\Omega$，$V_{CC} = 9\mathrm{V}$。

（1）画出放大电路的直流通路，求出 BJT 小信号模型的参数；

（2）画出该放大电路的高频小信号模型等效电路；

（3）求出该放大电路的上限角频率 ω_H。

9.10　BJT 共集放大电路如图 6 所示。已知 BJT 的参数 $\beta = 100$，$r_{bb'} = 100\Omega$，且 $R_s = 10\mathrm{k}\Omega$，$C_1 = 10\mu\mathrm{F}$。计算由 C_1 决定的下限角频率 ω_L。

9.11　MOS 管共源放大电路如图 7 所示。已知 MOS 管的参数 $C_{gs} = 1.0\mathrm{pF}$，$C_{gd} = 0.5\mathrm{pF}$，$g_m = 1\mathrm{mS}$，且 $R_s = 2\mathrm{k}\Omega$，$R_d = 40\mathrm{k}\Omega$。

（1）画出该放大电路的高频小信号模型等效电路；

（2）求出该放大电路的上限角频率 ω_H。

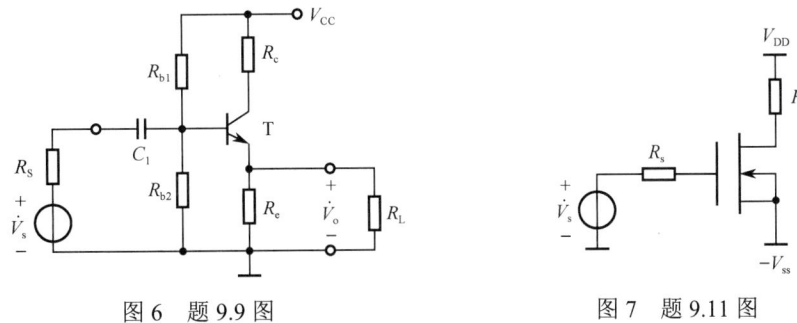
图 6　题 9.9 图　　　　　　　　　图 7　题 9.11 图

9.12　JFET 共漏放大电路如图 8 所示。已知 JFET 的参数 C_{gs}、C_{gd}、g_m，电阻值 R_s、R_g、R_{ss}。试推导其电压增益表达式 $\dot{A}_{VS}(\mathrm{j}\omega) = \dot{V}_o(\mathrm{j}\omega)/\dot{V}_s(\mathrm{j}\omega)$。

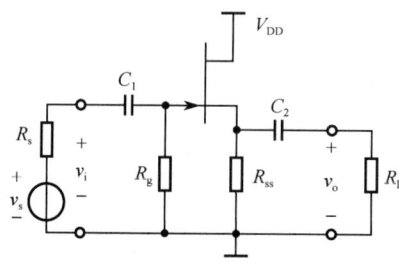

图 8 题 9.12 图

9.13 一个放大电路由两级完全相同的放大电路构成，单级放大电路的上限角频率为 ω_{H1}。试计算这个两级放大电路的上限角频率 ω_H，其频率特性为

$$\dot{A}_V(\mathrm{j}\omega) = \frac{A_{VM}}{\left(1 + \mathrm{j}\dfrac{\omega}{\omega_{H1}}\right)^2}$$

9.14 一个放大电路由两级完全相同的放大电路构成，单级放大电路的下限频率为 ω_{L1}。试计算这个两级放大电路的下限频率 ω_L，其频率特性为

$$\dot{A}_V(\mathrm{j}\omega) = \frac{A_{VM}}{\left(1 - \mathrm{j}\dfrac{\omega_{L1}}{\omega}\right)^2}$$

9.15 一个放大电路的正向传递函数为

$$\dot{A}_V(\mathrm{j}\omega) = \frac{-500}{\left(1 + \mathrm{j}\dfrac{f}{f_H}\right)^3}$$

式中，$f_H = 100\text{kHz}$。加上足够大的负反馈，使闭环低频电压增益 $A_0 = -20$。为了得到相位裕度 $\text{PM} = 30°$ 的稳定放大电路，计算需要的主转折频率。

9.16 一个运算放大器的开环频率特性为

$$\dot{A}_V(\mathrm{j}\omega) = \frac{A_{VM}}{\left(1 + \mathrm{j}\dfrac{f}{f_{H1}}\right)\left(1 + \mathrm{j}\dfrac{f}{f_{H2}}\right)\left(1 + \mathrm{j}\dfrac{f}{f_{H3}}\right)}$$

式中，$f_{H1} = 1\text{MHz}$；$f_{H2} = 10\text{MHz}$；$f_{H3} = 50\text{MHz}$。

（1）画出该运算放大器的幅频响应、相频响应波特图；

（2）若利用该运算放大器和电阻组成一个电阻性反馈放大电路，并要求有 45° 的相位裕度，则该放大电路的环路增益最大是多少？

（3）若用该运算放大器组成一个电压跟随器，其能否稳定地工作？

9.17 分析下列不同情况下，需要选用哪种滤波器（低通滤波器、高通滤波器、带通滤波器、带阻滤波器）？

（1）有用信号频率为 1kHz；

（2）有用信号频率低于 400Hz；

（3）有用信号频率高于 2kHz；

（4）抑制 50Hz 的交流电源干扰。

9.18 电路如图 9 所示，假设运算放大器是理想运算放大器。

（1）推导其频率特性函数 $\dot{A}_V(\mathrm{j}\omega) = \dot{V}_\mathrm{o}(\mathrm{j}\omega)/\dot{V}_\mathrm{i}(\mathrm{j}\omega)$；

（2）画出其幅频响应和相频响应波特图。

9.19　滤波电路如图 10 所示，假设运算放大器是理想运算放大器。

（1）推导其频率特性函数 $\dot{A}_V(\mathrm{j}\omega) = \dot{V}_\mathrm{o}(\mathrm{j}\omega)/\dot{V}_\mathrm{i}(\mathrm{j}\omega)$；

（2）画出其幅频响应和相频响应波特图。

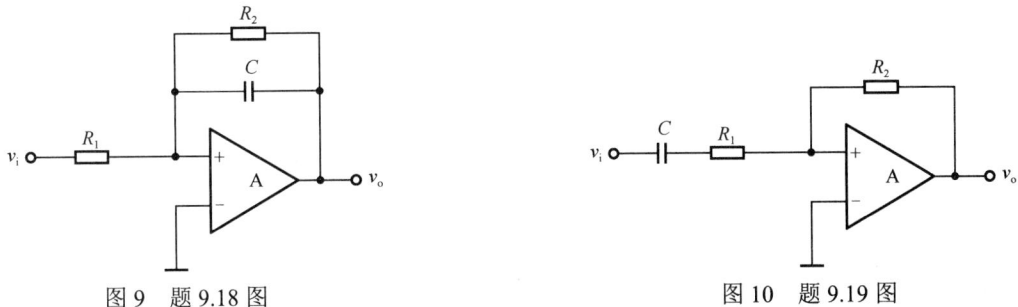

图 9　题 9.18 图　　　　　　　　　　　　　图 10　题 9.19 图

9.20　滤波电路如图 11 所示，假设运算放大器是理想运算放大器。

（1）推导其频率特性函数 $\dot{A}_V(\mathrm{j}\omega) = \dot{V}_\mathrm{o}(\mathrm{j}\omega)/\dot{V}_\mathrm{i}(\mathrm{j}\omega)$；

（2）画出其幅频响应和相频响应波特图。

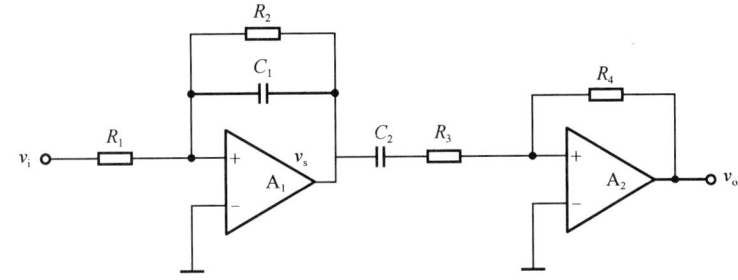

图 11　题 9.20 图

9.21　试利用理想运算放大器设计一个耳机音频放大电路和滤波电路。设通带电压增益 $A_0 = 20\mathrm{dB}$，$f_\mathrm{L} = 20\mathrm{Hz}$，$f_\mathrm{H} = 20\mathrm{kHz}$。

9.22　要滤除方波信号中的高次谐波，只留下一次谐波，要采用什么滤波电路，画出其结构框图。

9.23　试绘制下列传递函数的幅频响应波特图，其中，$S = s/\omega_\mathrm{n} = \mathrm{j}\omega/\omega_\mathrm{n}$，并分别指出它们属于低通滤波器、高通滤波器、带通滤波器、带阻滤波器中的哪一种。

（1）$A(S) = \dfrac{1}{S^2 + \sqrt{2}S + 1}$

（2）$A(S) = \dfrac{1}{S^3 + 2S^2 + 2S + 1}$

（3）$A(S) = \dfrac{S^3}{3S^3 + 2S^2 + 2S + 1}$

（4）$A(S) = \dfrac{2S}{S^2 + 0.2S + 1}$

9.24　开关电容滤波器频率特性的时间常数由什么决定？为什么开关电容滤波器的时钟信号频率比放大电路的工作频率（截止频率）要高得多？

9.25　与一般的 RC 有源滤波器相比，开关电容滤波器有哪些优点？

第 10 章　直流稳压电源

直流稳压电源在电子设备中起着必不可少的作用。直流稳压电源就是能够提供稳定输出直流电压的装置或设备，它能够把其他形式的电源转换成适用于电子电路的直流稳定电压。直流稳压电源的种类很多，但常用的电源转换电路主要包括两类：①交流转直流（简称 AC-DC）电路；②直流转直流（简称 DC-DC）电路，其中包括低压直流电源转换为高压直流电源、高压直流电源转换为低压直流电源。这里所说的高压直流电源是相对于低压直流电源而言的。本章的主要内容如下：

（1）直流稳压电源的作用与组成；

（2）整流电路、滤波电路；

（3）串联反馈式稳压电路；

（4）开关稳压电路。

注，本章内容主要限于为整个电子系统供电的直流稳压电源，为电子系统中的部分电路提供直流偏置的直流稳压电源的相关知识可见第 6 章的介绍。

10.1　引言

1. 直流稳压电源的作用

无论是模拟电路还是数字电路，都应用同样的 BJT 或 FET，为什么能够分别实现放大作用和开关作用呢？原因如下：①合适的电路结构；②直流稳压电源供电。这两个原因为电路中的 BJT 或 FET 提供一定的直流偏置电压、电流，确保模拟电路中的 BJT 或 FET 处于线性放大状态，数字电路中的 BJT 或 FET 处于模拟（模仿）开关状态。

直流稳压电源中依然用 MOS 管（或 BJT），根据晶体管所处的工作状态不同，直流稳压电源通常分为两大类：①线性电源，晶体管工作于线性放大状态，晶体管的功耗比较高，使得直流稳压电源的能耗效率低，常应用于小功率电子电路，如温度传感器、湿度传感器等电子电路所需的直流稳压电源，因为线性电源成本低，供电的小功率电子电路消耗功率本身就很低；②开关电源，晶体管工作于开关状态，晶体管的功耗比较低，使得直流稳压电源的能耗效率高，可用于功率较大的电子电路，如计算机等设备所用的直流稳压电源，但开关电源成本高。

2. 直流稳压电源的组成

电池一般只用于低功耗便携式的电子设备，市电 220V 交流电源是一种方便又经济的电源，大多数直流稳压电源利用 220V 的交流电压，经过变换后，输出稳定的直流电压。利用 220V 交流电源的小功率直流稳压电源一般由电源变压器、整流电路、滤波电路和稳压电路四个功能模块构成，如图 10.1.1 所示。

图 10.1.1 所示的直流稳压电源四个主要功能模块的作用描述如下。

电源变压器：将 220V 的交流电压 v_1 转换成整流电路所需的电压 v_2，两个电压之间的关系为

$$v_2 = nv_1 \qquad\qquad (10.1.1)$$

式中，n 为电源变压器的变压比。

整流电路：将交流电压转换成方向不变的脉动直流电压，即将工频交流电压 v_2 转换成具有直流成分的脉动直流电压 v_R。整流电路的直接输出只能用于电镀、电解和蓄电池充电等对波形要求不高的工艺和设备。

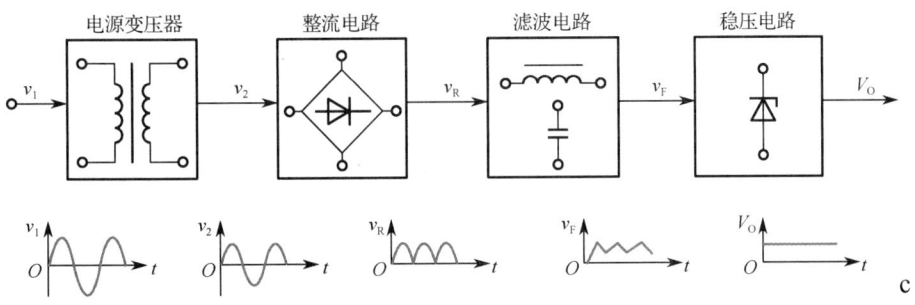

图 10.1.1　直流稳压电源的结构图和稳压过程

滤波电路：滤除脉动成分，将脉动直流电压中的交流成分滤除，保留直流成分。对于要求不高的电子设备，可以使用经过电容滤波后的直流输出电压，但对于要求高的电子电路，此时的直流输出电压是不够的。

稳压电路：稳压电路的作用如下。

① 进一步消除纹波，提高电压的稳定性。

② 具有低的输出电阻，使其带负载能力增强。稳压电路对整流滤波后的直流电压采用负反馈技术，进一步获得稳定的直流输出电压。常采用电压串联反馈式稳压电路，它是应用放大电路与负反馈网络得到稳定的直流输出电压，但这是不同于放大电路功能的应用情况。稳压电路需要使用 BJT 或 MOS 管，直流稳压电源的分类就是根据稳压电路中作为调整管的 BJT 或 MOS 管的工作状态不同，分为线性电源和开关电源两类的。

本节复习思考题

10.1.1　若将 12V 的蓄电池电压转换为 5V 供电电压，需要采用 AC-DC 电路还是 DC-DC 电路？该电路属于升压电路还是降压电路？

10.1.2　若将 5V 直流电压转换为 12V 的供电电压，需要采用 AC-DC 电路还是 DC-DC 电路？该电路属于升压电路还是降压电路？

10.1.3　相比于小信号单级放大电路中的 MOS 管（或 BJT），直流稳压电源中用作调整管的 MOS 管（或 BJT）的功耗非常高，又被称为功率管，请说明理由。

10.2　整流电路

10.2.1　电路结构与工作原理

1．电路结构

整流电路利用二极管的单向导电性实现，分析时可以把二极管简化为受控开关。根据输出波形不同，整流电路分为半波整流电路和全波整流电路。单相桥式全波整流电路通常采用四只整流二极管，连接成具有四个桥臂、四个两两顶点相对的结构，其中的一对顶点作为整流电路输入端，另一对顶点作为整流电路输出端，输入接单相交流电源，如图 10.2.1 所示，R_L 表示输出端连接电路的等效负载。输入电压的正半周和负半周都有正的输出电压，因此被称为单相桥式全波整流电路。

2．工作原理

如图 10.2.1 所示，利用二极管的单向导电性，在输入正弦波电压的正半周，变压器次级线圈的上端为正、下端为负，二极管 D_1、D_3 导通，D_2、D_4 截止，在等效负载 R_L 上得到正弦波的正半周电压，且上端为正、下端为负。在输入正弦波电压的负半周，变压器次级线圈的下端为正、上端为负，二极管 D_2、D_4 导通，D_1、D_3 截止，在等效负载 R_L 上得到被倒相的正弦波负半周电压，依然上端为正、下端为负。在等效负载 R_L 上正、负半周经过合成，得到的是同一个方向的单向脉动电压，如图 10.2.2 所示。

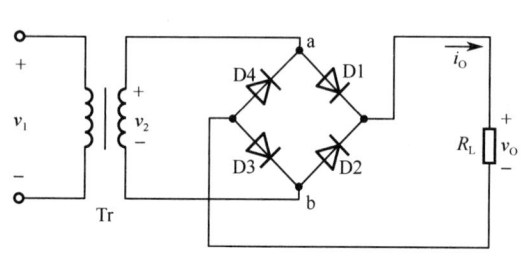

图 10.2.1　单相桥式全波整流电路

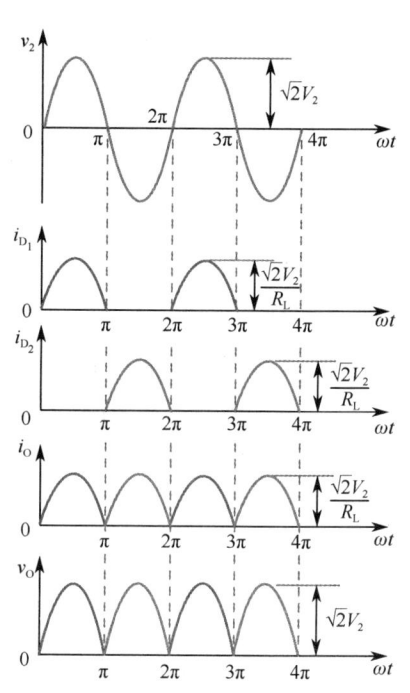

图 10.2.2　单相桥式全波整流电路的波形图

10.2.2　分析计算

1．负载上的直流电压和直流电流

经过傅里叶变换后，将图 10.2.2 所示的输出电压 v_O 用频域表示为

$$v_O = \sqrt{2}V_2\left(\frac{2}{\pi} - \frac{4}{3\pi}\cos 2\omega t - \frac{4}{15\pi}\cos 4\omega t - \frac{4}{35\pi}\cos 6\omega t + \cdots\right) \tag{10.2.1}$$

式（10.2.1）表示经过整流电路的作用，输出电压是单相脉动电压，输出电压中不只包含直流分量，还包含许多交流分量。式（10.2.1）中的直流分量就是整流电路的直流输出电压

$$V_O = \frac{2\sqrt{2}}{\pi}V_2 \approx 0.9V_2 \tag{10.2.2}$$

流过负载的直流电流为

$$I_O = \frac{V_O}{R_L} = \frac{2\sqrt{2}}{\pi R_L} V_2 = \frac{0.9V_2}{R_L} \qquad （10.2.3）$$

2. 整流二极管上的电流和电压

由于每个二极管只在半个周期内导通，所以流过二极管的平均电流为

$$I_D = \frac{I_O}{2} = \frac{\sqrt{2}V_2}{\pi R_L} = \frac{0.45V_2}{R_L} \qquad （10.2.4）$$

每个二极管所承受的最大反向电压为

$$V_{Rmax} = \sqrt{2}V_2 \qquad （10.2.5）$$

式（10.2.2）、式（10.2.3）是计算负载直流电压和直流电流的依据。式（10.2.4）、式（10.2.5）是选择二极管的依据。在整流电路中，二极管的电压、电流会比较大，它们也被称为整流二极管，所选用的二极管参数必须满足以下条件

最大正向平均电流为

$$I_F \geq I_D$$

最大反向电压为

$$V_{BR} \geq V_{Rmax}$$

本节复习思考题

10.2.1　在图 10.2.1 所示的电路中，如果 D_2 或 D_4 断开，负载电压的波形会如何变化？这时负载直流电压降低了多少？

10.2.2　在图 10.2.1 所示的整流电路中，如果 D_2 或 D_4 接反，后果如何？如果 D_2 或 D_4 因击穿或烧坏而短路，后果又如何？

10.3　滤波电路

采用滤波电路的目的是能够消除式（10.2.1）中的各个交流分量，保留直流分量 $2\sqrt{2}V_2/\pi$，输出到电路负载。

滤波电路利用电抗性元件的电抗特性实现滤波。电容具有"通交流、隔直流"作用，因此，电容应该与负载并联，使直流分量"隔断"在电容上，与其并联的负载 R_L 获得直流分量。电感具有"通直流、阻交流"作用，因此，电感应该与负载串联，交流分量被电感阻碍不易通过，而直流分量可以顺利通过电感到达后面串联的负载 R_L。滤波电路既可保留直流分量，又可滤掉一部分交流分量，改变了交、直流成分的比例，减小了电路的脉动系数，改善了直流电压的质量。滤波电路有电容滤波电路、电感滤波电路、复式滤波电路等多种形式。下面只简单介绍电容滤波电路、电感滤波电路、复式滤波电路这三种形式。

10.3.1　电容滤波电路

小功率直流稳压电源通常采用电容滤波电路，如图 10.3.1（a）所示。图中的全波整流电路部分采用的是简化画法，电容 C 起滤波作用。电容滤波的原理如下：当电源电压上升时，电容 C 充电，将电能储存在电容 C 中；当电源电压下降时，电容 C 放电，将储存的电能释放给负载 R_L，使得负载电压波形变平滑，如图 10.3.1（b）所示。

电容 C 充电（或放电）的快慢由充电（或放电）回路的时间常数 τ 决定，$\tau = RC$，R 表

示充电（或放电）回路的总阻值。在图 10.3.1（a）所示的电路中，电容 C 充电回路的总阻值主要由变压器次级线圈的阻值、二极管导通电阻等组成，设为 R_1，放电回路的总阻值主要由负载的阻值 R_L 组成，设为 R_2，如图 10.3.1（c）、图 10.3.1（d）所示。其中的 K 表示二极管 D_1、D_3 或 D_2、D_4 等效的开关，v_2' 表示 v_2 经过全波整流电路作用后的等效电压。当电源电压 v_2' 高于电容 C 两端的电压时，开关 K 导通打开，v_2' 向电容 C 充电，并向负载 R_L 提供输出电压。当电源电压 v_2' 低于电容 C 两端的电压时，开关 K 截止断开，电容 C 向负载 R_L 放电，提供电能。二极管的导通电阻很小，因此，电容 C 的充电时间常数 τ_1（$\tau_1 = R_1 C$）远小于放电时间常数 τ_2（$\tau_2 = R_2 C$）。

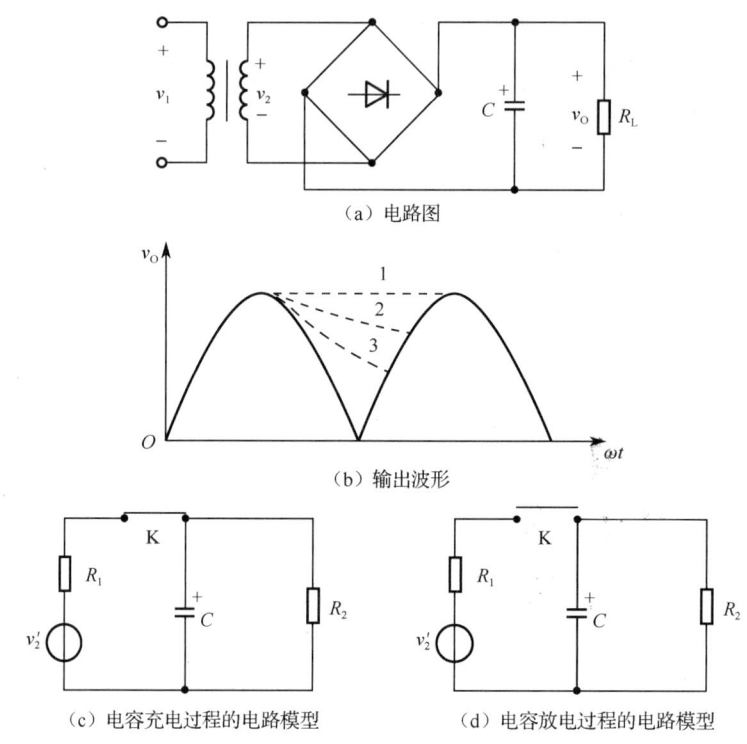

图 10.3.1　电容滤波电路

不同的放电时间常数 τ_2 值，电容 C 放电过程的输出电压波形不同。在空载条件下，即没有接入负载时（$R_L = \infty$），τ_2 趋近于 ∞，输出电压波形是平直的，如图 10.3.1（b）中的虚线 1 所示。接入负载 R_L 后，放电时间常数 τ_2 变小，输出电压波形变得比较陡，如图 10.3.1（b）中的虚线 3 所示。增大电容 C 的容量，也可以增大放电时间常数 τ_2，得到变化比较平缓的输出电压波形，如图 10.3.1（b）中的虚线 2 所示。单纯靠增大电容 C 的容量获得稳定的输出电压是没有意义的，为了在经济的条件下获得较好的滤波效果，可按照下面方法选取电容 C 的容量

$$\tau_2 \geq (3 \sim 5)\frac{T}{2} = \frac{1.5 \sim 2.5}{f} \tag{10.3.1}$$

式中，T、f 分别为交流电源电压的周期和频率。

在图 10.3.1（a）所示电容滤波电路中，空载时的输出直流电压为

$$V_o = \sqrt{2}V_2 \tag{10.3.2}$$

在满足式（10.3.1）的条件下，接入负载后的输出直流电压为

$$V_o = 1.2V_2 \qquad (10.3.3)$$

所选取电容的额定工作电压（简称耐压）应不小于其实际电压的最大值。滤波电容的电容量较大，需要采用电解电容，这种电容有规定的正、负极，使用时必须使其正极电位高于负极电位，不能接反，否则电容会被击穿。

10.3.2　电感滤波电路

电感滤波电路是在整流电路之后串联接入电感 L 构成的，如图 10.3.2 所示。

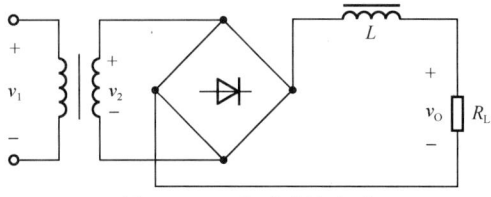

图 10.3.2　电感滤波电路

当脉动电流通过电感线圈时，线圈中要产生自感电动势阻碍电流的变化，从而使得负载电流和电压的脉动变化程度减小，脉动电流的频率越高，滤波电感的电感量越大，滤波效果越好。电感滤波电路适用于负载电流较大且变化大的场合。

10.3.3　复式滤波电路

为了得到更好的滤波效果，还可以将电容滤波电路和电感滤波电路组合使用，构成复式滤波电路。图 10.3.3（a）所示的 π 型 LC 滤波电路就是其中的一种。由于电感滤波器的体积大、成本高，在负载电流较小（R_L 较大）时，可以用电阻代替电感，如图 10.3.3（b）所示。因为电容 C_2 的容量较大，交流容抗较小，所以脉动电压的交流分量较多地降落在电阻 R 两端，而 R_L 的阻值又比电阻 R 大，故直流分量主要降落在 R_L 两端，使输出电压脉动较小。

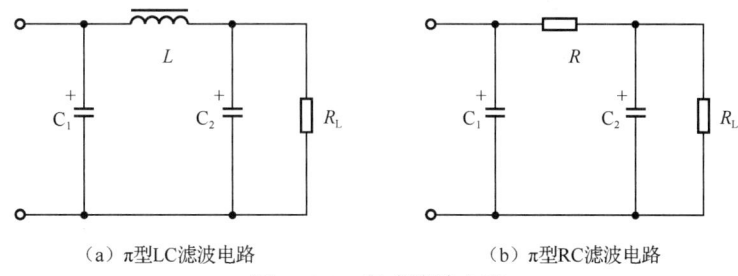

（a）π型LC滤波电路　　　　　　　　　　（b）π型RC滤波电路

图 10.3.3　复式滤波电路

本节复习思考题

10.3.1　在图 10.3.1（a）所示的电容滤波电路中，如果电容 C 断路，负载直流电压有无变化？变化了多少？如果电容 C 击穿短路，后果如何？

10.3.2　如果整流滤波电路中的负载 R_L 断路，整流滤波电路的负载直流电压有无变化？变化了多少？

10.3.3　在图 10.3.1（a）所示的电容滤波电路中，当电源电压 v_2 下降时，全波整流电路的二极管是截止的，请说明理由。

10.4 稳压电路

只有前述的整流滤波电路，还无法满足电子电路对直流稳压电源的要求，原因如下：①输出电压中还含有许多纹波，这些纹波很容易窜入电子电路，给电子电路带来不良影响；②当交流电源电压波动或更换不同负载时都会引起输出电压产生很大的波动。这就需要直流稳压电路克服上述影响，输出稳定的直流电压。

稳压器是在输入电源电压与负载发生适当变化时，使电源仍能提供恒定输出电压的器件或设备。除了具有稳压电路模块，大多数稳压器还具有过热、过载保护电路模块，保护稳压器本身与负载不受损坏。

稳压器的技术指标有两种：一种是特性指标，如输出电压、输出电流的调节范围等；另一种是质量指标，用来衡量输出直流电压的稳定程度，如负载调整率等。稳压器的核心模块是稳压电路，稳压电路的结构、工作原理等决定了稳压器的性能。

10.4.1 简单稳压电路

根据第 2 章的知识可知，稳压二极管实际上也是二极管，它的伏安特性与普通二极管相似，只是通常应用其反向击穿特性，即它在电路中工作于反向击穿特性区。简单稳压电路正是利用稳压二极管的反向击穿特性构成的，如图 10.4.1 所示，图中，R 是限流电阻。

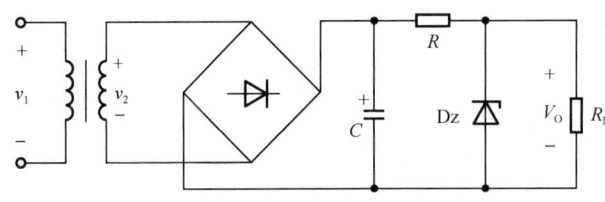

图 10.4.1 简单稳压电路

由于采用了特殊的设计和工艺，只要反向电流在一定的范围内，稳压二极管 PN 结的温度就不会超过允许值，不会造成永久击穿。稳压电路的稳压过程如下：当外界原因（如更换负载、电压波动等）引起输出电压 V_O 略有升高时，稳压二极管电流 I_Z 便会显著增加，流过电阻 R 的电流随之增加，电阻 R 两端的电压增加，使得输出电压 V_O 降低。这时，电路导致的输出电压 V_O 降低抵消外界原因引起的电压升高，使得输出电压 V_O 保持不变。相反，如果外界原因引起输出电压 V_O 降低，此时，电路则会使输出电压 V_O 升高，以抵消外界原因引起的电压降低，使得输出电压 V_O 保持不变。这种稳压电路简单，但受二极管最大稳定电流的限制，输出电流不能太大，而且输出电压不可调，电压稳定性也不是很理想。

10.4.2 串联反馈式稳压电路

1. 电路结构与工作原理

串联反馈式稳压电路应用放大电路与负反馈网络得到稳定的输出直流电压，主要由采样电路、基准电路、比较放大电路和调整电路四个模块组成，如图 10.4.2 所示。

当外界原因（如更换负载 R_L、输入电压 v_I 波动等）引起输出电压 V_O 变化时，采样电路感受这种变化并取出反馈到比较放大电路的输入端，与基准电压比较后，控制调整电路，使输出电压 V_O 产生相反的变化，抵消外界原因引起的输出电压波动，从而使输出电压保持不变。

　　串联反馈式稳压电路可用 BJT 构成的，也可用 MOS 管构成的。下面以 BJT 串联反馈式稳压电路为例，简单说明串联反馈式稳压电路的采样电路、基准电路、比较放大电路和调整电路四个模块的结构和工作特点，如图 10.4.3 所示。

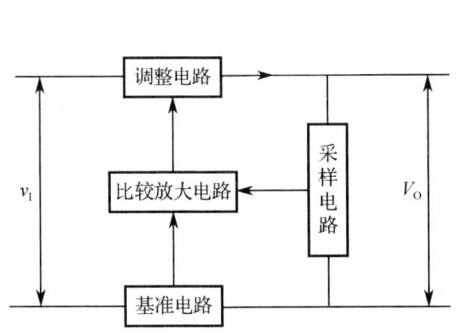

图 10.4.2　串联反馈式稳压电路的结构

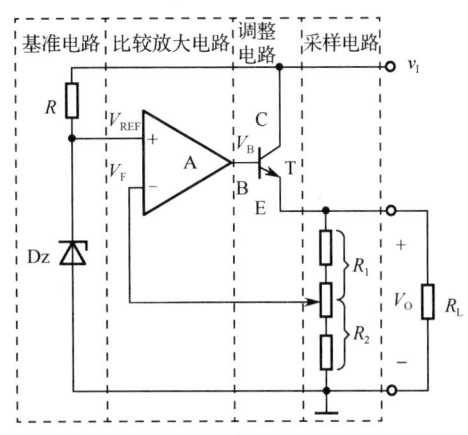

图 10.4.3　BJT 串联反馈式稳压电路

　　（1）采样电路：由电阻 R_1 和 R_2 构成，把输出电压的一部分取出并反馈到比较放大电路的输入端。对于集成稳压器，如果 R_1 和 R_2 制作在 IC（集成电路）芯片内，则该芯片是一个固定输出稳压器；如果 R_1 和 R_2 是外接的，则该芯片是一个可调输出稳压器。

　　（2）基准电路：由稳压二极管 Dz 和限流电阻 R 构成，提供基准电压 V_Z，图中的 $V_{REF} = V_Z$，V_Z 为稳压管稳压值。

　　（3）比较放大电路：由差分放大电路构成，在图 10.4.3 中用符号 A 表示。

　　（4）调整电路：由 BJT 构成并采用射极跟随器接法。

　　在图 10.4.3 中，根据信号传输路径的概念可知，采样电阻 R_1、R_2 实际上形成电压串联负反馈，因此能够稳定输出电压，提高带负载能力。如果是外界原因引起输出电压 V_O 降低，反馈电压 V_F 应相应地减小，通过比较放大电路与基准电压 V_Z 比较后，使得比较放大电路净输入电压变大，输出电压 V_B 升高，BJT 基极、发射极之间的电压变大，导致基极电流 I_B 变大，控制集电极电流 I_C 变大，输出电压 V_O 因此升高，抵消外界原因引起的输出电压降低，使输出电压保持不变。反之，如果外界原因引起输出电压 V_O 升高，则电路的稳压过程与之相反，输出电压依然保持不变。

2．性能指标与分析方法

　　输出电压 V_O 是稳压器一个重要的技术指标。图 10.4.3 所示的稳压电路中的反馈属于电压串联负反馈，可以应用"虚短""虚断"的概念，分析计算输出电压 V_O。

$$F_V = \frac{V_F}{V_O} = \frac{R_2}{R_1 + R_2}$$

$$V_F = V_Z$$

$$V_O = V_Z\left(1 + \frac{R_1}{R_2}\right)$$

3．串联反馈式稳压电路的效率

　　串联反馈式稳压电路具有稳压性能好、输出纹波电压小、成本低等优点。串联反馈式稳压电路的主要缺点是效率较低，BJT 调整管采用射极跟随接法，工作于线性放大区，因此也

被称为线性稳压电路，其电压 V_{CE}、电流 I_C 都比较大，如图 10.4.4 所示。其效率可定义为

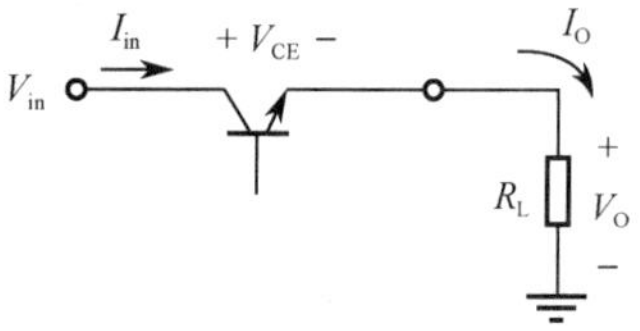

$$\eta = \frac{V_O I_O}{V_{in} I_{in}} \times 100\% \approx \frac{V_O}{V_{in}} \times 100\% \qquad (10.4.1)$$

图 10.4.4　串联反馈式稳压电路的效率

式中，$I_O \approx I_{in}$（对于 $\beta \gg 1$ 适用），而 $V_O = V_{in} - V_{CE}$。由于调整管工作于线性放大区，V_{CE} 比较大，使得 $\eta = 50\% \sim 70\%$，导致 $30\% \sim 50\%$ 的功率消耗在 BJT 调整管上。因此，串联反馈式稳压电路主要用作为小功率电子电路供电的直流稳压电路。

10.4.3　三端集成稳压器

1．三端集成稳压器的结构

三端集成稳压器将串联反馈式稳压电路和保护电路等集成在一块芯片上，如图 10.4.5 所示。芯片上只有输入端、输出端和公共端，因此被称三端集成稳压器。基本上不需要外接元器件，而且内部有限流保护电路、过热保护电路和过压保护电路，使用十分安全、方便。

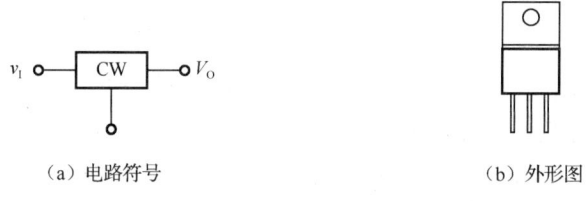

（a）电路符号　　　　　　　　　　（b）外形图

图 10.4.5　三端集成稳压器的电路符号与外形图

要特别注意，不同型号、不同封装的稳压器芯片，其三个电极的位置是不同的，要通过查元器件说明书确定。三端集成稳压器分为输出电压固定式和输出电压可调式两大类。输出电压固定式和输出电压可调式三端集成稳压器又都分为正电压输出、负电压输出两类。

常用的输出电压固定式三端集成稳压器有 78XX 或 79XX 系列，78XX 系列稳压器输出正电压，79XX 系列稳压器输出负电压，这里的"XX"表示其输出的固定电压。例如，"XX"是"06"，表示输出 6V 稳定电压；"XX"是"12"，表示输出 12V 稳定电压。常用的 78XX 系列稳压器内部电路包括采样电路、基准电路、启动电路、比较放大电路、调整电路、保护电路等几部分，如图 10.4.6 所示，来自于 78XX 的数字说明书。

采样电路由电阻 R_{12}、R_{13} 构成。比较放大电路由 T_7、T_8 形成的差分对管构成。调整电路由复合管 T_{10}、T_{11} 构成。基准电路主要由电阻 R_1，二极管 D_1、D_2（它们其实是基极、集电极连接的 BJT，即二极管接法的 BJT）构成，接在差分放大电路的一个输入端，即与差分对管 T_7 的基极电阻 R_7 相连，二极管接法的 BJT（D_1、D_2）集电极电流 I_C 是正温度系数电量，基-射极电压 V_{BE} 是负温度系数电量，利用正温度系数电量与负温度系数电量的互补作用，使温度引起的电压变化相互抵消，进而使这部分电路两端的电压不受温度影响。以 T_4、T_5 为主构成的多路电流源分别为基准电路、比较放大电路提供偏置电流。启动电路由 T_1、T_2、D_{Z1} 构成，确保多路电流源上电以后及时进入正常的导通状态，使得稳压电路很快产生稳定的输出电压，而当稳压电路稳定工作后，这部分电路及时进入截止状态；过流保护电路主要由 R_{11}、T_{12} 构成，在正常的工作条件下，T_{12} 处于截止状态，当流过 T_{11} 的电流变得太大时，R_{11} 两端的电压增大，导致 T_{12} 基-射极电压足够大从而导通，因此从 T_{12} 分流一部分电流，降低 T_{11} 集电极的电流，避免调整管 T_{11} 因电流太大而损坏；过热保护电路主要由 T_{13}、T_{14}、D_{Z2} 构成。

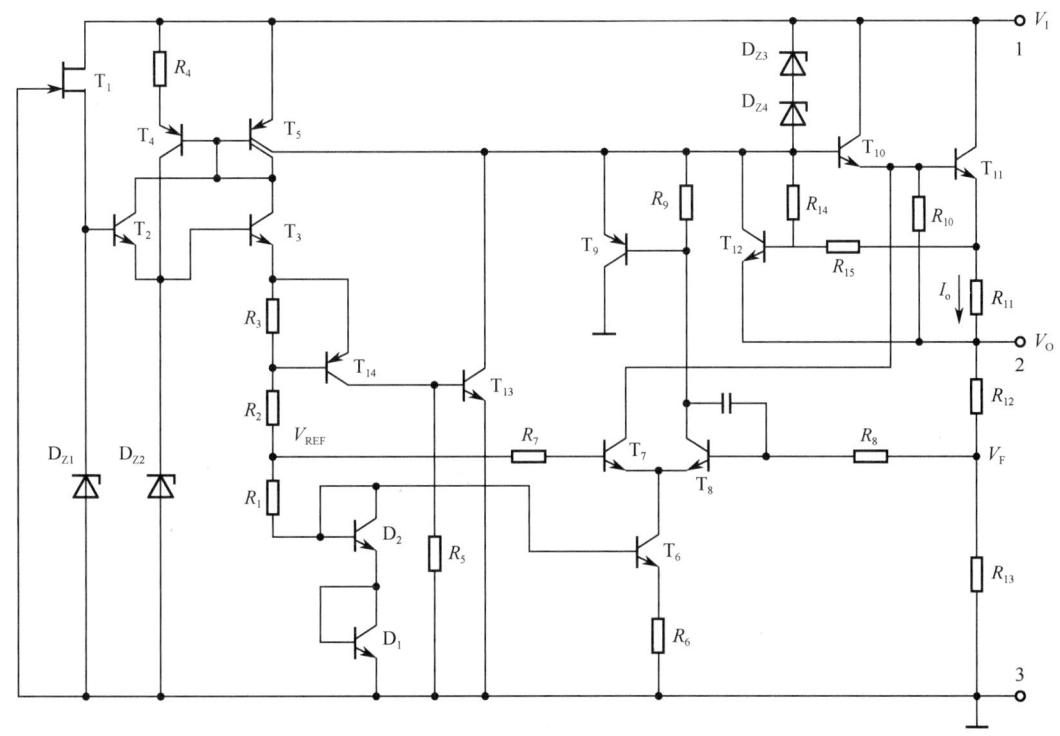

图 10.4.6　78XX 系列稳压器的电路原理图

2. 三端固定式集成稳压器的应用

三端固定式集成稳压器的使用十分方便，被广泛应用于电子电路。三端固定式集成稳压器的基本应用电路如图 10.4.7 所示，整流滤波后得到的直流输入电压 V_I 接在三端固定式集成稳压器的输入端和公共端之间，在输出端即可得到稳定的输出电压 V_O，其值就是稳压器型号中的 "XX"。

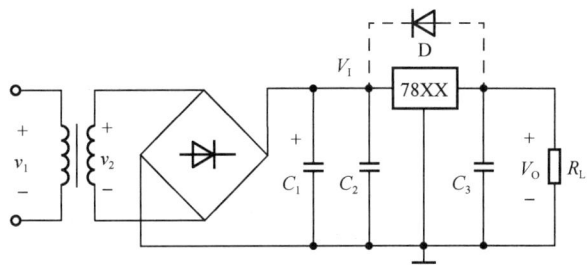

图 10.4.7　三端固定式集成稳压器的基本应用电路

正常工作时，三端固定式稳压器的输入电压、输出电压差至少为 2V。电容 C_2、C_3 用来防止稳压器产生高频自激振荡和抑制电路引入的高频干扰。电容 C_2 的电容量通常为 $0.33\mu F$，电容 C_3 的电容量一般为 $0.1\mu F$ 至几十微法，两个电容应该直接接在稳压器的引脚处。输出电压较高时，应该在三端固定式集成稳压器的输出端与输入端之间跨接二极管 D，起保护作用，如图 10.4.7 中的虚线所示，当输入端短路时，为电容 C_3 提供一个放电通路，避免此时电容 C_3 因为调整管基-射极提供反偏电压而击穿损坏。

3. 三端可调式集成稳压器的应用

与三端固定式集成稳压器最大的不同之处在于，三端可调式集成稳压器内部没有采样电阻。三端可调式集成稳压器的三个端分别为输入端、输出端和调整端。内部的基准电压接到比较放大器的同相端和调整端之间，应用时需要外接采样电阻，如图 10.4.8 所示，虚线框内表示三端可调式集成稳压器，R_1、R_2 是外接的采样电阻。

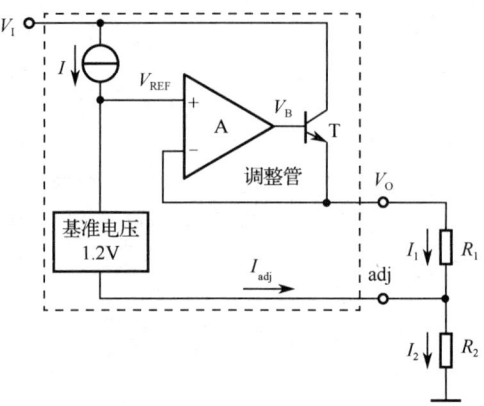

图 10.4.8   三端可调式集成稳压器的典型接法

三端可调式集成稳压器调整端的电流 I_{adj} 很小，在应用时可以忽略不计。因此，图 10.4.8 所示电路的输出电压 V_O 为

$$V_O = V_{REF}\left(1 + \frac{R_2}{R_1}\right)$$

本节复习思考题

10.4.1   如果把图 10.4.1 所示电路中的电阻 R 接在稳压二极管 Dz 之后（Dz 与 R_L 之间），电路能否起稳压作用？

10.4.2   如果把图 10.4.1 所示电路中的稳压二极管 Dz 接反，会出现什么情况？

10.4.3   图 10.4.3 所示的 BJT 串联反馈式稳压电路的输出级是共射放大组态吗？这样的接法会带来什么好处？

10.5   开关稳压电路

10.5.1   开关稳压电路的结构和工作原理

开关稳压电路通过改变调整管的工作状态来控制负载功率，调整管工作于开关状态，故称其为开关稳压电路。它用脉冲信号控制调整管导通与截止时间的比例来改变输出电压的大小。调整管导通时，流过的电流较大，但管压降很小；调整管截止时，管压降较高，但流过的电流基本为零。因此，导通和截止两种工作状态下调整管的功耗都很低，形成的开关稳压电路的效率较高，一般可达 65%～90%。除此之外，开关稳压电路还具有以下优点：①由于调整管的功耗小，散热器也可随之减小，使得开关稳压电路的体积小、质量轻；②不需要工频变压器，其利用高压大功率晶体管对 220V 交流电压直接进行整流和滤波，然后进行稳压，因此，开关稳压电路的体积和质量都大大减小，效率更高；③对电网电压的要求不高，开关稳压电路的输出电压和调整管导通与截止时间的比例有关，输入直流电压的幅度变化对其影响很小。开关稳压电路的突出优点使其在计算机、电视机、通信等领域得到了越来越广泛的应用。

开关调整管可采用 BJT、MOS 管或晶闸管等。开关稳压电路的种类很多，按照控制开关调整管的方式不同，开关稳压电路分为脉冲宽度调制（PWM）型开关稳压电路、脉冲频率调制（PEM）型开关稳压电路、混合调制型开关稳压电路。脉冲宽度调制型开关稳压电路的调整管工作频率保持不变，改变调整管导通的脉冲宽度；脉冲频率调制型开关稳压电路的调整管导通的脉冲宽度不变，改变其工作频率；混合调制型开关稳压电路结合前面两种控制方式，调整管导通的脉冲宽度和工作频率都变化。下面简单分析两种常用开关稳压电路的基本结构和工作原理，这两种常用开关稳压电路是 Buck 降压电路和 Boost 升压电路，它们是根据输出电压与输入电压的大小关系来分类的，它们也被统称为 DC-DC 变换电路。

1. Buck 降压电路

如果需要使直流变换电路的输出电压小于输入电压，就可以采用 Buck 降压电路，如图 10.5.1（a）所示。开关调整管采用功率 MOS 管 M，电感 L 和电容 C 既起低通滤波作用，又起储能作用，二极管 D 起续流作用。

从 MOS 管 M 的栅极输入脉冲信号 v_G，控制 MOS 管导通和截止。

（1）当 MOS 管处于导通状态时，二极管因反偏而截止，输入电压 V_I 产生的电流经过 MOS 管、电感 L，流向负载 R_L，且电容 C 被充电，如图 10.5.1（b）所示。此时的电感 L 获取能量，且以磁场能的方式将能量储存起来，电感 L 左端的电压高于右端，使输出电压 V_O 低于输入电压 V_I。这是因为，MOS 管是从截止变为导通的，在这个转换过程中，流过电感 L 的电流增大，电感 L 会因自感作用产生一个与输入电压 V_I 方向相反的感生电动势。

（2）当 MOS 管处于截止状态时，电感 L 和电容 C 一起为负载 R_L 供电，电感 L 的电流从右端流出，并流向负载 R_L，再经过二极管流回电感 L，如图 10.5.1（c）所示。此时的电感 L 将 MOS 管导通时储存的能量释放出来，且电感 L 右端的电压高于左端。这是因为，MOS 管是从导通变为截止的，在这个转换过程中，流过电感 L 的电流减小，电感 L 会因自感作用产生一个与输入电压 V_I 方向相同的感生电动势。

设 MOS 管的导通电压小到可以忽略不计。当 MOS 管导通时，MOS 管源极电压 v_S 就是输入电压 V_I，即 $v_S = V_I$；当 MOS 管截止时，MOS 管源极电压 v_S 就是二极管两端电压 V_D，即 $v_S = -V_D$。脉冲信号 v_G 的周期用 T 表示，其脉冲部分用 T_1 表示，占空部分用 T_2 表示。由于电感的"阻交通直"作用，负载 R_L 获得的直流电压 V_O 就是 MOS 管源极电压直流分量，即负载 R_L 在 MOS 管一轮导通、截止周期内，获得的直流电压 V_O 就是 MOS 管源极电压 v_S 的平均值 V_{av}

$$V_O = V_{av} = \frac{1}{T}\int_0^T v_S dt = \frac{1}{T}\left[\int_0^{T_1} V_I dt + \int_{T_1}^{T}(-V_D)dt\right] \qquad (10.5.1)$$

由于 V_D 比输入电压 V_I 小得多，根据式（10.5.1）可得

$$V_O \approx \frac{1}{T}\int_0^{T_1} V_I dt = \frac{T_1}{T}V_I = DV_I \qquad (10.5.2)$$

式中，$D = T_1/T$，表示方波信号的占空比。

根据式（10.5.2）可知，Buck 降压电路的性能特点：①方波信号的占空比 D 小于 1，使得输出电压 V_O 小于输入电压 V_I；②通过改变脉冲信号的脉冲宽度，来改变 MOS 管的导通时

间的长短，从而改变输出电压V_O的高低。

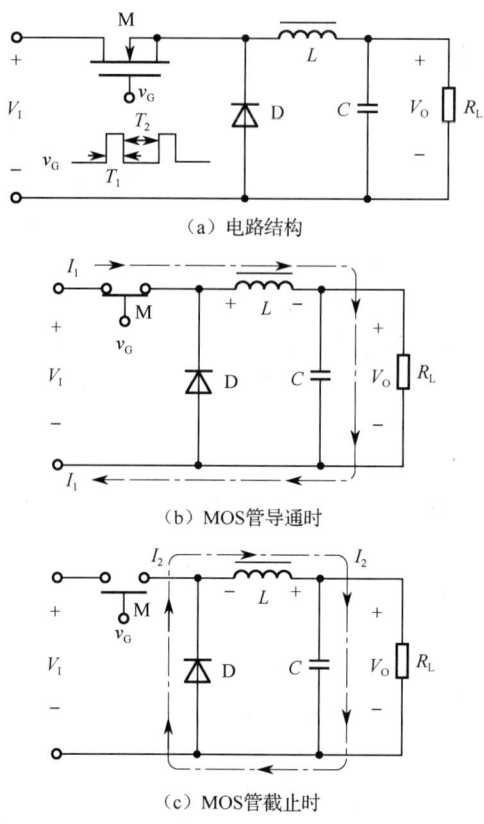

（a）电路结构

（b）MOS管导通时

（c）MOS管截止时

图 10.5.1 Buck 降压电路及其工作原理示意图

由于开关调整管 M 的工作频率很高，以及电感 L、电容 C 的滤波储能作用，负载 R_L 得到了变化比较平滑的输出电压 V_O，因此，电感 L、电容 C 的值都比较大。

2. Boost 升压电路

如果需要使直流变换电路的输出电压大于输入电压，就可以采用 Boost 升压电路，如图 10.5.2（a）所示。开关调整管采用功率 MOS 管 M，电感 L 主要起储能作用，电容 C 既起低通滤波作用，又起储能作用，二极管 D 防止电容 C 向"地"放电。

从 MOS 管 M 的栅极输入脉冲信号 v_G，控制 MOS 管导通和截止。

（1）当 MOS 管处于导通状态时，二极管因反偏而截止，电容 C 为负载 R_L 供电，输入电压 V_I 产生的电流流过电感 L 和 MOS 管，如图 10.5.2（b）所示。此时的电感 L 获取能量，并以磁场能的方式将能量储存起来，电感 L 左端的电压高于右端。这是因为，MOS 管是从截止变为导通的，在这个转换过程中，流过电感 L 的电流增大，电感 L 会因自感作用产生一个与输入电压 V_I 方向相反的感生电动势。

（2）当 MOS 管处于截止状态时，电感 L 和输入电压 V_I 一起为负载 R_L 供电，产生的电流经过电感 L、二极管 D，流向负载 R_L，电容 C 被充电，如图 10.5.2（c）所示。此时的电感 L 将 MOS 管导通时储存的能量释放出来，电感 L 右端的电压高于左端，使输出电压 V_O 高于输入电压 V_I。这是因为，MOS 管是从导通变为截止的，在这个转换过程中，流过电感 L 的电流减小，电感 L 会因自感作用产生一个与输入电压 V_I 方向相同的感生电动势。

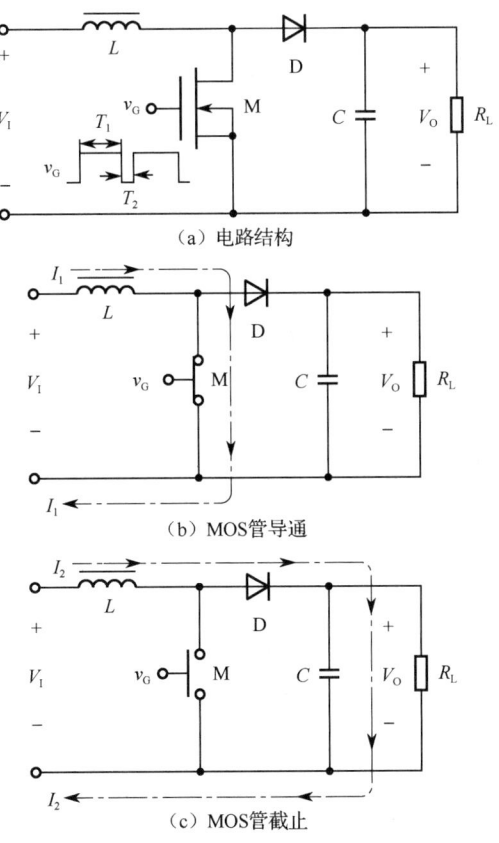

(a) 电路结构

（b）MOS管导通

（c）MOS管截止

图 10.5.2　Boost 升压电路及其工作原理示意图

设 MOS 管导通时的漏–源电压近似为 0，二极管两端的正向导通压降忽略不计。当 MOS 管导通时，电感 L 两端电压用 V_{L1} 表示，且有 $V_{L1}=V_I$；当 MOS 管截止时，电感 L 两端电压用 V_{L2} 表示，电容 C 能够被充电到 $v_C=V_I+V_{L2}$。脉冲信号的周期用 T 表示，其脉冲部分用 T_1 表示，占空部分用 T_2 表示。负载 R_L 获得的最大直流电压 V_O 近似等于电容C两端电压的平均值 V_{av}，即

$$V_O \approx V_{av} = \frac{1}{T}\int_0^T V_C \mathrm{d}t = V_I + V_{L2} \tag{10.5.3}$$

从能量守恒的角度来看，MOS 管导通期间流过电感的电流变化是大小与 MOS 管截止期间的相同，则有

$$V_{L1}T_1 = V_{L2}T_2 \tag{10.5.4}$$

根据式（10.5.3）、式（10.5.4）可得

$$V_O \approx \frac{T}{T_2}V_I = \frac{1}{1-D}V_I \tag{10.5.5}$$

式中，$D=T_1/T$，表示方波信号的占空比。

根据式（10.5.5）可知，Boost 升压电路的性能特点：①方波信号的占空比 D 小于 1，使得输出电压 V_O 大于输入电压 V_I；②通过改变脉冲信号的脉冲宽度，来改变 MOS 管的导通时间的长短，从而改变输出电压 V_O 的高低。

与 Buck 降压电路一样，Boost 升压电路中开关调整管 M 的工作频率很高，加上电感 L、

电容 C 的滤波储能作用，负载 R_L 得到变化比较平滑的输出电压 V_O，因此，电感 L、电容 C 的值都比较大。

10.5.2 串联式开关稳压电路

串联式开关稳压电路的组成如图 10.5.3 所示，它是一个降压电路，由采样电路、基准电路、比较放大电路、脉冲调制电路、开关调整管、滤波电路等部分构成。下面简单分析其稳压原理，并假设其是脉冲宽度调制型的。

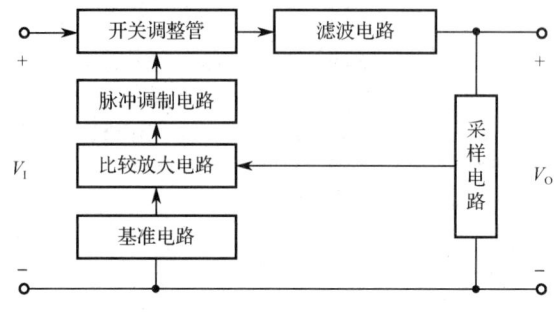

图 10.5.3   串联式开关稳压电路的组成

如果输入直流电压 V_I 波动、更换负载等外界因素引起输出电压变化，采样电路将输出电压的这种变化反馈到比较放大电路，与基准电路输出的电压进行比较后，经比较放大电路放大，送到脉冲调制电路，控制脉冲波形的占空比发生变化，再将脉冲信号输入到开关调整管，控制开关调整管导通和截止时间的比例发生变化，从而使滤波后输出电压的平均值保持不变。

基本的串联式开关稳压电路原理图如图 10.5.4 所示，电路采用脉冲宽度调制方式。比较器 C_2 输出矩形波，使开关调整管 M 在导通与截止状态之间转换。为了使负载得到稳定的输出电压，用电感 L 和电容 C 组成滤波电路，二极管 D 起续流作用。用一个反馈电路控制比较器 C_2 输出矩形波的占空比，这个反馈电路由采样电阻 R_1 和 R_2、基准电路、运算放大器 A_1 组成。

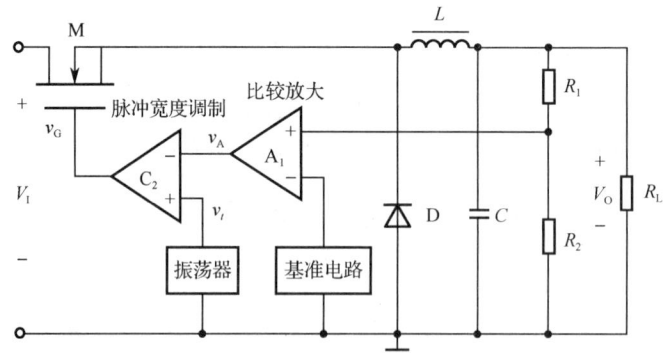

图 10.5.4   基本的串联式开关稳压电路原理图

采样电阻 R_1 和 R_2 感知输出电压 V_O 的变化，通过电阻 R_2 取出部分输出电压与基准电路输出电压进行比较，经运算放大器 A_1 比较放大，输出信号 v_A 送到比较器 C_2，与振荡器产生的三角波信号 v_t 进行比较，输出占空比可自动调节的矩形波 v_G，如图 10.5.5 所示。

采用式（10.5.2）计算其输出电压 V_O。

　　虽然开关稳压电路的效率比较高，但其开关调整管控制电路比较复杂，为了使开关调整管工作于开关状态，需要增加控制电路。另外，开关调整管的输出脉冲波形还需经过 LC 滤波电路滤波后送到输出端，因此，相对于串联反馈式线性稳压电路，其结构比较复杂，调试比较麻烦。

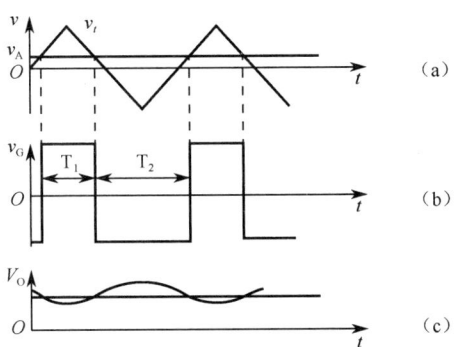

图 10.5.5　串联式开关稳压电路的波形图

　　开关稳压器芯片的种类很多，开关稳压器芯片中除了开关稳压电路，还有过流、过压等保护电路，并备有辅助电源为控制电路提供低压电源等，只要外接少量的器件就可以构成开关稳压电源。具体应用时可以查阅元器件的说明书。

本节复习思考题

　　10.5.1　为什么开关稳压电路的能耗效率高于串联反馈式线性稳压电路？

　　10.5.2　图 10.5.4 所示电路中的比较放大器 A_1 和比较器 C_2 的工作特点相同吗？

　　10.5.3　说明图 10.5.4 所示电路为串联式开关稳压电路的原因，并与图 10.4.3 所示 BJT 串联反馈式稳压电路进行比较。

本章提要

　　1．直流稳压电源就是能够提供稳定输出电压的装置或设备。直流稳压电源的种类很多，常用的电源转换电路分为 AC-DC、DC-DC 两种。220V 交流电源是一种经济且方便的电源，采用整流、滤波、稳压等环节，能够实现将 220V 交流电源转换成直流稳压电源。

　　2．利用二极管的单向导电性，构成整流电路，能够把交流电压转换成单向脉动直流电压。

　　3．电容滤波电路与负载并联，电感滤波电路与负载串联。小功率应用常采用电容滤波方式，功率比较大的应用可采用电感滤波方式。

　　4．稳压电路的应用类似于放大电路负反馈技术。应用稳压电路时，直流稳压电源的输出电压不受电网电压波动、更换负载，甚至温度变化的影响，可以输出稳定的直流电压。

　　5．稳压电路中的调整管其实是 BJT 或 MOS 管。根据稳压电路中调整管的工作状态不同，直流稳压电源分为线性稳压电源和开关稳压电源。串联反馈式线性稳压电源的调整管处于线性放大状态，开关稳压电源的调整管处于开关状态。

　　6．串联反馈式线性稳压电源通过控制调整管的管压降来获得稳定的输出电压，其能耗效率低，常应用于小功率电子电路。开关稳压电源通过控制调整管导通与截止时间的比例来稳定输出电压，其能耗效率高，被应用于功耗比较高的电子电路，如计算机、通信设备等。

7. Buck 降压电路和 Boost 升压电路是两种常用的开关稳压电路，都是通过控制开关调整管的导通时间长短来改变输出电压的，它们都需要数值很大的储能元件（电感 L、电容 C）。

习　题

10.1　现需要一个输出电压为 5V、输出电流不低于 20mA 的直流稳压电源，利用 220V 交流电源，经过降压电路、整流电路、滤波电路、线性稳压电路变换成该直流稳压电源。选用变压器降压时，下列哪个变压器比较合适？

（1）线圈匝数比为 20∶1，功率为 0.1W 的变压器；

（2）线圈匝数比为 20∶1，功率为 5W 的变压器；

（3）线圈匝数比为 30∶1，功率为 5W 的变压器。

10.2　半波整流电路如图 1 所示。

（1）利用傅里叶级数对输出电压 $v_O(t)$ 的波形进行分解；

（2）给出直流输出电压 V_O、电流 I_O 的表达式。

10.3　一个小功率直流稳压电源中的整流、滤波电路如图 2 所示，已知变压器次级线圈输出电压 v_2，分析下列不同的情况。

（1）当电路正常工作时，求输出电压 v_O；

（2）当电容因虚焊未接上时，求输出电压 v_O；

（3）当电容 C 正常工作，但负载 R_L 开路时，求输出电压 v_O；

（4）如果桥式整流电路中的一个二极管虚焊开路，同时电容 C 开路，输出电压如何变化？画出其波形。

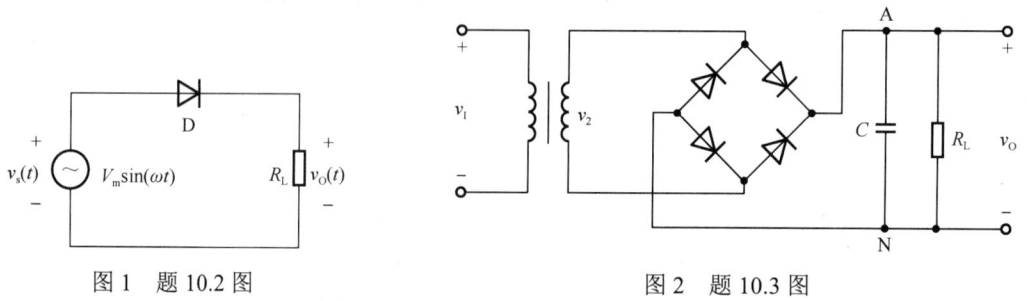

图 1　题 10.2 图　　　　　　　　　　　　　图 2　题 10.3 图

10.4　稳压二极管构成的稳压电路如图 3 所示，已知 $V_I = 20\text{V}$，$V_Z = 9\text{V}$，$R=82\Omega$，$R_L = 100\Omega$。

（1）求负载电流 I_L、限流电阻电流 I_R 和稳压二极管电流 I_Z；

（2）假如稳压二极管最大承受功耗 $P_m = 500\text{mW}$，求 I_Z，并判断稳压二极管是否可以安全工作；

（3）假设负载从 100Ω 变化到 200Ω，求 I_L、I_R 和 I_Z，并判断稳压二极管是否可以安全工作。

10.5　串联反馈式线性稳压电路如图 4 所示。

（1）指出电路中的基准电路、比较放大电路、调整电路和采样电路；

（2）电阻 R_1 和 R_2 组成什么类型的负反馈？这样的负反馈有什么作用？

（3）已知稳压二极管的稳压值 V_Z，求出该稳压电路的输出电压 V_O。

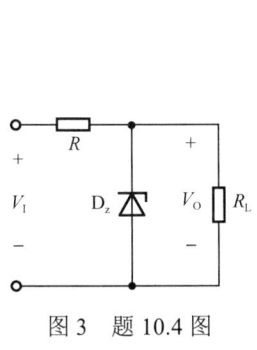

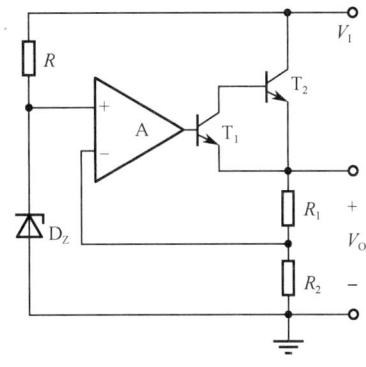

图 3　题 10.4 图　　　　　　　　图 4　题 10.5 图

10.6　利用三端集成稳压器外接稳压二极管提高输出电压的稳压电路如图 5 所示。

（1）电阻 R 起什么作用？它的取值有要求吗？

（2）如果稳压二极管的稳压值为 V_Z，求电路的输出电压 V_O。

10.7　由三端集成稳压器构成的恒流源电路如图 6 所示,其可向负载 R_L 提供某一恒定的电流 I_L。

（1）分析该电路能够为负载 R_L 提供恒定电流的原理；

（2）推导输出恒定电流 I_L 的表达式，用 V_{REF} 表示 LM317 的输出端 3 与调整端 1 之间的电压。

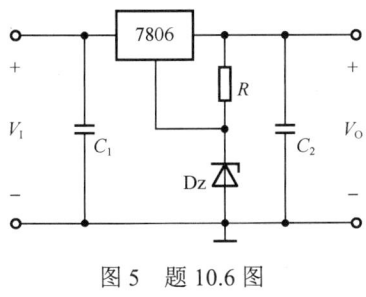

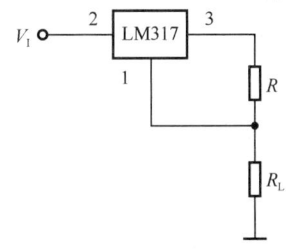

图 5　题 10.6 图　　　　　　　　图 6　题 10.7 图

10.8　一个小功率直流稳压电路如图 7 所示。

（1）说明此电路由哪几部分组成，并用虚线将各部分画出；

（2）若变压器的二次侧电压 $v_2 = 6\sqrt{2}\sin\omega t$，A、N 端口处的直流电压为 5V，直流电流为 1.2A，画出 A、N 端口处的直流电压的波形，并计算整流二极管的正向电流和反向耐压值；

（3）若三端可调式集成稳压器 LM317 的 2、3 端的电压 $V_{32} = V_{REF}$，调整端 2 处的电流可忽略不计，写出输出电压 V_O 的表达式。

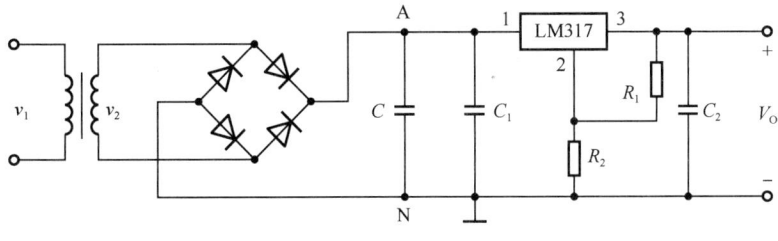

图 7　题 10.8 图

10.9 对于图 10.5.1 所示的 Buck 降压电路中，回答下面问题。

（1）开关调整管可以选用 PMOS 管吗？

（2）当负载电阻 R_L 的阻值分别为 100Ω、10Ω 时，选用的电感 L 会有哪些不同之处？

（3）如果输入电压 $V_I = 100V$，现需要获得 10V 的输出电压，则脉冲信号的占空比应该为多少？

10.10 对于图 10.5.2 所示的 Boost 升压电路，回答下列问题。

（1）如果输入电压 $V_I = 6V$，现需要获得 12V 的输出电压，则脉冲信号的占空比应该为多少？

（2）说明开关调整管采用 NMOS 管而不用 PMOS 管的好处。